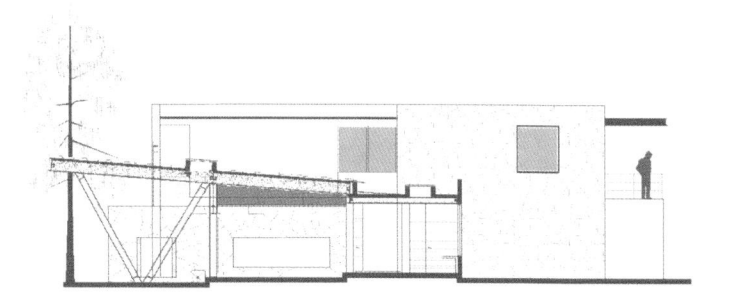

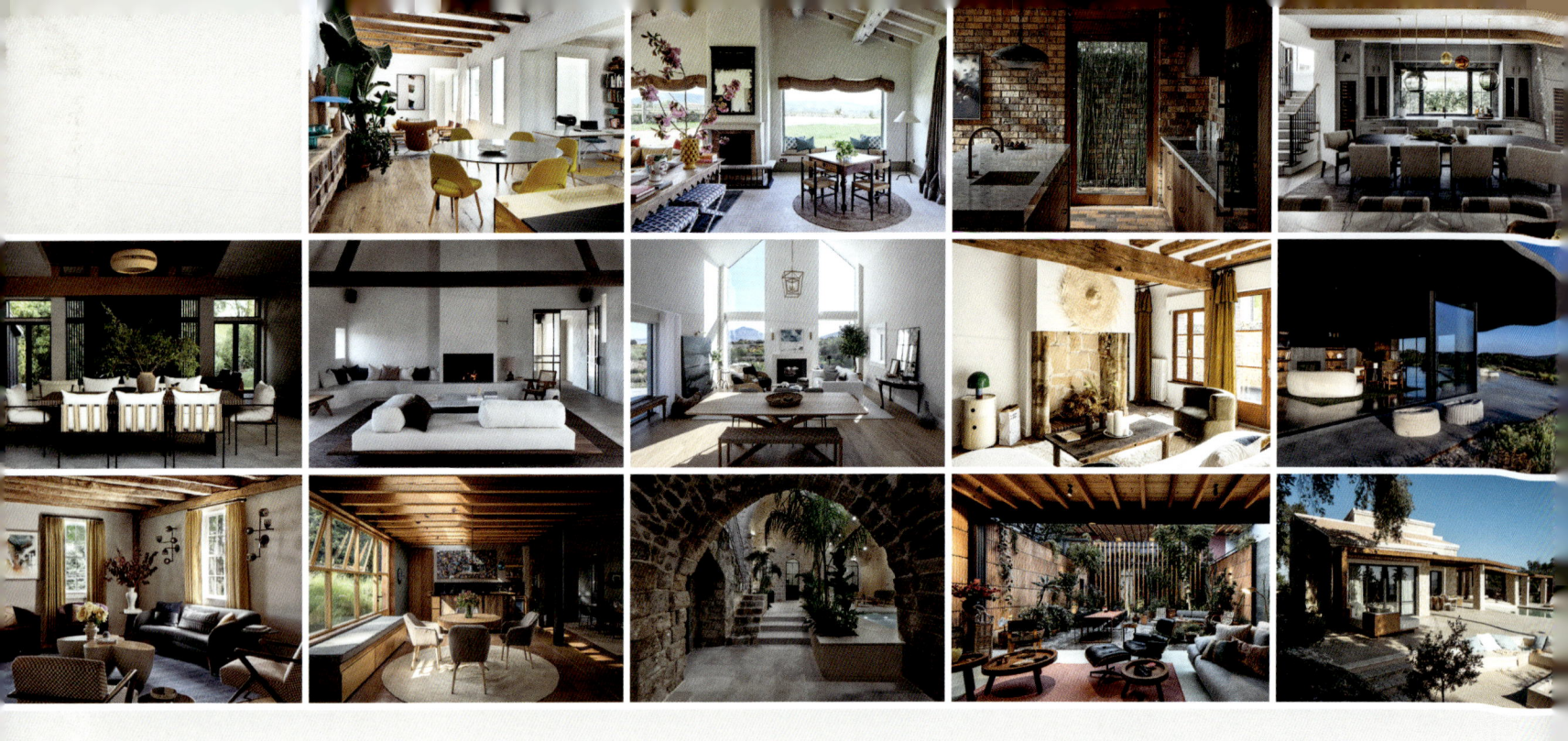

Editorial project:
© 2024 **booq** publishing, S.L.
c/ Domènech, 7-9, 2º 1ª
08012 Barcelona, Spain
T: +34 93 268 80 88
www.booqpublishing.com

ISBN: 978-84-9936-627-2 [EN]
ISBN: 978-84-9936-667-8 [FR]
ISBN: 978-84-9936-617-3 [ES]

Editorial coordinator:
Claudia Martínez Alonso

Art director:
Mireia Casanovas Soley

Editor:
Daniela Santos Quartino

Layout:
Cristina Simó Perales

Translation:
© **booq** publishing, S.L.

Printing in Spain

**booq** affirms that it possesses all the necessary rights for the publication of this material and has duly paid all royalties related to the authors' and photographers' rights. **booq** also affirms that is has violated no property rights and has respected common law, all authors' rights and other rights that could be relevant. Finally, **booq** affirms that this book contains neither obscene nor slanderous material.
The total or partial reproduction of this book without the authorization of the publishers violates the two rights reserved; any use must be requested in advance.
In some cases it might have been impossible to locate copyright owners of the images published in this book. Please contact the publisher if you are the copyright owner in such a case.

| | | | |
|---|---|---|---|
| 4 | INTRODUCTION | | |
| 6 | ÁBATON | 146 | JENNIFER ROBIN INTERIORS |
| 16 | ALEJANDRA POMBO ESTUDIO DE INTERIORISMO | 158 | JRS ID - JESSICA RISKO SMITH INTERIOR DESIGN |
| 26 | ALEXI ROBINSON | 166 | KLARQ |
| 34 | AMY STORM & COMPANY | 176 | KOO DE KIR ARCHITECTURAL INTERIORS |
| 44 | ANNA ALEGRE STUDIO | 184 | KWI KATHLEEN WALSH INTERIORS |
| 54 | ARgdl | | |
| 64 | ARTESANO | 192 | LAX |
| 76 | BEEF ARCHITEKTI | 202 | MICHAL MATALON - HOME MAKER |
| 84 | BLANC MARINE INTERIEURS | 212 | MIGUEL CONCHA ARQUITECTURA |
| 92 | FAR STUDIO | 222 | MUTINY ARCHITECTURE AND DESIGN |
| 100 | GERALDINE VAN HEUVERSWYN INTERIORS | 232 | PPT INTERIORISMO |
| 110 | GERI DESIGNS & CO | 240 | REHAB DESIGN |
| 118 | GOMMEZ VAËZ ARCHITECTE + BLACKSTONES | 252 | SIGNUM ARCHITECTURE |
| | | 260 | SIGURD LARSEN DESIGN & ARCHITECTURE |
| 128 | GONÇALOBONNIZ ARQUITECTOS | | |
| 136 | ISABEL LÓPEZ VILALTA INTERIOR DESIGN | 268 | STUDIO MICHAEL ELLISON |

A rustic house is inherently cozy. It has personality, conveys warmth, closeness, and a sense of home. Rustic is defined by the use of materials such as wood, stone, exposed brick, natural fibers, ceramics, and wrought iron. It incorporates fabrics like linen, cotton, wool, or leather. It opts for a palette of neutral tones and those akin to nature. It values artisanal contributions, vintage details, and simplicity. But unlike vernacular proposals, a rustic house is contemporary. It honors tradition but does not live in the past; it coexists with trends but never goes out of style.

In the following pages, we reveal how architects and interior designers from different parts of the world incorporate this aesthetic into their most current projects.

Rustic appears in the minimalism of a Belgian farmhouse or a ranch among vineyards in California. It is influenced by the Mediterranean landscapes of Greece, the Catalan coast, or the island of Mallorca. It draws from the past in a historic neighborhood in Israel, a colonial house in Canada, or a village in French Normandy. It replicates the austerity of the mountains in the Pyrenees, embraces the oak groves of Alentejo, and blends in with the forests on the outskirts of New York. It breathes new life into a mid-century house in Australia and restores dignity to renovated homes that do not hide their past. It incorporates unabashedly into the urban environments of Madrid or Mexico City and resonates with the rugged beauty of the Irish landscape.

These projects are a source of inspiration for design and architecture enthusiasts, but also an organized journey to discover homes that invite a lifestyle celebrating authenticity and connection with nature.


Ein rustikales Haus ist von Natur aus gemütlich. Es hat Persönlichkeit, vermittelt Wärme, Nähe und ein Gefühl von Zuhause. Rustikal ist definiert durch die Verwendung von Materialien wie Holz, Stein, Sichtziegel, Naturfasern, Keramik und Schmiedeeisen. Setzen Sie Stoffe wie Leinen, Baumwolle, Wolle und Leder ein. Entscheiden Sie sich für eine Palette mit neutralen und naturnahen Farbtönen. Sie legt Wert auf handwerkliche Beiträge, Vintage-Details und Schlichtheit. Im Gegensatz zu volkstümlichen Vorschlägen ist ein rustikales Haus jedoch zeitgemäß. Es ehrt die Tradition, lebt aber nicht in der Vergangenheit, es lebt mit den Trends, kommt aber nie aus der Mode.

Auf den folgenden Seiten zeigen wir, wie Architekten und Innenarchitekten aus verschiedenen Teilen der Welt diese Ästhetik in ihre aktuellsten Projekte einfließen lassen.

Das Rustikale zeigt sich im Minimalismus eines belgischen Bauernhauses oder einer Ranch inmitten von Weinbergen in Kalifornien. Es wird von den mediterranen Landschaften Griechenlands, der katalanischen Küste oder der Insel Mallorca angesteckt. Sie bezieht sich auf die Vergangenheit in einem historischen Viertel in Israel, einem Kolonialhaus in Kanada oder einem Dorf in der Normandie, Frankreich. Sie ahmt die Strenge der Berge in den Pyrenäen nach, umarmt die Eichenwälder des Alentejo und tarnt sich mit den Wäldern in den Außenbezirken von New York. Sie erweckt ein Haus aus der Mitte des Jahrhunderts in Australien zu neuem Leben und gibt renovierten Häusern, die ihre Vergangenheit nicht verbergen, ihre Würde zurück. Er fügt sich ohne Komplexe in die städtische Umgebung von Madrid oder Mexiko ein und verbindet sich mit der rauen Schönheit der irischen Landschaft.

Diese Projekte sind eine Inspirationsquelle für Design- und Architekturliebhaber, aber auch eine organisierte Reise in Häuser, die zu einem Lebensstil einladen, der Authentizität und Naturverbundenheit zelebriert.

Une maison rustique est accueillante par nature. Elle a de la personnalité, transmet de la chaleur, de la proximité et une sensation de foyer. Le rustique se définit par l'utilisation de matériaux tels que le bois, la pierre, la brique apparente, les fibres naturelles, la céramique et le fer forgé. Il intègre des tissus comme le lin, le coton, la laine ou le cuir. Optez pour une palette de tons neutres et proches de la nature. Valorisez les contributions artisanales, les détails vintage et la simplicité. Mais contrairement aux propositions vernaculaires, une maison rustique est contemporaine. Elle honore la tradition, mais ne vit pas dans le passé, elle coexiste avec les tendances mais ne se démode jamais.

Dans les pages suivantes, nous révélons comment les architectes et les designers d'intérieur de différentes parties du monde intègrent cette esthétique dans leurs projets les plus actuels.

Le rustique apparaît ainsi dans le minimalisme d'une ferme belge, ou d'un ranch parmi les vignes en Californie. Il se contamine des paysages méditerranéens de Grèce, de la côte catalane ou de l'île de Majorque. Il se nourrit du passé dans un quartier historique d'Israël, une maison coloniale au Canada ou un village dans la Normandie française. Il reproduit l'austérité de la montagne dans les Pyrénées, embrasse les chênaies de l'Alentejo, et se camoufle dans les forêts aux abords de New York. Il donne une nouvelle vie à une maison du milieu du siècle en Australie et redonne dignité aux logements rénovés qui ne cachent pas leur passé. Il s'incorpore sans complexe dans les environnements urbains de Madrid ou du Mexique, et cohabite avec la beauté sauvage du paysage irlandais.

Ces projets sont une source d'inspiration pour les amateurs de design et d'architecture, mais aussi un voyage organisé pour découvrir des maisons qui invitent à un style de vie célébrant l'authenticité et la connexion avec la nature.


Una casa rústica es acogedora por naturaleza. Tiene personalidad, transmite calidez, cercanía y una sensación de hogar. Lo rústico se define por el uso de materiales como la madera, la piedra, el ladrillo visto, las fibras naturales, la cerámica y el hierro forjado. Incorpora tejidos como el lino, el algodón, la lana o el cuero. Opta por una paleta de tonos neutros y afines a la naturaleza. Valora los aportes artesanales, los detalles vintage y la sencillez. Pero a diferencia de las propuestas vernáculas, una casa rústica es contemporánea. Honra lo tradicional, pero no vive en el pasado, convive con las tendencias, pero nunca pasa de moda.

En las páginas siguientes, revelamos cómo arquitectos e interioristas de diferentes partes del mundo, incorporan esta estética a sus proyectos más actuales.

Lo rústico aparece en el minimalismo de una granja belga, o un rancho entre viñedos en California. Se contagia de los paisajes mediterráneos de Grecia, la costa catalana o la isla de Mallorca. Se nutre del pasado en un barrio histórico de Israel, una casa colonial en Canadá o un pueblo en la Normandía francesa. Replica la austeridad de la montaña en los Pirineos, abraza los encinares de Alentejo, y se camufla con los bosques de las afueras de Nueva York. Da nueva vida a una casa mid-century en Australia y devuelve la dignidad a viviendas reformadas que no esconden su pasado. Se incorpora sin complejos, en los entornos urbanos de Madrid o México, y comulga con la belleza agreste del paisaje irlandés.

Estos proyectos son una fuente de inspiración para amantes del diseño y la arquitectura, pero también un viaje organizado, para conocer hogares que invitan a un estilo de vida celebrando la autenticidad y la conexión con la naturaleza.

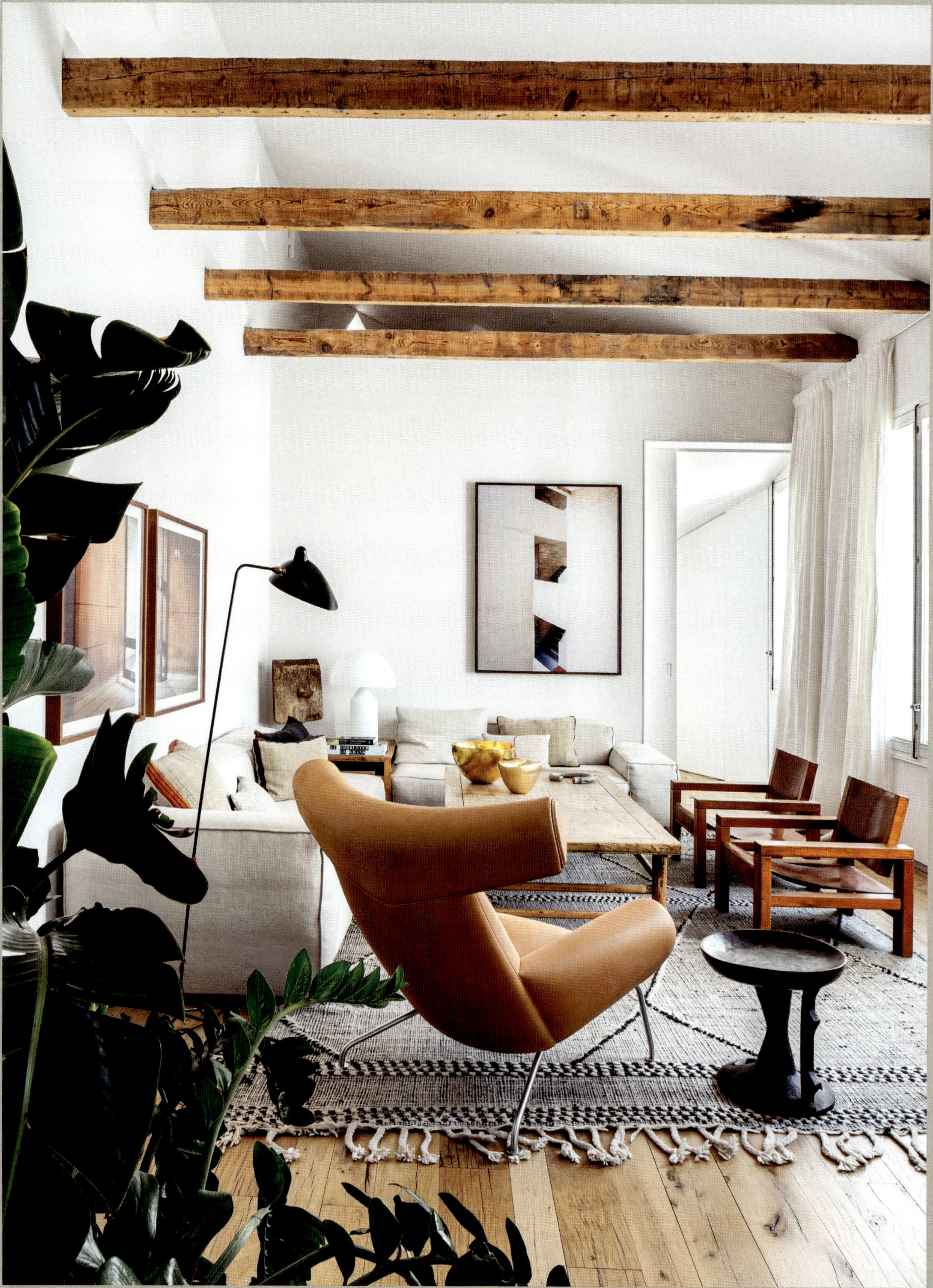

Founded in the 1990s, the Ábaton studio is characterized by a strong commitment to design and quality in architecture. To ensure full control of the construction process and the excellence of the result, the firm created its own construction company. This initiative allows them to implement new construction systems and alternatives to improve design and sustainability. They also integrate interior design and landscaping departments to offer complete solutions with attention to detail.

An important part of their work is research on new materials, technologies, and systems to guarantee sustainable, aesthetically appealing, and durable homes. This dedication has established Ábaton as a reference in architecture committed to innovation and quality.

Gegründet in den 90er Jahren, zeichnet sich das Studio Ábaton durch sein starkes Engagement für Design und Qualität in Architektur aus. Um die vollständige Kontrolle über den Bauprozess und die Exzellenz des Ergebnisses sicherzustellen, gründete das Unternehmen seine eigene Baufirma. Diese Initiative ermöglicht es ihnen, neue Bauweisen und Alternativen zur Verbesserung von Design und Nachhaltigkeit umzusetzen. Darüber hinaus integrieren sie Innenarchitektur- und Landschaftsabteilungen, um umfassende Lösungen mit Liebe zum Detail anzubieten.

Ein wichtiger Teil ihrer Arbeit ist die Forschung zu neuen Materialien, Technologien und Systemen, um nachhaltige, ästhetisch ansprechende und langlebige Wohnungen zu garantieren. Diese Hingabe hat Ábaton als führenden Anbieter von Architektur etabliert, der sich der Innovation und Qualität verpflichtet fühlt.

Fondé dans les années 1990, le studio Ábaton se caractérise par un engagement fort en faveur de la conception et de la qualité des projets architecturaux. Afin de garantir un contrôle total du processus de construction et l'excellence du résultat, l'entreprise a créé sa propre société de construction. Cette initiative lui permet de mettre en œuvre de nouveaux systèmes de construction et des alternatives pour améliorer la conception et la durabilité. En outre, ils intègrent les départements d'architecture d'intérieur et d'aménagement paysager afin d'offrir des solutions complètes avec une attention particulière aux détails.

Une part importante de leur travail consiste à rechercher de nouveaux matériaux, technologies et systèmes afin de garantir des logements durables et esthétiquement attrayants. Ce dévouement a permis à Ábaton de se consolider en tant que référence en matière d'architecture engagée dans l'innovation et la qualité.

Fundado en los años 90, el estudio Ábaton se caracteriza por una fuerte apuesta por el diseño y la calidad en proyectos de arquitectura. Para asegurar el control total del proceso constructivo y la excelencia del resultado, la firma creó su propia constructora. Esta iniciativa les permite implementar nuevos sistemas constructivos y alternativas para mejorar el diseño y la sostenibilidad. Además, integran departamentos de interiorismo y paisajismo para ofrecer soluciones completas con atención al detalle.

Una parte importante de su trabajo es la investigación sobre nuevos materiales, tecnologías y sistemas, para garantizar viviendas sostenibles, estéticamente atractivas y perdurables. Esta dedicación ha consolidado a Ábaton como un referente en la arquitectura comprometida con la innovación y la calidad

**ÁBATON**

FERNANDO ALONSO
BLANCA ALONSO
CARLOS ALONSO
CAMINO ALONSO
IGNACIO LECHÓN

www.abaton.es

# SAN MATEO COMPLETE RENOVATION

MADRID, SPAIN || PHOTOS © BELÉN IMAZ

Ábaton renovated this apartment in a 1930s building to create an exceptional space. The architects aimed to preserve original elements such as moldings, interior doors, or the wooden beams of the ceiling that remained hidden in the structure while reimagining the layout to create more open and functional spaces.
The spacious and connected entrance hall links the living room, dining room, office, and kitchen, all bathed in light streaming in from the terrace. The kitchen stands out with a large island made of brass and integrates with the dining room through versatile sliding doors. Storage is organized in push-type furniture in a cobalt blue tone that adds uniqueness. At the rear of the home, the sleeping area is located, accessed through a flared distributor that creates a unique volumetric effect. The interior design combines antique pieces with contemporary designs, prioritizing noble materials such as wood and natural fabrics that infuse warmth and textures, creating a serene and contemporary ambiance.

Ábaton renovierte diese Wohnung in einem Gebäude aus den 30er Jahren, um sie in einen außergewöhnlichen Raum zu verwandeln. Die Architekten setzten sich das Ziel, die Originalmerkmale wie Stuck, Innentüren oder Holzbalken der Decke zu erhalten, die im Unterbau verborgen waren, und gleichzeitig die Raumaufteilung neu zu gestalten, um offene und funktionale Räume zu schaffen.
Der großzügige und verbundene Eingangsbereich verbindet Wohnzimmer, Esszimmer, Büro und Küche und wird von Licht durchflutet, das von der Terrasse hereinströmt. Die Küche zeichnet sich durch eine große Insel aus Messing aus und integriert sich durch vielseitige Schiebetüren mit dem Esszimmer. Die Aufbewahrung erfolgt in blauen Cobaltmöbeln, die Einzigartigkeit verleihen. Auf der Rückseite der Wohnung befindet sich der Schlafbereich, der über einen ausladenden Flur mit einer einzigartigen Volumetrie zugänglich ist. Das Interior Design kombiniert antike Stücke mit zeitgenössischen Designs und setzt dabei auf edle Materialien wie Holz und natürliche Stoffe, die Wärme und Texturen verleihen und eine ruhige und zeitgenössische Atmosphäre schaffen.

Ábaton a rénové cet appartement dans un immeuble des années 1930 pour en faire un espace exceptionnel. Les architectes se sont attachés à conserver les éléments d'origine, tels que les moulures, les portes et les poutres en bois dissimulées dans la dalle du plafond, tout en repensant l'agencement pour créer des espaces plus ouverts et plus fonctionnels.
Le hall d'entrée spacieux et communicant relie le salon, la salle à manger, le bureau et la cuisine, et est baigné de lumière depuis la terrasse. La cuisine se distingue par son grand îlot en laiton et est intégrée à la salle à manger grâce à des portes coulissantes polyvalentes. Les rangements sont organisés dans des meubles de type « push » dans un ton bleu cobalt qui ajoute de l'originalité à l'ensemble. À l'arrière de la maison se trouve la chambre à coucher, à laquelle on accède par un couloir évasé qui génère une volumétrie singulière. La décoration intérieure associe des pièces anciennes à des designs contemporains, en privilégiant les matériaux nobles tels que le bois et les tissus naturels qui apportent chaleur et textures, créant ainsi une atmosphère sereine et contemporaine.

Ábaton reformó este piso de un edificio de los años 30, para convertirlo en un espacio excepcional. Los arquitectos se propusieron conservar los elementos originales, como las molduras, las puertas de paso o las vigas de madera del techo que permanecían ocultas en el forjado, a la vez que replantearon la distribución para crear espacios más diáfanos y funcionales.
El hall de entrada amplio y conectado, enlaza el salón, el comedor, el despacho y la cocina, y se bañan de luz que entra desde la terraza. La cocina, destaca por una gran isla realizada en latón y se integra con el comedor mediante correderas versátiles. El almacenaje se organiza en muebles tipo push en un tono azul cobalto que aporta singularidad. En la parte posterior de la vivienda, se ubica la zona de dormitorios, a la que se accede a través de un distribuidor abocinado que genera una singular volumetría. El interiorismo combina piezas antiguas con diseños contemporáneos, priorizando materiales nobles como la madera y tejidos naturales que infunden de calidez y texturas, creando así un ambiente sereno y contemporáneo.

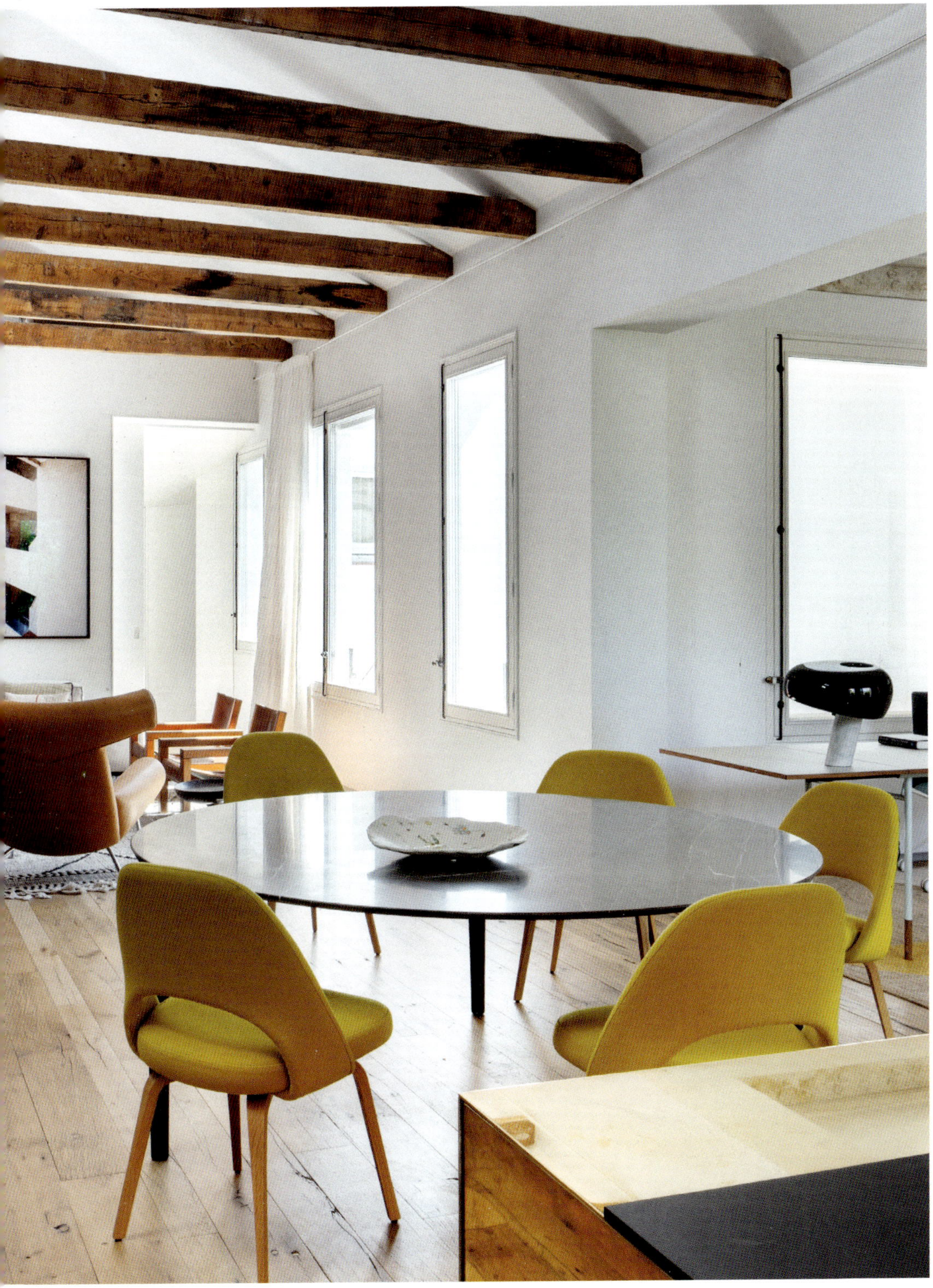

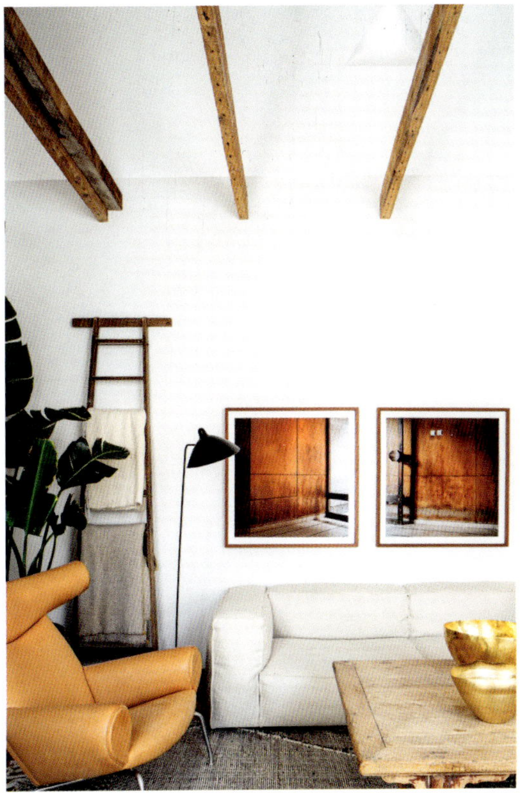

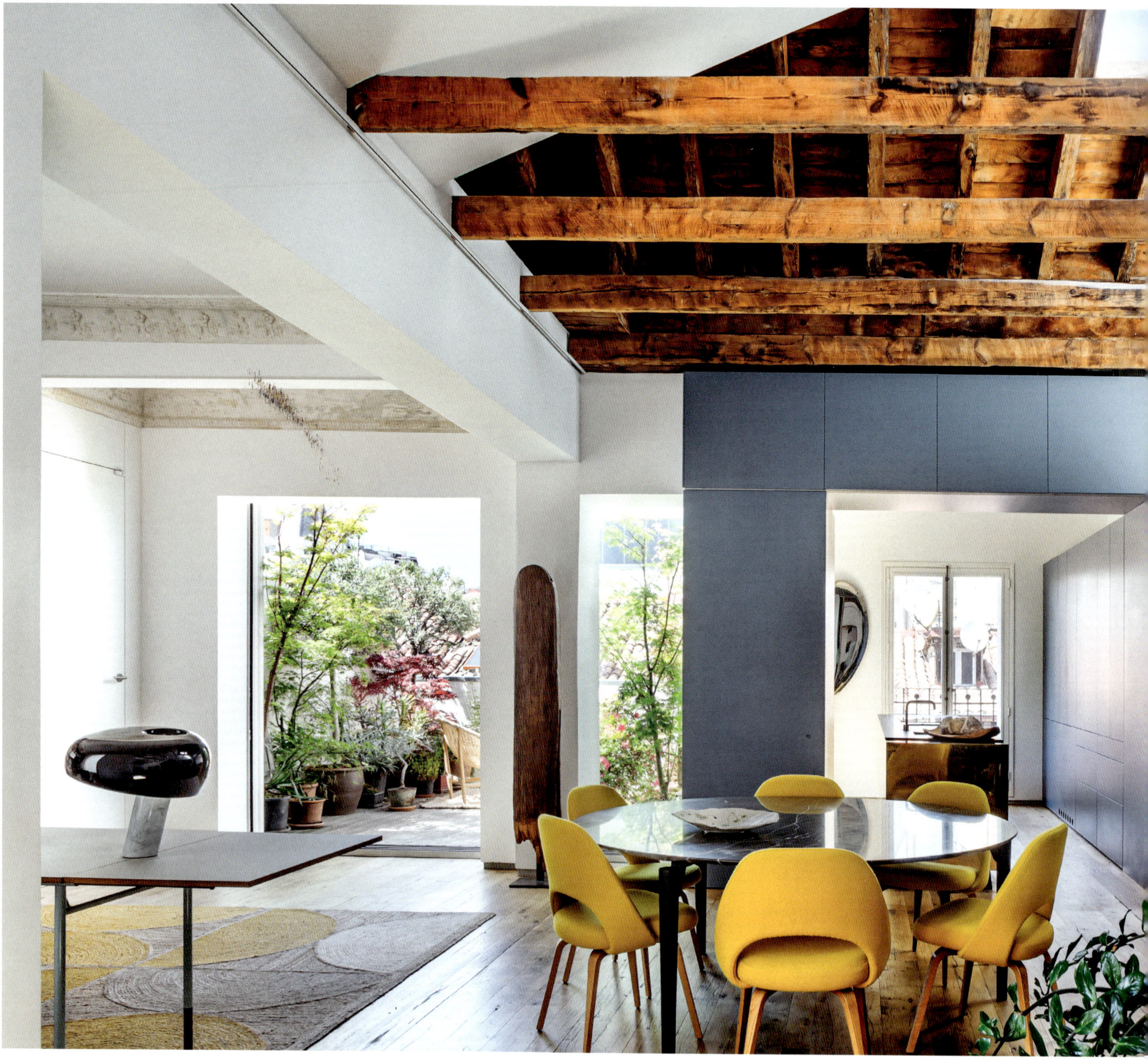

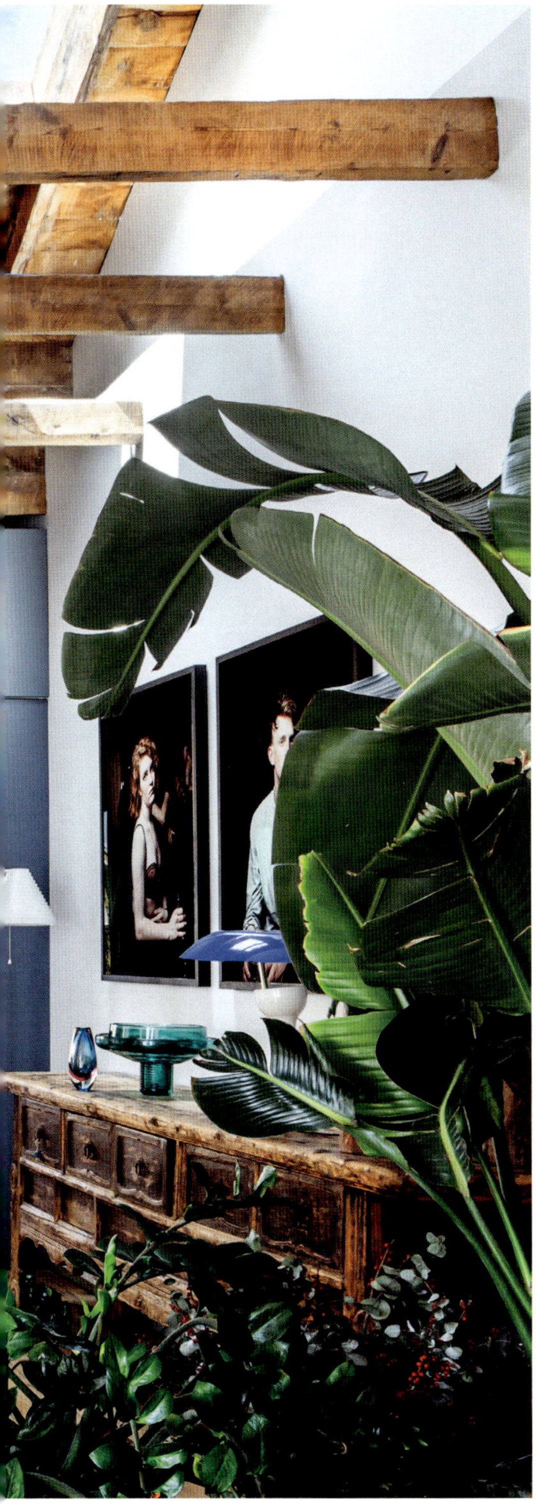

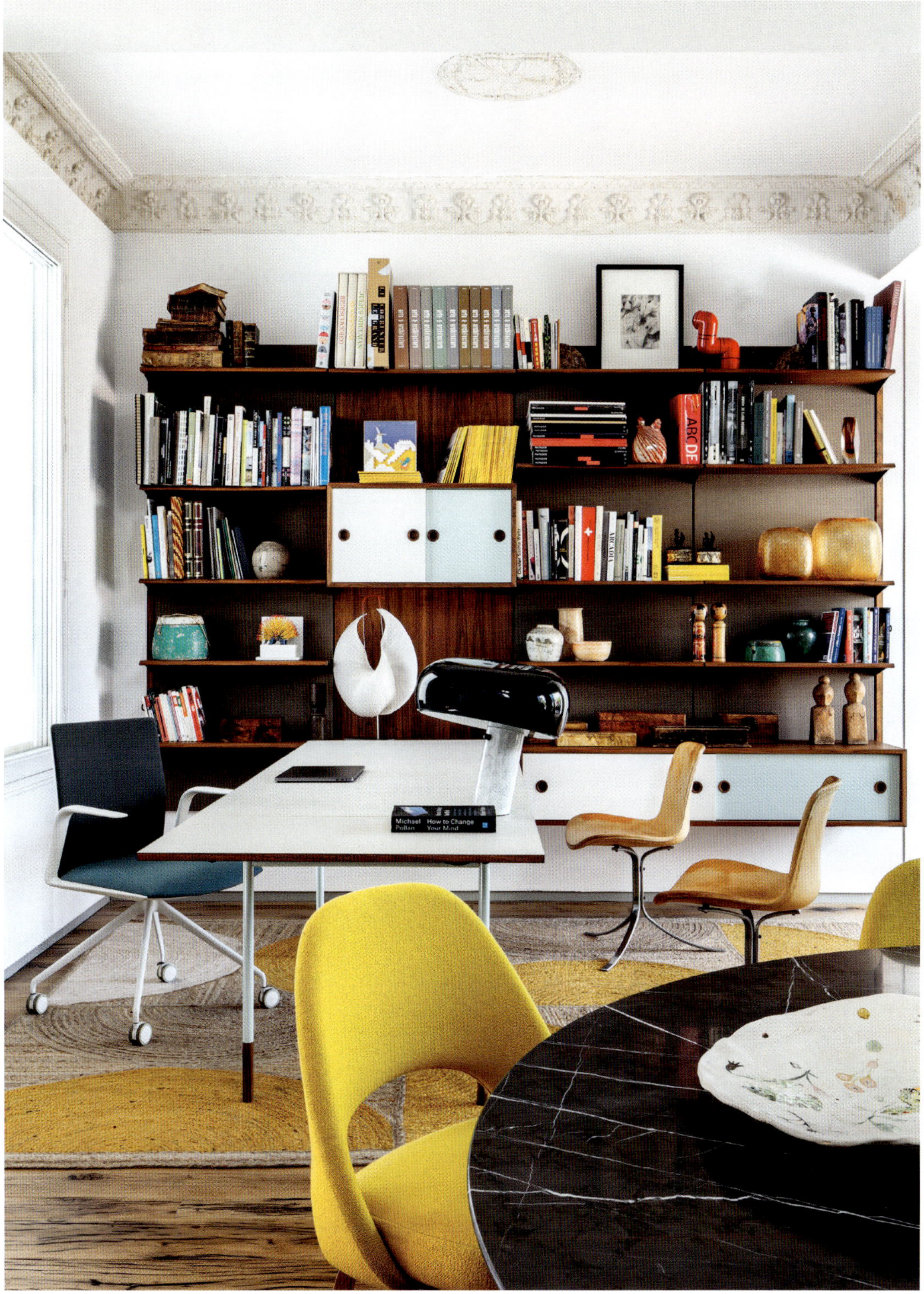
Michael Pollan
How to Change Your Mind

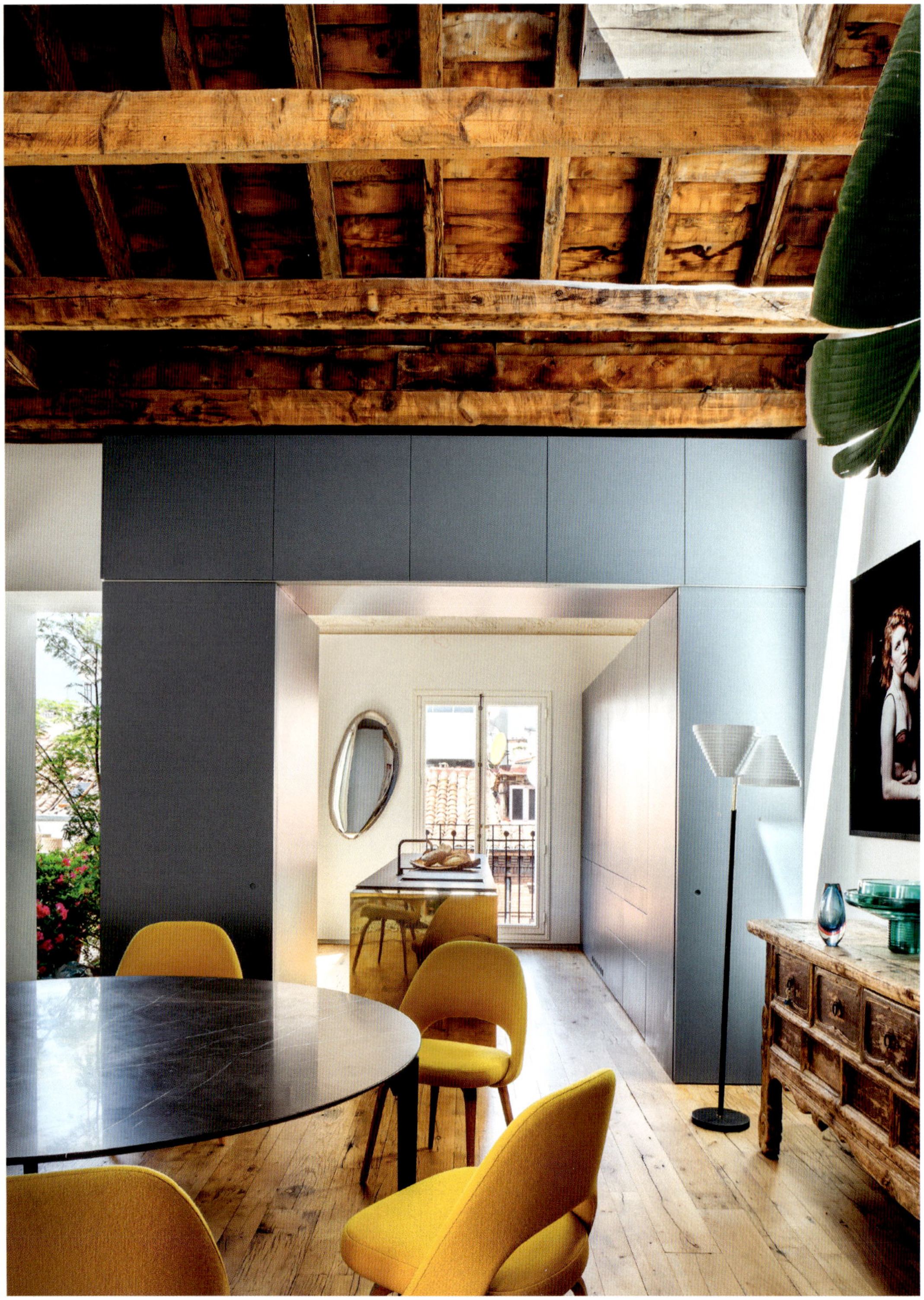

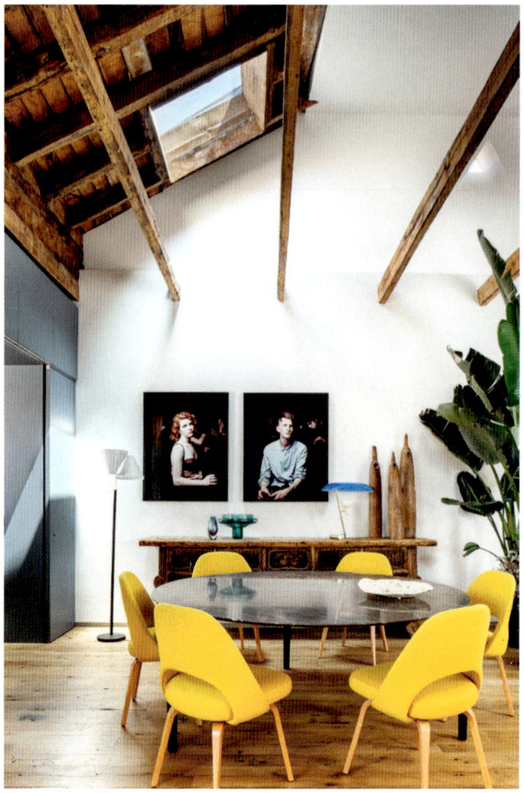

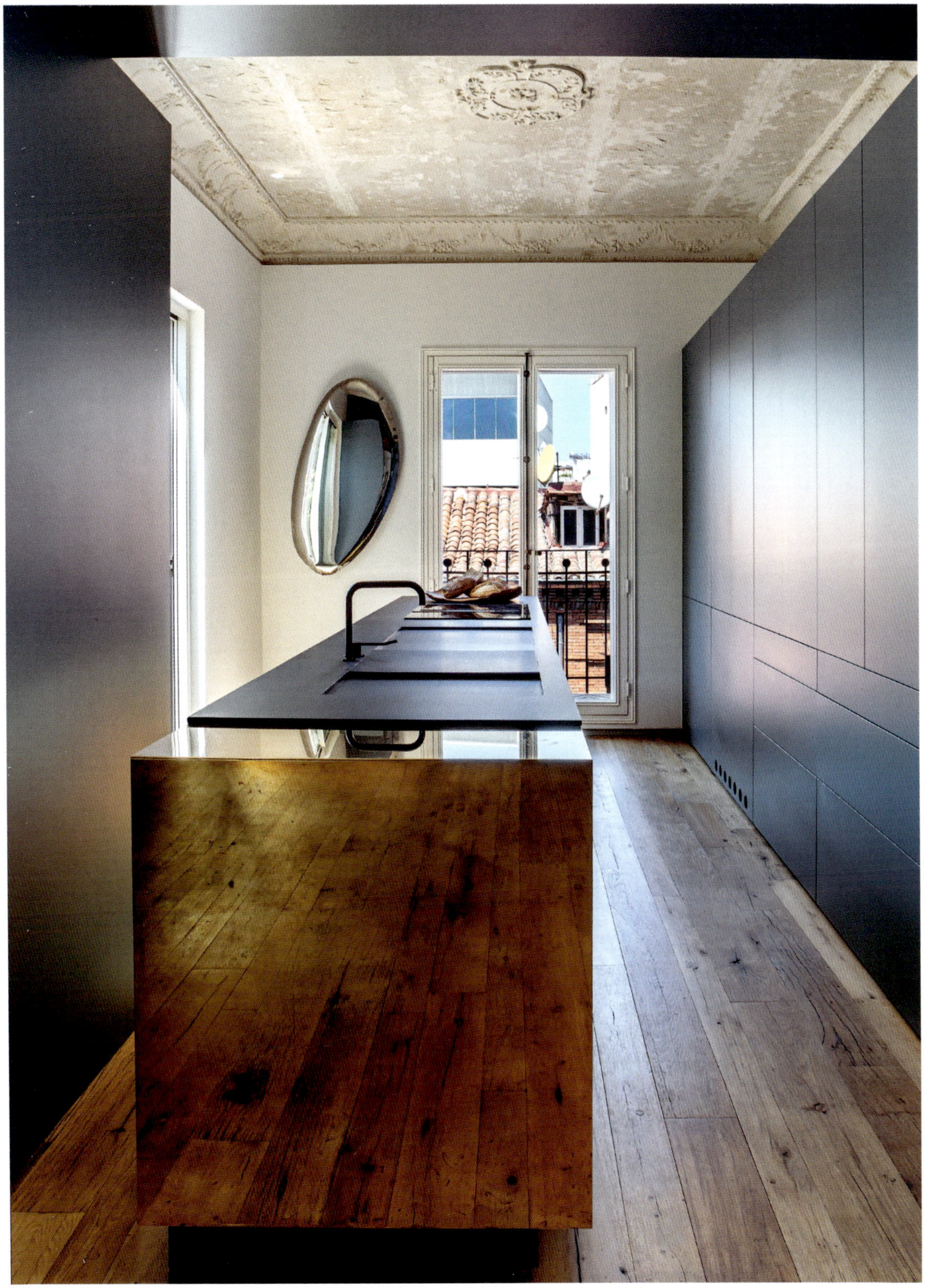

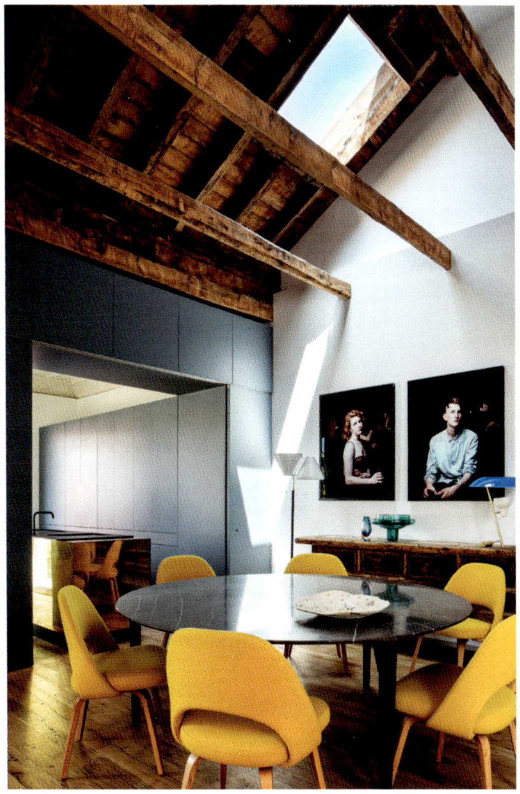

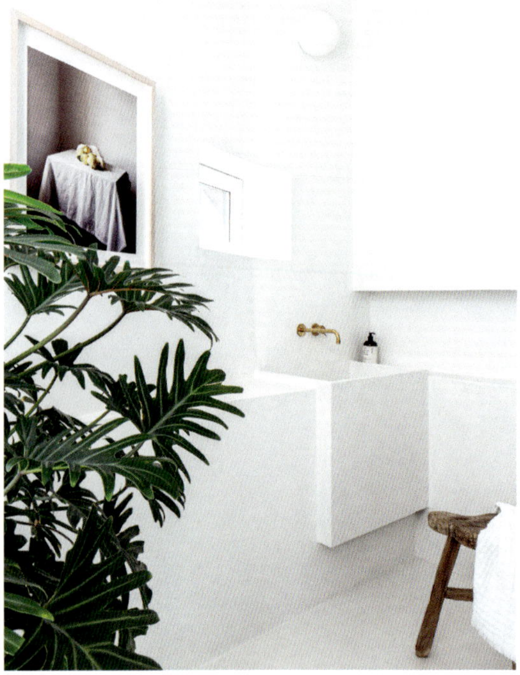

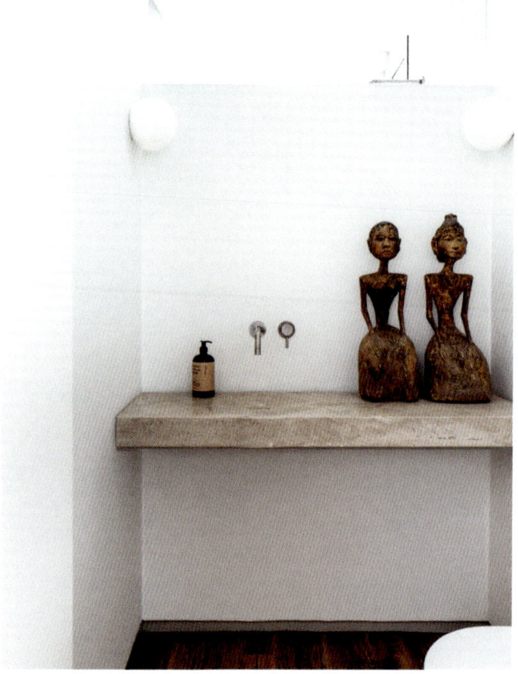

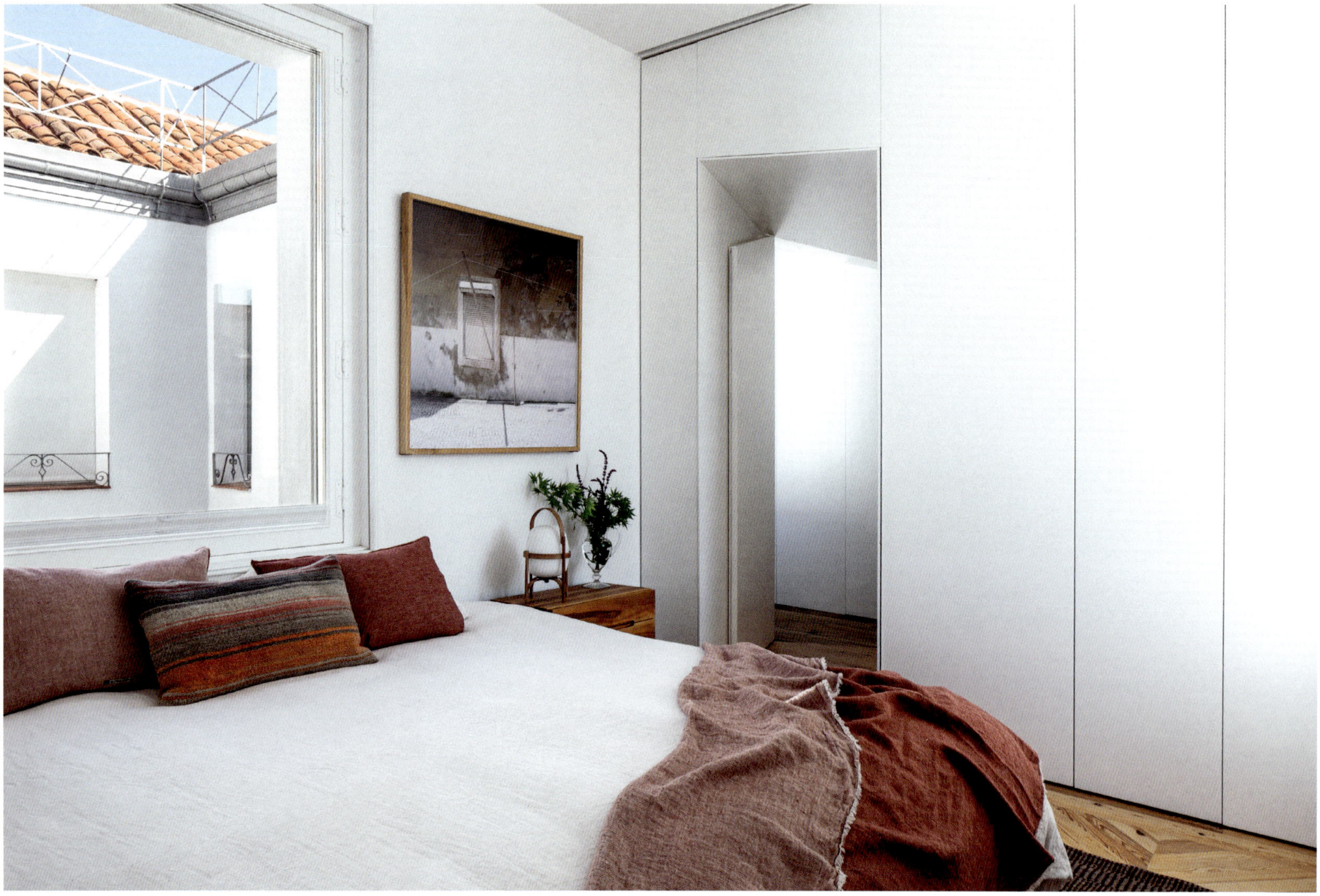

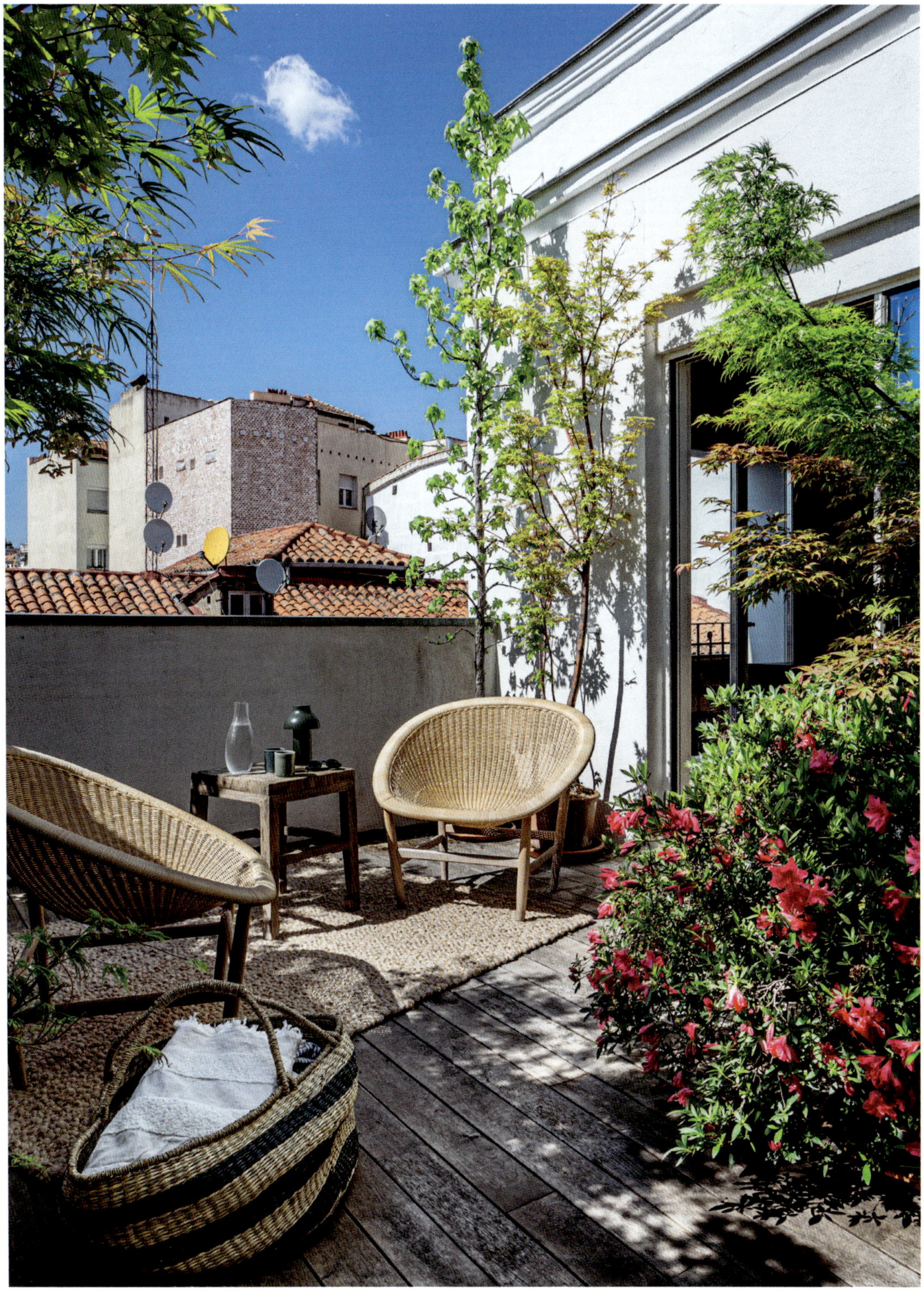

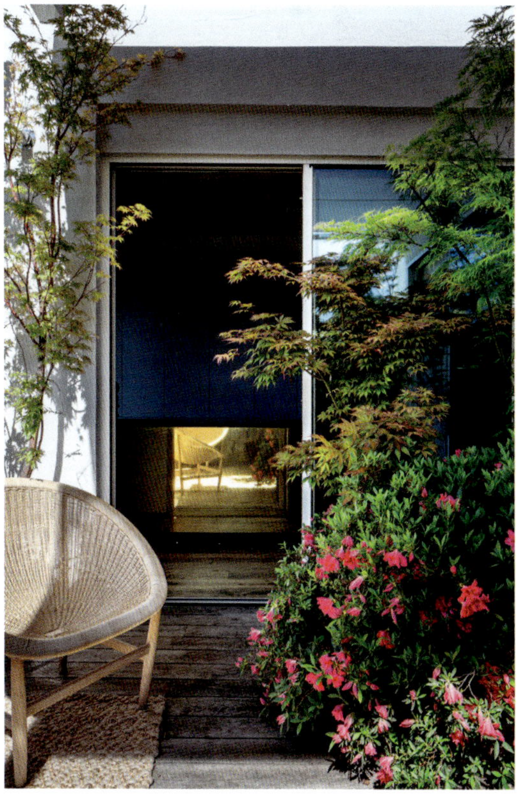

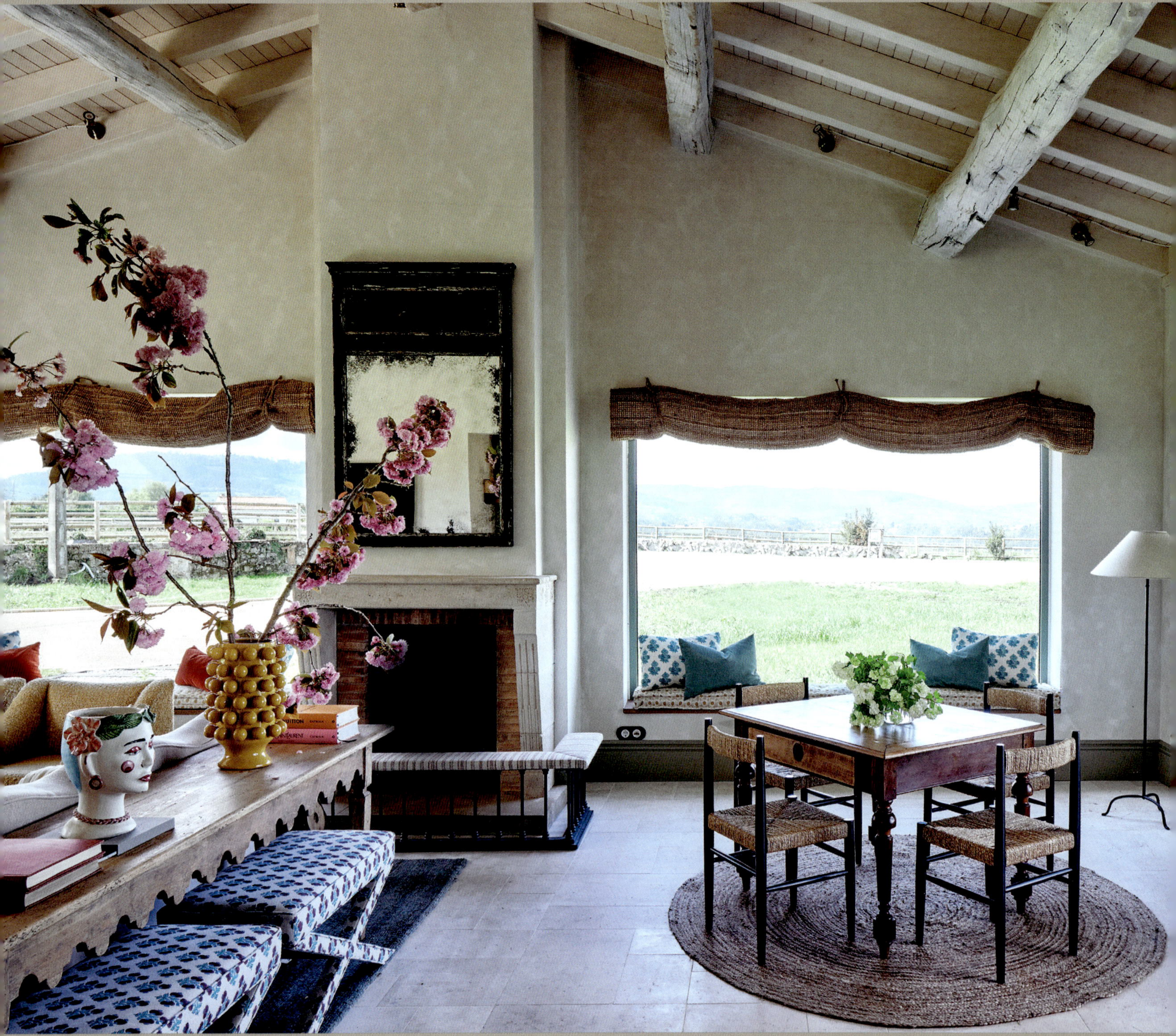

A graduate in Interior Architecture from the Polytechnic University of Madrid, Alejandra Pombo began her career in the studio of interior designer Pascua Ortega. In 2010, she started her own company, Alejandra Pombo Estudio. Her ever-expanding team has tackled a wide range of projects, from private residences to spaces in the metaverse, clinics, restaurants and hotels, both nationally and internationally.
Renowned hospitality groups such as "Paraguas", "Grupo la Ancha", and "Baldoria Group", along with prominent chefs such as Paco Roncero and Jesús Sánchez, have placed their trust in her for their most recent projects. In the hotel sector, she has left her mark on prestigious chains such as Vincci, One Shot Hoteles, and Kaizen.

Alejandra Pombo, Absolventin der Innenarchitektur an der Polytechnischen Universität Madrid, begann ihre Karriere im Studio des Innenarchitekten Pascua Ortega. Im Jahr 2010 gründete sie ihr eigenes Unternehmen, das Alejandra Pombo Interior Design Studio. Ihr stetig wachsendes Team hat eine Vielzahl von Projekten bearbeitet, von privaten Residenzen bis hin zu Räumen im Metaversum, Kliniken, Restaurants und Hotels, sowohl national als auch international.
Angesehene Gastgewerbebetriebe wie „Paraguas", „Grupo la Ancha" und „Baldoria Group" sowie herausragende Köche wie Paco Roncero und Jesús Sánchez haben ihr Vertrauen in ihre neuesten Projekte gesetzt. Im Hotelbereich hat sie ihre Spuren in renommierten Ketten wie Vincci, One Shot Hotels und Kaizen hinterlassen.

Diplômée en architecture d'intérieur de l'Université polytechnique de Madrid, Alejandra Pombo a commencé sa carrière dans le studio de l'architecte d'intérieur Pascua Ortega. En 2010, elle a créé sa propre entreprise, Alejandra Pombo Estudio. Son équipe, qui ne cesse de s'agrandir, s'est attaquée à un large éventail de projets, allant des résidences privées aux espaces du métavers, en passant par les cliniques, les restaurants et les hôtels, tant au niveau national qu'international.
Des groupes hôteliers de renom tels que « Paraguas », « Grupo la Ancha » et « Baldoria Group », ainsi que d'éminents chefs cuisiniers comme Paco Roncero et Jesús Sánchez, lui ont fait confiance pour leurs projets les plus récents. Dans le secteur hôtelier, elle a marqué de son empreinte des chaînes prestigieuses telles que Vincci, One Shot Hoteles et Kaizen.

Graduada en Arquitectura de Interiores por la Universidad Politécnica de Madrid, Alejandra Pombo, inició su trayectoria en el estudio del interiorista Pascua Ortega. En 2010, dio paso a su propia empresa, Alejandra Pombo Estudio. Su equipo, en constante expansión, ha abordado una amplia gama de proyectos, desde residencias privadas hasta espacios en el metaverso, clínicas, restaurantes y hoteles, tanto a nivel nacional como internacional.
Reconocidos grupos de hostelería como «Paraguas», «Grupo la Ancha», y «Baldoria Group», junto a destacados chefs como Paco Roncero y Jesús Sánchez, han depositado su confianza en ella para sus proyectos más recientes. En el ámbito hotelero, ha dejado su huella en cadenas prestigiosas como Vincci, One Shot Hoteles, y Kaizen.

**ALEJANDRA POMBO
ESTUDIO DE INTERIORISMO**

ALEJANDRA POMBO

www.alejandrapombo.com

# HOUSE IN GIJÓN

ASTURIAS, SPAIN || PHOTOS © PABLO SARABIA

The owners commissioned the construction of this house with the Cantabrian Sea as a backdrop and surrounded by meadows and wooded hills, as a retreat to disconnect and enjoy their competition horses. For the interior design, they entrusted Alejandra Pombo to create a style that combines classic and contemporary, with a rustic local touch. Local wood dominates in the carpentry, together with recovered pieces, such as the reused railway sleepers in the ceiling beams. In the common areas, stucco paint reproduces a rural atmosphere. In other parts of the house, wallpapers by Phillip Jeffries, Lewis & Wood and Morris & Co. are used, with vegetal and geometric patterns, which also adorn the upholstered furniture. These pieces have been designed by the interior designer exclusively for the home. The furniture combines antique pieces with modern designs, such as the carved marble washbasins in the bathrooms. In the living room, an eclectic mix of antique and contemporary furniture completes a cosy and unique atmosphere.

Die Besitzer beauftragten den Bau dieses Hauses mit dem Kantabrischen Meer im Hintergrund und umgeben von Wiesen und bewaldeten Hügeln als Rückzugsort, um abzuschalten und ihre Wettkampfpferde zu genießen. Für das Innendesign vertrauten sie auf Alejandra Pombo, die ihren Stil aus Klassik und Moderne mit einem einheimischen rustikalen Touch verlieh. Einheimisches Holz dominiert in den Schreinereien, zusammen mit wiederverwendeten Stücken wie den alten Bahnschwellen, die in der Dachkonstruktion wiederverwendet wurden. In den Gemeinschaftsbereichen reproduziert der Stuckanstrich eine ländliche Atmosphäre. In anderen Teilen des Hauses werden Tapeten von Phillip Jeffries, Lewis & Wood und Morris & Co. verwendet, mit pflanzlichen und geometrischen Mustern, die auch die gepolsterten Möbel schmücken. Diese Stücke wurden exklusiv von der Innenarchitektin für das Haus entworfen. Die Möbel kombinieren Antiquitäten mit modernen Designs, wie die marmortallierten Waschbecken in den Bädern. Im Wohnzimmer vervollständigt eine eklektische Mischung aus antiken und zeitgenössischen Möbeln eine gemütliche und einzigartige Atmosphäre.

Les propriétaires ont fait construire cette maison avec la mer Cantabrique en toile de fond et entourée de prairies et de collines boisées, afin de pouvoir se déconnecter et profiter de leurs chevaux de compétition. Pour la décoration intérieure, ils ont confié à Alejandra Pombo le soin de créer un style alliant le classique et le contemporain, avec une touche rustique locale. Le bois local domine dans la menuiserie, avec des pièces récupérées, comme les traverses de chemin de fer réutilisées dans les poutres du plafond. Dans les parties communes, la peinture en stuc reproduit une atmosphère rurale. Dans d'autres parties de la maison, des papiers peints de Phillip Jeffries, Lewis & Wood et Morris & Co. sont utilisés, avec des motifs végétaux et géométriques, qui ornent également les meubles rembourrés. Ces pièces ont été conçues par l'architecte d'intérieur exclusivement pour la maison. Le mobilier associe des pièces anciennes à des motifs modernes, comme les lavabos en marbre sculpté dans les salles de bains. Dans le salon, un mélange éclectique de meubles anciens et contemporains crée une atmosphère unique et chaleureuse.

Los propietarios encargaron la construcción de esta casa frente al Mar Cantábrico, y rodeada de prados y colinas boscosas, como un refugio para desconectar y disfrutar de sus caballos de competición. Para el diseño interior confiaron en Alejandra Pombo que imprimió su estilo combinando lo clásico y lo contemporáneo, con un toque rústico autóctono. La madera local domina en las carpinterías, junto con piezas recuperadas, como las traviesas de tren reutilizadas en la viguería del techo. En las áreas comunes, la pintura estuco reproduce un ambiente rural. En otras partes de la casa se utilizan papeles pintados de Phillip Jeffries, Lewis & Wood y Morris & Co., con estampados vegetales y geométricos, que también adornan los muebles tapizados. Estas piezas han sido diseñadas por la interiorista en exclusiva para la vivienda. El mobiliario combina piezas de anticuario con diseños modernos, como los lavabos de mármol tallado en los baños. En la sala, una mezcla ecléctica de muebles antiguos y contemporáneos completa un ambiente acogedor y único.

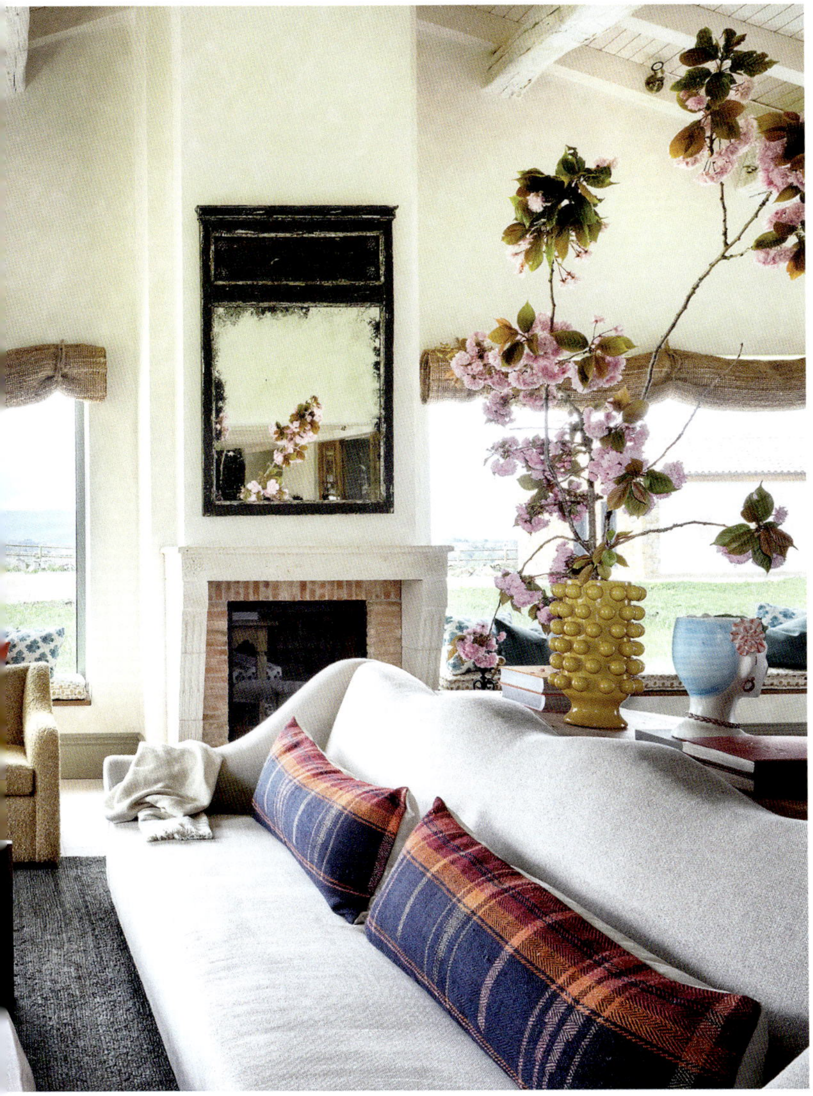
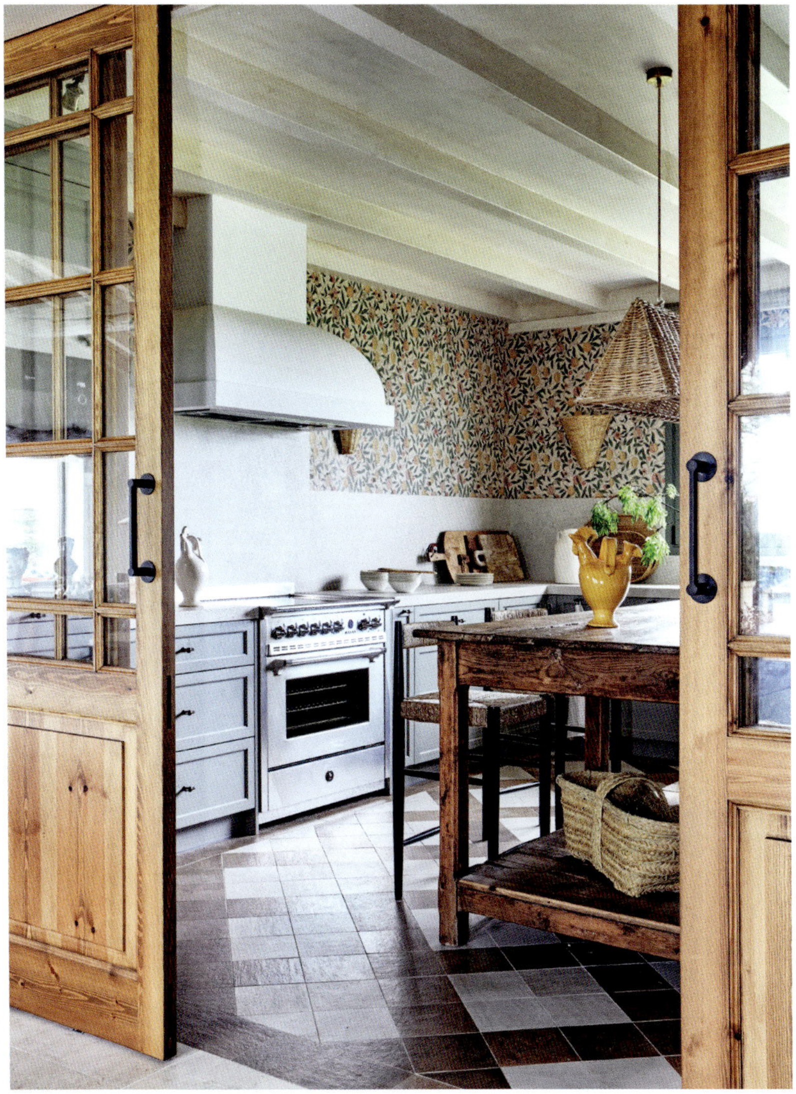
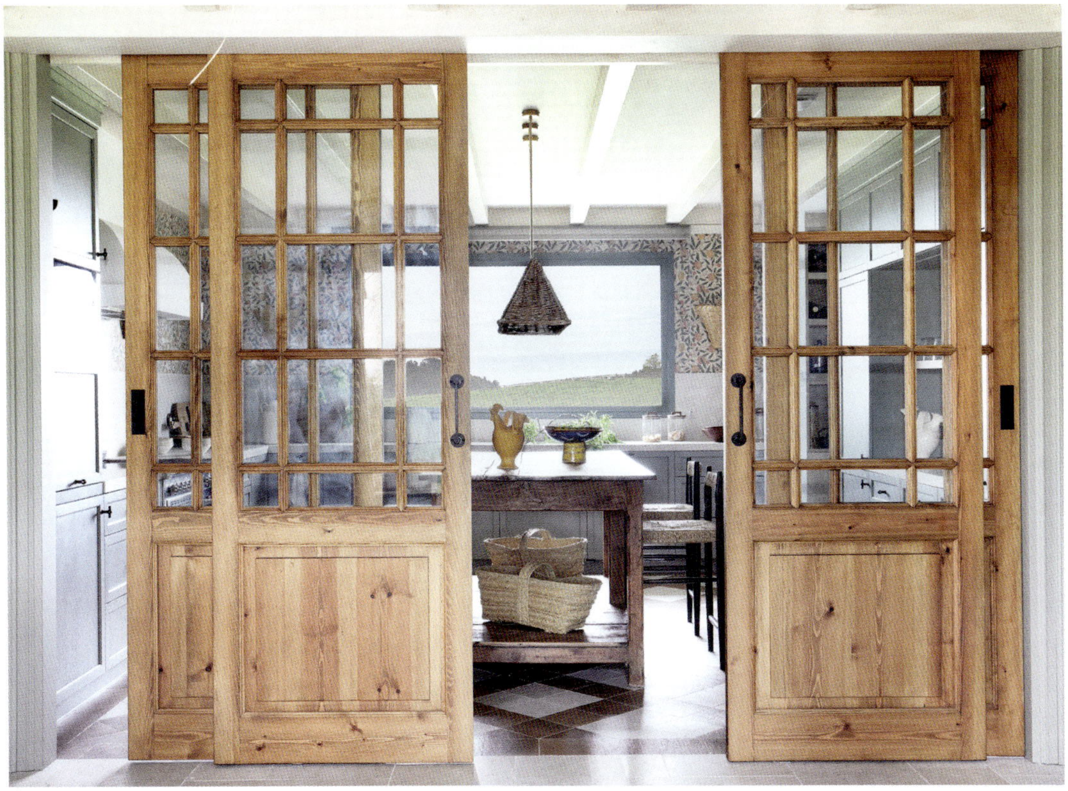

20

21

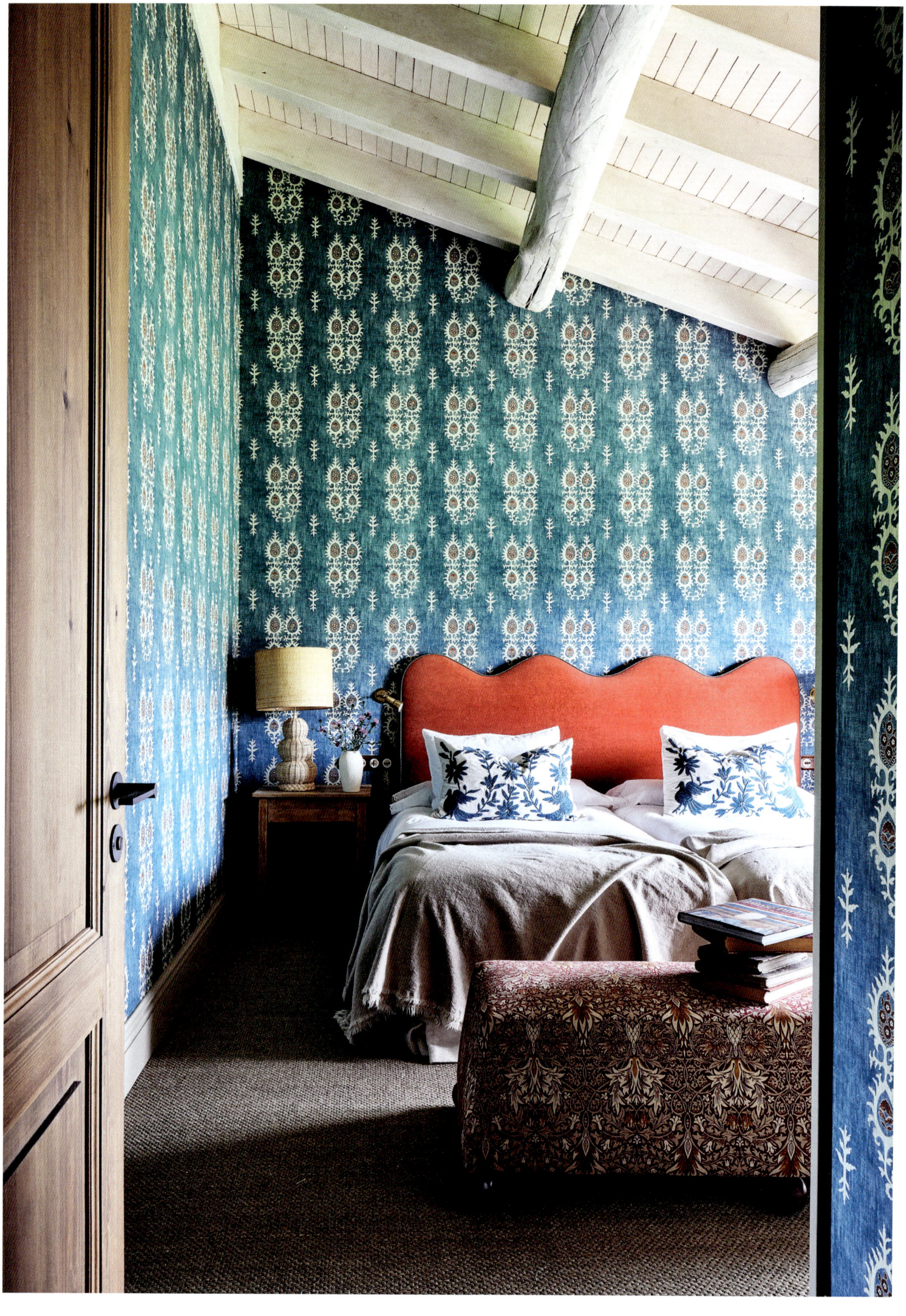

23

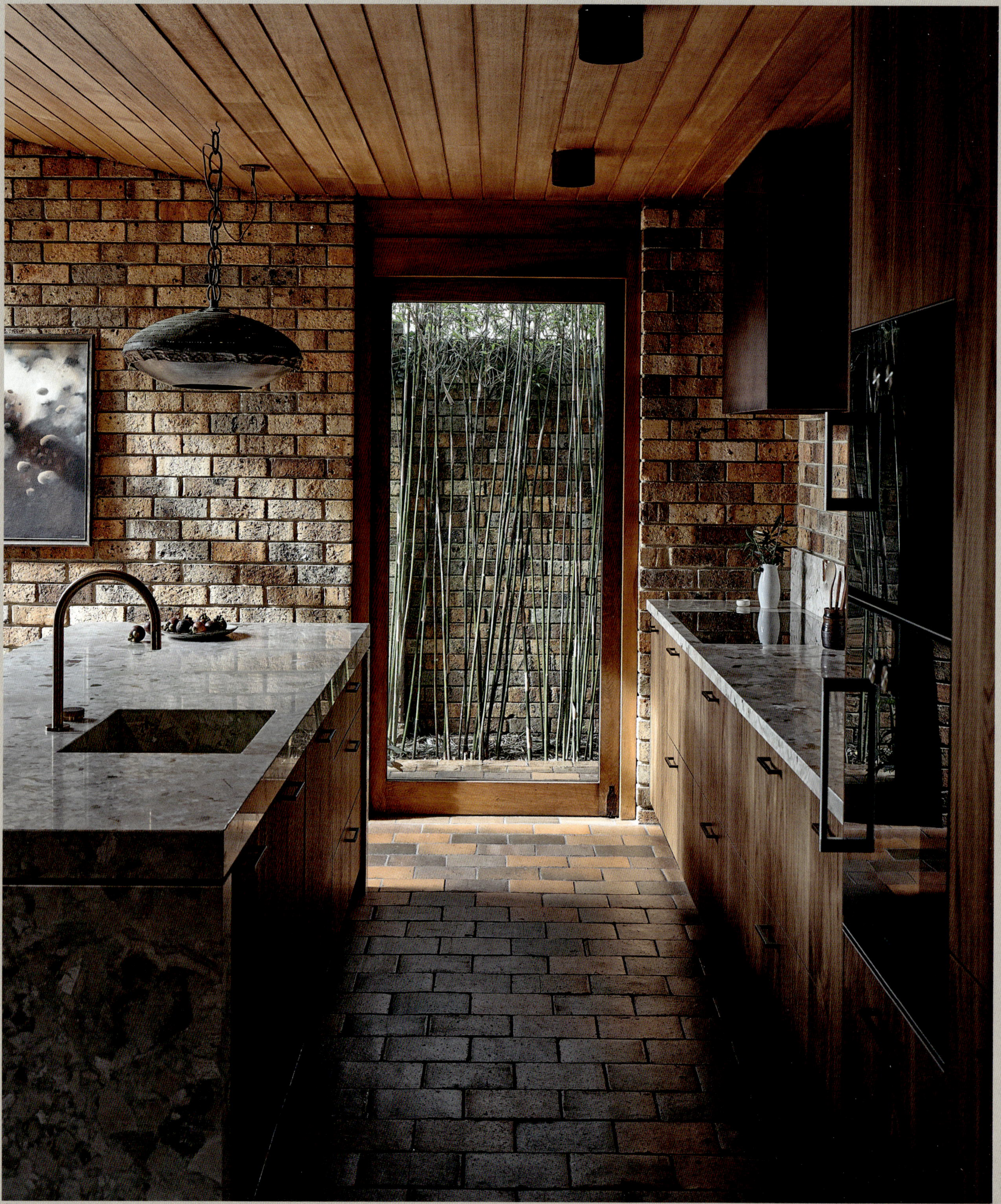

23

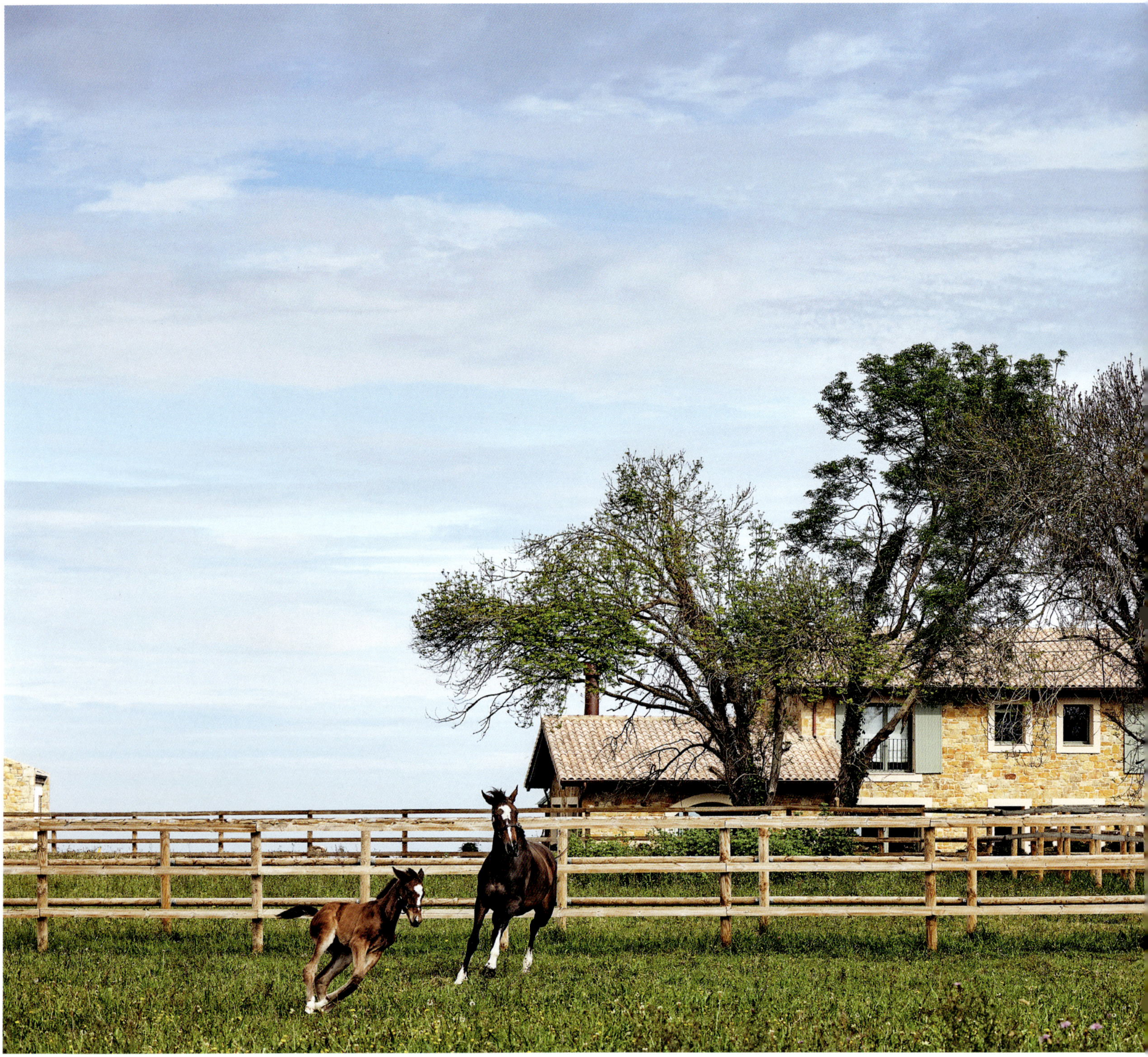

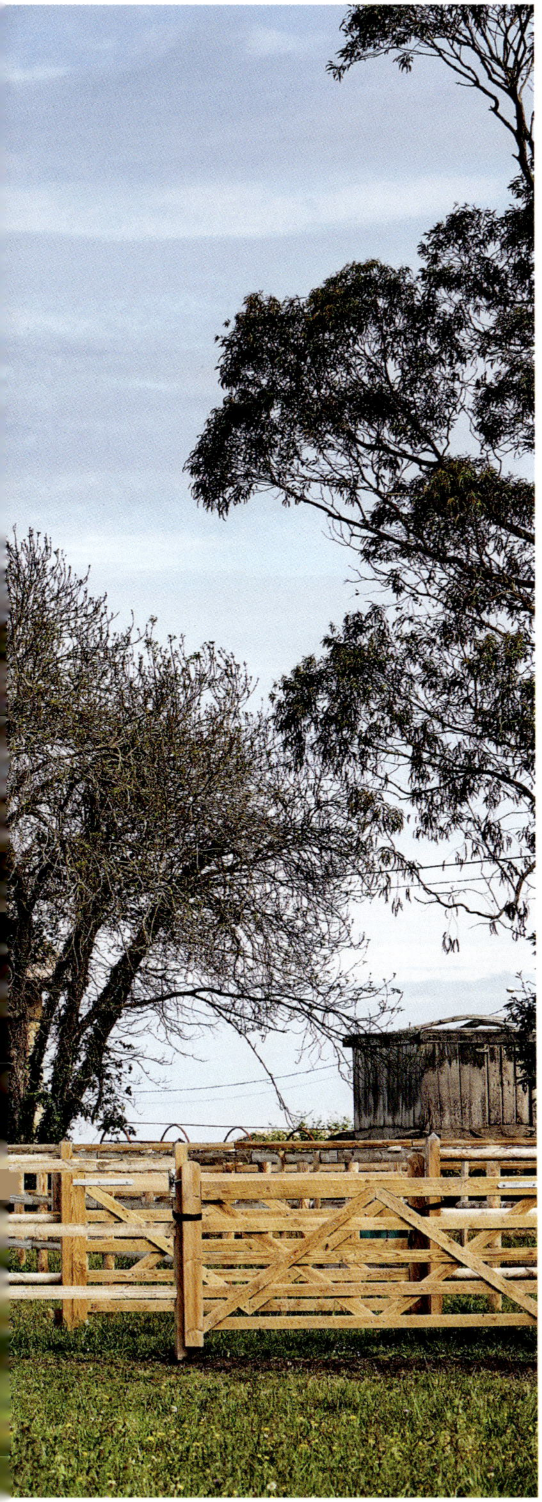

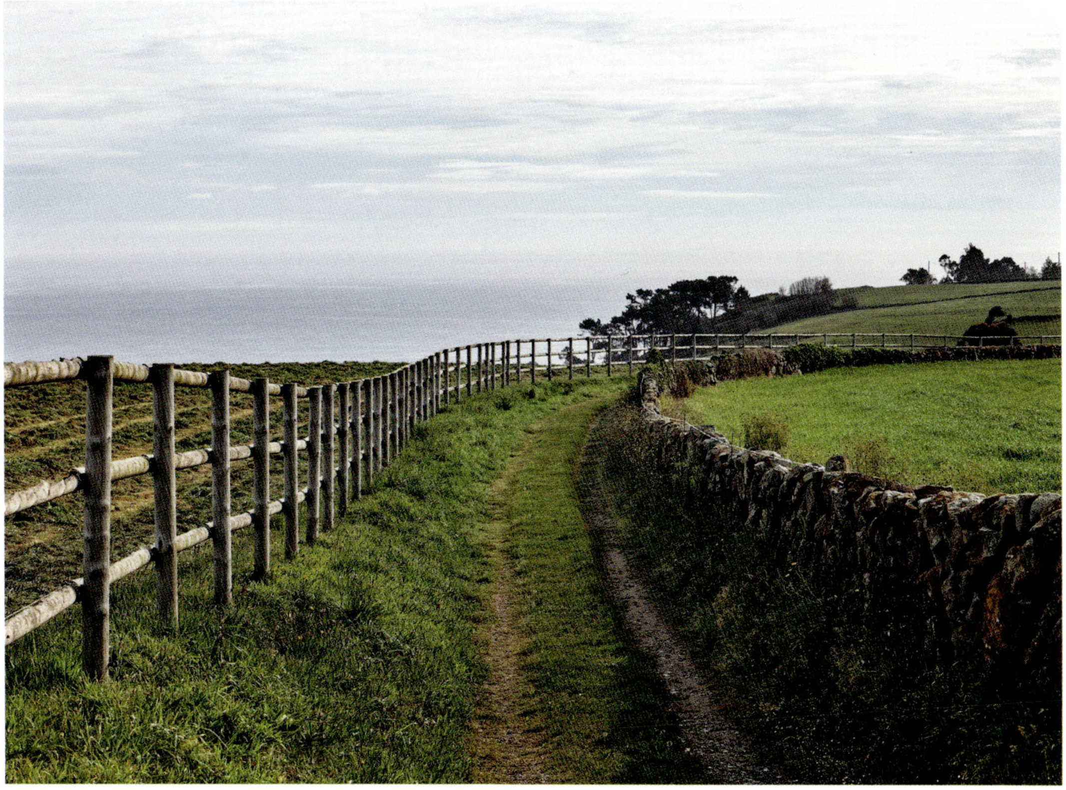

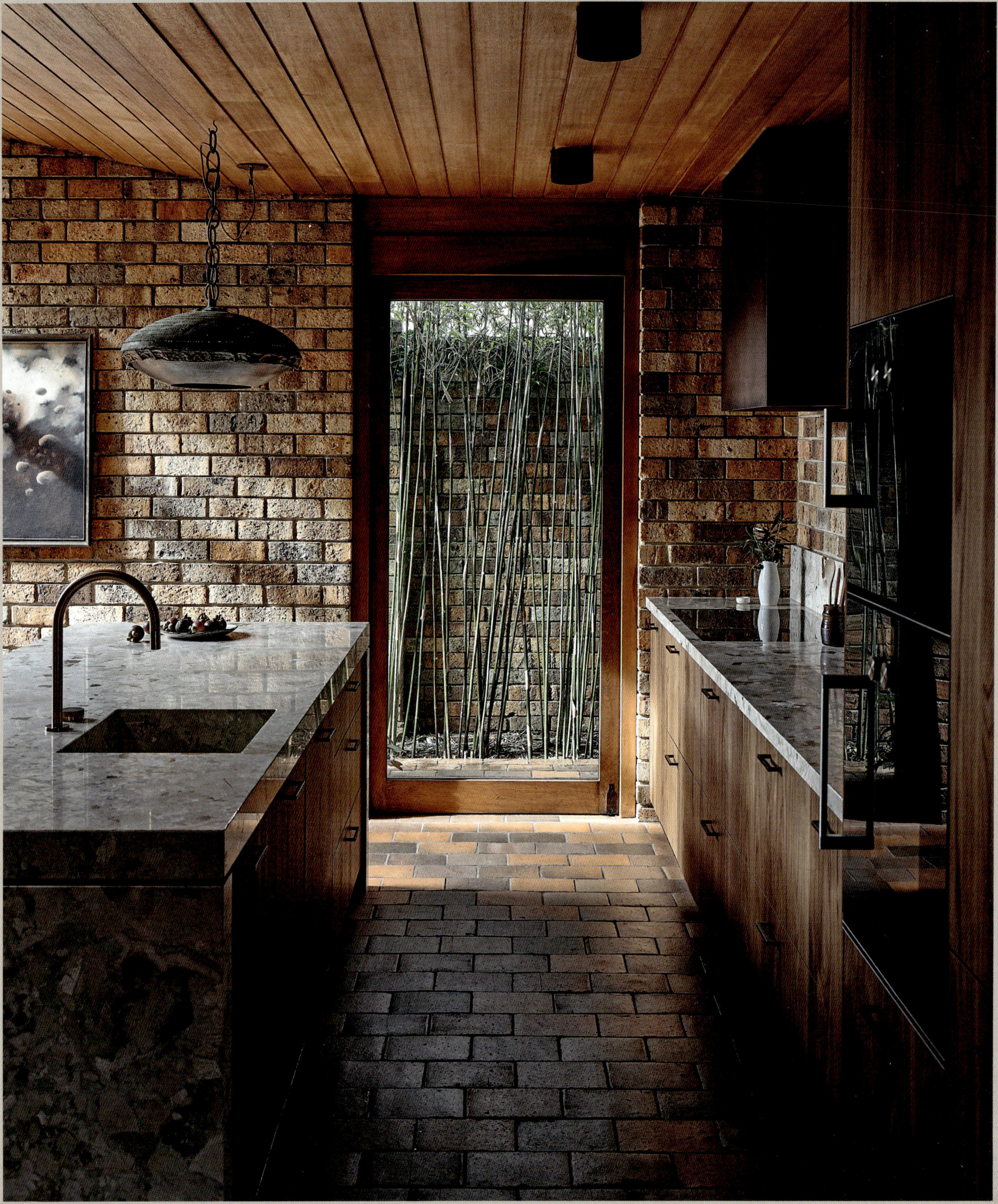

Alexi Robinson founded her interior design studio in Hong Kong in 2009, after working for many years in Europe and Southeast Asia. The firm, now based in Melbourne, specializes in residential projects.

Her work aims to reflect the identities, values, and stories of each project to create authentic interiors in contemporary settings. Her portfolio includes comprehensive updates of iconic mid-century modernist homes in Australia.

Among her most recognized works are the Taipei Residence, Hong Kong's first speakeasy bar, 001, and her collaboration with Tom Dixon's studio in London. The designer shares her experience working with brands and businesses on creative strategy.

Alexi Robinson gründete ihr Studio für Innenarchitektur in Hongkong im Jahr 2009, nachdem sie viele Jahre in Europa und Südostasien gearbeitet hatte. Das heute in Melbourne ansässige Unternehmen ist auf Wohnprojekte spezialisiert.

Ihre Arbeit zielt darauf ab, die Identitäten, Werte und Geschichten jedes Projekts widerzuspiegeln, um authentische Innenräume in zeitgenössischen Umgebungen zu schaffen. Ihr Portfolio umfasst umfassende Aktualisierungen von ikonischen modernistischen Häusern aus den mittleren Jahren des 20. Jahrhunderts in Australien.

Zu ihren bekanntesten Arbeiten gehört die Taipei Residence, die erste Geheimbar in Hongkong, das 001, und ihre Zusammenarbeit mit dem Studio von Tom Dixon in London. Die Designerin teilt ihre Erfahrung in der Arbeit mit Marken und Unternehmen über die kreative Strategie.

Alexi Robinson a fondé son studio de design d'intérieur à Hong Kong en 2009, après avoir travaillé pendant de nombreuses années en Europe et en Asie du Sud-Est. Le cabinet, aujourd'hui basé à Melbourne, est spécialisé dans les projets résidentiels.

Son travail cherche à refléter les identités, les valeurs et les histoires de chaque projet, afin de créer des intérieurs authentiques dans des environnements contemporains. Son portefeuille comprend des mises à jour complètes de maisons modernistes emblématiques du milieu du siècle en Australie.

Parmi ses œuvres les plus reconnaissables figurent la Taipei Residence, le premier bar clandestin de Hong Kong, 001, et sa collaboration avec le studio londonien de Tom Dixon. La designer partage son expérience de la collaboration avec les marques et les entreprises en matière de stratégie créative.

Alexi Robinson fundó su estudio de diseño de interiores en Hong Kong en 2009, después de haber trabajado durante muchos años en Europa y el sudeste asiático. La firma, que hoy tiene su sede en Melbourne, se especializa en proyectos residenciales.

Su trabajo busca reflejar las identidades, valores e historias de cada proyecto, para crear interiores auténticos en entornos contemporáneos. Su portafolio incluye actualizaciones comprensivas de casas modernistas icónicas de mediados de siglo en Australia.

Entre sus trabajos más reconocidos se encuentra la Taipei Residence, el primer bar clandestino de Hong Kong, el 001, y su colaboración con el estudio de Tom Dixon en Londres. La diseñadora comparte su experiencia al trabajo con marcas y negocios sobre la estrategia creativa.

**ALEXI ROBINSON**
ALEXI ROBINSON

www.alexirobinson.com

# HANNAN HOUSE 2

BEAUMARIS, MELBOURNE, AUSTRALIA || PHOTOS © DEREK SWALWELL

As a result of a collaboration between artist Shirley Hannan and architect Joe Palliser in the 1970s, this house is a mid-century gem, with its rustic masonry and rich wood accents. In 2023, the new owner asked Alexi Robinson to remodel the kitchen to improve its functionality while preserving the integrity of the rest of the home. The space was small and U-shaped, and the designer created a more spacious area. She worked carefully considering the exposed brick walls, floors, wooden ceilings, and tiles. She left the copper ceiling lights intact and slightly adjusted the location of the pendant lamp. Materials such as wood veneer, and fixtures in copper and bronze were chosen to maintain the original aesthetic. This, combined with marble countertops in earthy and olive tones, added lightness and texture to the space. This meticulous renovation highlights the importance of preserving mid-century architecture, ensuring its appreciation for generations to come.

Als Ergebnis einer Zusammenarbeit zwischen der Künstlerin Shirley Hannan und dem Architekten Joe Palliser in den 1970er Jahren ist dieses Haus ein Schmuckstück aus der Mitte des Jahrhunderts. Der neue Eigentümer beauftragte Alexi Robinson mit der Umgestaltung der Küche, um ihre Funktionalität zu verbessern und gleichzeitig die Integrität des restlichen Hauses zu bewahren. Sie arbeitete sehr sorgfältig und berücksichtigte dabei die freigelegten Ziegelwände, Böden, Holzdecken und Fliesen. Sie ließ die Kupferdeckenleuchten unberührt und justierte leicht die Position der Hängelampe. Es wurden Materialien wie Holzfurnier und Accessoires aus Kupfer und Bronze gewählt, um die ursprüngliche Ästhetik beizubehalten. Zusammen mit den marmorierten Arbeitsplatten in erdigen und olivenfarbenen Tönen verliehen sie dem Raum Leichtigkeit und Textur. Diese sorgfältige Renovierung unterstreicht die Bedeutung der Erhaltung der Architektur des Mid-Century-Stils und sichert deren Wertschätzung für kommende Generationen.

Fruit d'une collaboration entre l'artiste Shirley Hannan et l'architecte Joe Palliser dans les années 1970, cette maison est un joyau du milieu du siècle, avec sa maçonnerie rustique et ses riches accents de bois. En 2023, le nouveau propriétaire a demandé à Alexi Robinson de remodeler la cuisine pour améliorer sa fonctionnalité tout en conservant l'intégrité du reste de la maison. Elle a travaillé avec soin avec les murs en briques apparentes, les sols, les plafonds en bois et les carrelages. Elle a laissé les plafonniers en cuivre intacts et a légèrement modifié l'emplacement de la lampe suspendue. Il a opté pour des matériaux tels que le placage de bois et des luminaires en cuivre et en bronze afin de conserver l'esthétique d'origine. Ces matériaux, ainsi que les plans de travail en marbre dans des tons terreux et olive, ont ajouté de la légèreté et de la texture à l'espace. Cette rénovation méticuleuse souligne l'importance de la préservation de l'architecture du milieu du siècle, afin de garantir son appréciation par les générations à venir.

Fruto de la colaboración entre la artista Shirley Hannan y el arquitecto Joe Palliser en los años 70, esta casa es una joya de estilo mid-century, con su albañilería rústica y ricos acentos de madera. En 2023, el nuevo propietario le pidió a Alexi Robinson que remodelara la cocina para mejorar su funcionalidad, pero conservando la integridad del resto de la vivienda. La estancia era pequeña y en forma de «U», y la diseñadora creó un espacio más amplio. Trabajó con mucho cuidado teniendo en cuenta las paredes de ladrillo expuesto, suelos, techos de madera, y azulejos. Dejó intactas las luces de techo de cobre, y ajustó ligeramente la ubicación de la lámpara colgante. Se optó por materiales como chapa de madera, y accesorios en cobre y bronce para mantener la estética original. Esto, junto con las encimeras de mármol en tonos terrosos y aceitunados añadió ligereza y textura al espacio. Esta meticulosa renovación destaca la importancia de preservar la arquitectura mid-century, asegurando su apreciación por generaciones venideras.

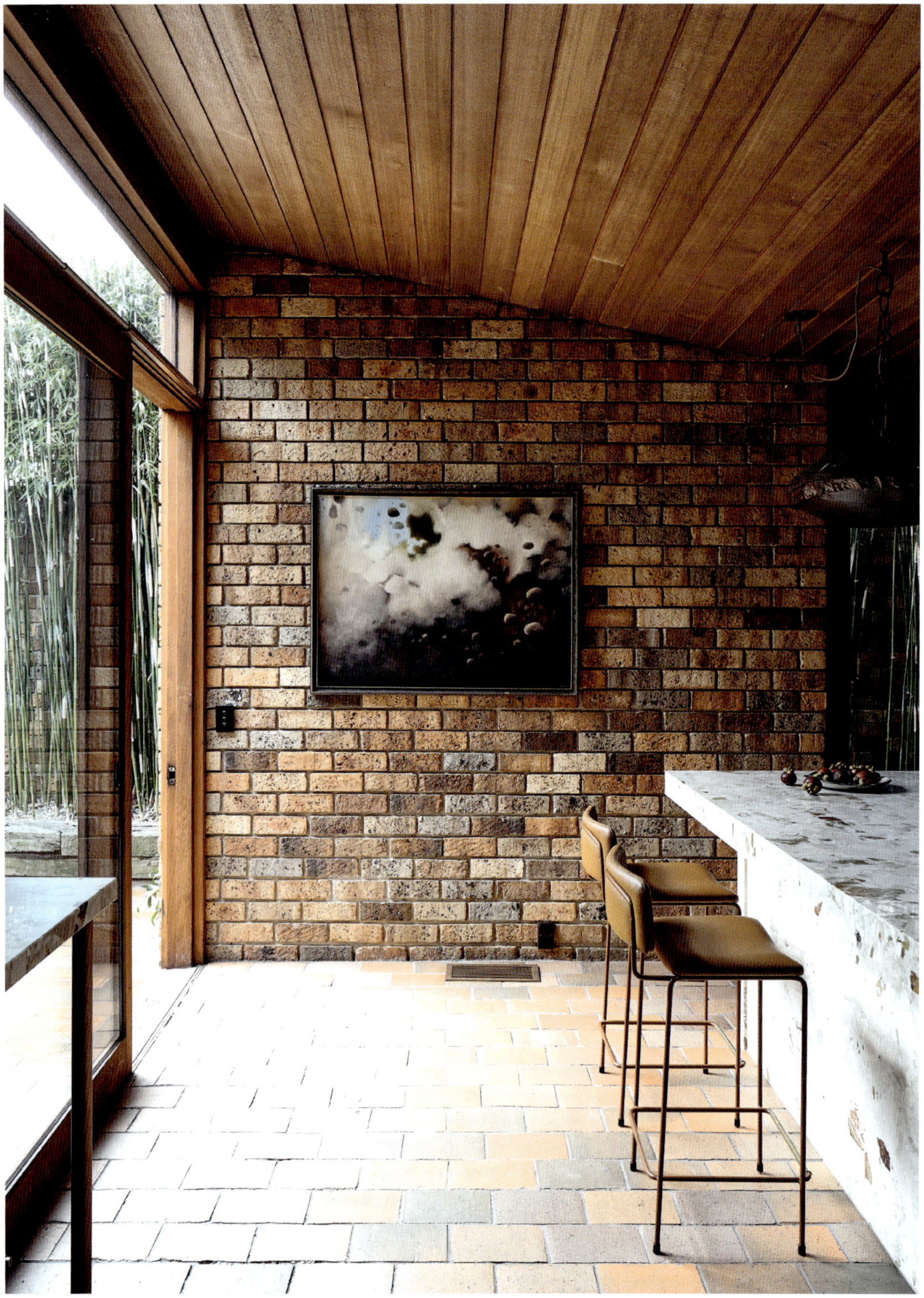

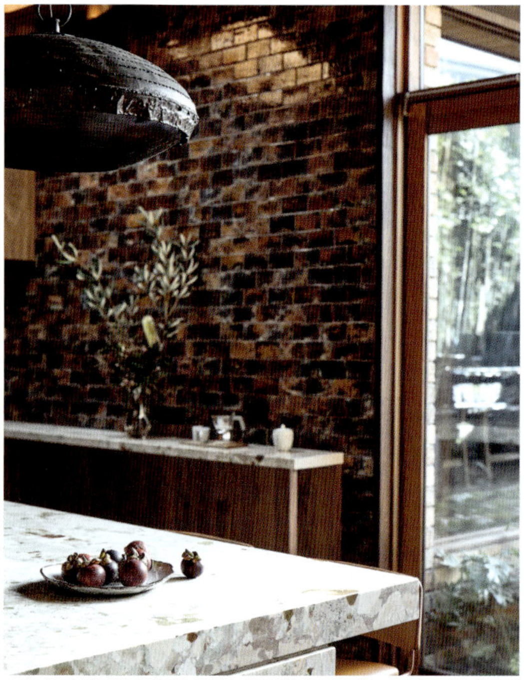

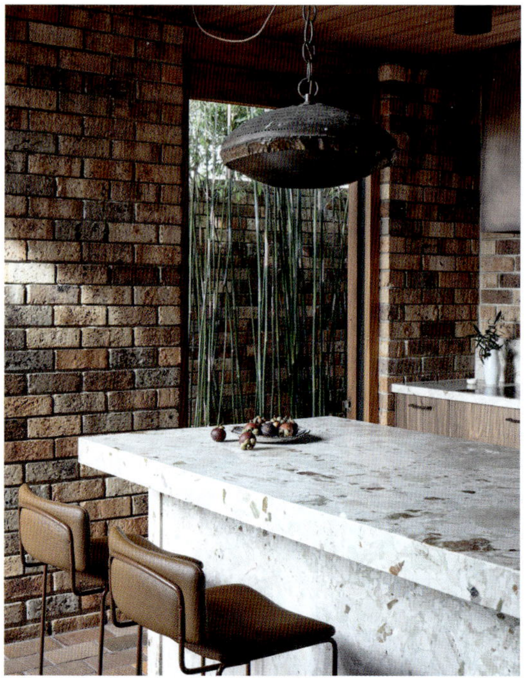

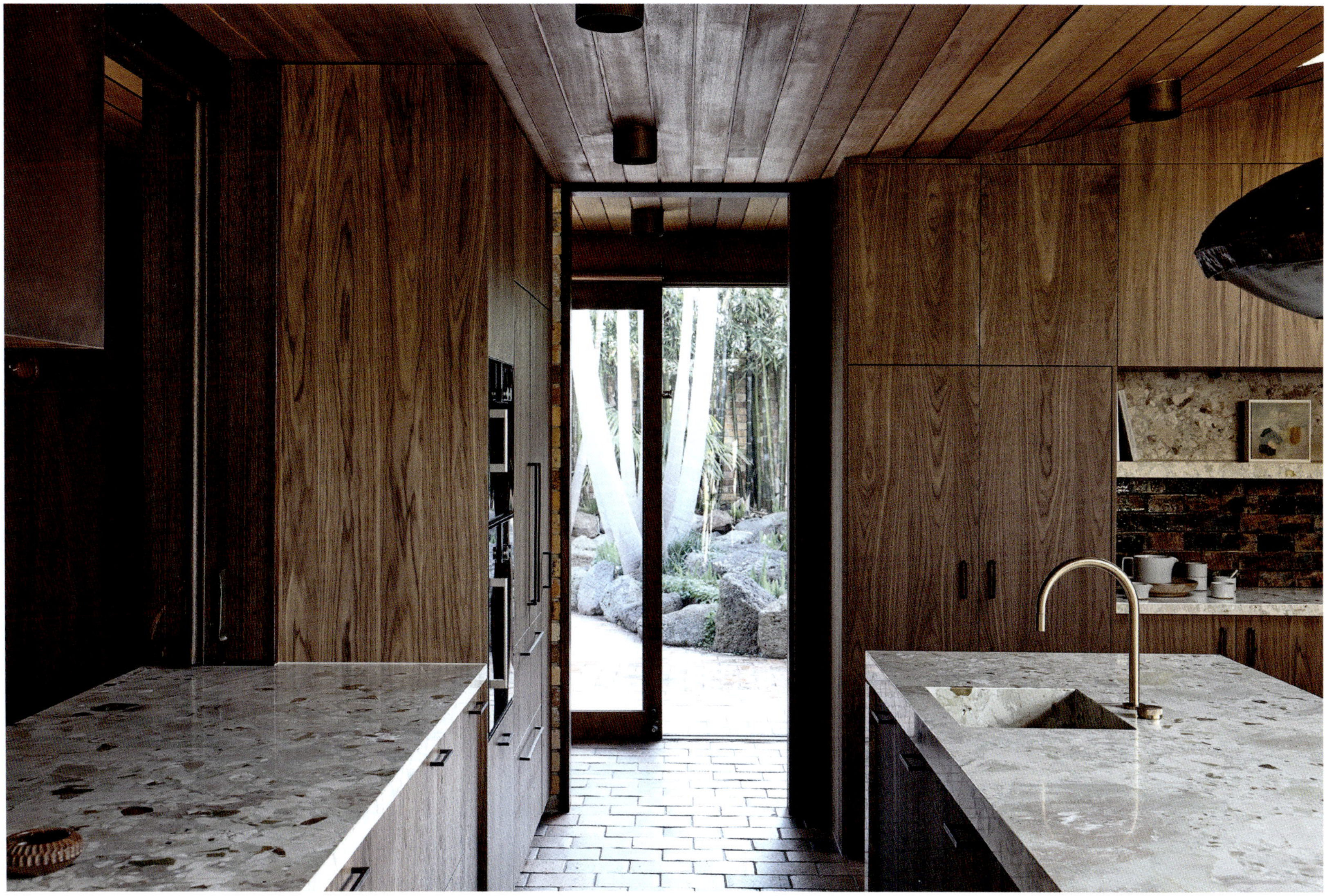

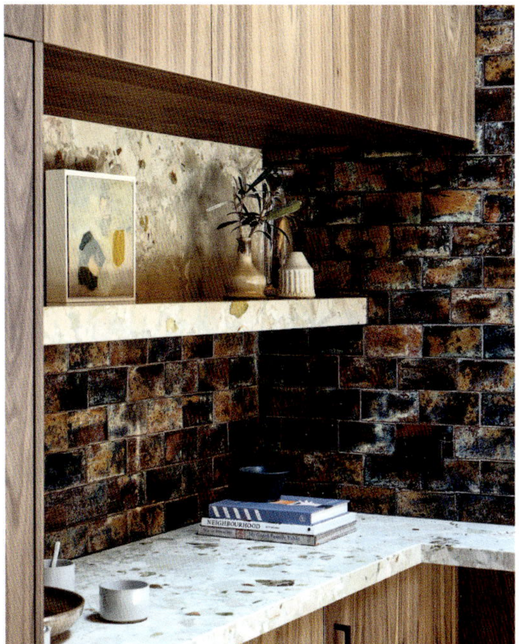

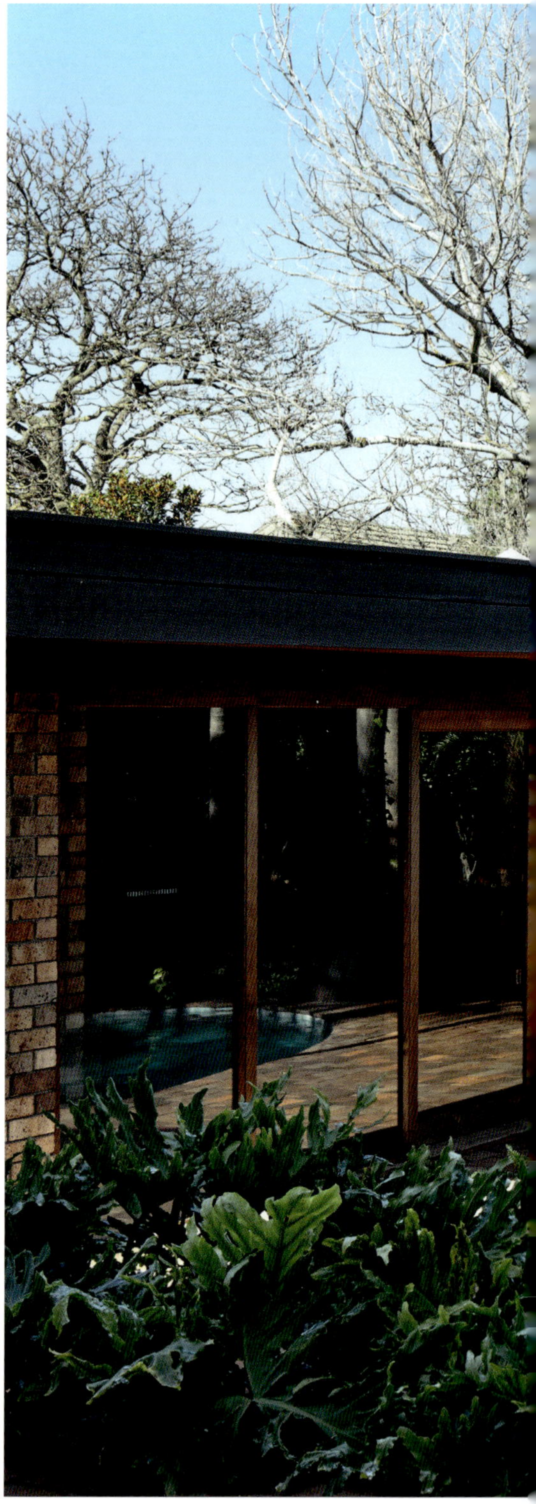

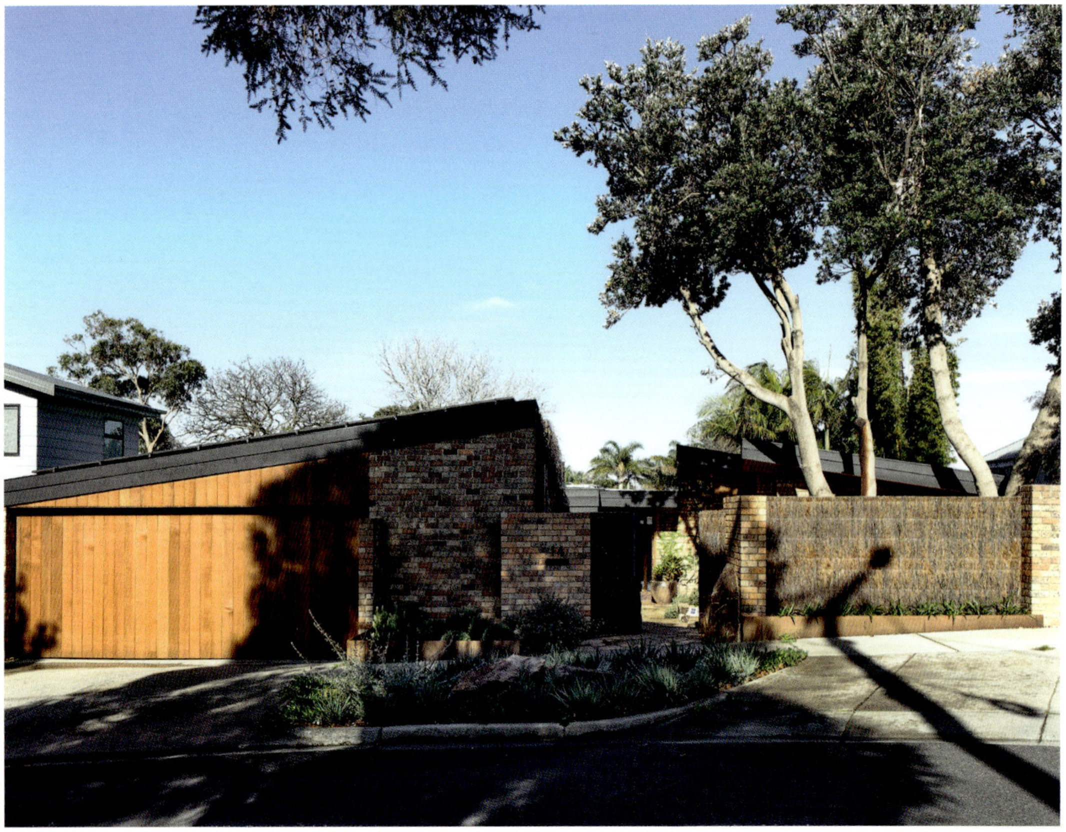

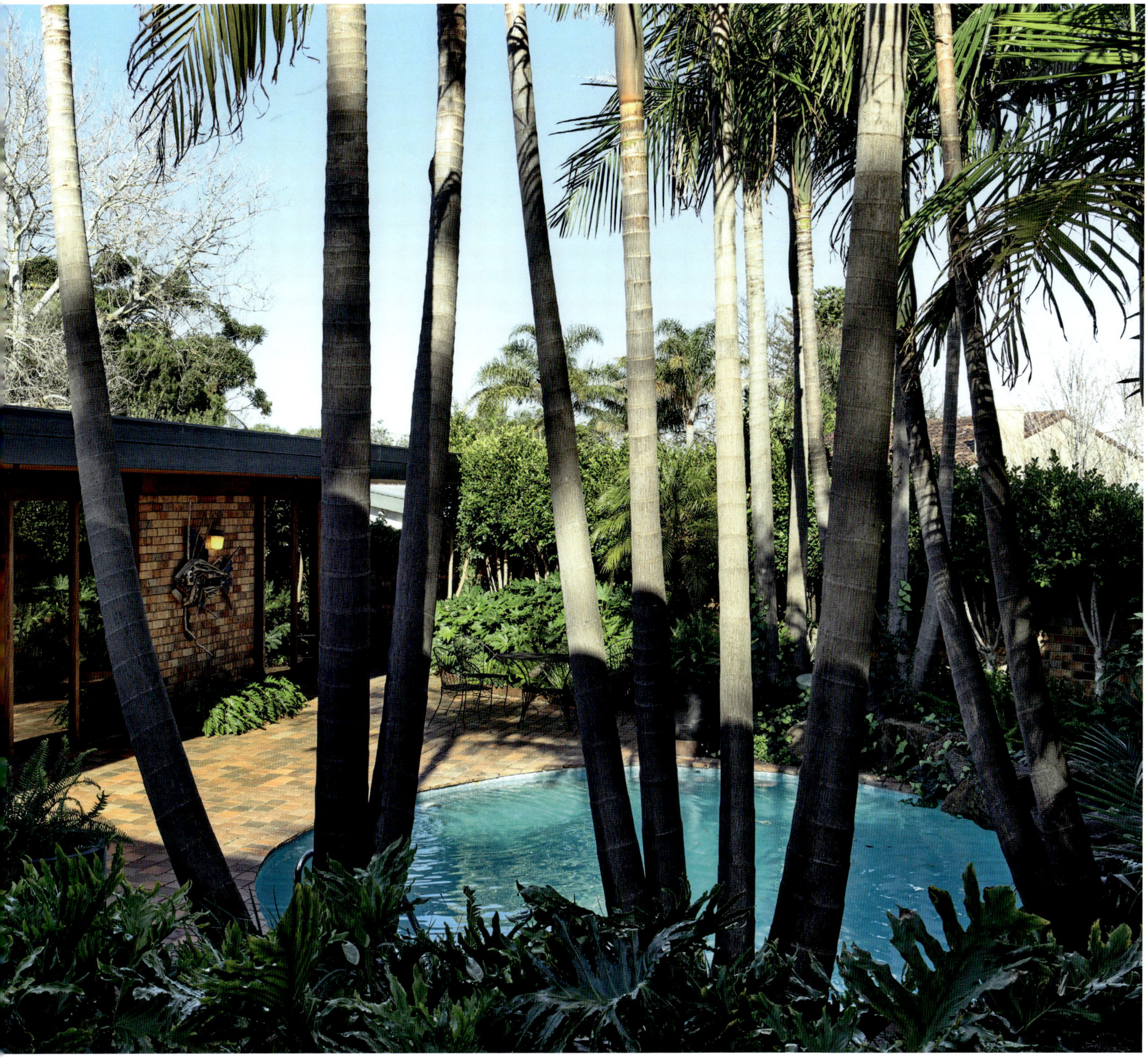

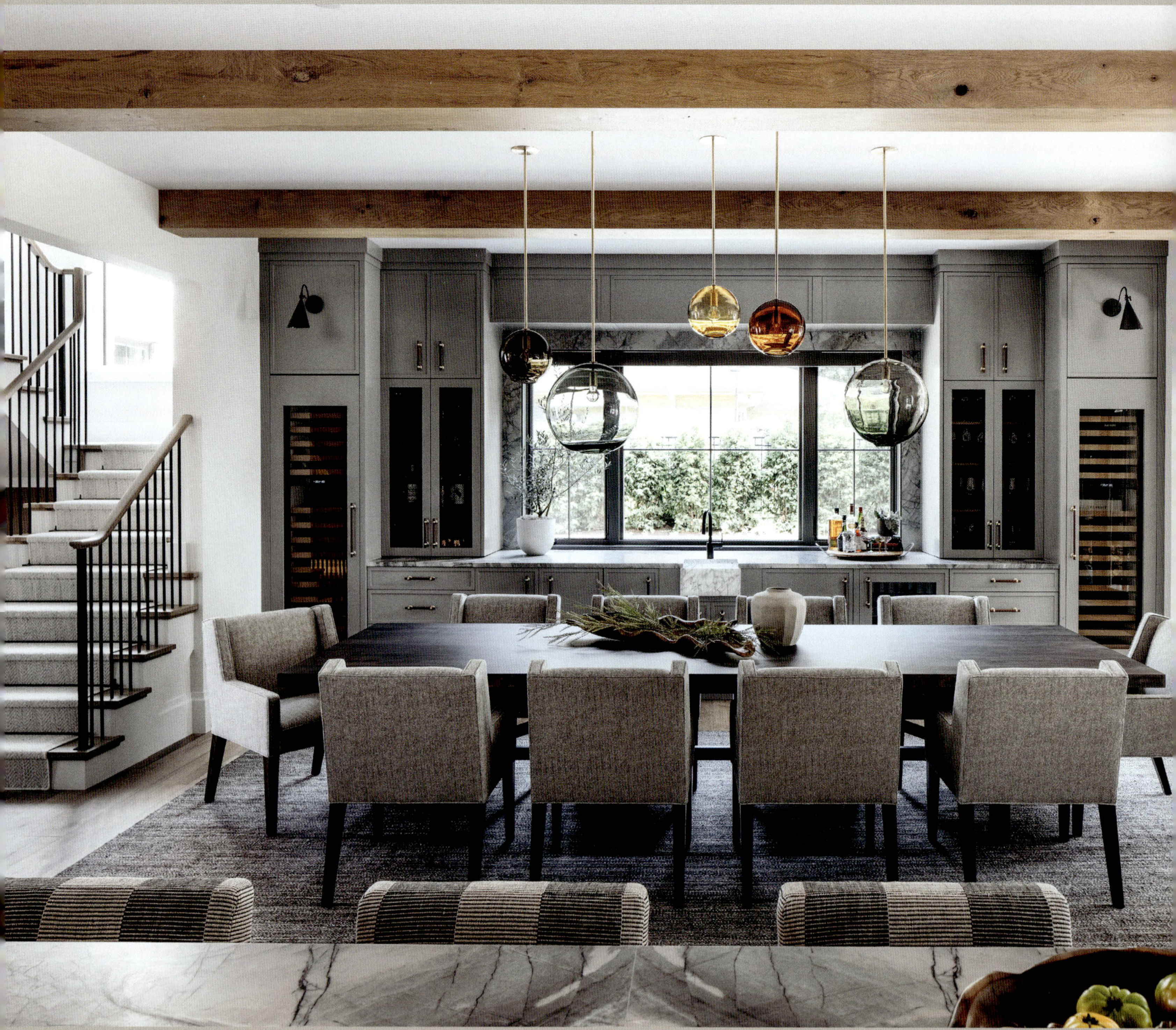

Amy Storm specialises in creating bespoke interiors that meet the criteria of luxury and comfort. After a long period working on projects for the hospitality industry, the designer turned to residential interior design. Her creations are defined by a modern aesthetic infused with timeless elements. Her Glen Ellyn-based studio embodies a commitment to Midwest Modernish™ style, and attracts clients from across the country.
The firm emphasizes the importance of meticulous design, and incorporates interior architecture into new construction projects, ensuring a cohesive synergy between exterior and interior spaces.

Amy Storm hat sich auf die Gestaltung maßgeschneiderter Innenräume spezialisiert, die den Kriterien Luxus und Komfort entsprechen. Nachdem sie lange Zeit an Projekten für das Gastgewerbe gearbeitet hatte, wandte sich die Designerin der Inneneinrichtung von Wohnungen zu. Ihre Kreationen zeichnen sich durch eine moderne Ästhetik aus, die mit zeitlosen Elementen kombiniert wird. Ihr in Glen Ellyn ansässiges Studio verkörpert das Bekenntnis zum Midwest Modernish™-Stil und zieht Kunden aus dem ganzen Land an.
Das Büro legt großen Wert auf sorgfältiges Design und bezieht die Innenarchitektur in Neubauprojekte mit ein, um eine kohärente Synergie zwischen Außen- und Innenräumen zu gewährleisten.

Amy Storm est spécialisée dans la création d'intérieurs sur mesure qui répondent aux critères de luxe et de confort. Après avoir longtemps travaillé sur des projets pour l'industrie hôtelière, la designer s'est tournée vers la décoration d'intérieur résidentielle. Ses créations se caractérisent par une esthétique moderne imprégnée d'éléments intemporels. Son studio, basé à Glen Ellyn, incarne un engagement en faveur du style Midwest Modernish™, et attire des clients de tout le pays.
Le cabinet met l'accent sur l'importance d'une conception méticuleuse et intègre l'architecture d'intérieur dans les nouveaux projets de construction, assurant une synergie cohérente entre les espaces extérieurs et intérieurs.

Amy Storm, especializa en crear interiores a medida que responde a los criterios de lujo y confort. Tras un largo período realizando proyectos para la hostelería, la diseñadora se dedicó al diseño de interiores residenciales. Sus creaciones se caracterizan por una estética moderna impregnada de elementos atemporales. Su estudio, con sede en Glen Ellyn, encarna un compromiso con el estilo Midwest Modernish™, y atrae clientes de todo el país.
La firma hace hincapié en la importancia del diseño meticuloso, e incorpora la arquitectura interior en proyectos de nueva construcción, asegurando una sinergia cohesiva entre los espacios exteriores e interiores.

**AMY STORM & COMPANY**

AMY STORM

www.amystormandco.com

# SECRET INGREDIENT

**GLEN ELLYN, ILLINOIS, UNITED STATES**
PHOTOS © STOFFER PHOTOGRAPHY INTERIORS

This house has been designed as a setting for its enthusiastic owners to share their passions and experiences with their loved ones. Using natural materials such as white oak and Wisconsin stone, the home fuses tradition and modernity.
Given the owners' passion for gastronomy, the heart of the home is the kitchen. Highlights include the expansive island, green tile backsplash, wood-burning oven and adjacent dining bar. Vaulted ceilings, wooden beams and skylights infuse the living room with a cosy ambience reminiscent of Blackberry Farm. Inside, earthy tones dominate the palette and an art collection is on display. The bedroom features a dramatic white-painted wooden beam ceiling to create a serene ambience. The basement replicates the atmosphere of a Scottish pub, with a golf simulator, dark wood and a chequered carpet. The outdoor spaces have low-maintenance lawns and include flowering trees, shrubs and perennials in a palette of lavender and pinks.

Dieses Haus wurde so gestaltet, dass seine begeisterten Besitzer ihre Leidenschaften und Erfahrungen mit ihren Liebsten teilen können. Durch die Verwendung natürlicher Materialien wie Weißeiche und Stein aus Wisconsin verbindet das Haus Tradition und Moderne.
Angesichts der Leidenschaft der Eigentümer für die Gastronomie ist die Küche das Herzstück des Hauses. Zu den Highlights gehören die große Kochinsel, die grüne Kachelplatte, der Holzofen und die angrenzende Esstheke. Gewölbedecken, Holzbalken und Oberlichter verleihen dem Wohnzimmer ein gemütliches Ambiente, das an die Blackberry Farm erinnert. Im Inneren dominieren Erdtöne und eine Kunstsammlung ist ausgestellt. Das Schlafzimmer verfügt über eine dramatische, weiß gestrichene Holzbalkendecke, die ein ruhiges Ambiente schafft. Im Untergeschoss ist die Atmosphäre eines schottischen Pubs nachempfunden, mit einem Golfsimulator, dunklem Holz und einem karierten Teppich. Die Außenanlagen sind mit pflegeleichten Rasenflächen und blühenden Bäumen, Sträuchern und Stauden in einer Palette von Lavendel- und Rosatönen ausgestattet.

Cette maison a été conçue pour permettre à ses propriétaires enthousiastes de partager leurs passions et leurs expériences avec leurs proches. Utilisant des matériaux naturels tels que le chêne blanc et la pierre du Wisconsin, la maison allie tradition et modernité.
Compte tenu de la passion des propriétaires pour la gastronomie, le cœur de la maison est la cuisine. On y trouve notamment un vaste îlot, un dosseret en carreaux verts, un four à bois et un bar adjacent. Les plafonds voûtés, les poutres en bois et les puits de lumière confèrent au salon une ambiance chaleureuse qui rappelle Blackberry Farm. À l'intérieur, les tons terreux dominent la palette et une collection d'œuvres d'art est exposée. La chambre à coucher est dotée d'un plafond de poutres en bois peintes en blanc qui crée une ambiance sereine. Le sous-sol reproduit l'atmosphère d'un pub écossais, avec un simulateur de golf, du bois sombre et un tapis à carreaux. Les espaces extérieurs sont dotés de pelouses nécessitant peu d'entretien et comprennent des arbres à fleurs, des arbustes et des plantes vivaces dans une palette de lavande et de rose.

Esta casa ha sido diseñada como un escenario para que sus entusiastas propietarios compartan sus pasiones y vivencias con sus seres queridos. A partir de materiales naturales como el roble blanco y la piedra de Wisconsin, la vivienda fusiona tradición y modernidad.
Dado la pasión por la gastronomía de los propietarios, el corazón del hogar es la cocina. Destacan la isla expansiva, los azulejos verdes, el horno de leña y comedor-bar adyacente. Techos abovedados, vigas de madera y tragaluces infunden a la sala de estar con un ambiente acogedor reminiscente de Blackberry Farm. En el interior los tonos terrosos dominan la paleta y se exhibe una colección de arte. El dormitorio cuenta con un dramático techo de vigas de madera pintado de blanco para crear un ambiente sereno. El sótano reproduce la atmósfera de un pub escocés, con un simulador de golf, madera oscura y una alfombra a cuadros. Los espacios al aire libre tienen césped de bajo mantenimiento e incluyen árboles florales, arbustos y plantas perennes en una paleta de lavanda y rosas.

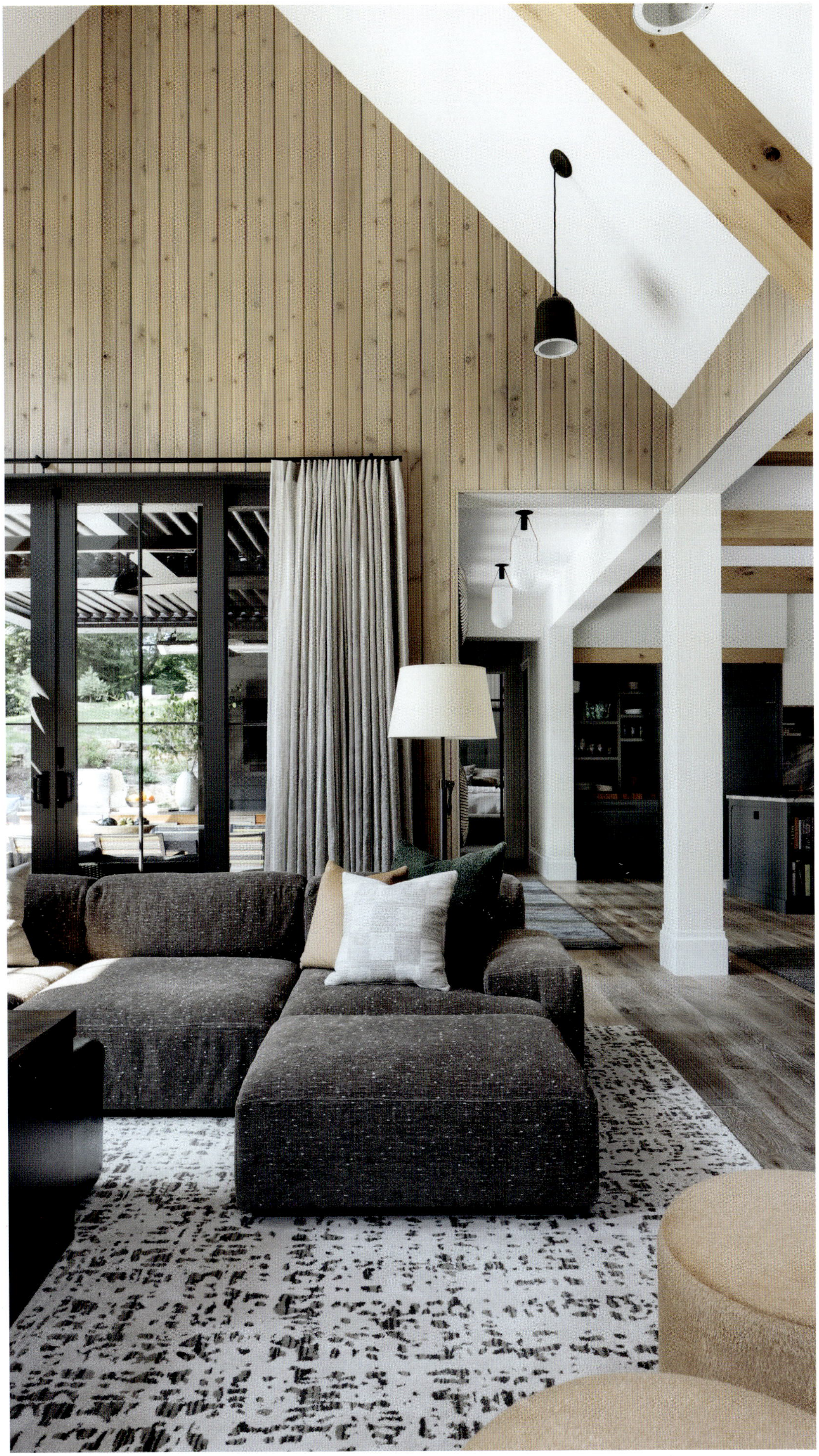

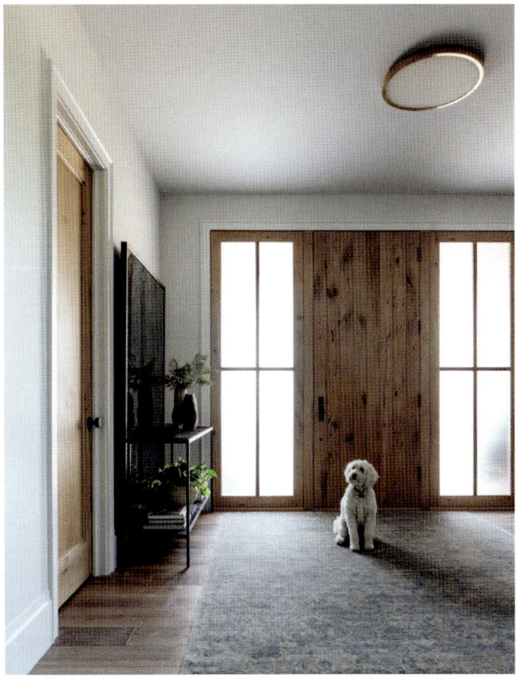

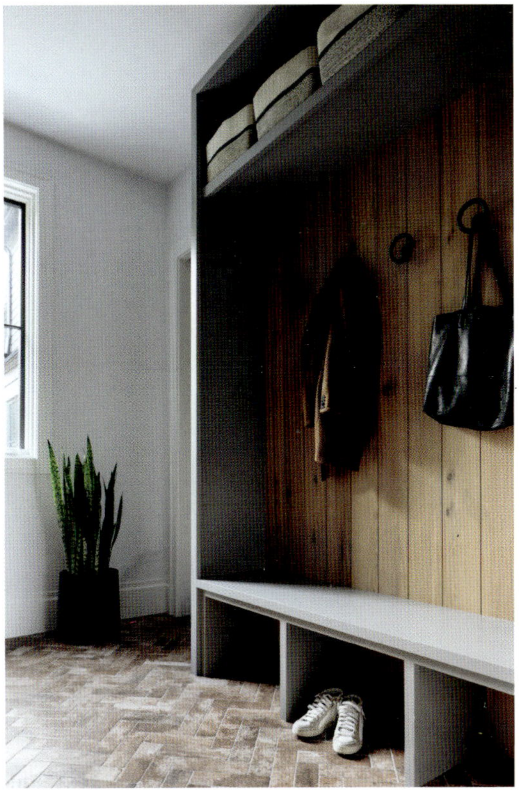

38

39

40

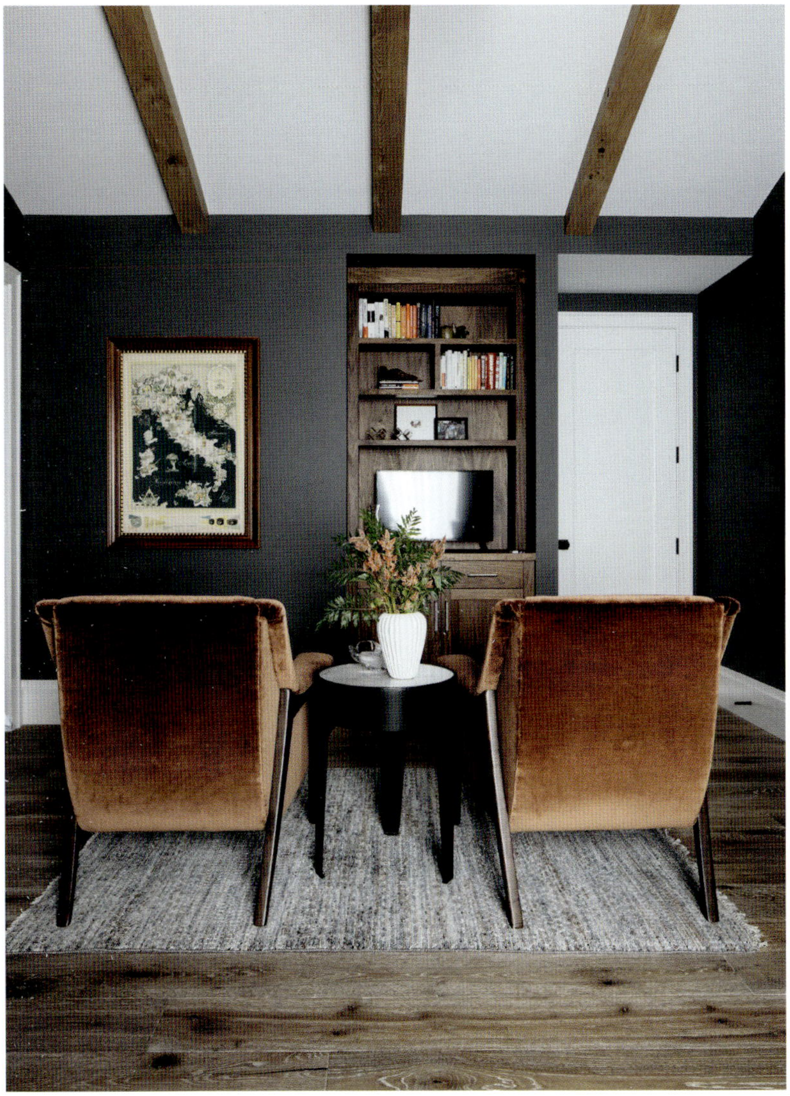

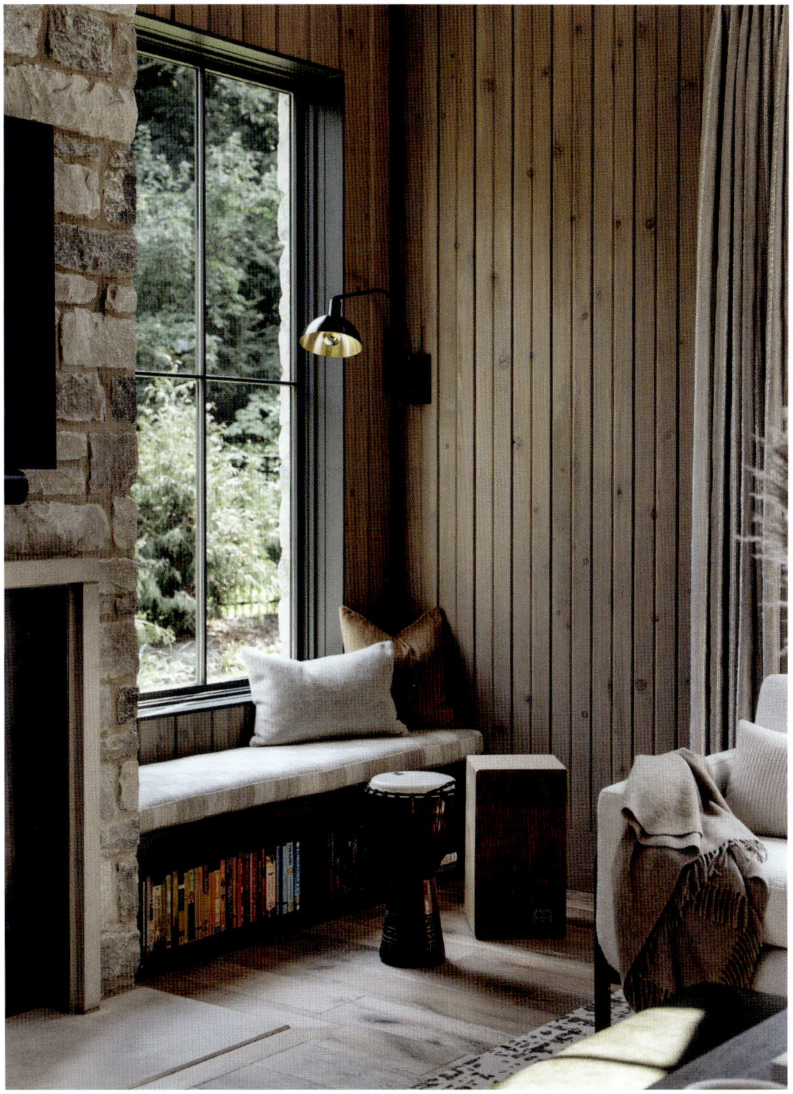

42

43

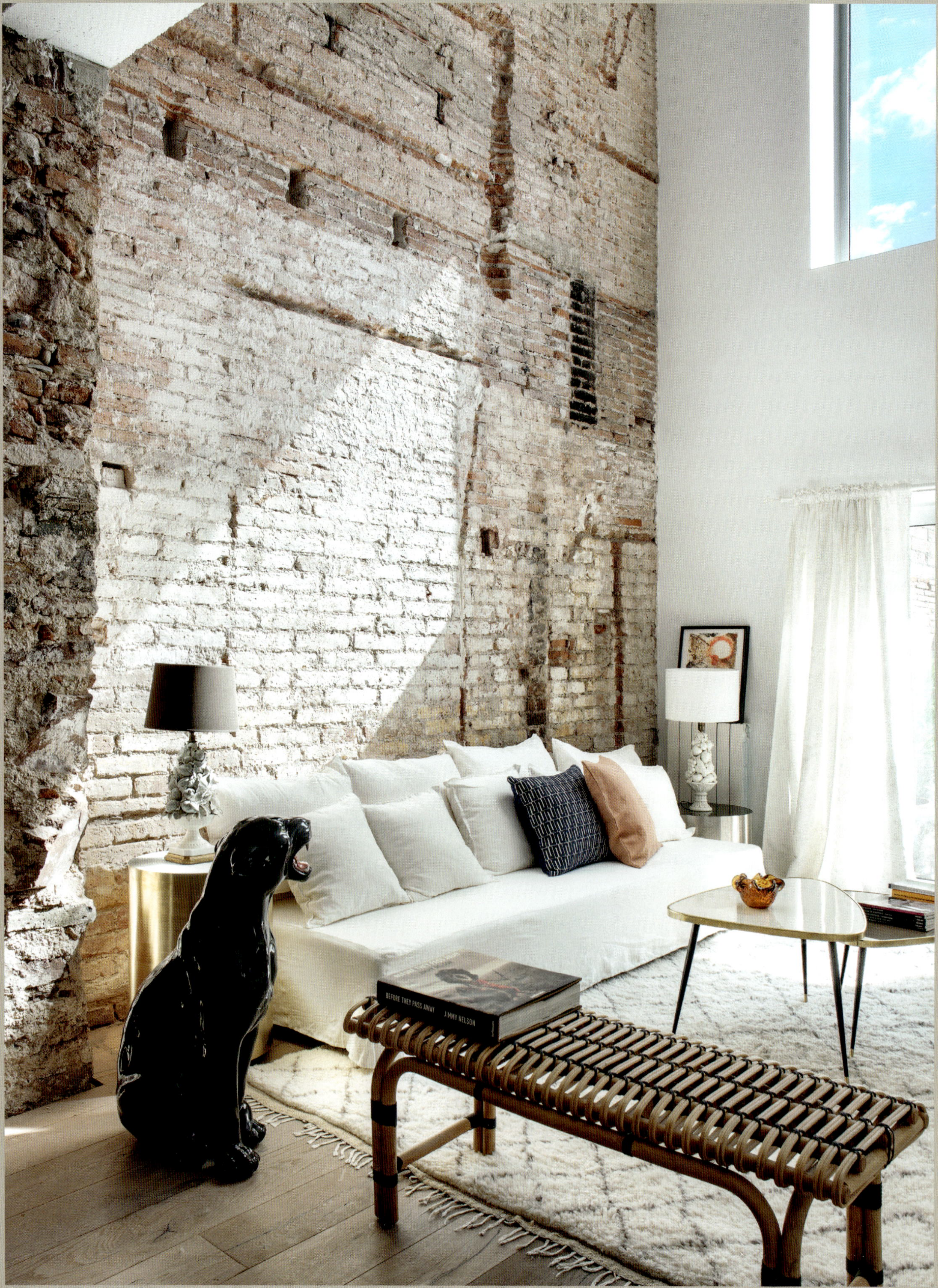
BEFORE THEY PASS AWAY
JIMMY NELSON

After graduating from the La Salle Barcelona School of Architecture, Anna Alegre embarked on an exciting professional journey. For three years, she collaborated closely with architect Josep Ferrando Bramona, delving into the world of design and construction. However, her quest for new horizons led her to the Netherlands, where she worked on projects with Bakers Architecten studio. She participated in the creation of emblematic works, including the Roommate Aitana hotel in Amsterdam. In 2015, the designer founded Abrils Studio, marking the beginning of a creative stage in Barcelona and Breda. In 2022, the firm evolved into a new name, Anna Alegre, reflecting its global approach to product and art design while conquering new territories in Spain and the Netherlands.

Nach ihrem Abschluss an der Technischen Hochschule La Salle Barcelona begab sich Anna Alegre auf eine aufregende berufliche Reise. Drei Jahre lang arbeitete sie eng mit dem Architekten Josep Ferrando Bramona zusammen und tauchte in die Welt des Designs und des Baues ein. Ihre Suche nach neuen Horizonten führte sie jedoch in die Niederlande, wo sie an Projekten mit dem Studio Bakers Architecten arbeitete. Sie war an der Schaffung von emblematischen Werken beteiligt, darunter das Hotel Roommate Aitana in Amsterdam. Im Jahr 2015 gründete die Designerin Abrils Studio und leitete damit eine kreative Phase in Barcelona und Breda ein. Im Jahr 2022 entwickelte sich das Unternehmen zu einem neuen Namen, Anna Alegre, der ihren globalen Ansatz im Produktdesign und in der Kunst reflektiert, während sie neue Gebiete in Spanien und den Niederlanden erschließt.

Après avoir obtenu son diplôme à l'Escuela Técnica y Superior de Arquitectura La Salle Barcelona, Anna Alegre s'est lancée dans une aventure professionnelle passionnante. Pendant trois ans, elle a travaillé en étroite collaboration avec l'architecte Josep Ferrando Bramona, s'immergeant dans le monde de la conception et de la construction. Cependant, sa quête de nouveaux horizons l'a conduite aux Pays-Bas, où elle a travaillé sur des projets avec Bakers Architecten. Elle participe à la création d'œuvres emblématiques, dont l'hôtel Roommate Aitana à Amsterdam. En 2015, la designer fonde Abrils Studio, marquant le début d'une phase créative à Barcelone et à Breda. En 2022, le cabinet évolue vers un nouveau nom, Anna Alegre, reflétant son orientation globale vers le design de produits et l'art, tout en conquérant de nouveaux territoires en Espagne et aux Pays-Bas.

Tras graduarse en la Escuela Técnica y Superior de Arquitectura La Salle Barcelona, Anna Alegre se embarcó en una emocionante travesía profesional. Durante tres años, colaboró estrechamente con el arquitecto Josep Ferrando Bramona, sumergiéndose en el mundo del diseño y la construcción. Sin embargo, su búsqueda de nuevos horizontes la llevó a Holanda, donde trabajó en proyectos con el estudio Bakers Architecten. Participó en la creación de obras emblemáticas, incluyendo el hotel Roommate Aitana en Amsterdam. En 2015, la diseñadora fundó Abrils Studio, marcando el inicio de una etapa creativa en Barcelona y Breda. En 2022, la firma evolucionó hacia un nuevo nombre, Anna Alegre, reflejando su enfoque global en el diseño de productos y arte, mientras conquista nuevos territorios en España y los Países Bajos.

## ANNA ALEGRE STUDIO

ANNA ALEGRE

www.annaalegre.com

# SANT GENÍS

**TERRASSA, BARCELONA, SPAIN** || PHOTOS © MONTSE GARRIGA
STYLING: BEATRIZ APARICIO

The project involved creating a single residence from the renovation of two houses dating back to 1900. The houses had been designed by architect Lluís Muncunill, renowned for his modernist works. The first major objective was to create an open and luminous space. To achieve this, a long central hallway and dividing walls were removed, resulting in a greater prominence of the existing structure. The addition of a double-height living room and a large window on the first floor maximized the entry of natural light. The original beams and the characteristic wavy shape of the ceiling, typical of traditional Catalan architecture, were also preserved and painted white. Highlighting the recovery of the modernist staircase with its white-painted wrought iron railings and some exposed walls revealing the old construction. Oak floors and hydraulic tiles added personality and warmth to the ensemble, while a palette of soft colors was key to maintaining harmony throughout the space.

Das Projekt bestand darin, eine einzige Residenz durch die Renovierung zweier Häuser aus dem Jahr 1900 zu schaffen. Die Häuser wurden vom Architekten Lluís Muncunill entworfen, der für seine modernistischen Werke bekannt ist. Das erste große Ziel bestand darin, einen offenen und hellen Raum zu schaffen. Dazu wurde ein langer zentraler Flur und die Trennwände entfernt, was zu einer größeren Sichtbarkeit der vorhandenen Struktur führte. Die Einbeziehung einer doppelten Höhe im Wohnzimmer und eines großen Fensters im ersten Stock maximiert den Einfall von natürlichem Licht. Auch die originalen Balken und die charakteristische wellenförmige Form des Daches, typisch für die katalanische traditionelle Architektur, wurden erhalten und weiß gestrichen. Besonders hervorzuheben ist die Wiederherstellung der modernistischen Treppe mit ihren weiß lackierten schmiedeeisernen Geländern sowie einige freigelegte Wände, die das alte Werk offenbaren. Die Eichenböden und hydraulischen Fliesen verliehen dem Ensemble Persönlichkeit und Wärme, während eine Palette sanfter Farben entscheidend war, um die Harmonie im gesamten Raum aufrechtzuerhalten.

Le projet consistait à créer une résidence unique à partir de la rénovation de deux maisons datant de 1900. Les maisons avaient été conçues par l'architecte Lluís Muncunill, réputé pour ses travaux modernistes. Le premier objectif principal était de créer un espace ouvert et lumineux. À cette fin, un long couloir central et des murs de séparation ont été éliminés, ce qui a permis d'améliorer la visibilité de la structure existante. L'incorporation d'une double hauteur dans le salon et d'une grande fenêtre au premier étage a permis de maximiser la lumière naturelle. Les poutres d'origine et la forme ondulée caractéristique du toit, typique de l'architecture catalane traditionnelle, ont également été conservées et peintes en blanc. L'escalier moderniste, avec ses rampes en fer forgé peintes en blanc, et certains murs ont été mis à nu, laissant apparaître l'ancien travail. Les planchers en chêne et les carreaux hydrauliques ont ajouté de la personnalité et de la chaleur à l'ensemble, tandis qu'une palette de couleurs douces était essentielle pour maintenir l'harmonie dans tout l'espace.

El proyecto consistió en crear una única residencia a partir de la reforma de dos casas del año 1900. Las viviendas habían sido diseñadas por el arquitecto Lluís Muncunill, reconocido por sus obras modernistas. El primer gran objetivo fue crear un espacio abierto y luminoso. Para ello se eliminó un pasillo largo central y las paredes divisorias, dando como resultado una mayor notoriedad de la estructura existente. La incorporación de una doble altura en el salón y una gran ventana en la primera planta maximizó la entrada de luz natural. También se conservaron las vigas originales y la característica forma ondulada del techo, propia de la arquitectura tradicional catalana, las cuales se pintaron de blanco. Destaca la recuperación de la escalera modernista con sus barandillas de hierro forjado pintado en blanco, y algunas paredes al descubierto dejando en evidencia la obra antigua. Los suelos de roble y las baldosas hidráulicas añadieron personalidad y calidez al conjunto, mientras que una paleta de colores suaves fue clave para mantener la armonía en todo el espacio.

47

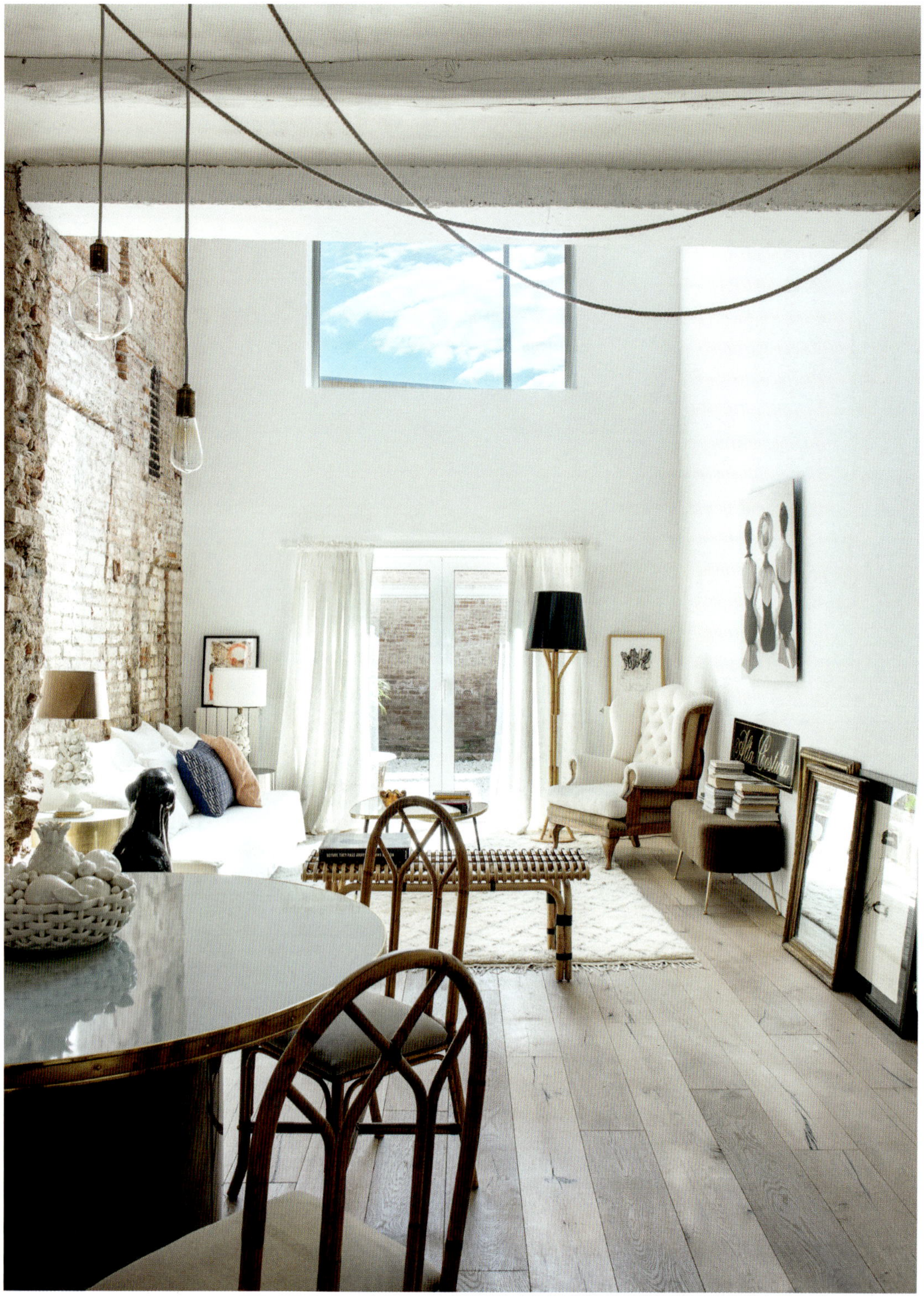
Alta Costura

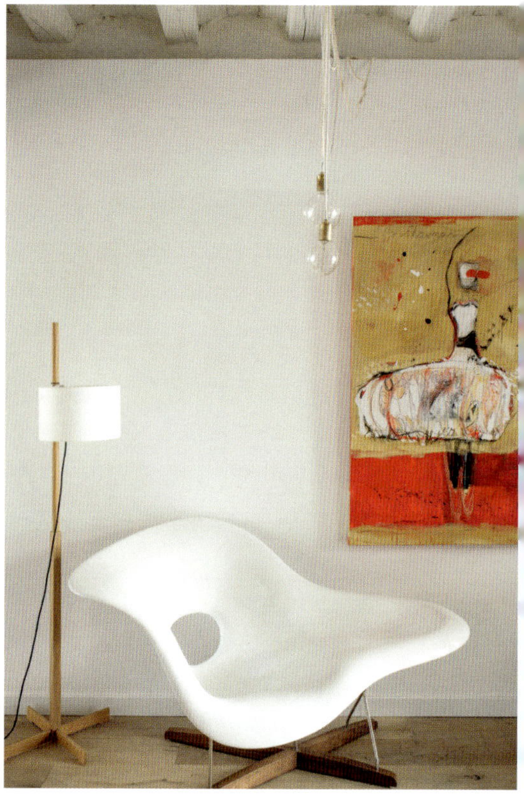

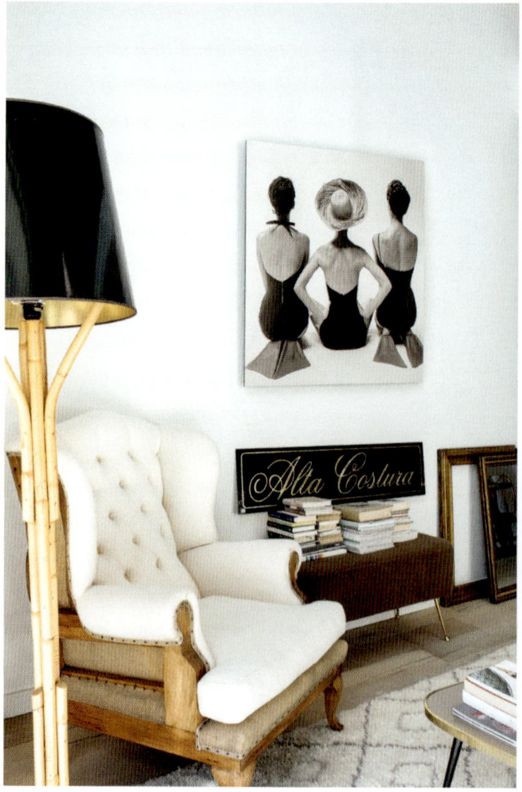
Alta Costura

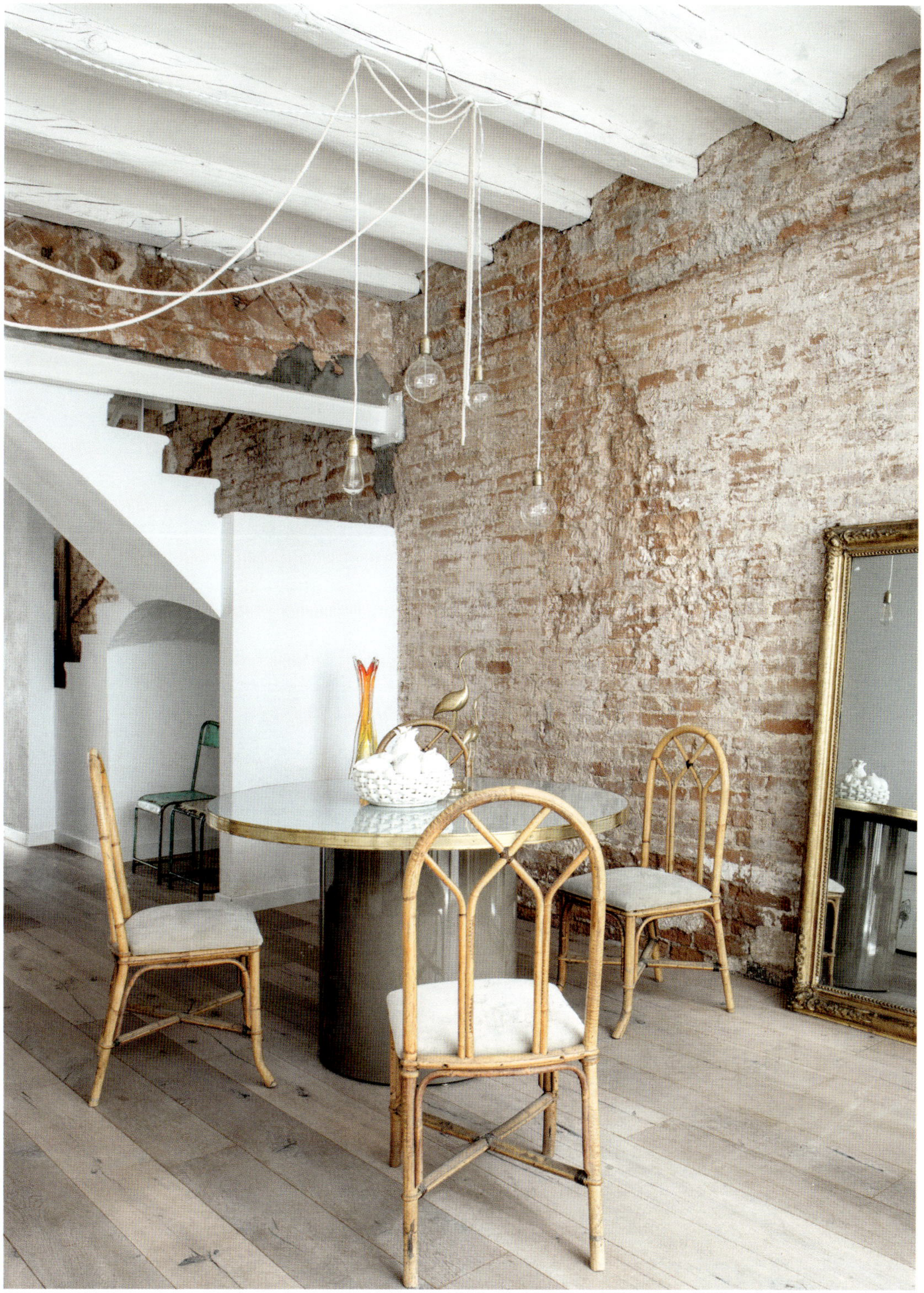

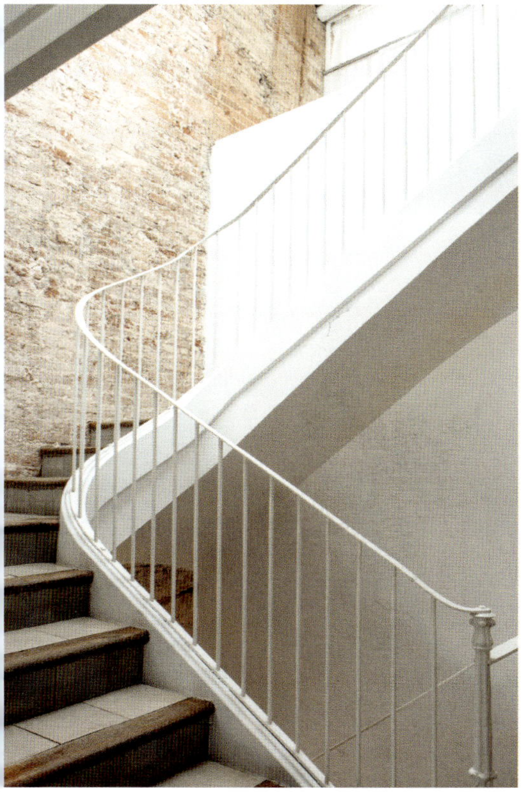

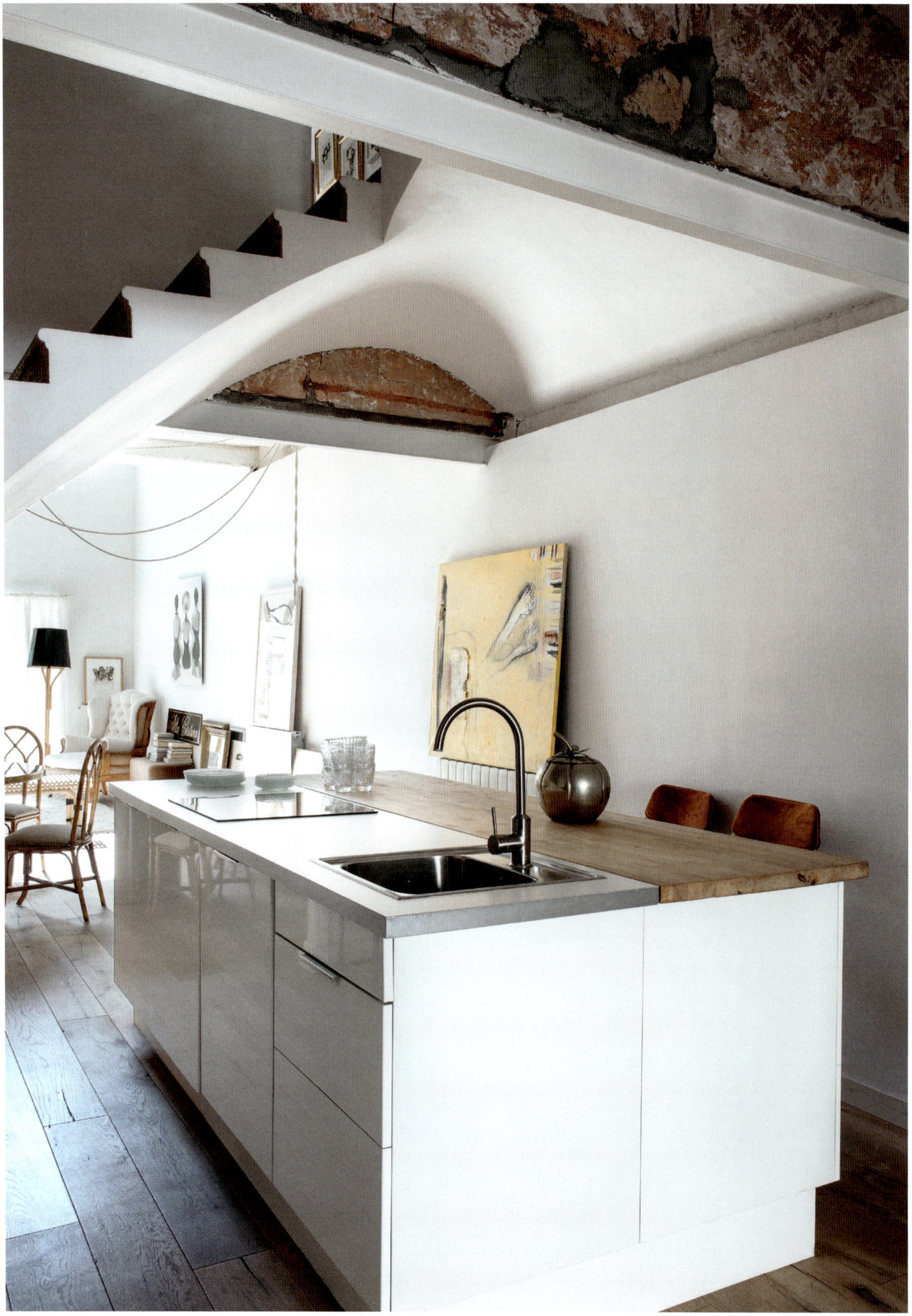

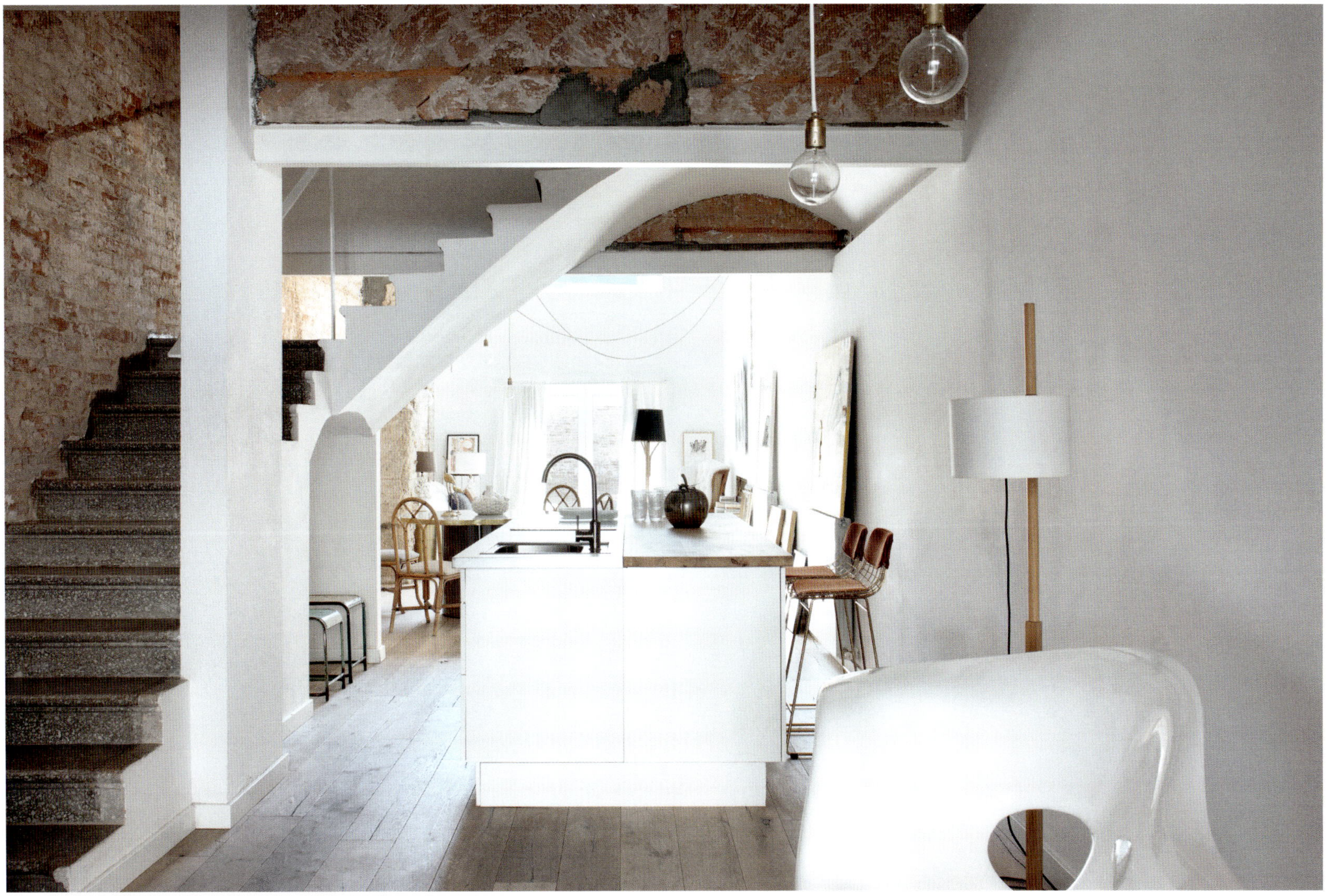

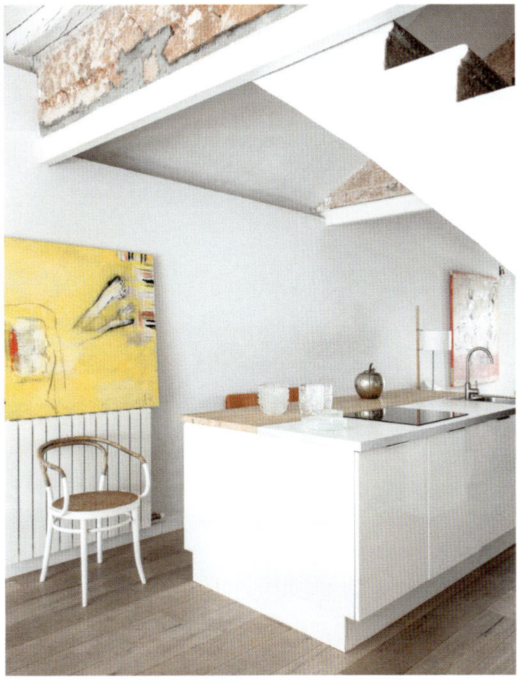

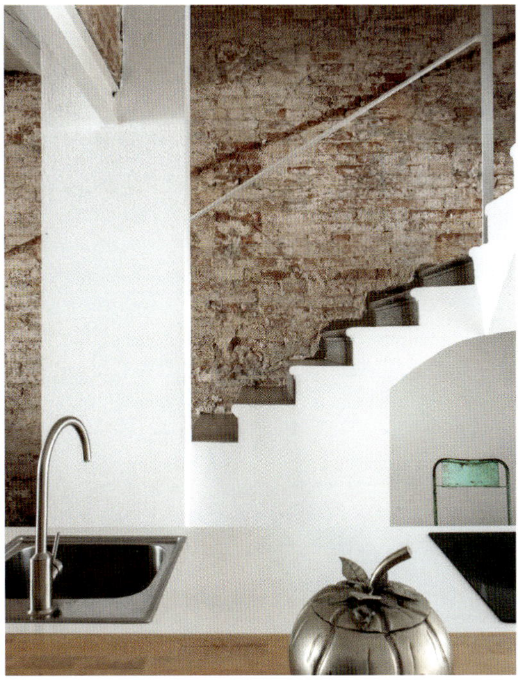

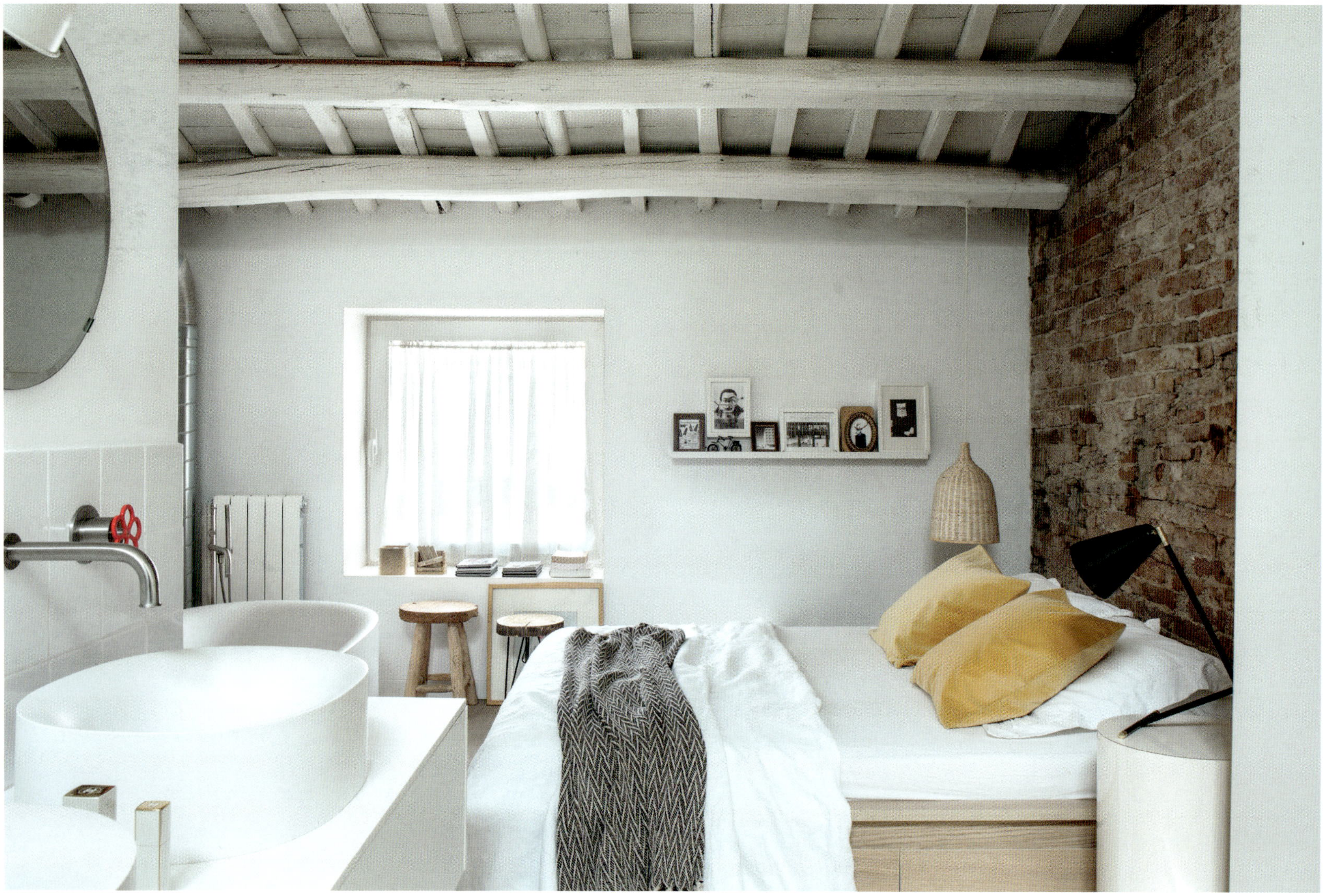

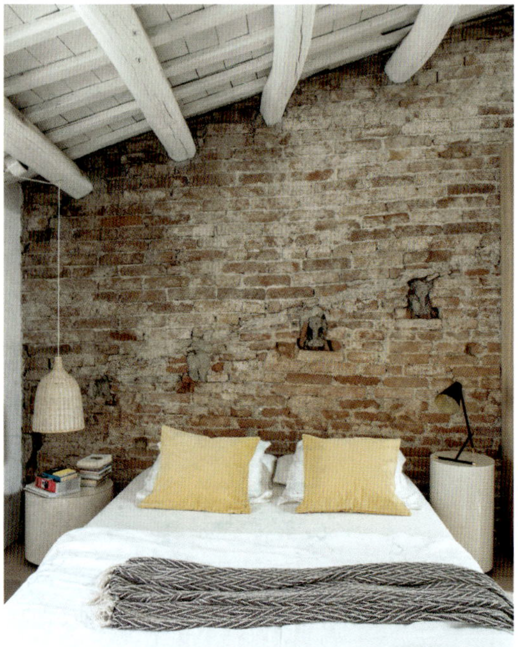

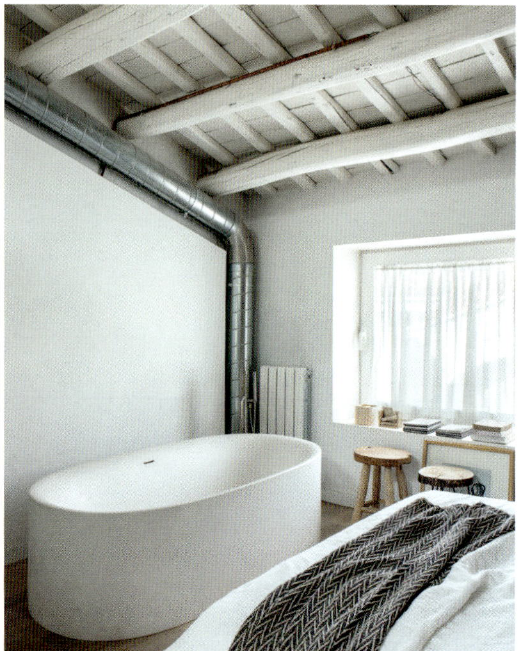

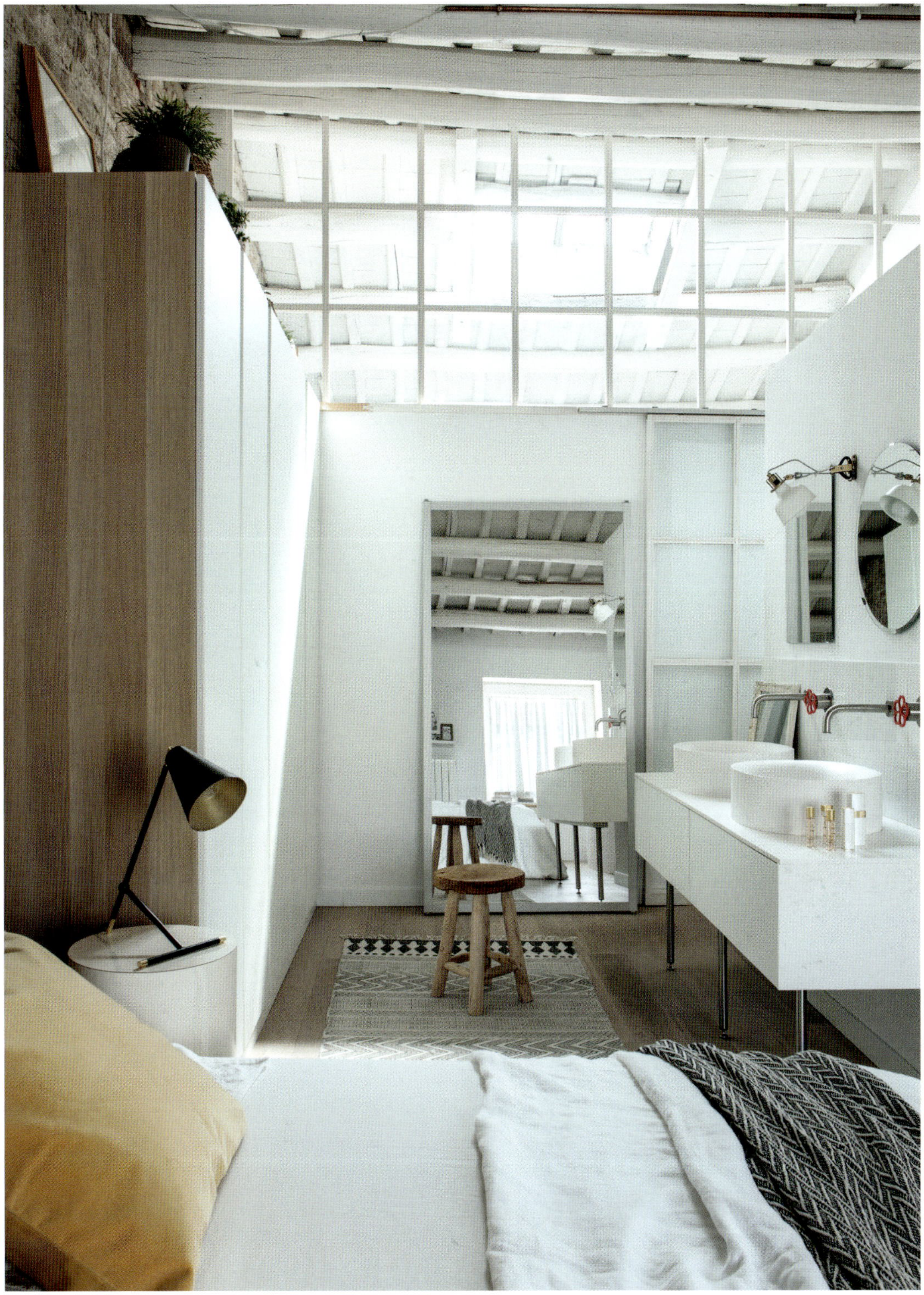

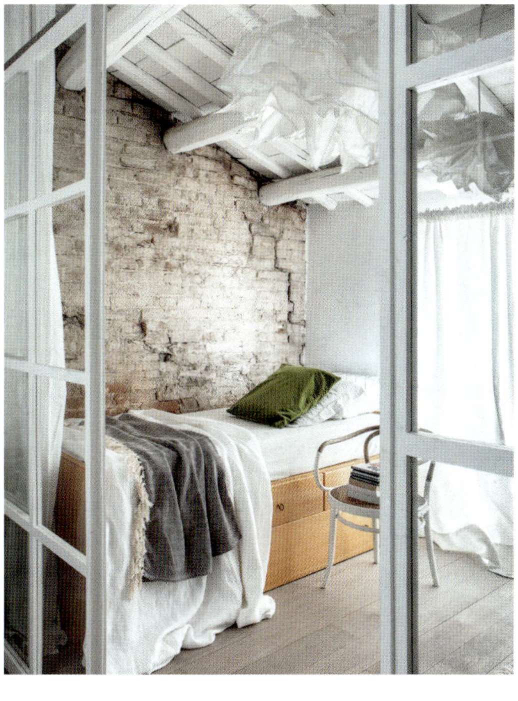

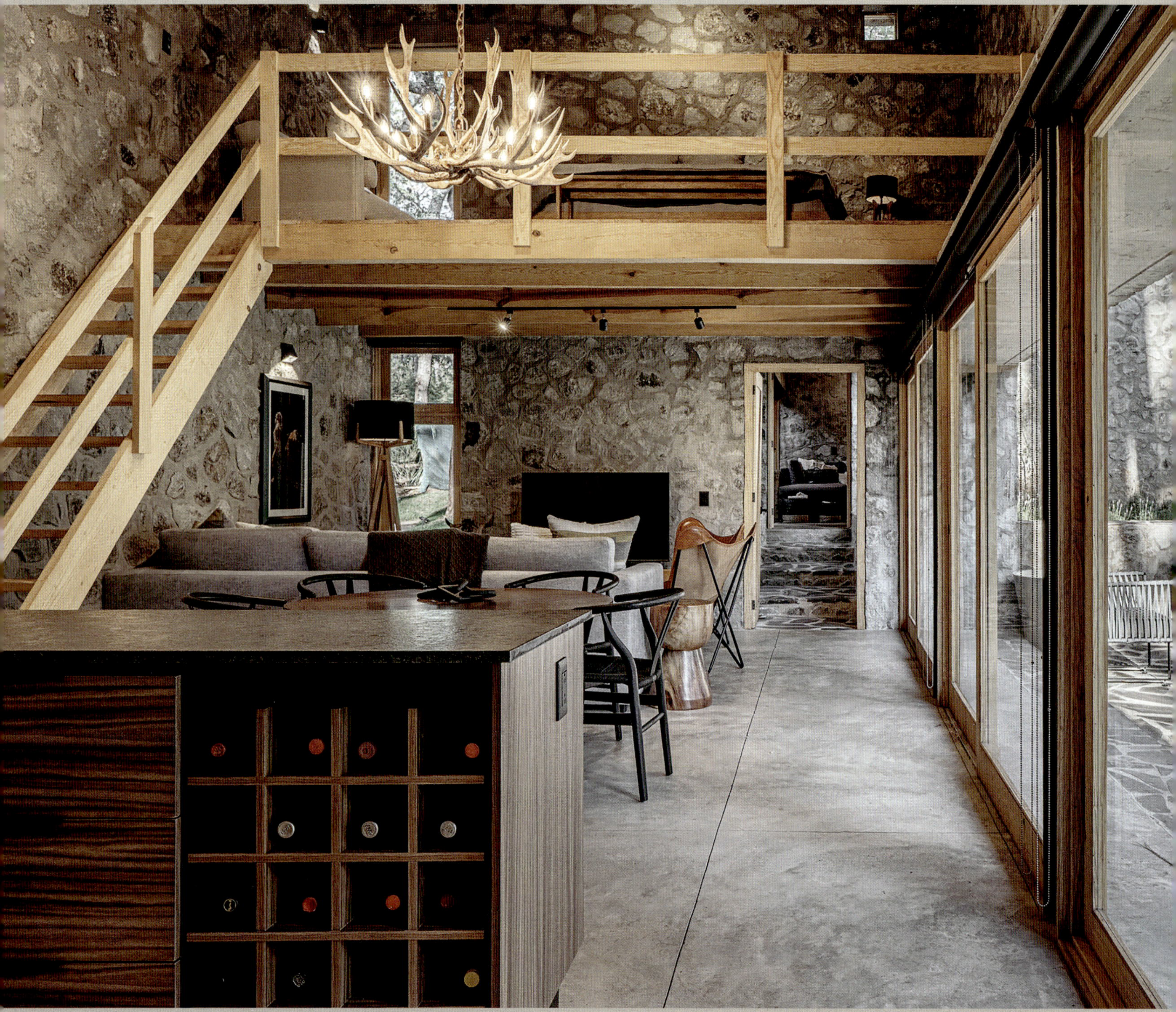

The architectural and urban design studio ARgdl is recognized for its comprehensive approach to functional and aesthetically distinctive projects. Since its inception, it has transformed ideas into livable and meaningful spaces, contributing value to both the location and the community.
 Its founder, architect Saúl Cruz Dávila, graduated from the Western Institute of Technology and Higher Education (ITESO) and holds a master's degree in Collective Housing from the Polytechnic University of Madrid. His experience in studios like TOGA and A-Cero Madrid, along with his commitment as a professor at ITESO, reflects his dedication to architectural excellence and the development of new talents.

Das Architektur- und Stadtplanungsbüro ARgdl ist bekannt für seine umfassende Herangehensweise an funktionale und ästhetisch anspruchsvolle Projekte. Seit seiner Gründung hat es Ideen in lebenswerte und bedeutungsvolle Räume umgesetzt, die sowohl dem Ort als auch der Gemeinschaft einen Wert verleihen.
Sein Gründer, der Architekt Saúl Cruz Dávila, ist Absolvent des Instituto Tecnológico y de Estudios Superiores de Occidente (ITESO) und hat einen Master-Abschluss in kollektivem Wohnen von der Universidad Politécnica de Madrid. Seine Erfahrung in Studios wie TOGA und A-Cero Madrid (zusammen mit seinem Engagement als Professor am ITESO) spiegelt sein Engagement für architektonische Spitzenleistungen und die Ausbildung neuer Talente wider.

Le studio de design architectural et urbain ARgdl, fondé par l'architecte Saúl Cruz Dávila à Guadalajara, Mexique, est reconnu pour son approche intégrale dans des projets à la fois fonctionnels et esthétiquement distinctifs. Depuis sa création, il a transformé des idées en espaces habitables et significatifs, apportant de la valeur tant à l'endroit qu'à la communauté.
Sa formation à l'Instituto Tecnológico y de Estudios Superiores de Occidente (ITESO) et sa maîtrise en Habitat Collectif de l'Université Politécnica de Madrid témoignent de son engagement envers l'excellence architecturale. Son expérience chez TOGA et A-Cero Madrid, ainsi que son rôle de professeur à l'ITESO, reflètent son dévouement à la formation de nouveaux talents.

El estudio de diseño arquitectónico y urbanístico ARgdl, es reconocido por su enfoque integral en proyectos funcionales y estéticamente distintivos. Desde su creación, ha convertido ideas en espacios habitables y significativos, aportando valor tanto al lugar como a la comunidad.
Su fundador, el arquitecto Saúl Cruz Dávila, es egresado del Instituto Tecnológico y de Estudios Superiores de Occidente (ITESO) y cuenta una maestría en Vivienda Colectiva por la Universidad Politécnica de Madrid. Su experiencia en estudios como TOGA y A-Cero Madrid, ( junto con su compromiso como profesor en ITESO), reflejan su dedicación a la excelencia arquitectónica y la formación de nuevos talentos.

**ARgdl**

SAÚL CRUZ DÁVILA

www.argdl.com

# CASA PETRAIA

JALISCO, MEXICO || PHOTOS © JUAN MANUEL MCGRATH

Located in Tapalpa, a forested area of Jalisco, this house harmoniously integrates into a picturesque environment, offering a contemporary reinterpretation of vernacular architecture. The fusion of stone and wood defines its aesthetic, with two double-height volumes connected by a glass hallway.
The interior design, completed in collaboration with Urbanica Interiorismo, seeks functionality and comfort. The interconnected social spaces on the ground floor include a kitchen, dining room, and living room, as well as discreet bathrooms. In contrast, the nighttime area offers a more intimate environment, with a living room visually connected to a patio illuminated by soft natural light, a bedroom, and a full bathroom. The master bedroom, on the second level, ensures residents' privacy, while the materiality, based on local stone, regional pine wood, and glass, blends with the landscape, minimizing environmental impact and highlighting the beauty of the surroundings.

Dieses Haus in Tapalpa, einem bewaldeten Gebiet in Jalisco, fügt sich harmonisch in die malerische Umgebung ein und bietet eine zeitgenössische Neuinterpretation der landestypischen Architektur. Die Verschmelzung von Stein und Holz bestimmt die Ästhetik des Hauses, das aus zwei doppelt so hohen Gebäuden besteht, die durch einen gläsernen Korridor verbunden sind.
Die Inneneinrichtung, die in Zusammenarbeit mit Urbanica Interiorismo realisiert wurde, ist auf Funktionalität und Komfort ausgerichtet. Die miteinander verbundenen Sozialräume im Erdgeschoss umfassen eine Küche, ein Esszimmer und ein Wohnzimmer sowie diskrete Toiletten. Im Gegensatz dazu bietet der Nachtbereich ein intimeres Ambiente mit einem Wohnzimmer, das visuell mit einem von sanftem Tageslicht erhellten Innenhof verbunden ist, einem Schlafzimmer und einem Vollbad. Das Hauptschlafzimmer auf der zweiten Ebene bietet den Bewohnern Privatsphäre, während die Materialität, die auf lokalem Stein, regionalem Kiefernholz und Glas basiert, sich in die Landschaft einfügt, die Umweltauswirkungen minimiert und die Schönheit der Umgebung hervorhebt.

Située à Tapalpa, une zone forestière de Jalisco, cette maison s'intègre de manière harmonieuse dans un environnement pittoresque, offrant une réinterprétation contemporaine de l'architecture vernaculaire. La fusion de la pierre et du bois définit son esthétique, avec deux volumes à double hauteur reliés par un couloir de verre.
L'aménagement intérieur, réalisé en collaboration avec Urbanica Interiorismo, vise la fonctionnalité et le confort. Les espaces sociaux interconnectés au rez-de-chaussée comprennent la cuisine, la salle à manger et le salon, ainsi que des toilettes discrètes. En contraste, la zone nocturne offre une atmosphère plus intime, avec un salon visuellement connecté à un patio éclairé par une douce lumière naturelle, une chambre et une salle de bains complète. La chambre principale, au deuxième niveau, garantit la confidentialité des résidents, tandis que la matérialité, basée sur la pierre locale, le bois de pin régional et le verre, se fond avec le paysage, minimisant l'impact environnemental et mettant en valeur la beauté des environs.

Situado en Tapalpa, una zona de bosques de Jalisco, esta casa se integra de forma armoniosa en un entorno pintoresco, ofreciendo una re interpretación contemporánea de la arquitectura vernácula. La fusión de piedra y madera define su estética, con dos volúmenes de doble altura conectados por un pasillo de cristal.
El diseño interior, completado en colaboración con Urbanica Interiorismo, busca la funcionalidad y el confort. Los espacios sociales interconectados en la planta baja incluyen cocina, comedor y sala, así como unos discretos aseos. En contraste, la zona nocturna ofrece un ambiente más íntimo, con una sala de estar conectada visualmente a un patio iluminado por una suave luz natural, una habitación y un baño completo. El dormitorio principal, en el segundo nivel, garantiza la privacidad de los residentes, mientras que la materialidad, basada en piedra local, madera de pino regional y cristal, se funde con el paisaje, minimizando el impacto ambiental y resaltando la belleza del entorno.

57

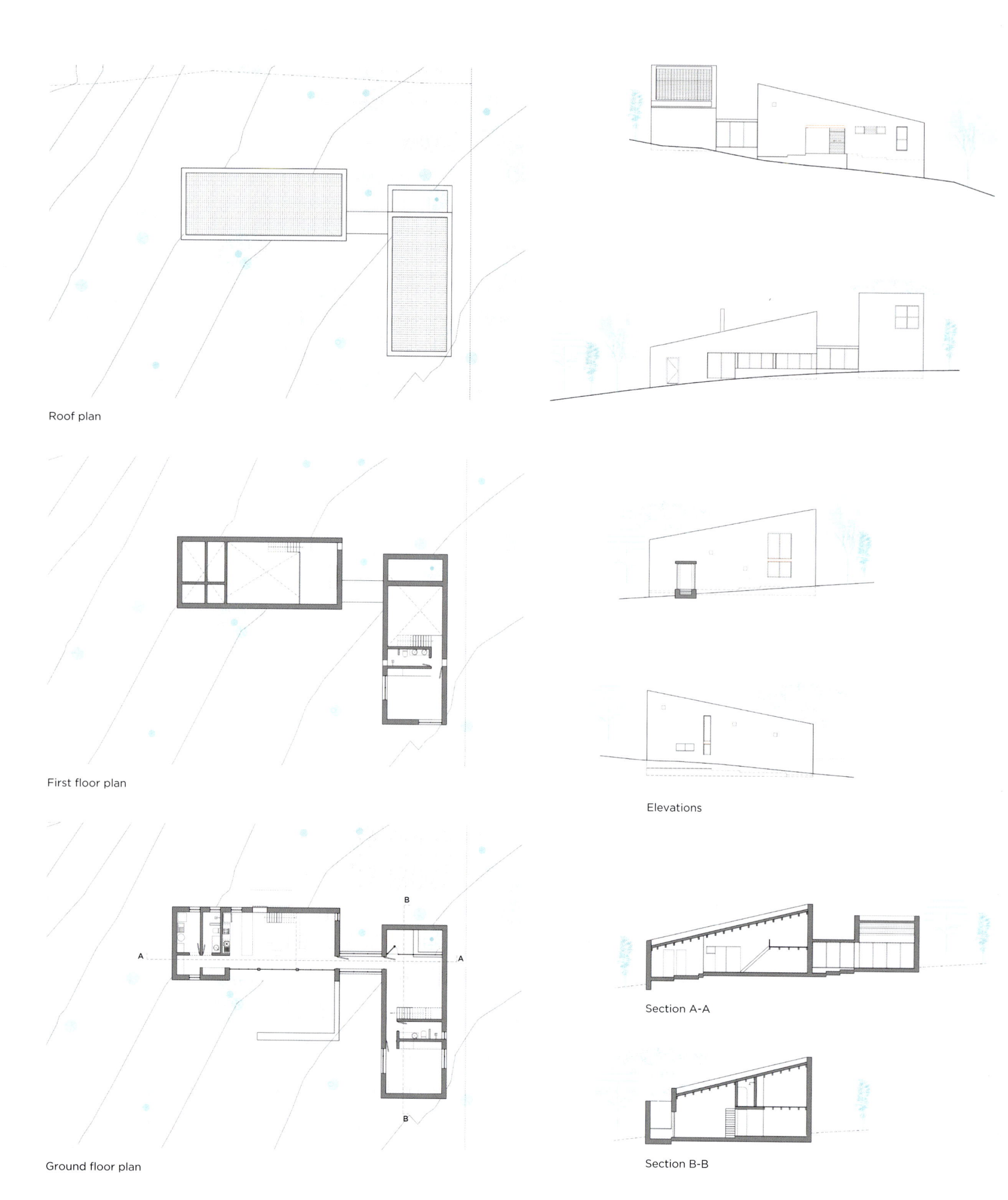

Roof plan

First floor plan

Ground floor plan

Elevations

Section A-A

Section B-B

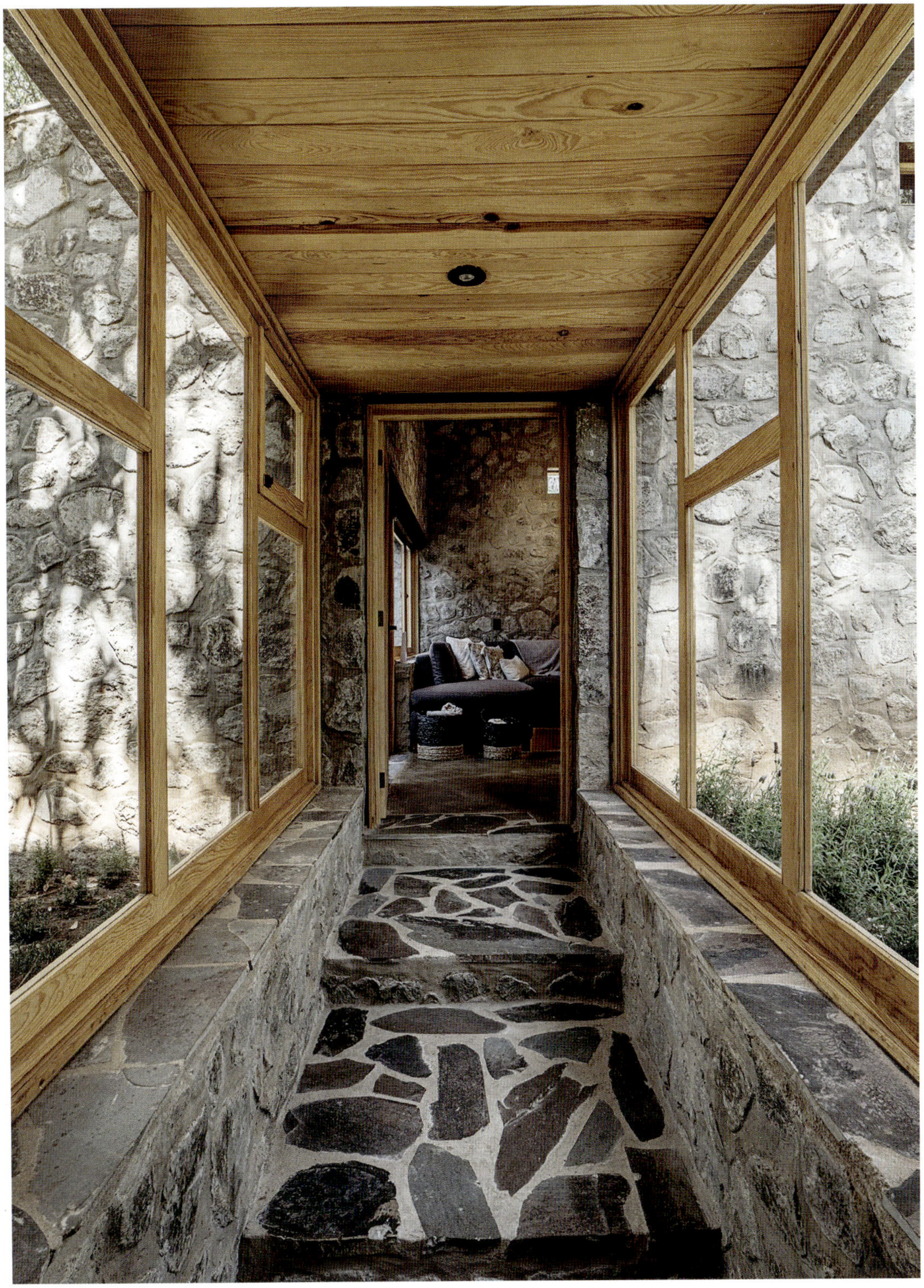
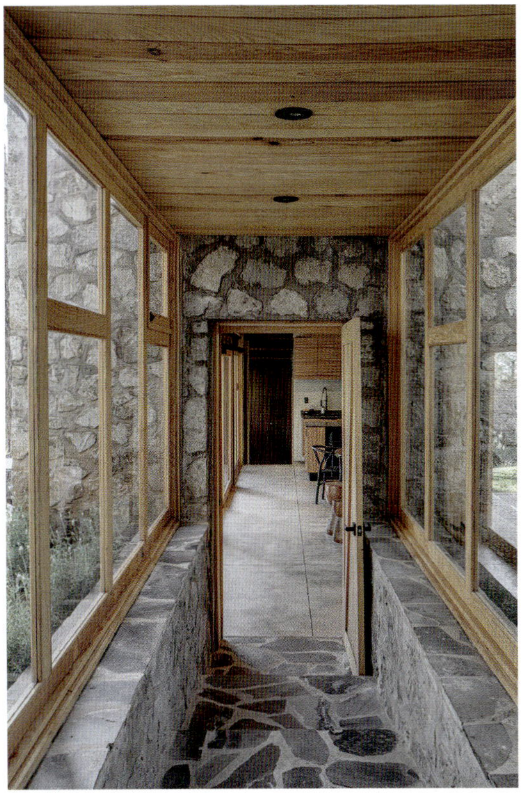
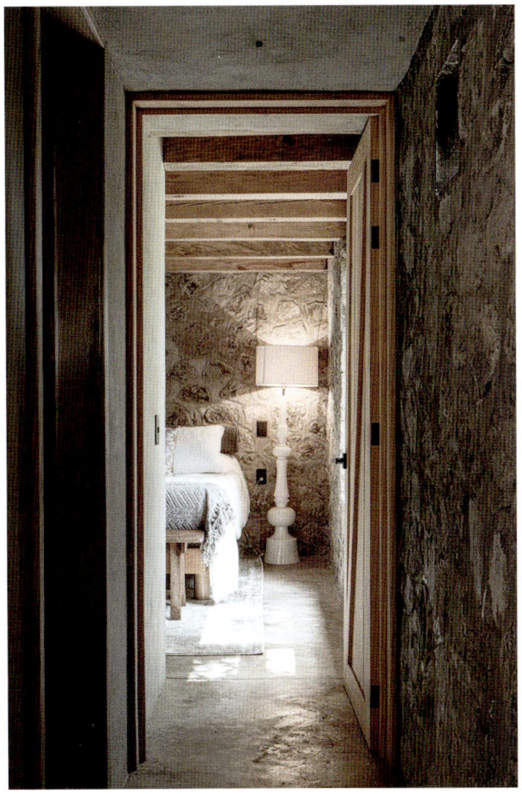

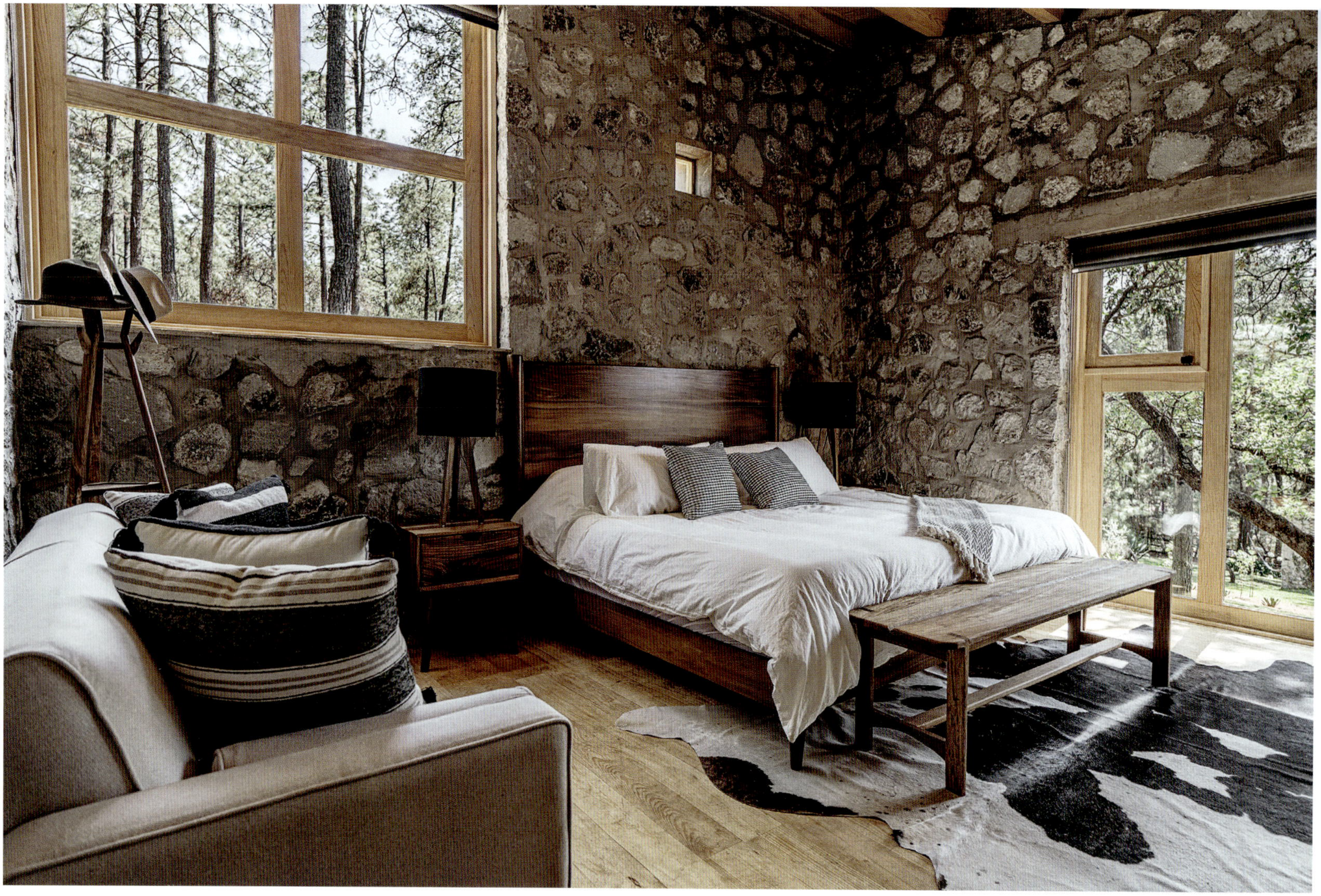

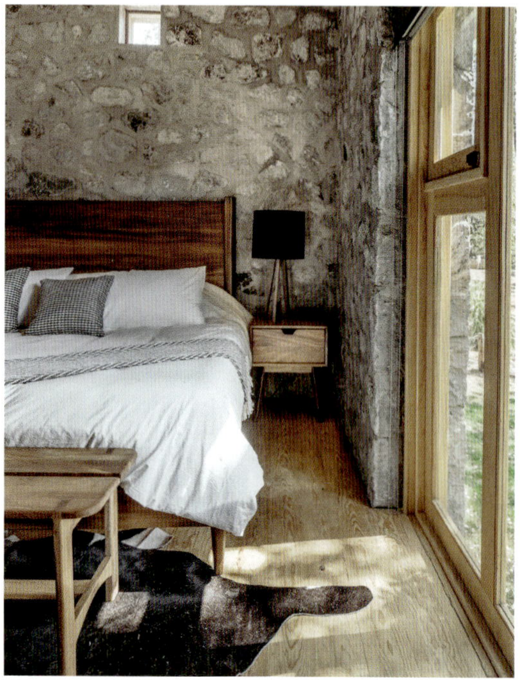

61

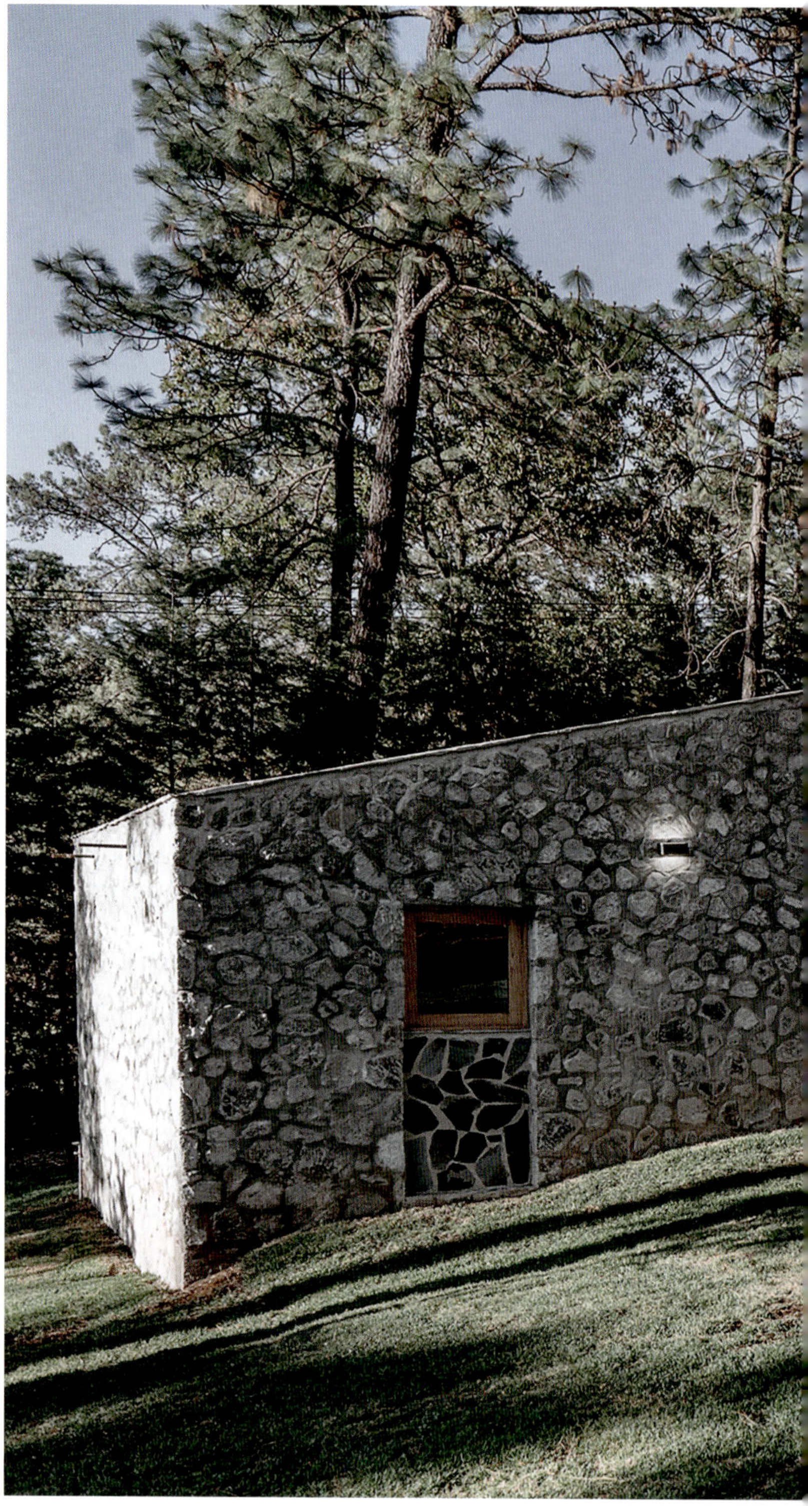

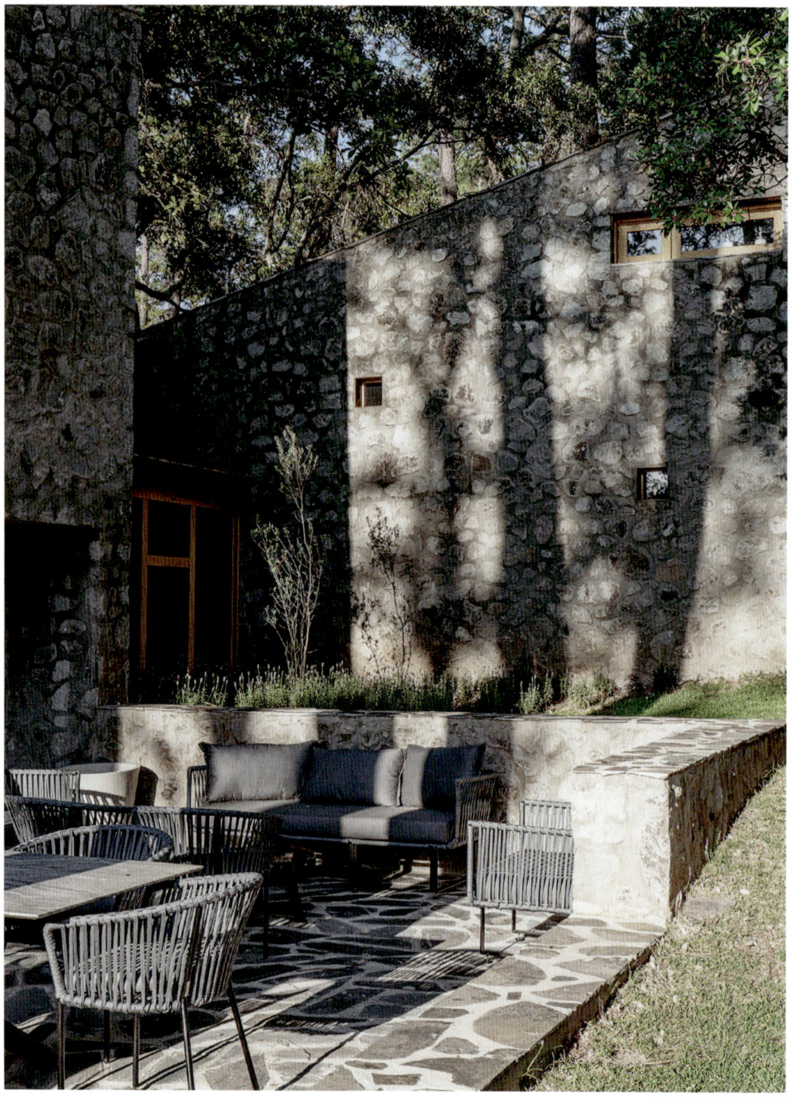

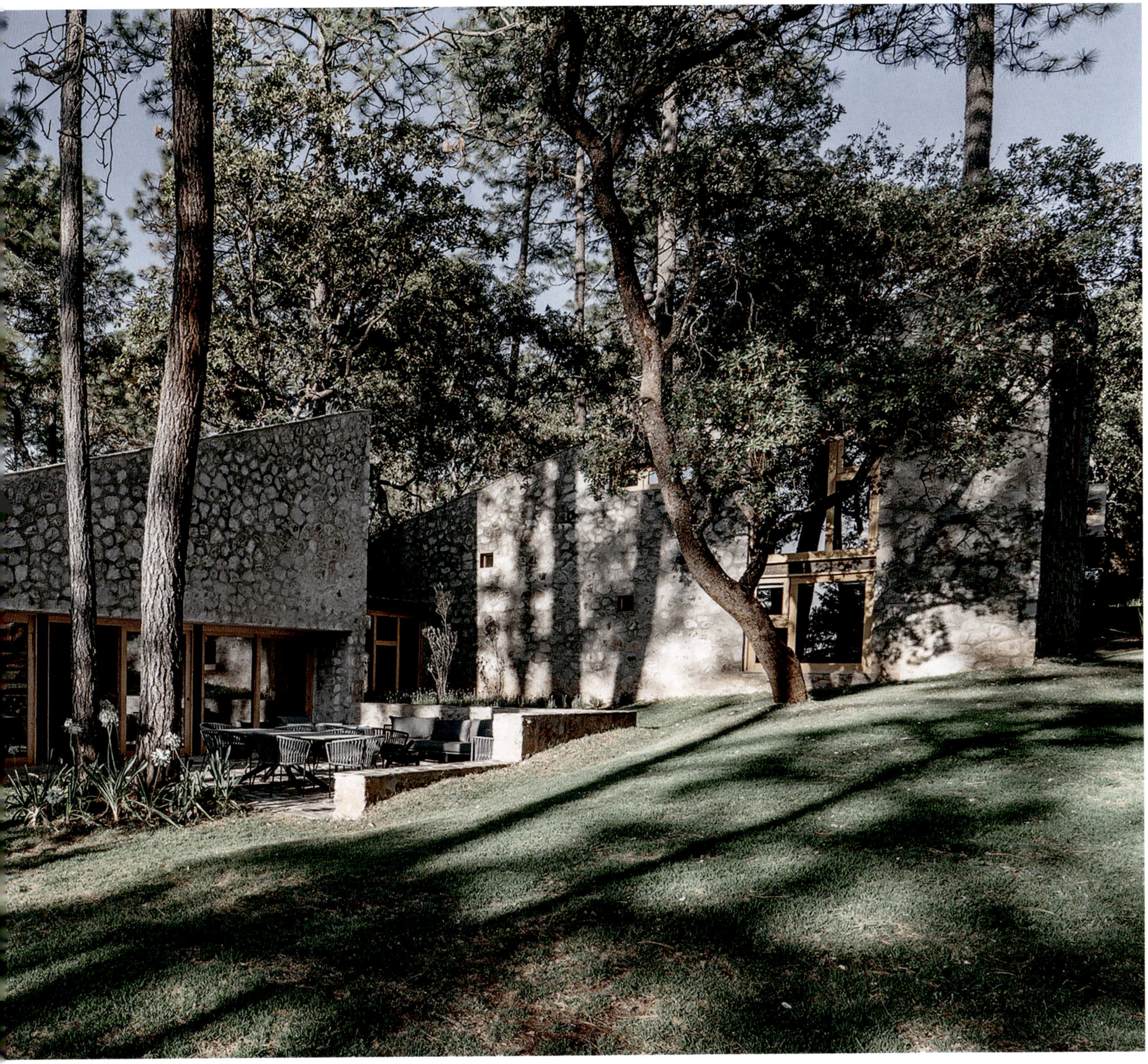

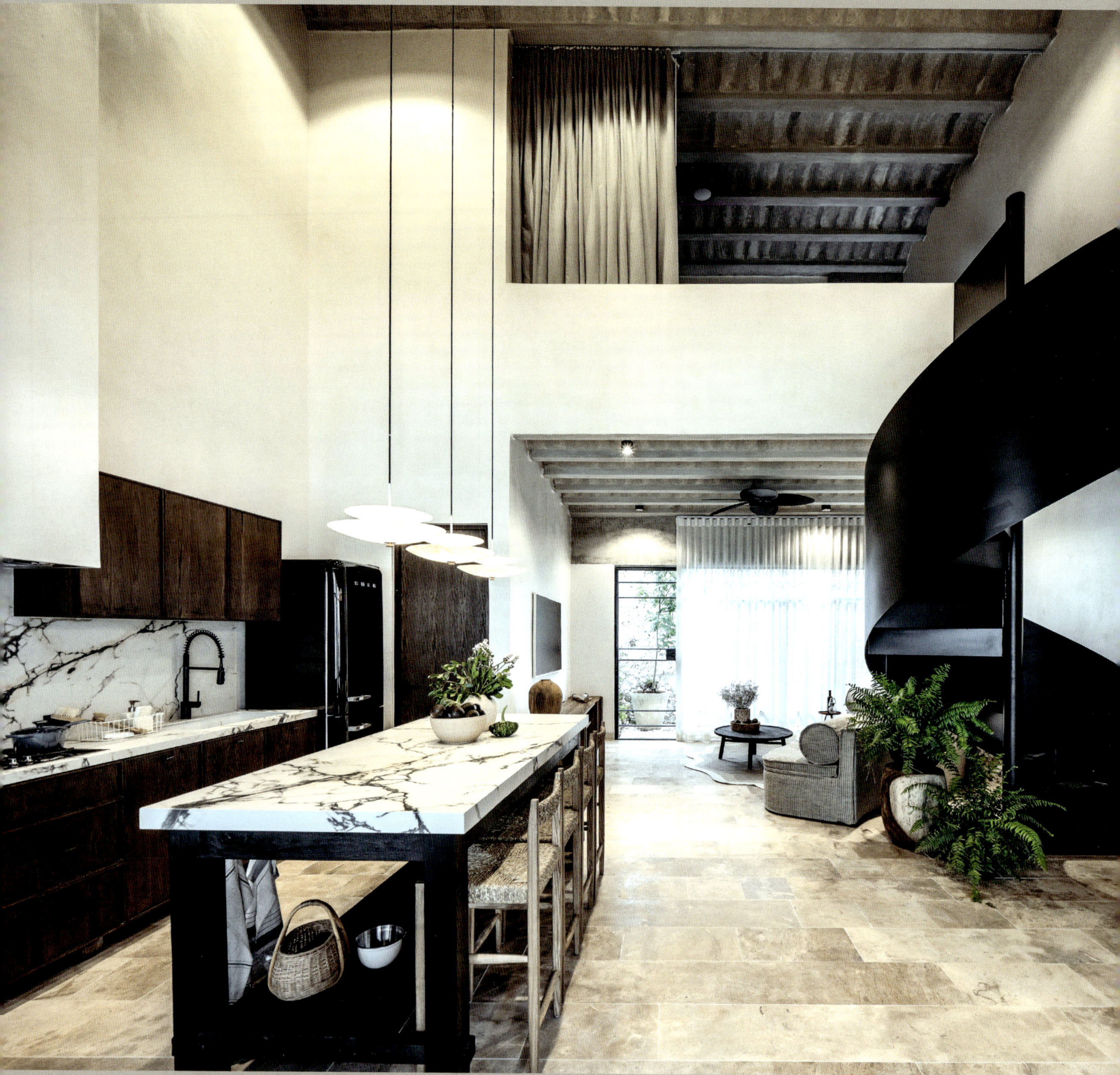

Daniela Álvarez and Jaime Peniche founded Artesano Estudio de Arquitectura Interiores in 2015, with the idea of creating spaces following the demands of contemporary lifestyle. Their work is oriented towards the creation of homes, hotels, restaurants, offices and other spaces for human coexistence. They intervene from the architectural to the creation of the smallest piece of furniture. Thanks to their mastery of handcrafted design, they also have a line of furniture inspired by geometric and timeless designs, in which they combine materials and textures linked to the identity of their environment.

Daniela Álvarez und Jaime Peniche gründeten 2015 Artesano Estudio de Arquitectura Interiores mit der Idee, Räume zu schaffen, die den Anforderungen des zeitgenössischen Lebensstils entsprechen. Ihre Arbeit ist auf die Schaffung von Wohnungen, Hotels, Restaurants, Büros und anderen Räumen für das menschliche Zusammenleben ausgerichtet. Sie greifen von der architektonischen Gestaltung bis hin zur Schaffung des kleinsten Möbelstücks ein. Dank ihrer Beherrschung des handwerklichen Designs verfügen sie auch über eine Möbellinie, die von geometrischen und zeitlosen Designs inspiriert ist, in denen sie Materialien und Texturen kombinieren, die mit der Identität ihrer Umgebung verbunden sind.

Daniela Álvarez et Jaime Peniche ont fondé Artesano Estudio de Arquitectura Interiores en 2015, avec l'idée de créer des espaces suivant les exigences du mode de vie contemporain. Leur travail est orienté vers la création de logements, d'hôtels, de restaurants, de bureaux et d'autres espaces pour la vie humaine. Ils interviennent depuis l'architecture jusqu'à la création du plus petit meuble. Grâce à leur maîtrise du design artisanal, ils proposent également une ligne de meubles d'inspiration géométrique et intemporelle, dans laquelle ils combinent des matériaux et des textures liés à l'identité de leur environnement.

Daniela Álvarez y Jaime Peniche fundaron Artesano Estudio de Arquitectura Interiores en 2015, con la idea de crear espacios siguiendo las exigencias del estilo de vida contemporáneo. Su trabajo se orienta a la creación de viviendas, hotelería, restaurantes, oficinas y otros espacios para la convivencia humana. Intervienen desde lo arquitectónico hasta la creación del mueble más pequeño. Gracias a su maestría en el manejo del diseño artesanal, también cuentan con una línea de muebles de inspiración geométrica y atemporal, en la que combinan materiales y texturas vinculados a la identidad de su entorno.

**ARTESANO**

DANIELA ÁLVAREZ
JAIME PENICHE

@artesano_mx

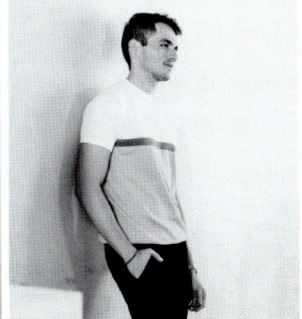

# LA PAUSA

VALLADOLID, MEXICO || PHOTOS © MANOLO R. SOLIS

In love with Valladolid's rich history, traditions and gastronomy, a young family decided to set up their holiday home in this city on the Yucatan Peninsula. To do so, they chose an old building that preserved three ancestral masonry walls.
The idea from the outset was to leave these walls bare, as an interpretation of life in the region where time passes slowly and the luxury is the family get-together. The idea was also to leave the new structural elements of the house uncovered, making it more transparent. Local materials were chosen, such as Mexican quarry floors and handcrafted finishes on walls, beams and recycled wood.
The interior fuses styles, custom-made furniture and vintage elements with contemporary Mexican design. The Japanese technique of Shou Sugi Ban, accentuates the timeless character of the house. The strategically placed green areas include a vegetative palette of local wild plants.

Verliebt in die reiche Geschichte, die Traditionen und die Gastronomie von Valladolid, beschloss eine junge Familie, ihr Ferienhaus in dieser Stadt auf der Halbinsel Yucatan einzurichten. Dazu wählten sie ein altes Gebäude, in dem noch drei alte Mauern erhalten sind.
Die Idee war von Anfang an, diese Mauern kahl zu lassen, als Interpretation des Lebens in dieser Region, in der die Zeit langsam vergeht und der Luxus das Beisammensein mit der Familie ist. Die Idee war auch, die neuen strukturellen Elemente des Hauses freizulegen, um es transparenter zu machen. Es wurden lokale Materialien wie mexikanische Steinbruchböden und handwerkliche Verarbeitungen an Wänden, Balken und recyceltem Holz gewählt.
In der Inneneinrichtung verschmelzen Stile, maßgefertigte Möbel und Vintage-Elemente mit zeitgenössischem mexikanischem Design. Die japanische Technik des Shou Sugi Ban unterstreicht den zeitlosen Charakter des Hauses. Die strategisch platzierten Grünflächen enthalten eine vegetative Palette von lokalen Wildpflanzen.

Amoureuse de la richesse historique, des traditions et de la gastronomie de Valladolid, une jeune famille a décidé d'installer sa maison de vacances dans cette ville de la péninsule du Yucatán. Pour ce faire, elle a choisi une ancienne construction qui conservait trois murs ancestraux en maçonnerie.
L'idée dès le départ était de laisser ces murs nus, comme une interprétation de la vie de la région où le temps passe lentement et où le luxe est la réunion familiale, en envisageant également de laisser à découvert les nouveaux éléments structurels de la maison, la rendant plus transparente. Des matériaux locaux tels que les sols en pierre mexicaine et les finitions artisanales sur les murs, les poutres et les bois recyclés ont été choisis.
L'intérieur fusionne les styles, les meubles sur mesure et les éléments vintage avec un design mexicain contemporain. La technique japonaise du Shou Sugi Ban accentue le caractère intemporel de la maison. Les espaces verts, stratégiquement situés, comprennent une palette végétale de plantes sauvages locales.

Enamorada de la riqueza histórica, las tradiciones y la gastronomía de Valladolid, una joven familia decidió instalar su casa de vacaciones en esta ciudad de la Península de Yucatán. Para ello eligió una antigua construcción que conservaba tres muros ancestrales de mampostería.
La idea desde el inicio fue dejar esas paredes al desnudo, como una interpretación de la vida de la región donde el tiempo pasa lento y el lujo es el encuentro familiar, planteando la idea de dejar también al descubierto los nuevos elementos estructurales de la casa, haciéndola más transparente. Se eligieron materiales locales como los pisos de cantera mexicana, y los acabados artesanales en muros, vigas y maderas recicladas.
El interior fusiona estilos, muebles a medida y elementos vintage con diseño mexicano contemporáneo. La técnica japonesa de Shou Sugi Ban, acentúa el carácter atemporal de la casa. Las áreas verdes, estratégicamente ubicadas, incluyen una paleta vegetal de plantas silvestres locales.

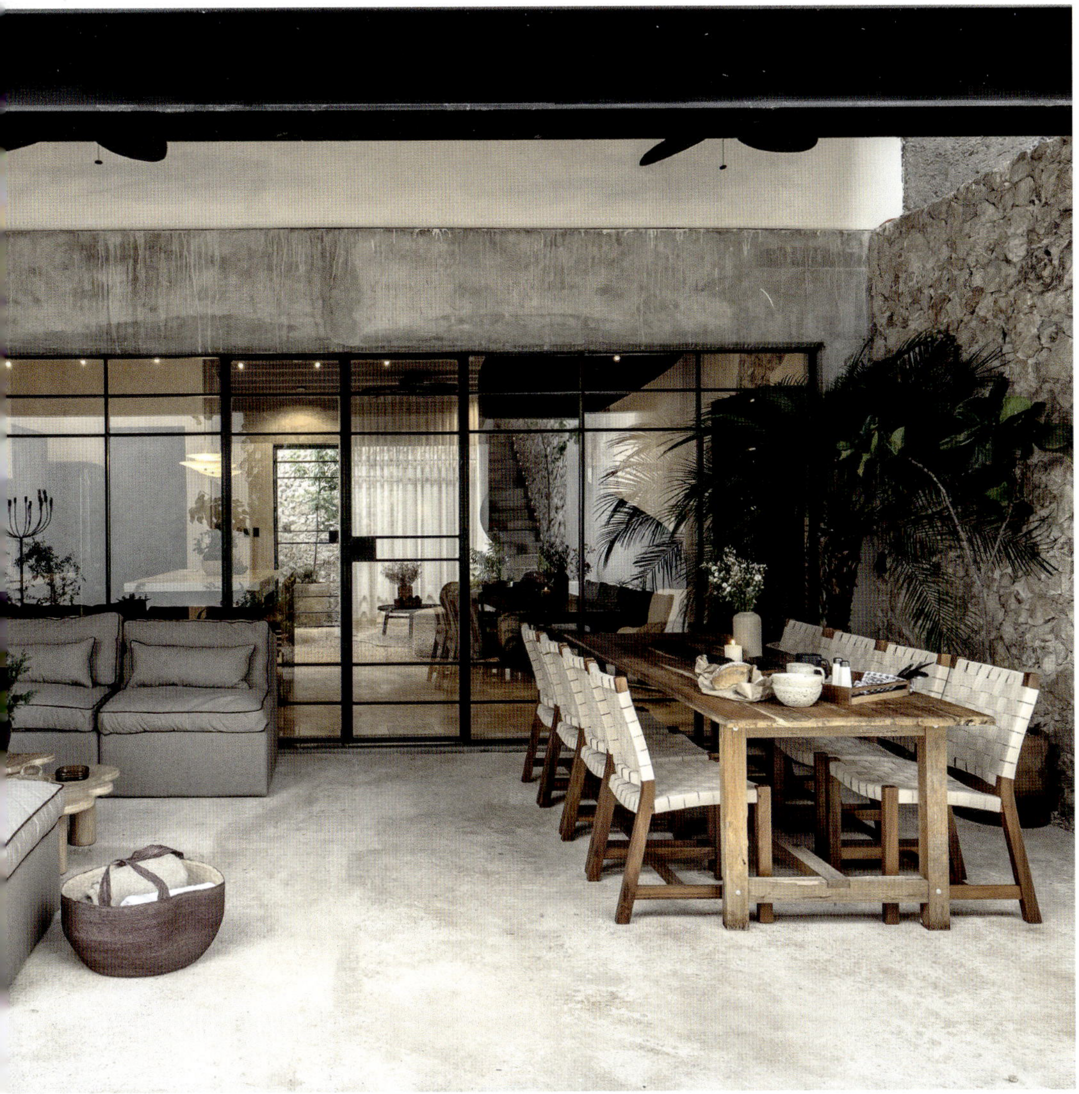

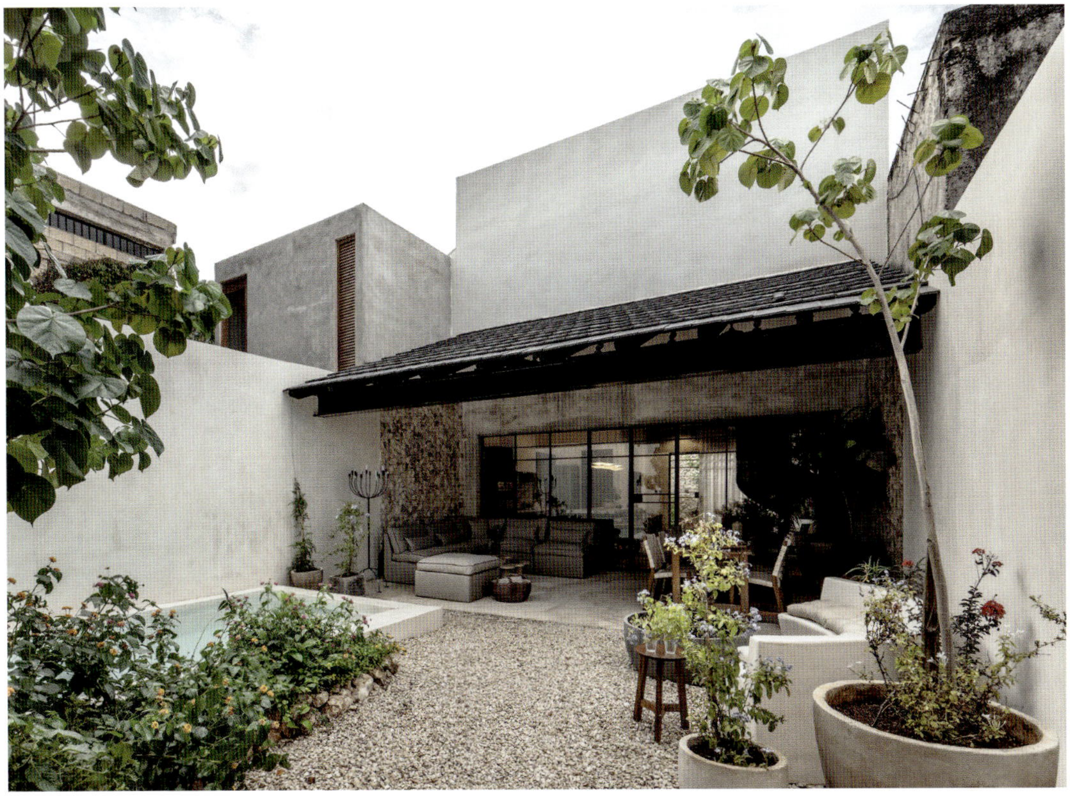

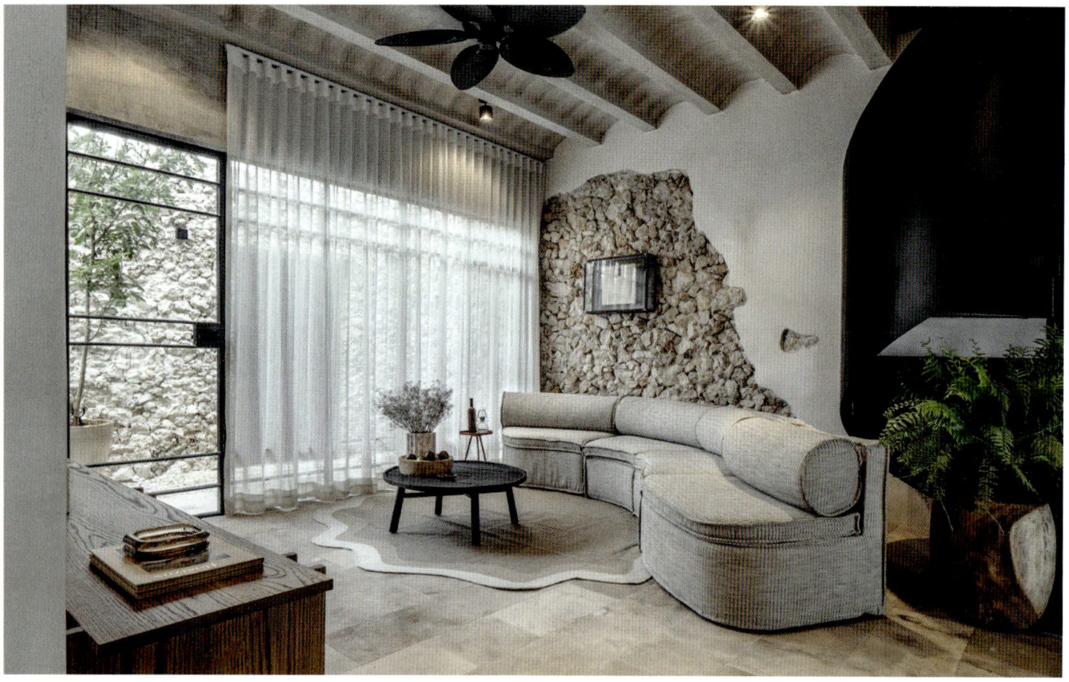

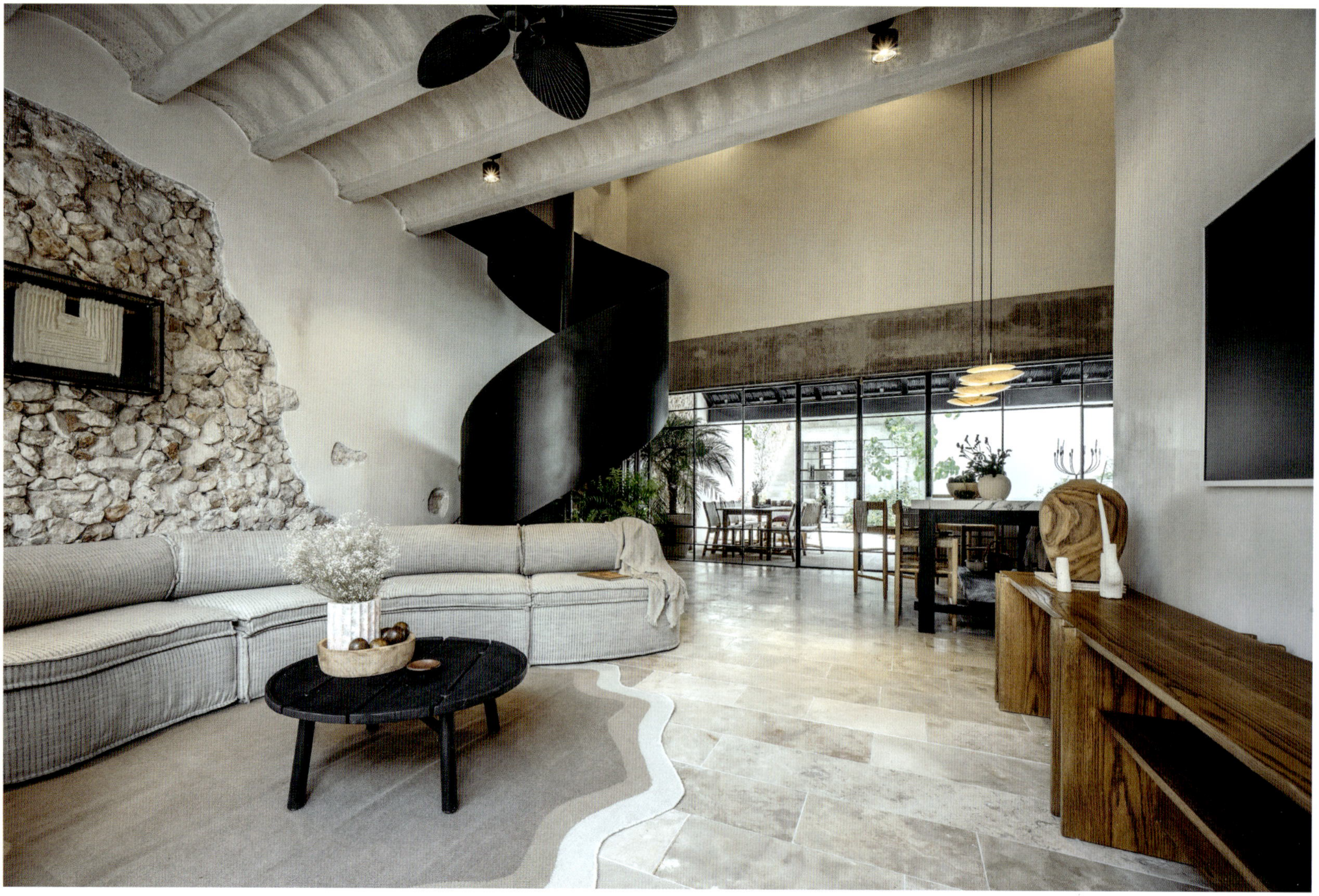

69

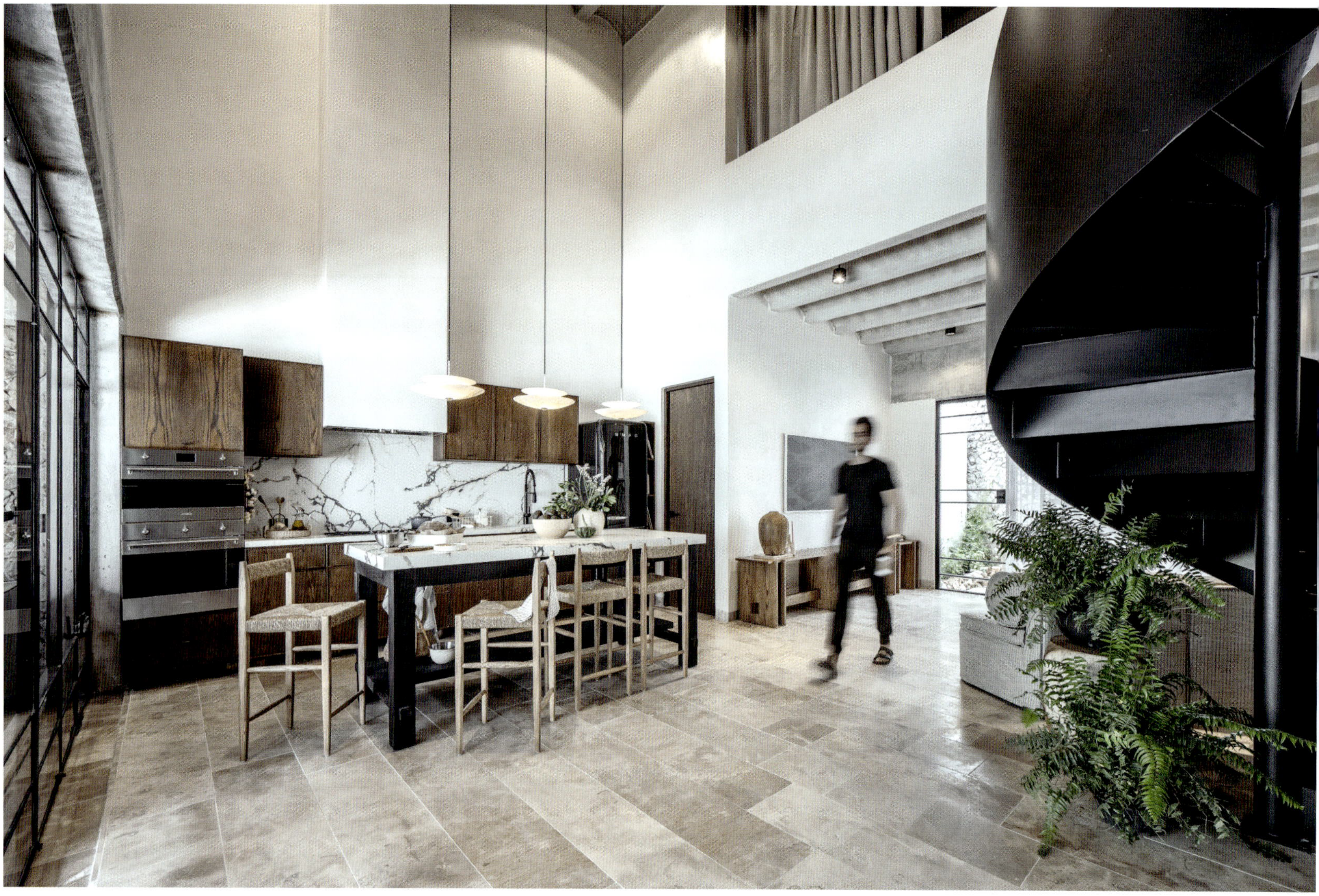

71

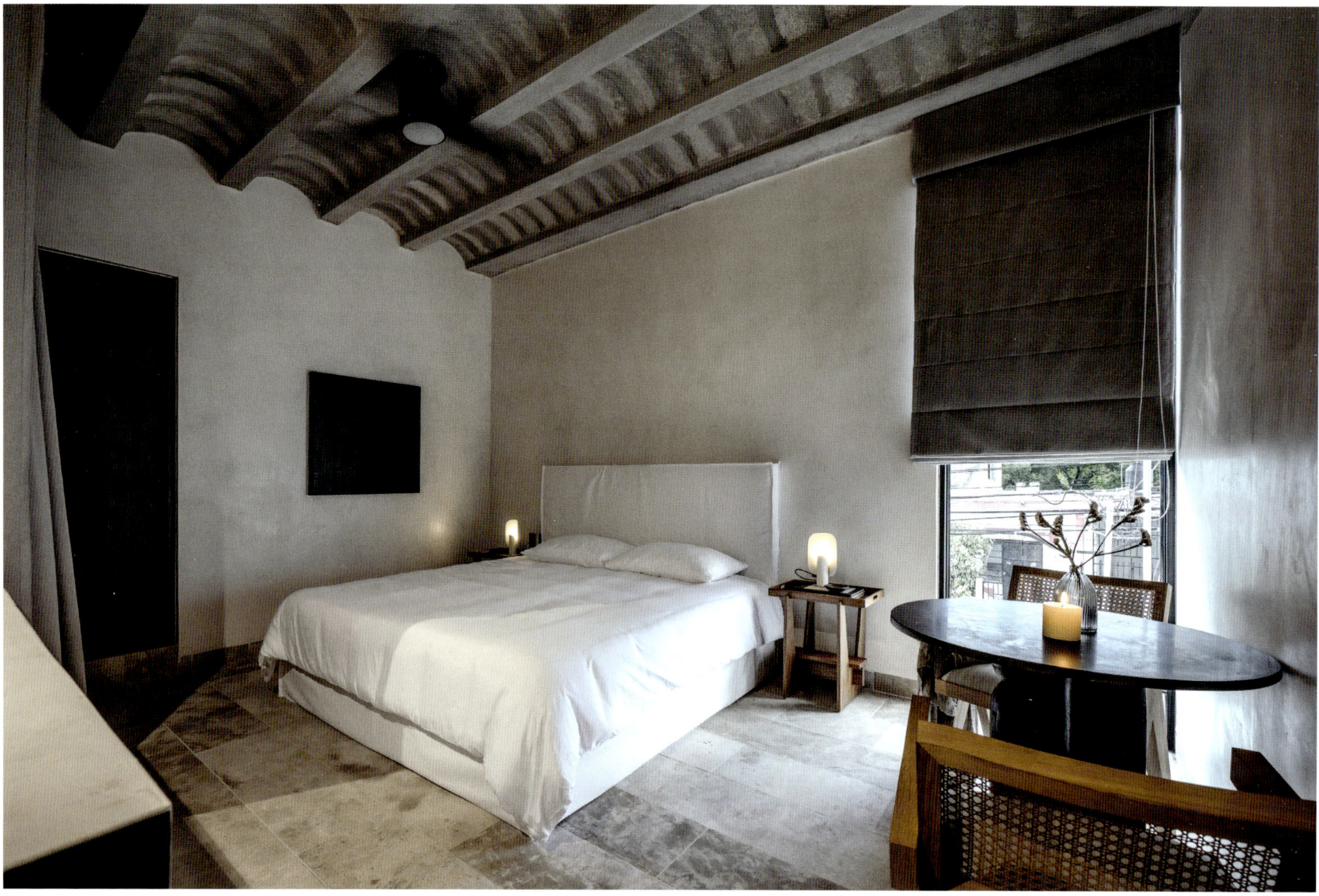

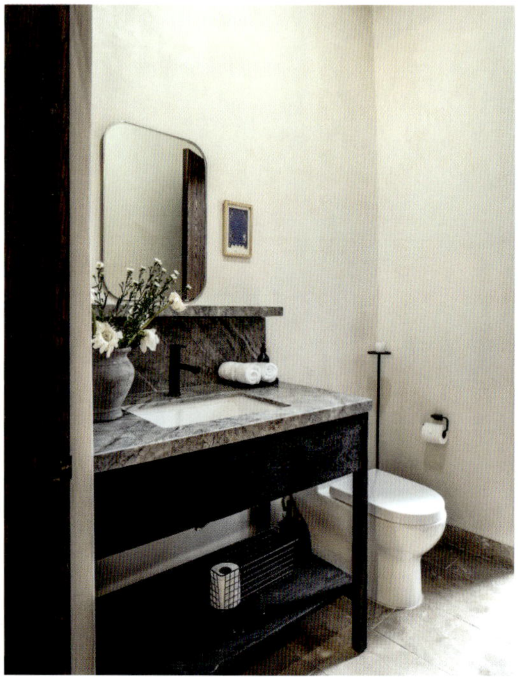

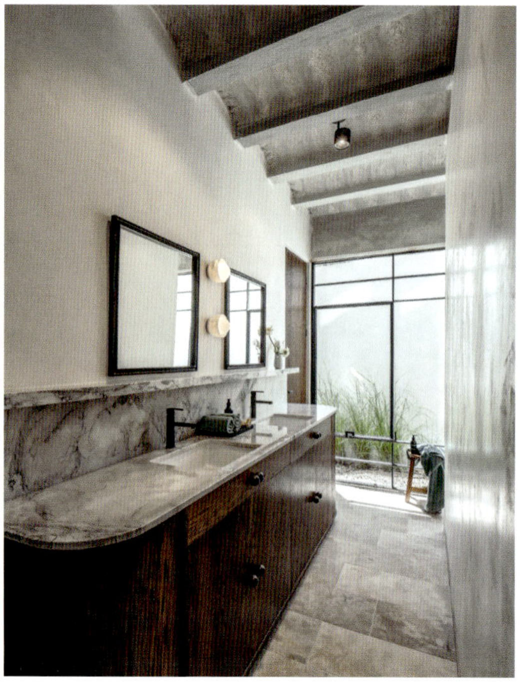

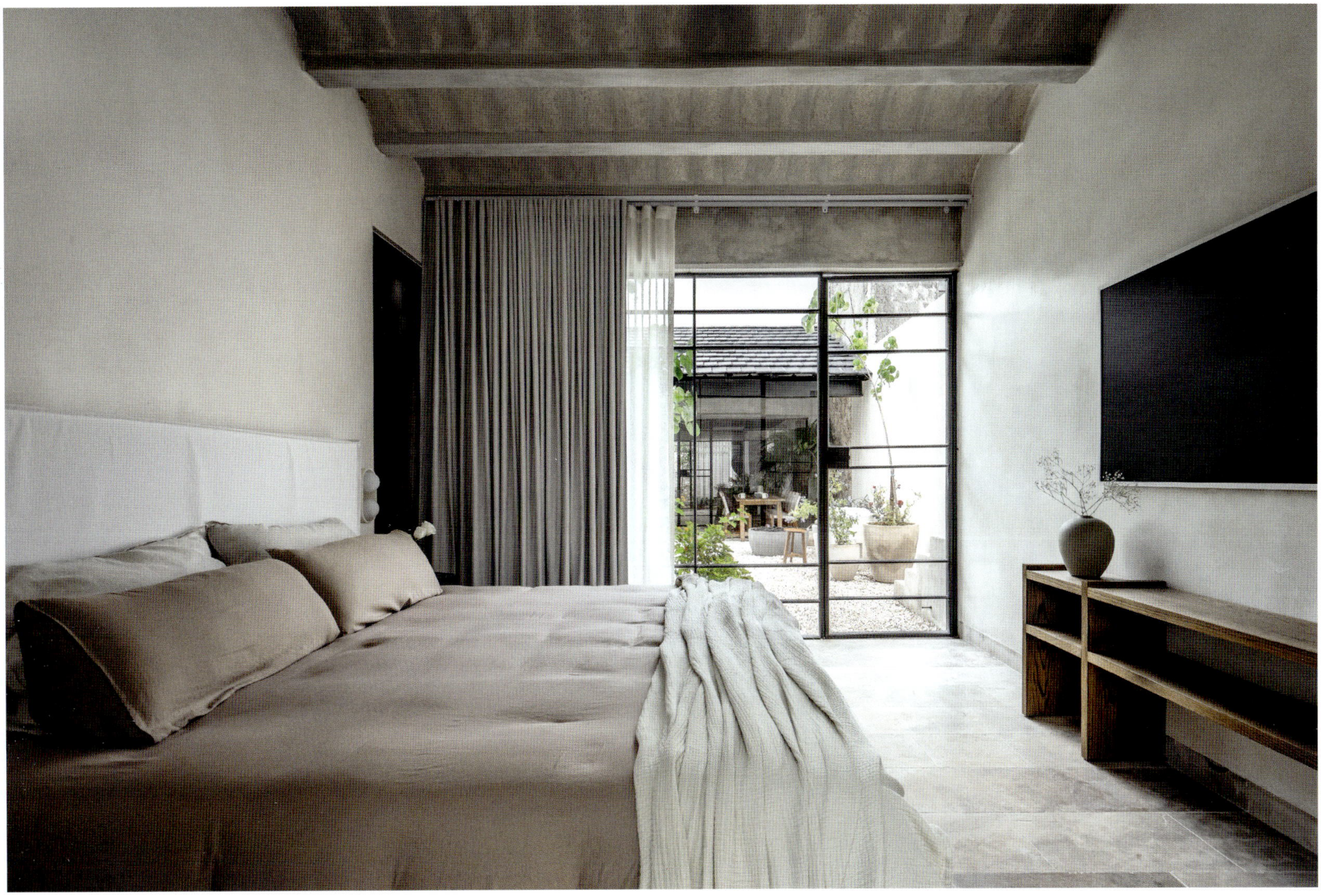

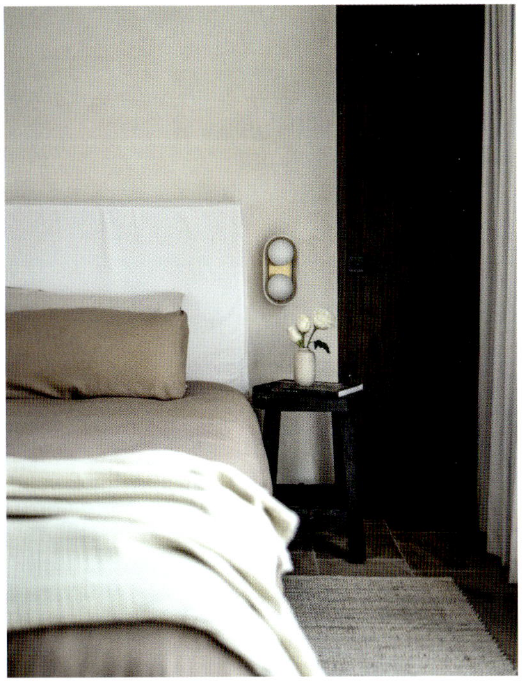

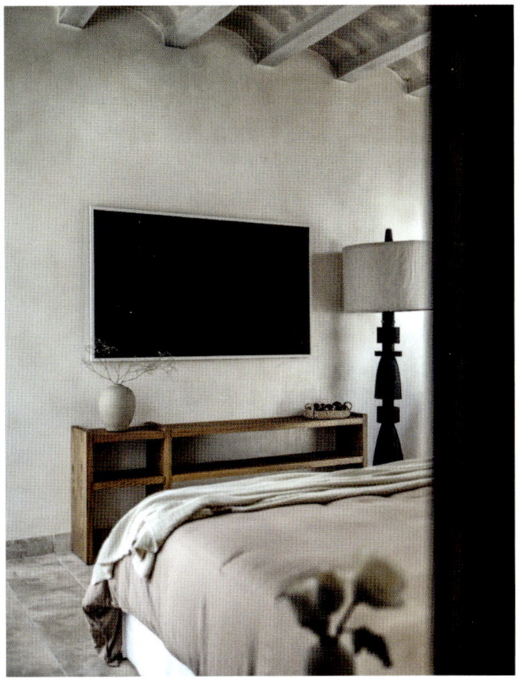

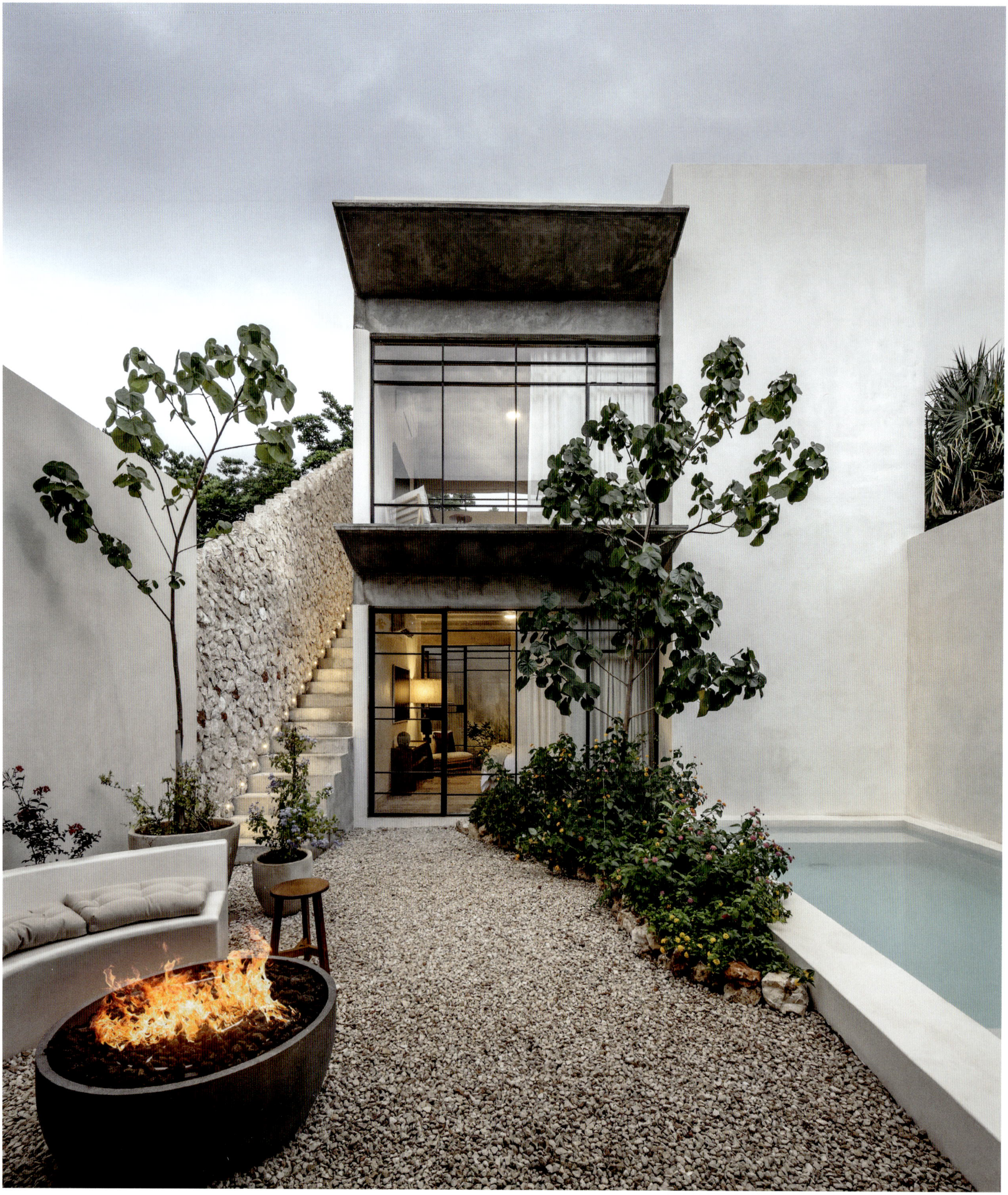

75

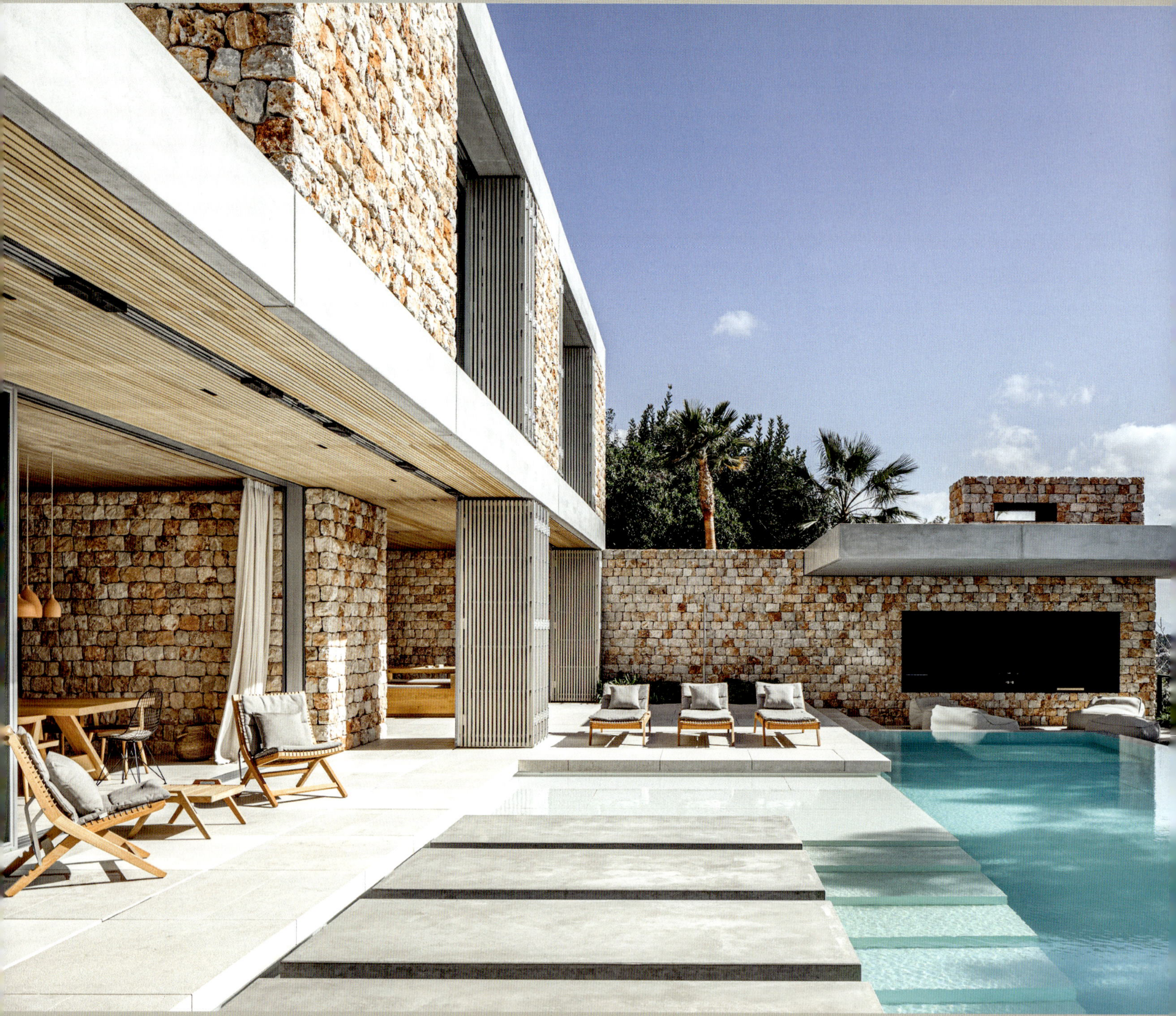

BEEF is an architectural practice founded by Rado Buzinkay and Andrej Ferenčík shortly after completing their studies at STU Bratislava, TU Wien and ETH Zurich. Housing has been the focus of their work since their inception. They first focused on interiors, then on family houses, and later on the discovery of wider contexts with urbanism. Their career includes projects in Slovakia, the Czech Republic, Austria, Switzerland, United Arab Emirates and Spain.

BEEF ist ein Architekturbüro, das von Rado Buzinkay und Andrej Ferenčík kurz nach Abschluss ihres Studiums an der STU Bratislava, der TU Wien und der ETH Zürich gegründet wurde. Die Schaffung von Wohnraum war von Anfang an der Schwerpunkt seiner Arbeit. Zunächst konzentrierten sie sich auf Innenräume, dann auf Familienhäuser und später auf die Entdeckung größerer Zusammenhänge mit dem Städtebau. Ihre Karriere umfasst Projekte in der Slowakei, der Tschechischen Republik, Österreich, der Schweiz, den Vereinigten Arabischen Emiraten und Spanien.

BEEF est un cabinet d'architecture fondé par Rado Buzinkay et Andrej Ferenčík peu après avoir terminé leurs études à la STU Bratislava, la TU Wien et la ETH Zurich. La création de logements est au cœur de leur travail depuis leurs débuts. Ils se sont d'abord concentrés sur les intérieurs, puis sur les maisons familiales, et ont ensuite découvert des contextes plus larges avec l'urbanisme. Leur carrière comprend des projets en Slovaquie, en République tchèque, en Autriche, en Suisse, aux Émirats arabes unis et en Espagne.

BEEF es un estudio de arquitectura fundado por Rado Buzinkay y Andrej Ferenčík poco después de completar sus estudios en la STU Bratislava, la TU Wien y la ETH Zurich. La creación de viviendas ha sido el centro de su trabajo desde sus inicios. Primero se enfocaron en los interiores, luego en las casas familiares, y más tarde el descubrimiento de contextos más amplios con el urbanismo. Su carrera incluye proyectos en Eslovaquia, la República Checa, Austria, Suiza, Emiratos Árabes Unidos y España.

**BEEF ARCHITEKTI**

HELENA KUČEROVÁ
RADO BUZINKAY
ANDREJ FERENČÍK
JÁN ŠIMKO

www.beef.sk

# CASA FLY

MALLORCA, SPAIN || PHOTOS © TOMEU CANYELLAS

The aesthetic of this house merges with its natural surroundings and the rich history of the island of Mallorca. Inspired by local architecture, the house is built with traditional materials and techniques, such as quarry stone on the façade and lime stucco finishes. The stone not only beautifies, but also regulates the temperature, keeping the house cool in summer and trapping heat in winter. Sustainability and comfort have been prioritised in the design of the house. Casa Fly incorporates natural ventilation, through the multiple windows and skylights, and light regulation with wooden shutters. The interiors are defined by a combination of rustic elements with modern touches. Wood, stone and concrete are the predominant materials. The wooden slats adjacent to the staircase and the handmade ceramic lamps above the dining table stand out. From the ground floor you can see the sea, and from the upper floor you can see the city of Mallorca illuminated at night, inviting you to enjoy its relaxed lifestyle.

Die Ästhetik dieses Hauses verschmilzt mit seiner natürlichen Umgebung und der reichen Geschichte der Insel Mallorca. Inspiriert von der lokalen Architektur, wurde das Haus mit traditionellen Materialien und Techniken gebaut, z. B. mit Bruchstein an der Fassade und Kalkstuckarbeiten. Der Stein ist nicht nur schön, sondern reguliert auch die Temperatur, hält das Haus im Sommer kühl und speichert im Winter die Wärme.
Nachhaltigkeit und Komfort wurden bei der Gestaltung des Hauses in den Vordergrund gestellt. Casa Fly verfügt über eine natürliche Belüftung durch mehrere Fenster und Oberlichter sowie eine Lichtregulierung durch Holzfensterläden. Die Innenräume zeichnen sich durch eine Kombination aus rustikalen Elementen und modernen Akzenten aus. Holz, Stein und Beton sind die vorherrschenden Materialien. Auffallend sind die Holzlatten neben der Treppe und die handgefertigten Keramiklampen über dem Esstisch. Vom Erdgeschoss aus kann man das Meer sehen, und vom Obergeschoss aus sieht man die nachts beleuchtete Stadt Mallorca, die zu einem entspannten Lebensstil einlädt.

L'esthétique de cette maison se fond avec son environnement naturel et l'histoire riche de l'île de Majorque. Inspirée par l'architecture locale, la maison est construite avec des matériaux et des techniques traditionnels, tels que la pierre de carrière en façade et les finitions en stuc de chaux. La pierre embellit non seulement, mais régule également la température, gardant la maison fraîche en été et emprisonnant la chaleur en hiver.
Pour la conception de la maison, l'accent a été mis sur la durabilité et le confort. Casa Fly intègre la ventilation naturelle à travers les multiples fenêtres et puits de lumière, et la régulation de l'entrée de lumière avec les volets en bois. Les intérieurs sont définis par une combinaison d'éléments rustiques avec des touches modernes. Le bois, la pierre et le ciment sont les matériaux prédominants. Les lamelles de bois adjacentes à l'escalier et les lampes artisanales en céramique au-dessus de la table à manger sont mises en valeur. Depuis le rez-de-chaussée, on peut voir la mer, et depuis l'étage supérieur, on aperçoit la ville de Majorque illuminée la nuit, invitant à profiter de son style de vie paisible.

La estética de esta casa se fusiona con su entorno natural y la rica historia de la isla de Mallorca. Inspirada en la arquitectura local, la vivienda está construida con materiales y técnicas tradicionales, como la piedra de cantera en la fachada y acabados en estuco de cal. La piedra no solo embellece, sino que también regula la temperatura, manteniendo la casa fresca en verano y atrapando el calor en invierno.
Para el diseño de la vivienda se ha priorizado la sostenibilidad y el confort. Casa Fly incorpora la ventilación natural, a través de las múltiples ventanas y tragaluces y regula la entrada de luz con las persianas de madera. Los interiores se definen por una combinación de elementos rústicos con toques modernos. Madera, piedra y hormigón son los materiales predominantes. Destacan las lamas de madera adyacentes a la escalera, y las lámparas artesanales de cerámica encima de la mesa del comedor. Desde la planta baja se ve el mar, y desde la planta superior se divisa la ciudad de Mallorca iluminada por la noche invitando a disfrutar de su estilo de vida reposado.

79

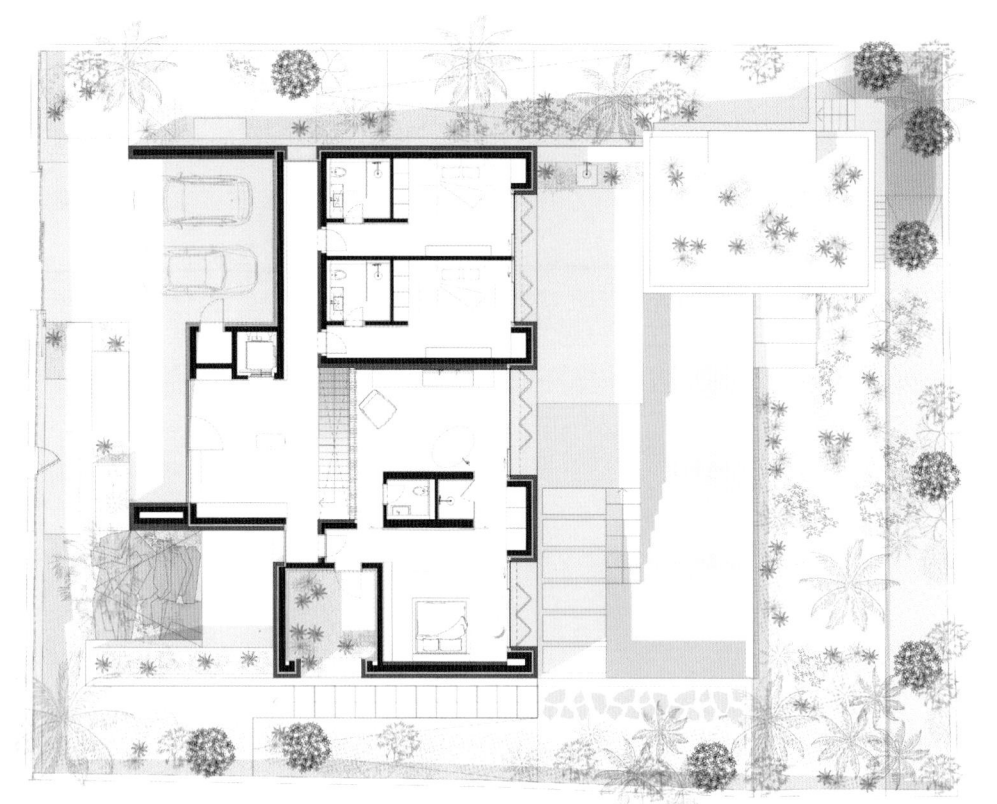

First floor plan

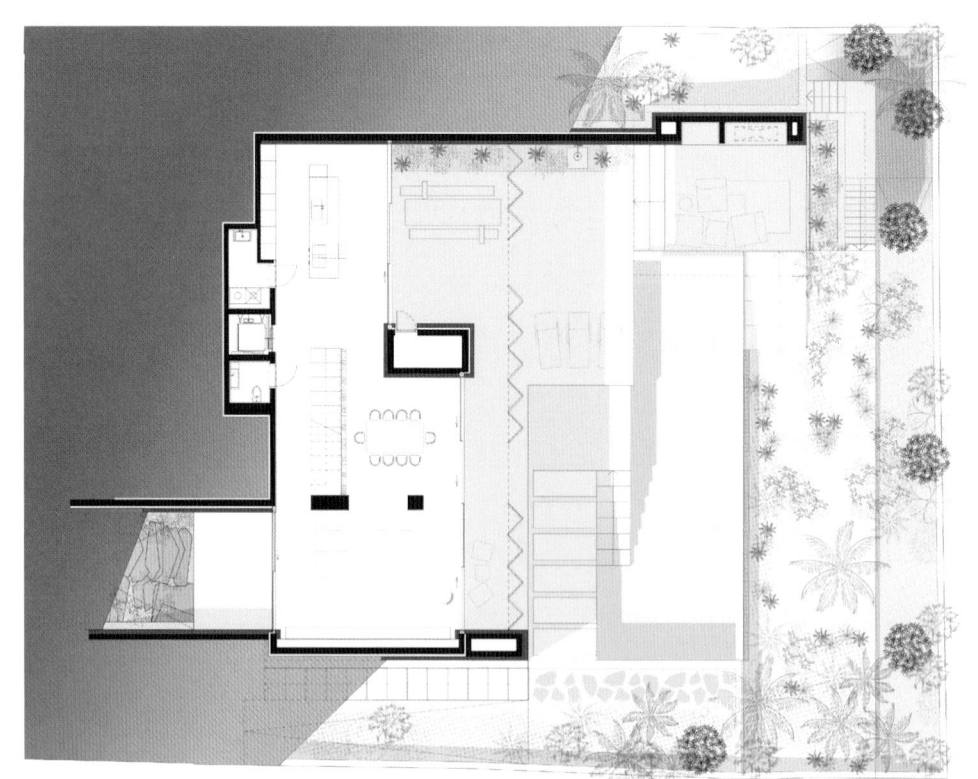

Ground floor plan

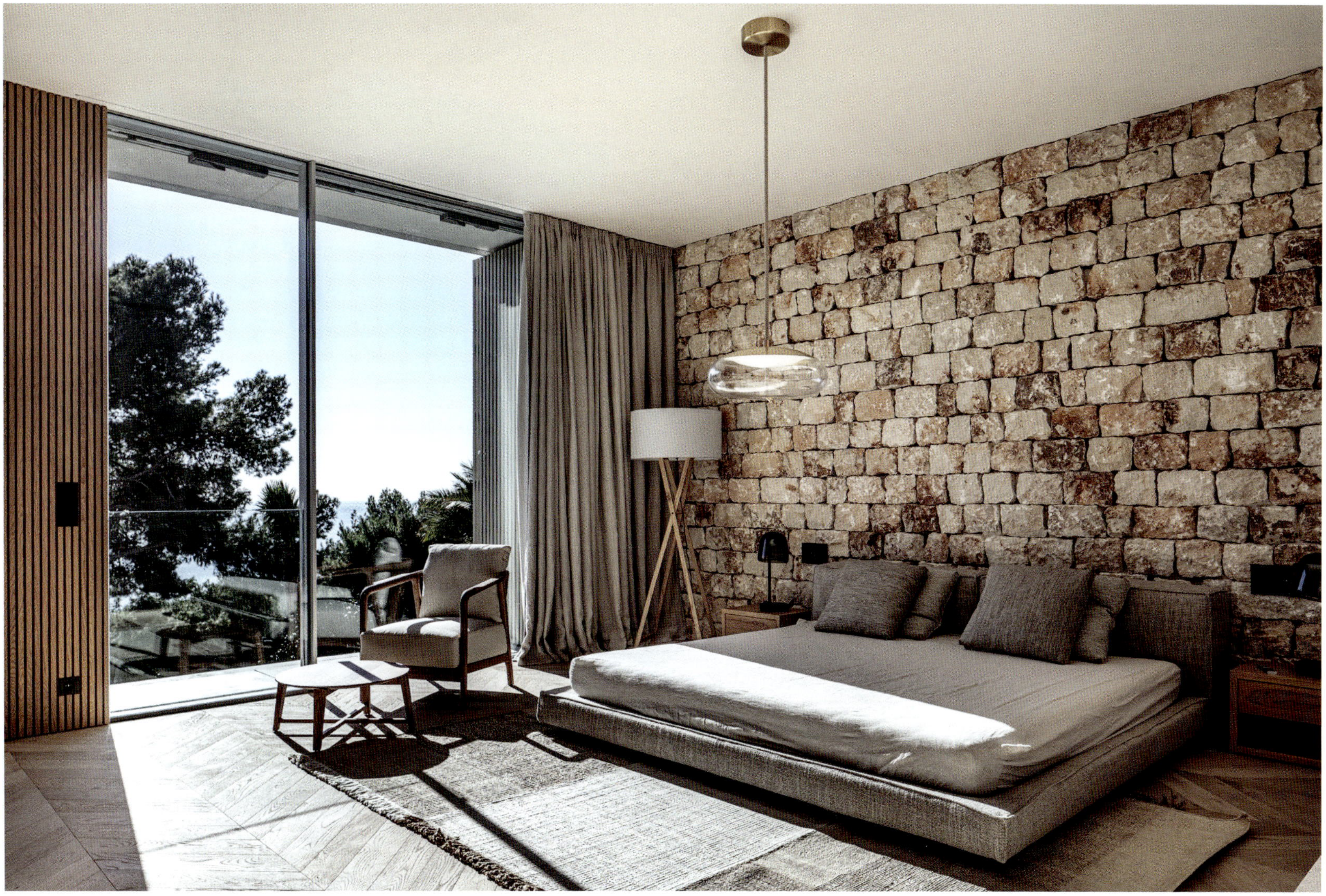

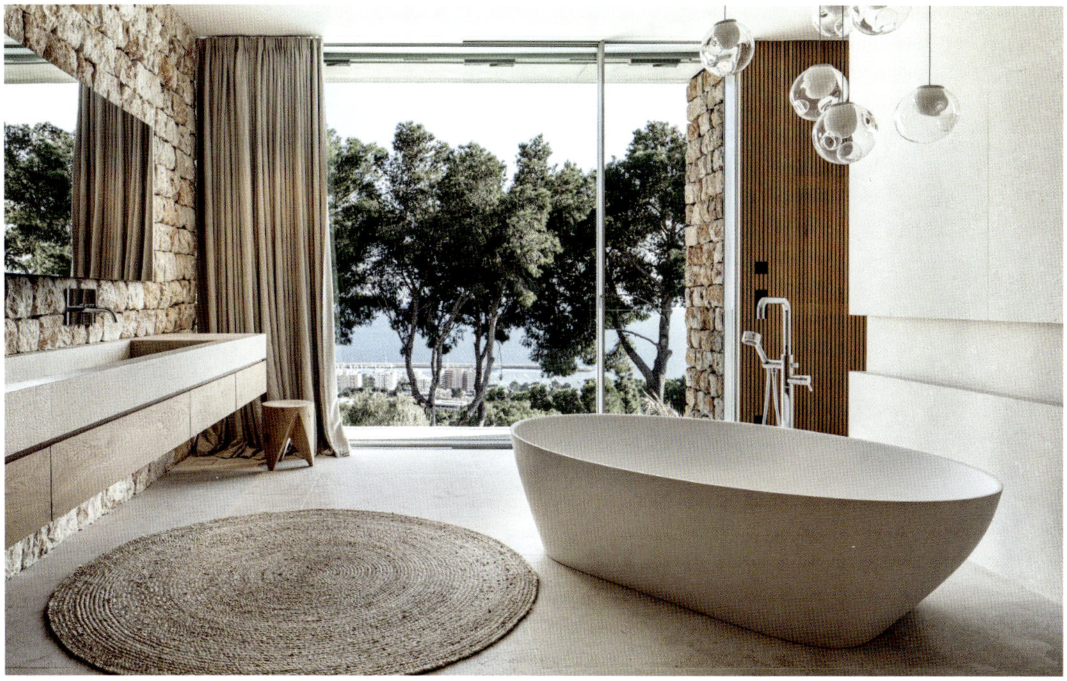

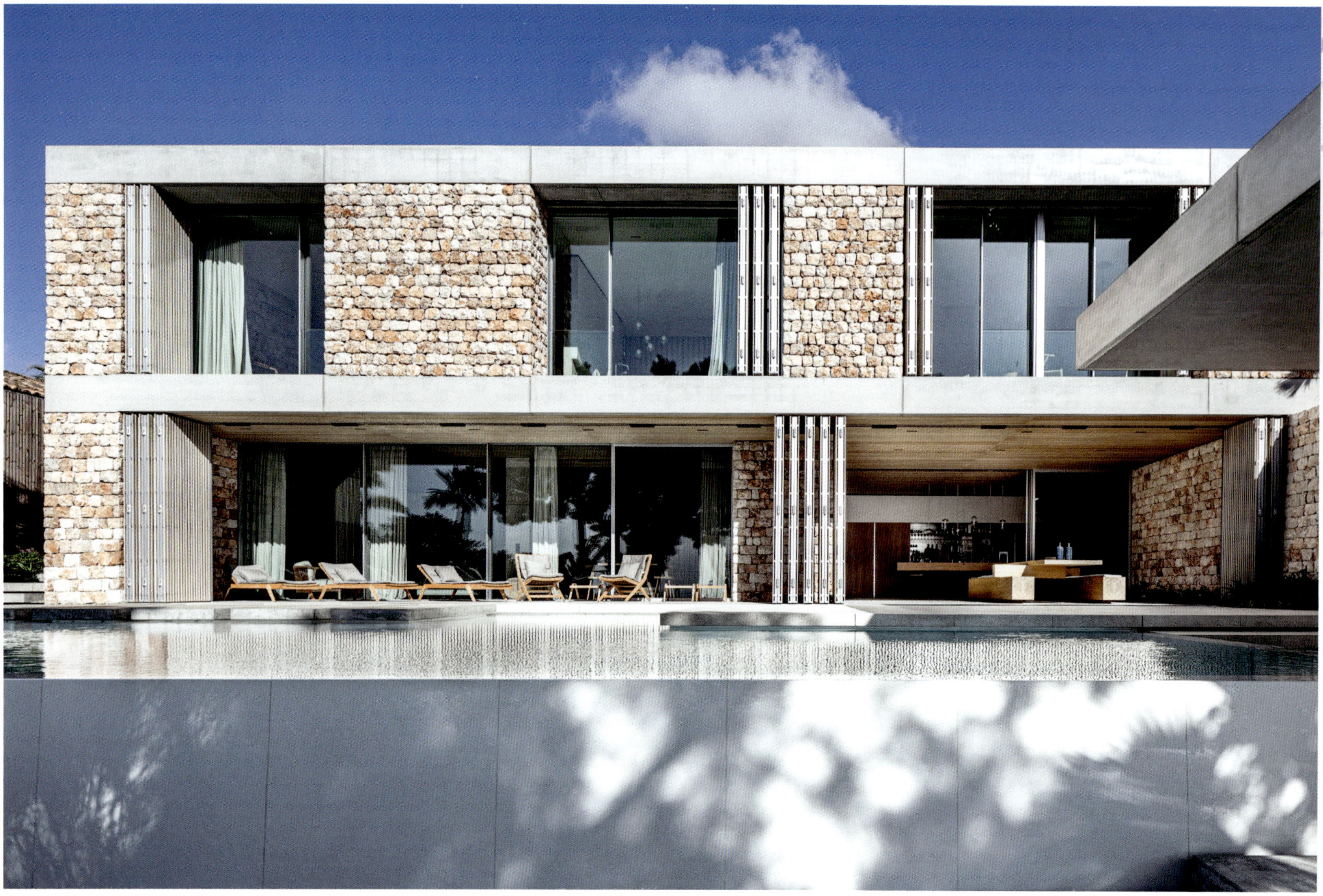

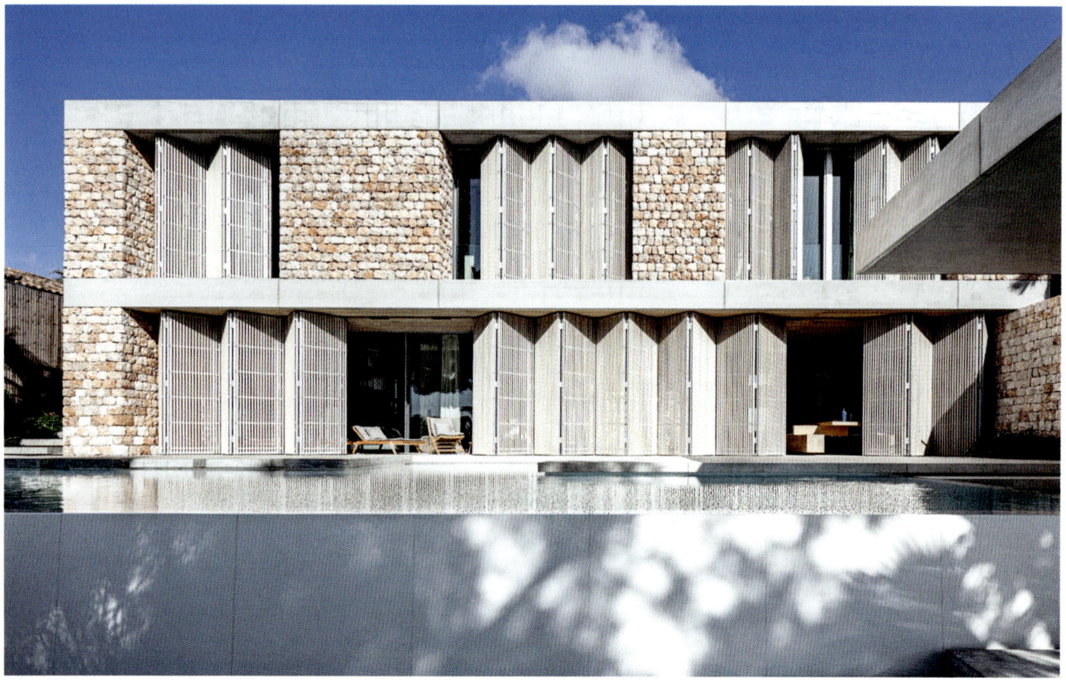

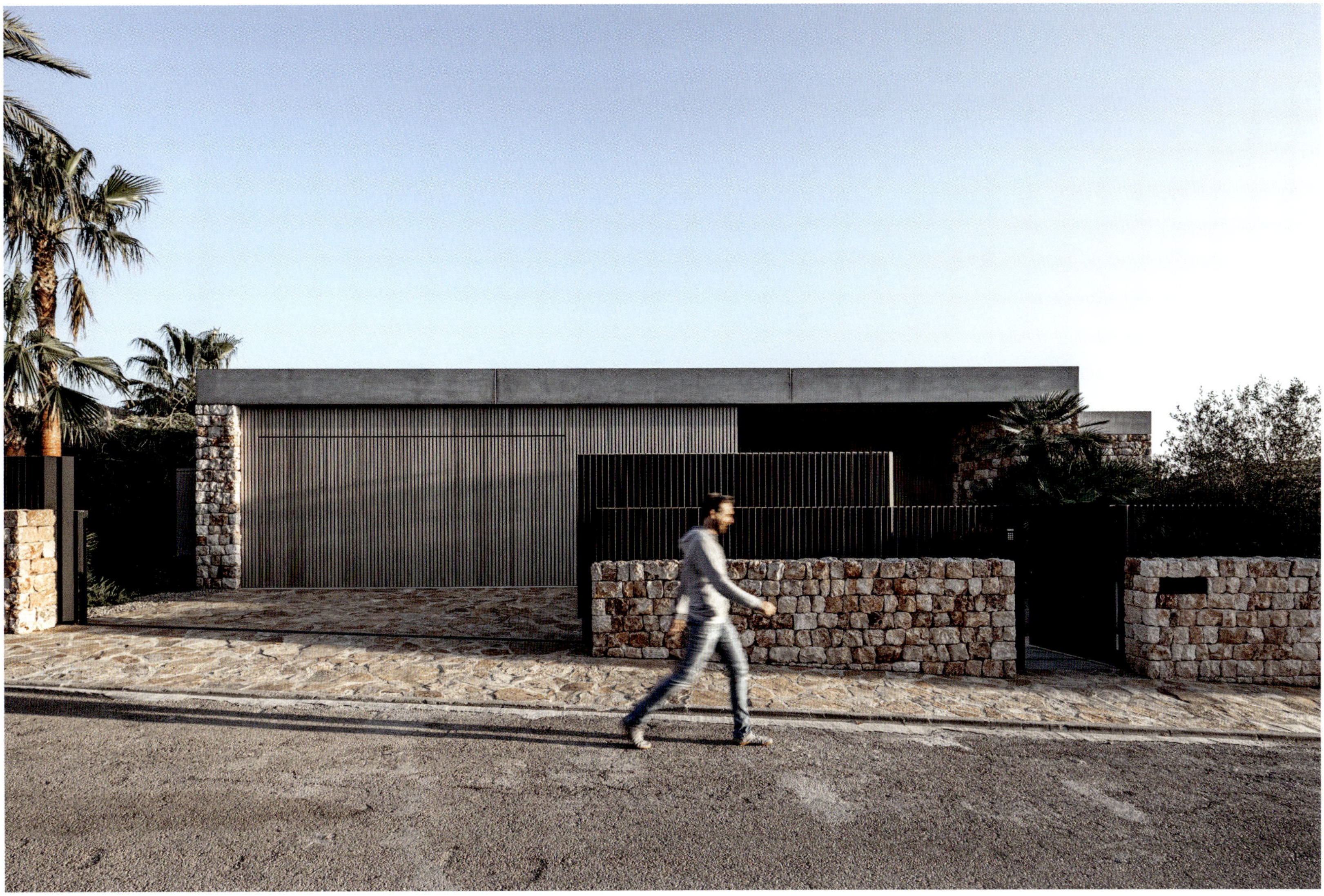

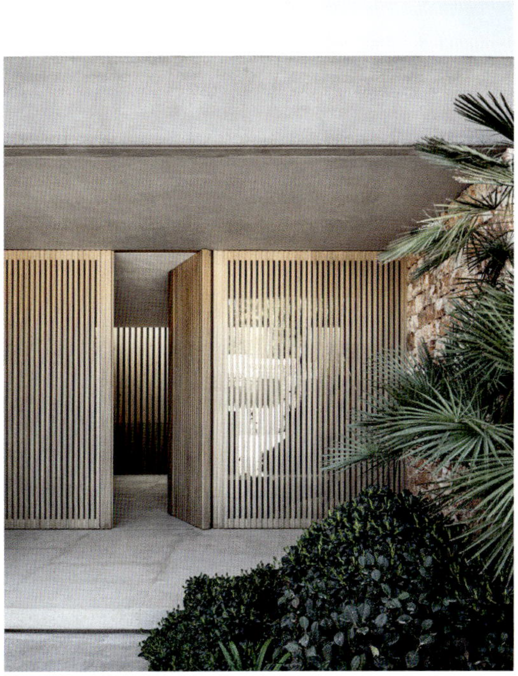

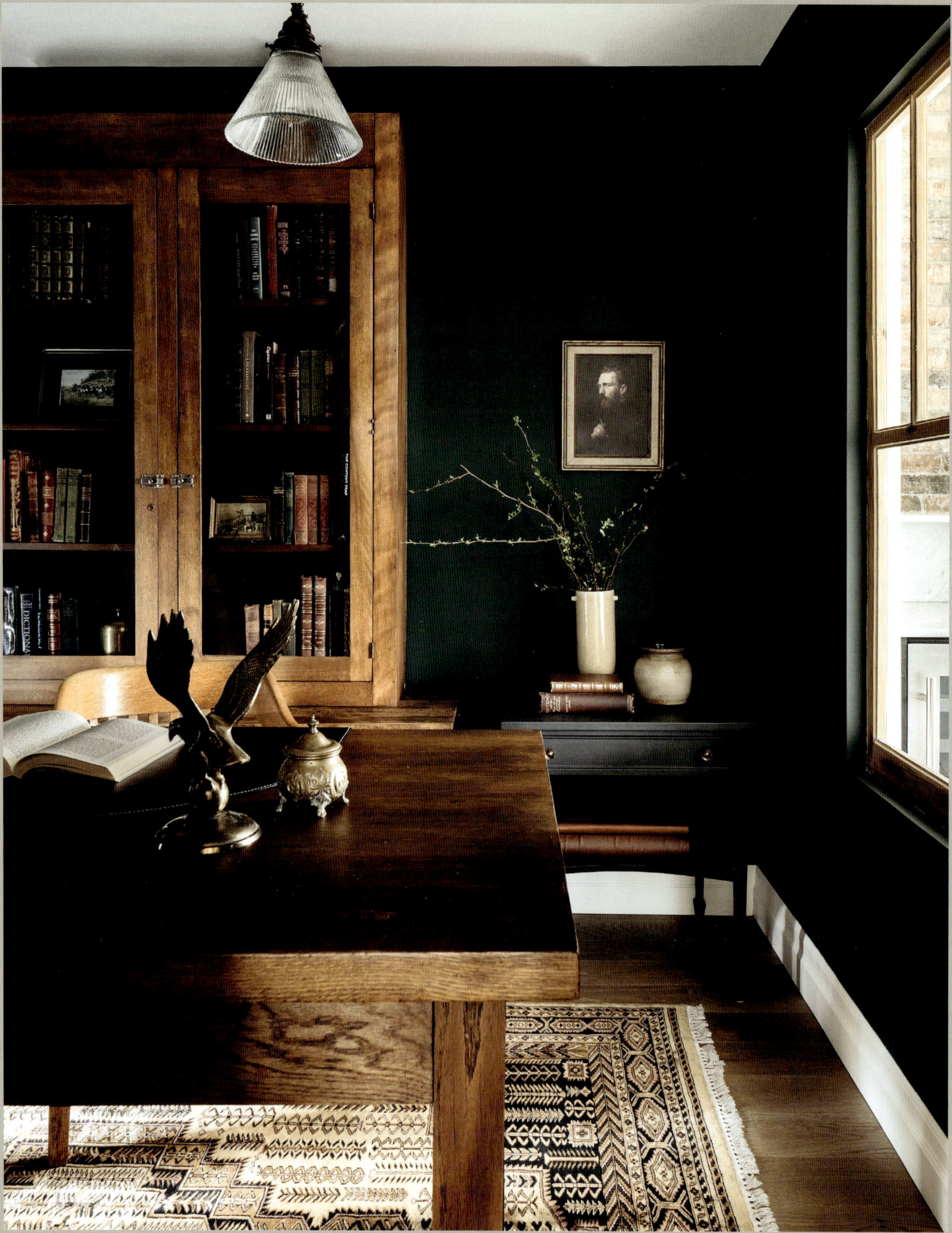

Founded in 2010, Blanc Marine Intérieurs is a studio known for its timeless and distinctive interiors. Specializing in high-end residential projects, the Montreal-based firm combines refined classic elegance with contemporary sensibility. Designers Mélanie Cherrier and Laurence Pons Lavigne infuse each space with a touch of character and depth, derived from their backgrounds in film and interior design. With a passion for vintage elements and a commitment to honoring their clients' lifestyles, Blanc Marine's work is widely recognized. Whether revitalizing century-old residences or conceiving new constructions, the studio offers interiors imbued with warmth and timelessness.

Gegründet im Jahr 2010, ist Blanc Marine Interieurs bekannt für seine zeitlosen und markanten Innenräume. Das in Montreal ansässige Studio hat sich auf hochwertige Wohnprojekte spezialisiert und kombiniert raffinierte klassische Eleganz mit zeitgenössischer Sensibilität. Die Designer Mélanie Cherrier und Laurence Pons Lavigne verleihen jedem Raum einen Hauch von Charakter und Tiefe, der von ihren Hintergründen im Film und im Innenarchitekturdesign herrührt. Mit Leidenschaft für Vintage-Elemente und dem Engagement, den Lebensstil ihrer Kunden zu ehren, erfreut sich die Arbeit von Blanc Marine großer Anerkennung. Ob bei der Revitalisierung jahrhundertealter Residenzen oder der Konzeption neuer Gebäude bietet das Studio Innenräume voller Wärme und Zeitlosigkeit.

Fondé en 2010, Blanc Marine Intérieurs est un studio reconnu pour ses intérieurs intemporels et distinctifs. Spécialisée dans les projets résidentiels haut de gamme, la firme montréalaise allie l'élégance classique raffinée à la sensibilité contemporaine. Les designers Mélanie Cherrier et Laurence Pons Lavigne insufflent à chaque espace une touche de caractère et de profondeur, issue de leurs expériences en cinéma et en design d'intérieur. Avec une passion pour les éléments vintage et un engagement à honorer les styles de vie de leurs clients, le travail de Blanc Marine est très apprécié. Qu'il s'agisse de revitaliser des demeures centenaires ou de concevoir de nouvelles constructions, le studio propose des intérieurs empreints de chaleur et d'intemporalité.

Fundado en 2010, Blanc Marine Intérieurs, es un estudio reconocido por sus interiores atemporales y distintivos. Especializado en proyectos residenciales de alta gama, la firma con sede en Montreal combina una refinada elegancia clásica con la sensibilidad contemporánea. Las diseñadoras Mélanie Cherrier y Laurence Pons Lavigne, infunden a cada espacio un toque de carácter y profundidad, devenido de sus antecedentes en cine y diseño de interiores. Con una pasión por los elementos vintage y un compromiso con honrar el estilo de vida de sus clientes, el trabajo de Blanc Marine goza de gran reconocimiento. Ya sea revitalizando residencias centenarias o concibiendo nuevas construcciones, el estudio ofrece interiores impregnados de calidez y atemporalidad.

## BLANC MARINE INTERIEURS

MÉLANIE CHERRIER
LAURENCE PONS LAVIGNE

www.blancmarine.ca

# CHARLOTTE-DENYS RESIDENCE

MONTREAL, CANADA || PHOTOS © CHARLES-OLIVIER RICHARD

Renovated to meet the needs of a family of four, this 1980s home has undergone a complete transformation, combining modern lines with vintage charm. With a strong presence of wood, marble, and touches of color, the atmosphere of each room reflects the clients' love for art and antiques, contributing in every way to the unique atmosphere conveyed by the house. Cherrier and Pons-Lavigne, the creative minds behind the project, faced the challenge of erasing outdated features of the original design. The result is a good integration of contemporary functionality and timeless elegance. Now, the main floor features a spacious kitchen with an adjacent dining area, a study, and a laundry room. To enhance connectivity and light flow, several interior windows were installed, reflecting the home's heritage while embracing modern aesthetics. The result is a living space that exudes warmth and sophistication, a true testament to the art of architectural rehabilitation.

Renoviert, um den Bedürfnissen einer vierköpfigen Familie gerecht zu werden, hat dieses Haus aus den 80er Jahren eine vollständige Transformation erfahren, die moderne Linien mit dem Vintage-Charme verbindet. Mit einer starken Präsenz von Holz, Marmor und Farbakzenten spiegelt das Ambiente jedes Raumes die Liebe der Kunden zur Kunst und zu Antiquitäten wider und trägt in jeder Hinsicht zur einzigartigen Atmosphäre des Hauses bei. Cherrier und Pons-Lavigne, die kreativen Köpfe hinter dem Projekt, standen vor der Herausforderung, die veralteten Merkmale des Originaldesigns zu beseitigen. Das Ergebnis ist eine gelungene Integration von zeitgemäßer Funktionalität und zeitloser Eleganz. Die Hauptetage verfügt nun über eine geräumige Küche mit angrenzendem Essbereich, ein Büro und eine Waschküche. Das Ergebnis ist ein bewohnbarer Raum, der Wärme und Raffinesse ausstrahlt, ein wahres Zeugnis für die Kunst der architektonischen Rehabilitation.

Rénovée pour répondre aux besoins d'une famille de quatre personnes, cette maison des années 1980 a subi une transformation complète, alliant lignes modernes et charme vintage. Avec une forte présence du bois, du marbre et des touches de couleur, l'ambiance de chaque pièce reflète l'amour des clients pour l'art et les antiquités, contribuant ainsi à l'atmosphère unique de la maison. Cherrier et Pons-Lavigne, les esprits créatifs du projet, ont relevé le défi d'effacer les caractéristiques désuètes de la conception d'origine. Le résultat est une intégration parfaite de la fonctionnalité contemporaine et de l'élégance intemporelle. Le rez-de-chaussée comprend désormais une cuisine spacieuse avec une salle à manger adjacente, un bureau et une buanderie. Pour améliorer la connectivité et la circulation de la lumière, plusieurs fenêtres intérieures ont été placées, reflétant l'héritage de la maison tout en adoptant l'esthétique moderne. Le résultat est un espace de vie qui respire la chaleur et la sophistication, un véritable témoignage de l'art de la réhabilitation architecturale.

Este hogar de los años 80 ha experimentado una transformación completa, combinando las líneas modernas con el encanto vintage. Con una fuerte presencia de madera, mármol y toques de color, el ambiente de cada habitación refleja la pasión de los clientes por el arte y las antigüedades. Cherrier y Pons-Lavigne, las mentes creativas detrás del proyecto, enfrentaron el desafío de borrar las características desactualizadas del diseño original. El resultado es una buena integración de funcionalidad contemporánea y elegancia atemporal. Ahora, la planta principal cuenta con una amplia cocina con un área de comedor adyacente, un despacho y un lavadero. Para mejorar la conectividad y el flujo de luz, se colocaron varias ventanas interiores, que reflejan la herencia del hogar, al tiempo que abrazan la estética moderna. El resultado es un espacio que emana calidez y sofisticación, un verdadero testimonio del arte de la rehabilitación arquitectónica.

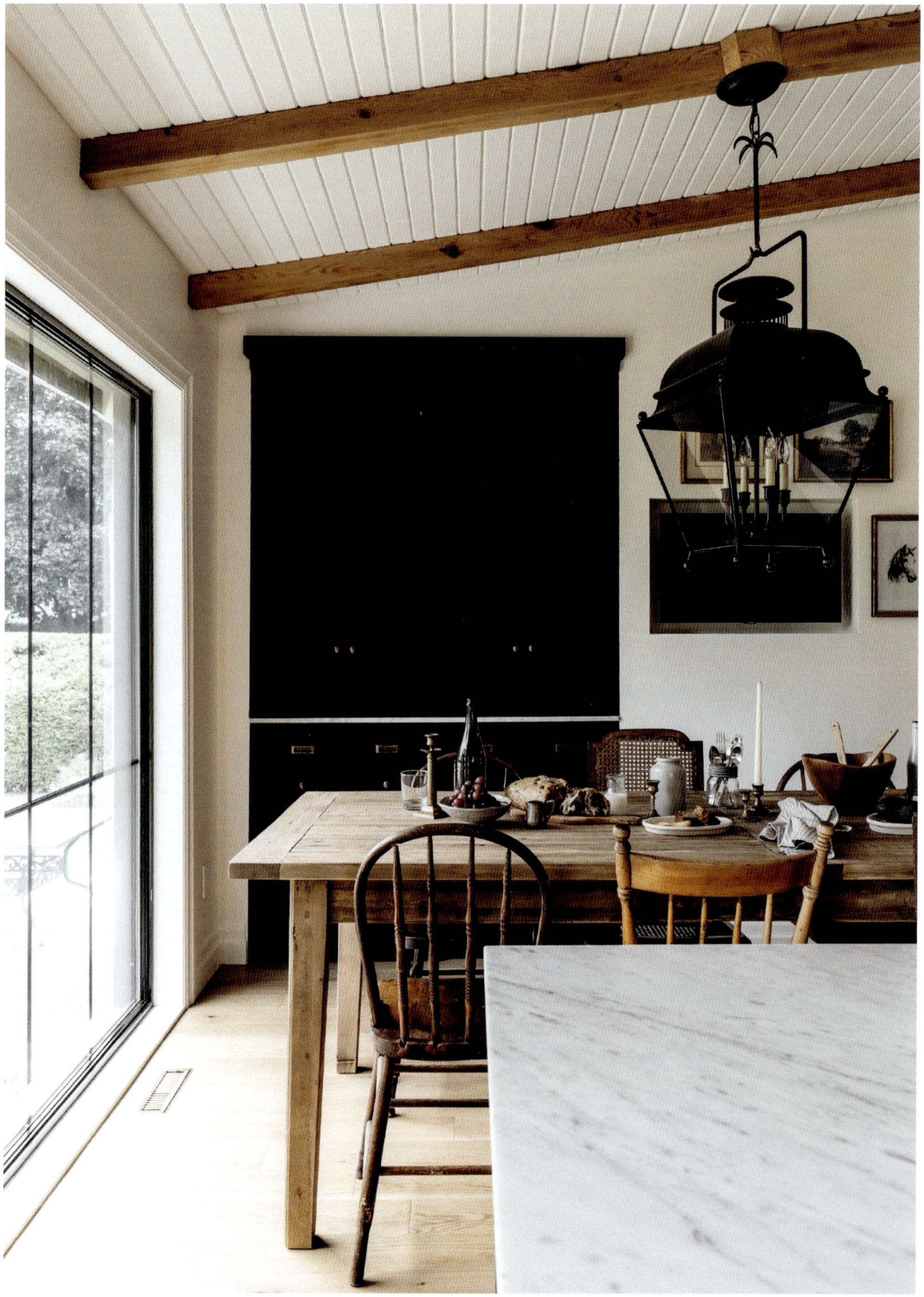

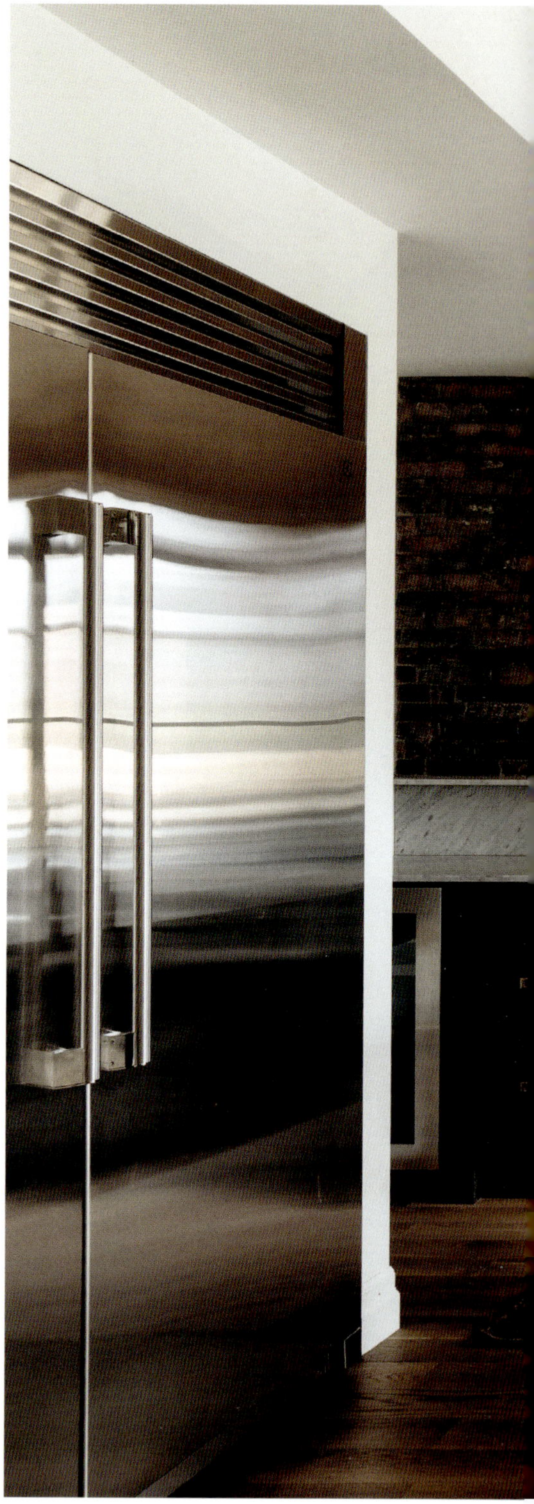

89

Second floor plan

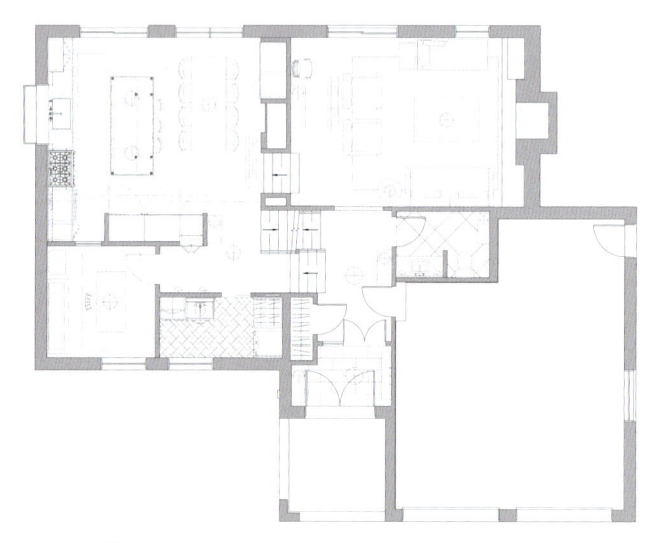

Ground floor plan

Basement plan

90

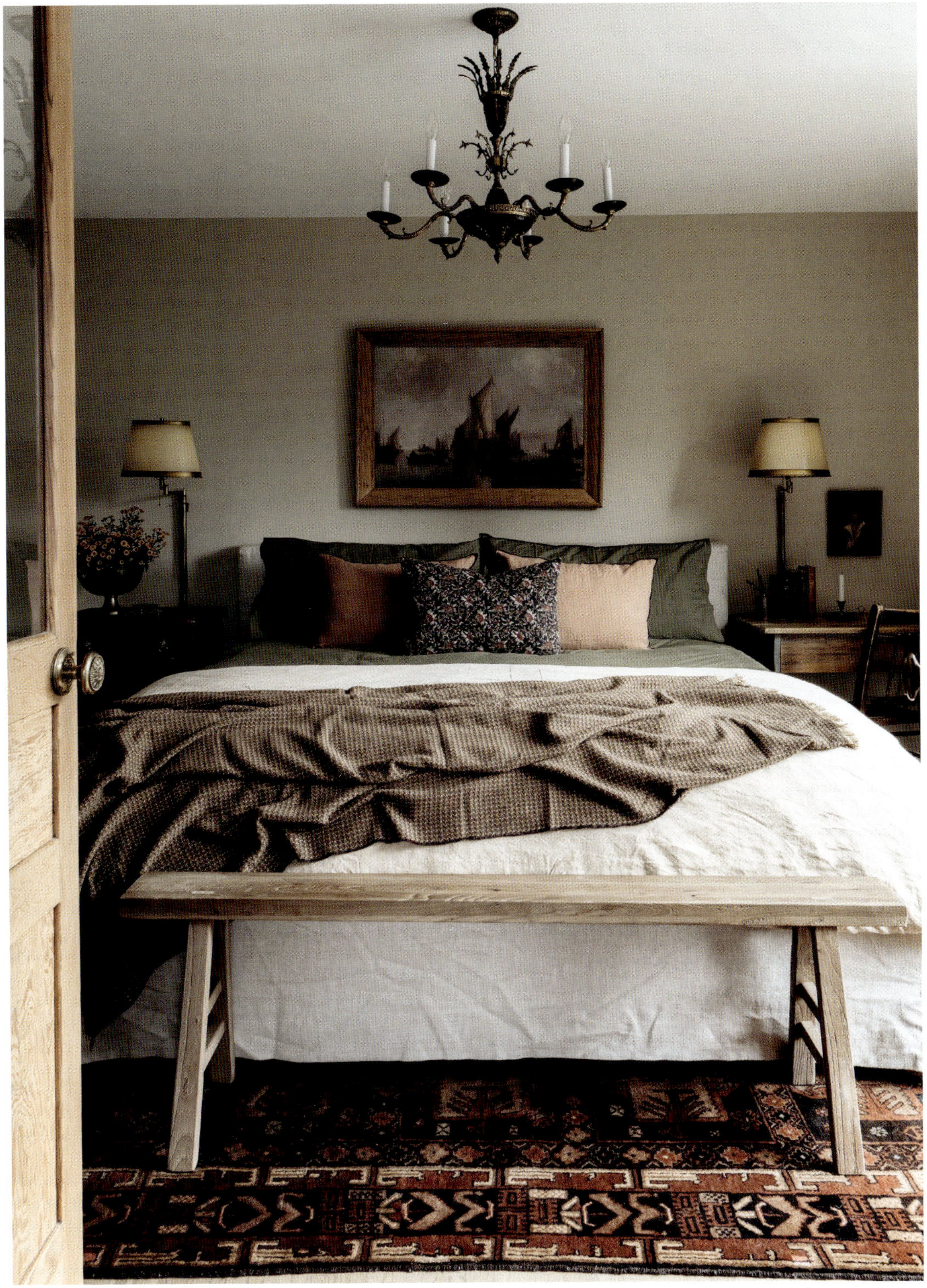

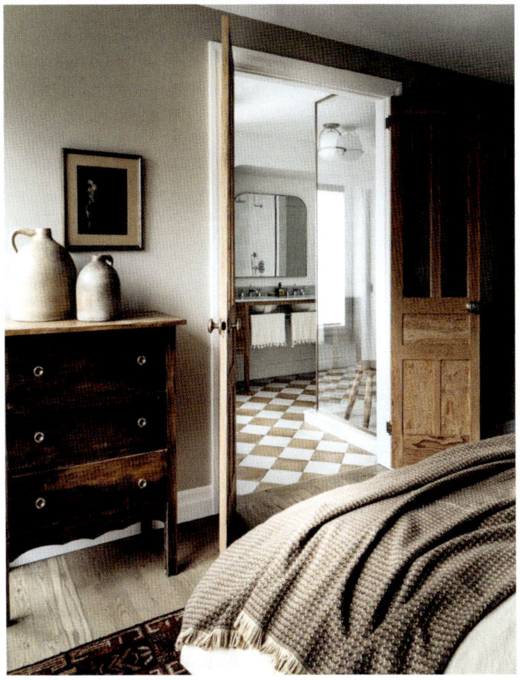

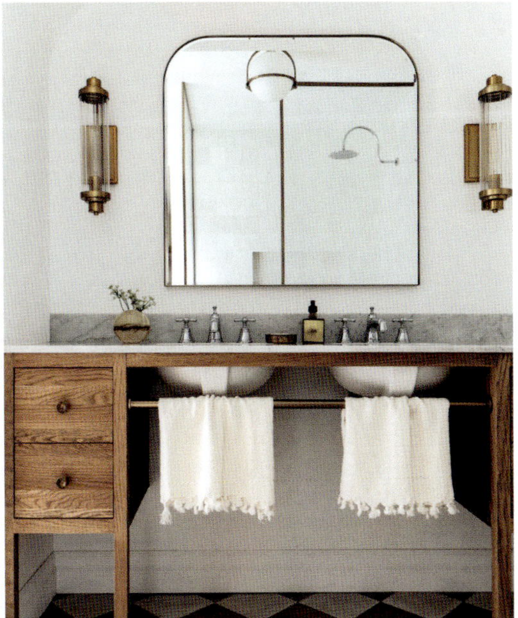

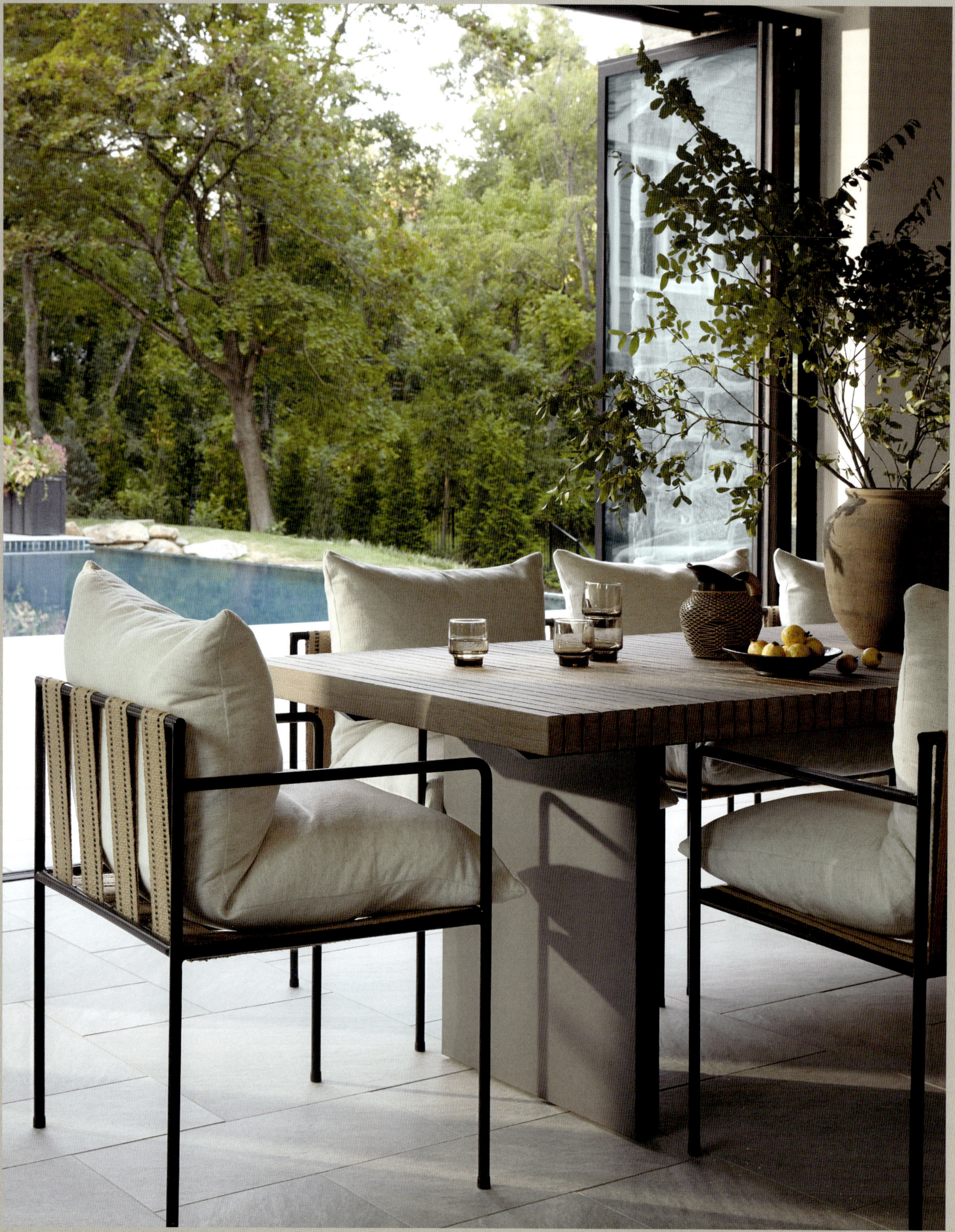

Far Studio specializes in modern organic interior design, prioritizing comfort and beauty. Using textures and natural tones, combined with meticulously designed furniture and exceptional vintage pieces, they create unique spaces. Their style, described as a fusion of West Coast design, East Coast sensitivity, and a European touch, reflects a distinctive aesthetic.
Brittany Hakimfar, the studio's founder, graduated in interior design from George Washington University and has worked with renowned designers in New York and Los Angeles. In 2012, along with her husband, Benjamin Hakimfar, she established Far Studio in Philadelphia, where they continue to provide high-end residential and commercial design services.

Far Studio ist spezialisiert auf modern organische Innenarchitektur und legt Wert auf Komfort und Schönheit. Durch die Verwendung von Texturen und natürlichen Farbtönen, kombiniert mit sorgfältig gestalteten Möbeln und außergewöhnlichen Vintage-Stücken, schaffen sie einzigartige Räume. Ihr Stil, der als Fusion aus Design der Westküste, der Sensibilität der Ostküste und einem europäischen Touch beschrieben wird, spiegelt eine markante Ästhetik wider.
Brittany Hakimfar, Gründerin des Studios, absolvierte ihr Studium in Innenarchitektur an der George Washington University und arbeitete mit renommierten Designern in New York und Los Angeles zusammen. Im Jahr 2012 gründete sie zusammen mit ihrem Ehemann, Benjamin Hakimfar, Far Studio in Philadelphia, wo sie weiterhin erstklassige Dienstleistungen im Bereich Wohn- und Gewerbe-Design anbieten.

Far Studio est spécialisé dans la décoration d'intérieur moderne et organique, privilégiant le confort et la beauté. En utilisant des textures et des tons naturels, combinés à des meubles bien conçus et à des pièces vintage exceptionnelles, ils créent des espaces uniques. Leur style, décrit comme une fusion du design de la côte ouest, de la sensibilité de la côte est et du flair européen, reflète une esthétique distinctive.
Brittany Hakimfar, fondatrice du studio, est diplômée en architecture d'intérieur de l'université George Washington et a travaillé avec des designers renommés à New York et à Los Angeles. En 2012, elle et son mari, Benjamin Hakimfar, ont créé Far Studio à Philadelphie, où ils continuent d'offrir des services de design résidentiel et commercial haut de gamme.

Far Studio se especializa en diseño de interiores de estilo moderno orgánico, priorizando la comodidad y la belleza. Utilizando texturas y tonos naturales, combinados con muebles diseñados con detalle y piezas vintage excepcionales, crean espacios únicos. Su estilo, descrito como una fusión entre diseño de la Costa Oeste, la sensibilidad de la Costa Este y un toque europeo, refleja una estética distintiva.
Brittany Hakimfar, fundadora del estudio, se graduó en diseño de interiores en la Universidad George Washington y ha trabajado con reconocidos diseñadores en Nueva York y Los Ángeles. En 2012, junto a su esposo, Benjamin Hakimfar, estableció Far Studio en Filadelfia, donde continúan brindando servicios de diseño residencial y comercial de alta gama.

**FAR STUDIO**

BRITTANY HAKIMFAR
BENJAMIN HAKIMFAR

www.farstudio.com

# POOL HOUSE

PENNSYLVANIA, UNITED STATES || PHOTOS © BRIAN WETZEL

The pool house is part of a comprehensive project that included interior design for the main house and then addressed landscape design, with a pool and a new adjoining house in a contemporary style. To merge the new with the existing building, a combination of stone and siding was used to harmonize with the original style, albeit in dark tones for a contemporary rustic look. The goal was to bring indoor features to outdoor living. Therefore, all doors open towards the pool. Additionally, the porcelain tiles surrounding the pool have been brought inside the house. The main room has textured white plaster wall finishes, and the ceiling is covered with white oak to add warmth to the environment. The fireplace is constructed with limestone and panels of blackened oak, creating an interesting focal point. Oak cabinets are complemented with countertops in a rough concrete finish. This selection of materials and attention to natural details brings warmth to the modern structure.

Das Poolhaus ist Teil eines umfassenden Projekts, das die Innenarchitektur des Haupthauses umfasste und dann das Landschaftsdesign mit einem zeitgenössischen Stil aufgriff. Um das Neue mit dem vorhandenen Gebäude zu verschmelzen, wurde eine Kombination aus Stein und Verkleidung verwendet, die sich in den originalen Stil einfügt, jedoch in dunklen Tönen für einen zeitgenössisch rustikalen Look. Das Ziel war es, Merkmale des Outdoor-Lebens nach innen zu bringen. Daher öffnen sich alle Türen zum Pool. Darüber hinaus wurden die Poolumrandungen aus Porzellan auch ins Innere des Hauses verlegt. Das Hauptraum hat Wände aus texturiertem weißem Gips, und die Decke wurde mit weißer Eiche verkleidet, um Wärme in die Umgebung zu bringen. Der Kamin ist aus Kalkstein und verbranntem Eichenholzpaneel gebaut und schafft einen interessanten Mittelpunkt. Die Eichenholzschränke wurden mit Arbeitsplatten in grobem Betonfinish ergänzt. Diese Auswahl an Materialien und die Aufmerksamkeit für natürliche Details verleihen der modernen Struktur Wärme.

Le pool house fait partie d'un projet global qui comprenait l'aménagement intérieur de la maison principale, puis l'aménagement paysager, avec une piscine et une nouvelle maison attenante de style contemporain. Afin d'harmoniser le nouveau bâtiment avec l'existant, une combinaison de pierres et de bardages a été utilisée pour s'harmoniser avec le style original, mais dans des tons sombres pour un aspect rustique contemporain. L'objectif était d'intégrer les caractéristiques de la vie en plein air à l'intérieur. C'est pourquoi toutes les portes s'ouvrent sur la piscine. En outre, les carreaux de porcelaine entourant la piscine ont été déplacés à l'intérieur de la maison. Les murs du salon principal sont recouverts de plâtre blanc texturé et le plafond est revêtu de chêne blanc pour ajouter de la chaleur à l'ambiance. La cheminée est construite avec de la pierre calcaire et des panneaux de chêne noirci, créant ainsi un point focal intéressant. Les armoires en chêne sont complétées par des plans de travail en béton brut. Ce choix de matériaux et l'attention portée aux détails naturels apportent de la chaleur à la structure moderne.

La casa de la piscina es parte de un proyecto integral que incluyó el interiorismo de la casa principal y luego abordó el diseño del paisaje, con una piscina y una casa contigua nueva en un estilo contemporáneo. Para fusionar lo nuevo con el edificio existente, se empleó una combinación de piedra y revestimiento que armoniza con el estilo original, aunque en tonos oscuros para obtener un aspecto rústico contemporáneo. El objetivo fue llevar al interior características de la vida al aire libre. Por eso todas las puertas se abren hacia la piscina. Además, los azulejos de porcelana que rodean la piscina se han trasladado al interior de la casa. La sala principal tiene los acabados de la pared en yeso blanco texturizado, y el techo se revistió con roble blanco para añadir calidez al ambiente. La chimenea está construida con piedra caliza y paneles de roble ennegrecido, generando un punto focal interesante. Los armarios en roble se complementaron con encimeras en un acabado de concreto rugoso. Esta selección de materiales y atención a los detalles naturales aporta calidez a la estructura moderna.

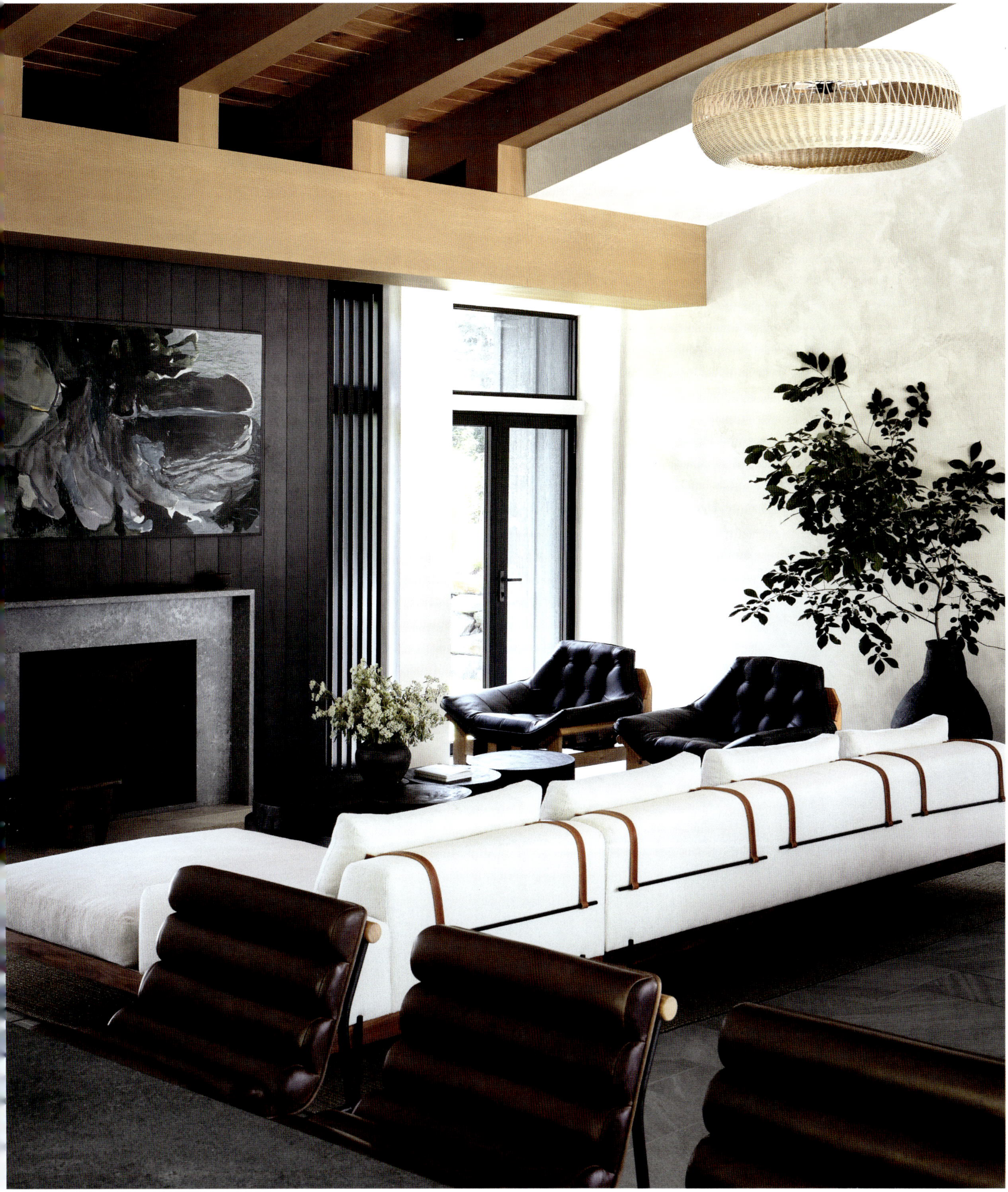

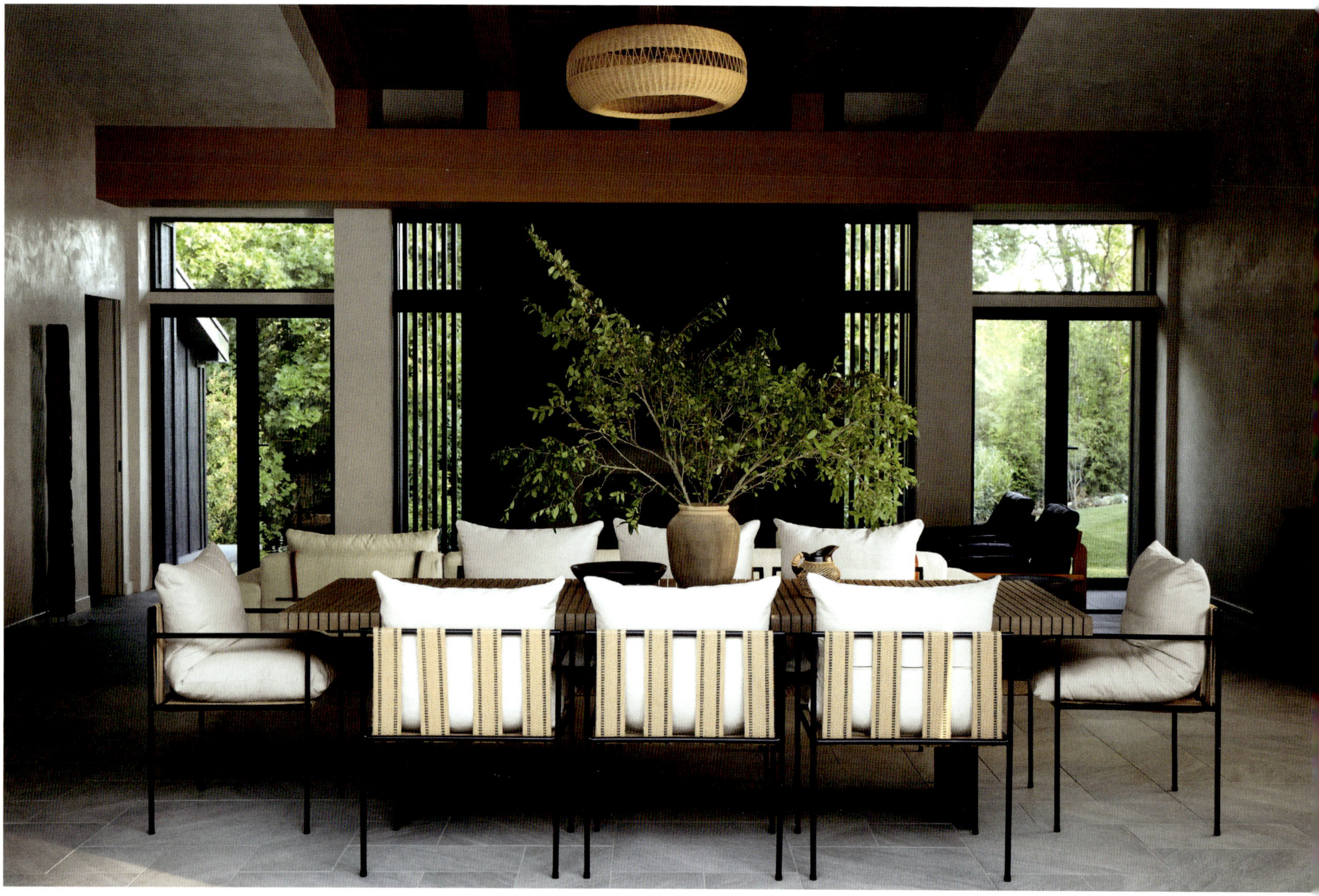

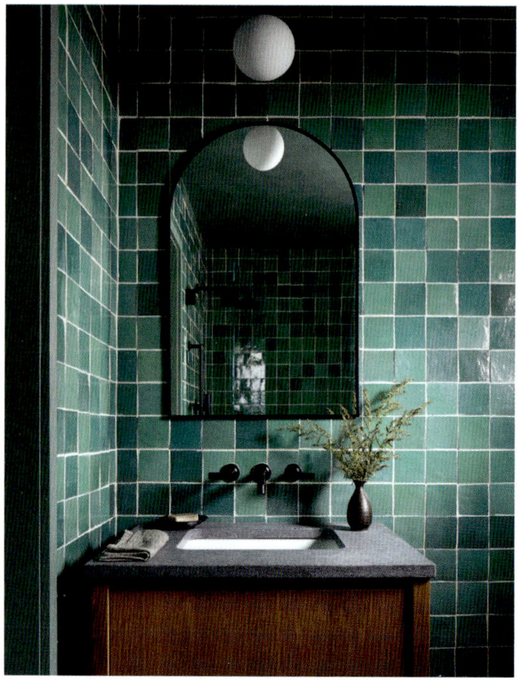

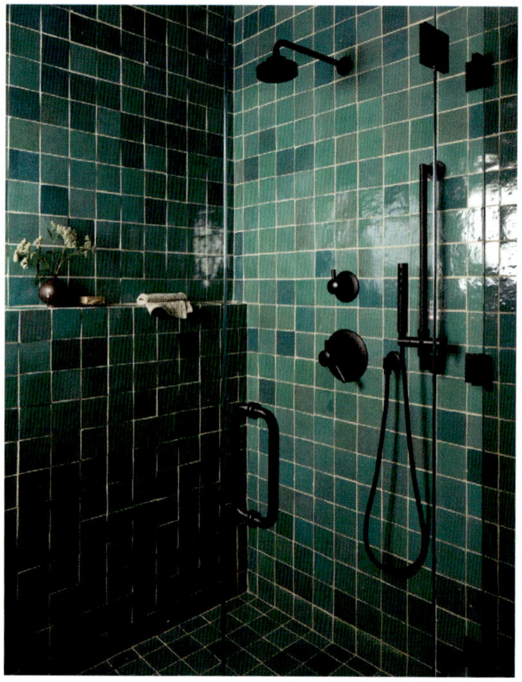

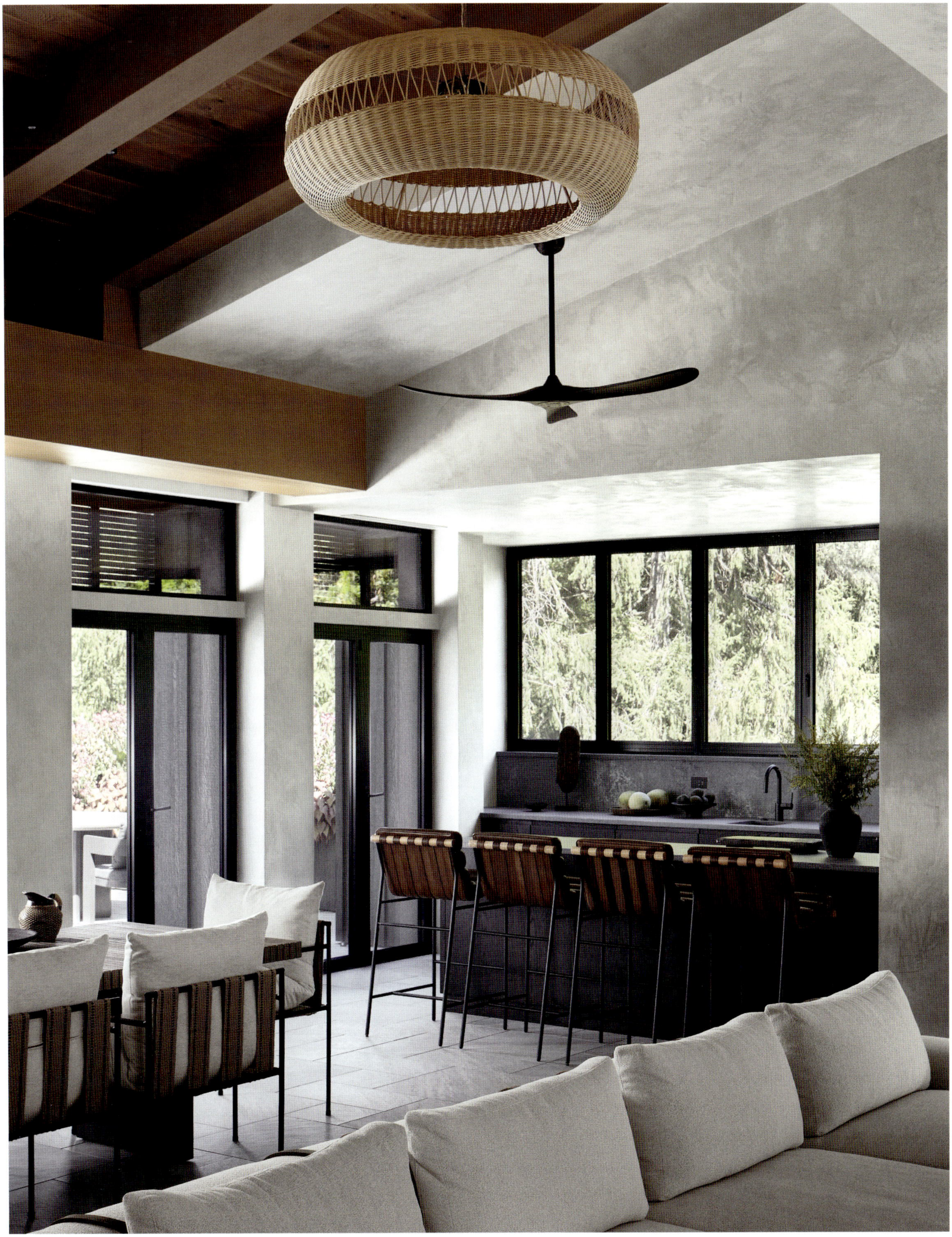

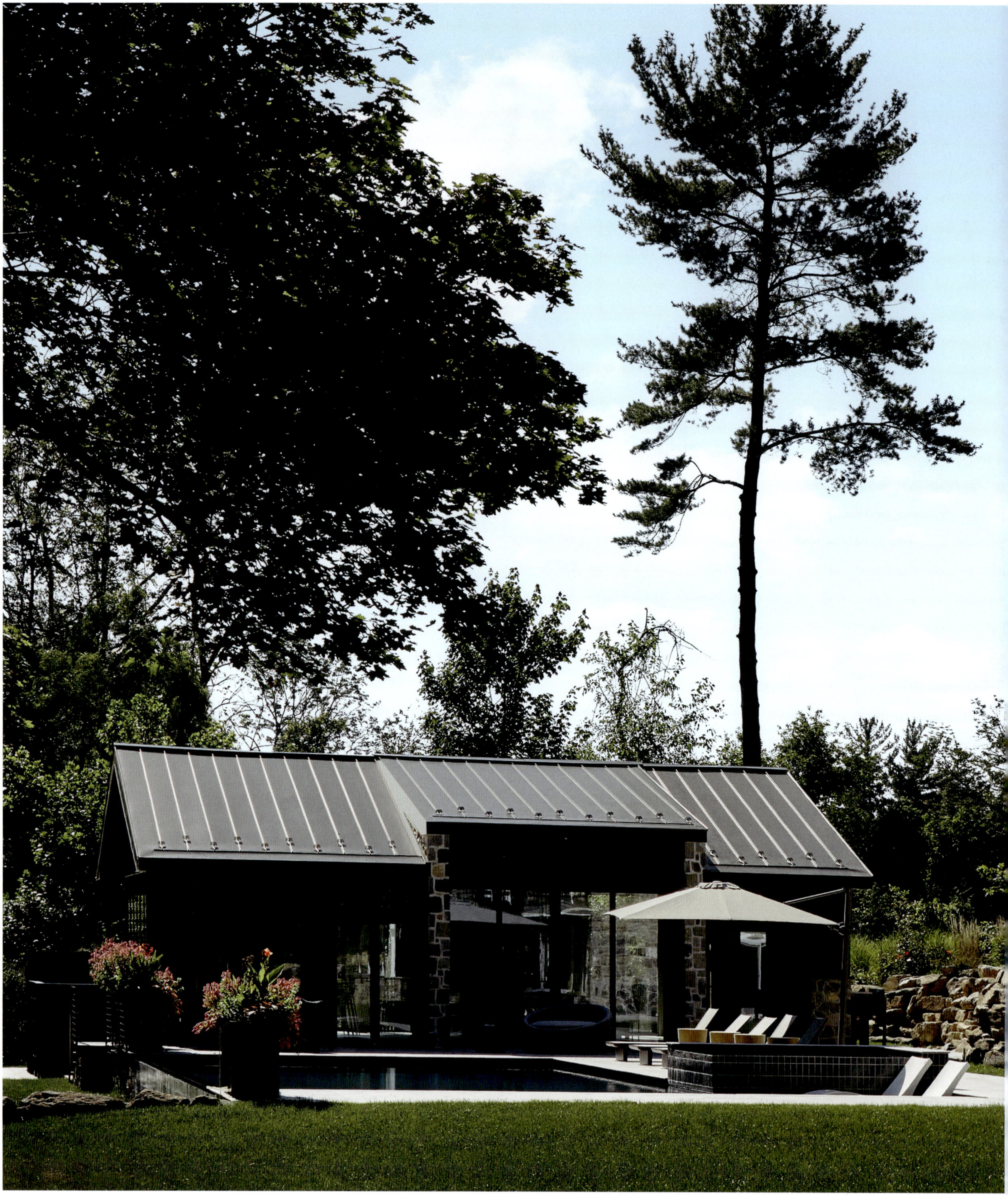

99

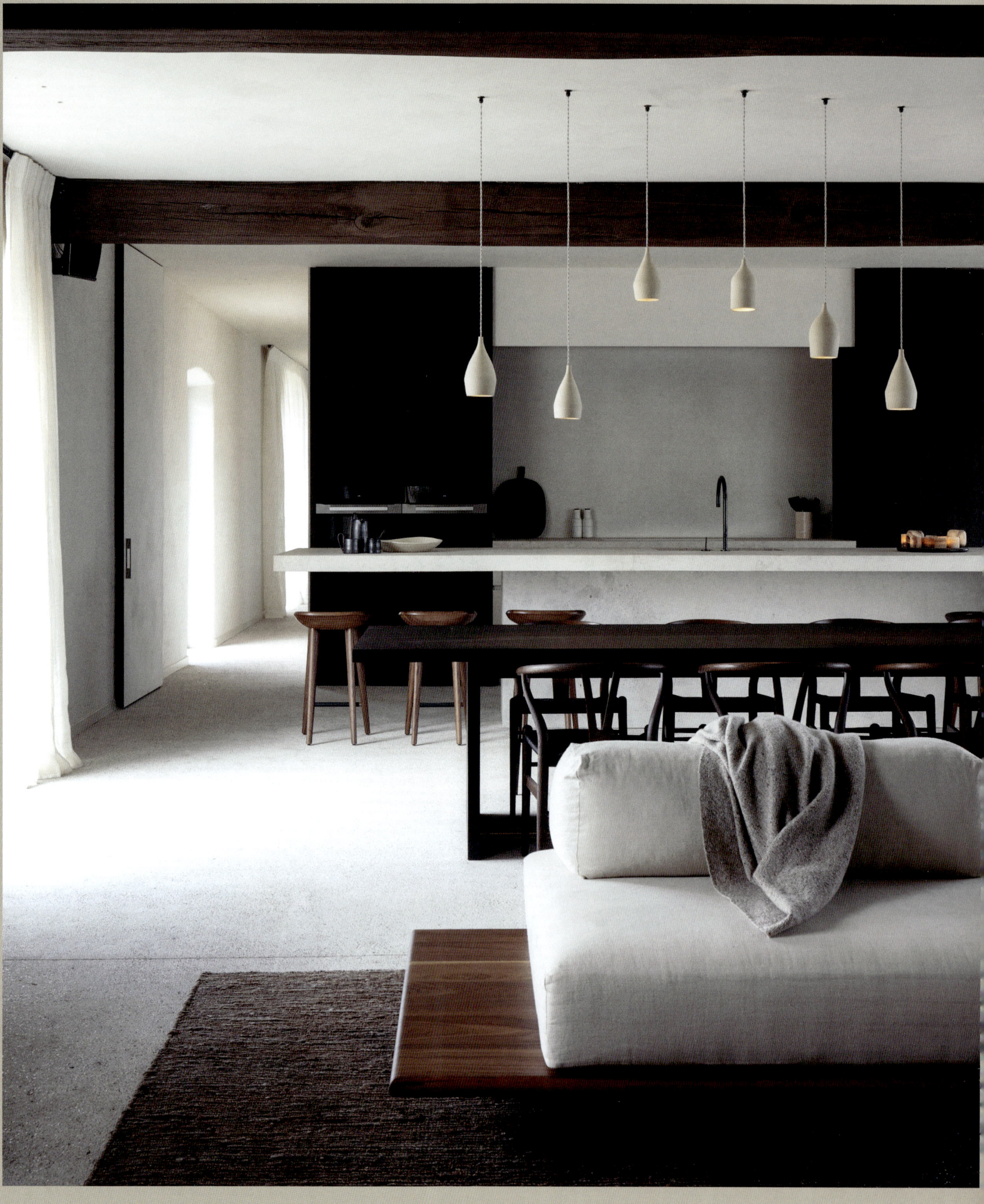

Geraldine Van Heuverswyn embodies simplicity with a keen eye for detail. With extensive experience in furniture, carpets, and fabric collections, her interiors resonate with sophistication and timeless elegance. She has more then 20 years of experience in interior design and worked for many years at high end interior designers firms. She currently operates two boutiques, one in Knokke and another in Kruisem, where she showcases her own collection of furniture and decorative objects under the brand "Minimal by Geraldine Van Heuverswyn." This collection reflects her distinctive style, characterized by austere color palettes and captivating textures. Rooted in earthy tones and natural materials, her designs epitomize the enduring appeal and refinement for which she is known.

Geraldine Van Heuverswyn verkörpert Einfachheit mit einem scharfen Auge fürs Detail. Mit umfangreicher Erfahrung in Möbeln, Teppichen und Stoffkollektionen strahlen ihre Innenräume Raffinesse aus. Sie betreibt derzeit zwei Boutiquen, eine in Knokke und eine weitere in Kruisem, in denen sie ihre eigene Kollektion von Möbeln und dekorativen Objekten unter der Marke „Minimal by Geraldine Van Heuverswyn" präsentiert. Diese Kollektion spiegelt ihren unverwechselbaren Stil wider, der sich durch schlichte Farbpaletten und faszinierende Texturen auszeichnet. Verwurzelt in erdigen Tönen und natürlichen Materialien verkörpern ihre Designs die anhaltende Anziehungskraft und Raffinesse, für die sie bekannt ist.

Geraldine Van Heuverswyn incarne la simplicité avec un regard aiguisé pour les détails. Avec une vaste expérience dans le mobilier, les tapis et les collections de tissus, ses intérieurs résonnent avec sophistication et l'élégance intemporelle. Elle a plus de 20 ans d'expérience dans la décoration d'intérieur et a travaillé pendant de nombreuses années dans des cabinets d'architectes d'intérieur haut de gamme. Actuellement, elle possède deux boutiques, l'une à Knokke et l'autre à Kruisem, où elle expose sa propre collection de meubles et d'objets décoratifs sous la marque « Minimal by Geraldine Van Heuverswyn ». Cette sélection témoigne de son style distinctif, imprégné de palettes de couleurs sobres et de textures envoûtantes. Enracinés dans des tons terreux et des matériaux naturels, ses conceptions incarnent l'attrait durable et la sophistication pour lesquels elle est connue.

Geraldine Van Heuverswyn, personifica la simplicidad con un ojo agudo para el detalle. Con una amplia experiencia en mobiliario, alfombras y colecciones de tejidos, sus interiores resuenan con sofisticación y elegancia atemporal. La diseñadora cuenta con más de 20 años de experiencia en diseño de interiores y ha trabajado durante muchos años en empresas de alto nivel. Actualmente dirige dos boutiques, una en Knokke y otra en Kruisem, donde presenta su propia colección de muebles y objetos decorativos bajo la marca «Minimal by Geraldine Van Heuverswyn». Esta colección refleja su estilo distintivo, caracterizado por paletas de colores sobrios y texturas cautivadoras. Arraigados en tonos terrosos y materiales naturales, sus diseños personifican el atractivo perdurable y la refinación por los que es conocida.

**GERALDINE VAN HEUVERSWYN
INTERIORS**

GERALDINE VAN HEUVERSWYN

www.geraldinevanheuverswyn.be

# STYLISH LIVING IN MONSEREZ

PITTEM, BELGIUM || PHOTOS © STEFANIE DE NEVE

This rustic minimalist home is the result of the renovation of a monumental farmhouse in the rural area of West Flanders. The house was classified as architectural heritage, so it had strict restrictions to preserve its original structure. Architect Peter Bovijn, an expert in farmhouse restoration, took care of the structure. For the interior design, the owners contacted Geraldine Van Heuverswyn because they were aligned with her warm-minimalist approach. The designer emphasized earthy elements such as wood and washed concrete to create a cozy and authentic atmosphere. In the living room, she opted for an open bench arrangement that maximizes the entry of light, complemented by furniture from her Minimal collection, such as a solid walnut sofa and an elegant travertine side table. The collaboration with the owners allowed integrating their preferences, including the choice of dark tones for walnut beams and oak frameworks, challenging conventions but maintaining aesthetic coherence.

Dieses Haus mit rustikalem Minimalismus ist das Ergebnis der Renovierung eines monumentalen Bauernhauses in ländlicher Umgebung im Westen Flanderns. Das Haus war als architektonisches Erbe klassifiziert, was bedeutete, dass strenge Restriktionen galten, um seine ursprüngliche Struktur zu erhalten. Der Architekt Peter Bovijn, ein Experte für die Restaurierung von Bauernhäusern, war für die Struktur verantwortlich. Für das Innendesign kontaktierten die Eigentümer Geraldine Van Heuverswyn, weil sie sich mit ihrem warmen minimalistischen Ansatz identifizierten. Die Designerin legte den Schwerpunkt auf erdige Elemente wie Holz und gewaschenen Beton, um eine gemütliche und authentische Atmosphäre zu schaffen. Im Wohnzimmer entschied sie sich für eine offene Bankanordnung, die den Lichteinfall maximiert und mit Möbeln aus ihrer Minimal-Kollektion ergänzt wurde, wie einem massiven Walnussofa und einem eleganten Beistelltisch aus Travertin. Die Zusammenarbeit mit den Eigentümern ermöglichte es, ihre Vorlieben zu integrieren, einschließlich der Wahl von dunklen Tönen für Walnussbalken und Eichenfachwerk, was konventionelle Konventionen herausforderte, aber die ästhetische Konsistenz bewahrte.

Cette maison rustique et minimaliste est le résultat de la rénovation d'une ferme monumentale dans la campagne de l'Ouest des Flandres. La maison était classée comme patrimoine architectural, ce qui imposait des restrictions strictes pour préserver sa structure d'origine. L'architecte Peter Bovijn, spécialiste de la restauration de fermes, s'est chargé de la structure. Pour la conception intérieure, les propriétaires ont contacté Geraldine Van Heuverswyn, car ils étaient en phase avec son approche chaleureuse-minimaliste. La conceptrice a mis l'accent sur des éléments terreux tels que le bois et le béton délavé pour créer une ambiance chaleureuse et authentique. Dans le salon, elle a opté pour un agencement de banc ouvert maximisant l'entrée de lumière, complété par des meubles de sa collection Minimal, tels qu'un solide canapé en noyer et une élégante table d'appoint en travertin. La collaboration avec les propriétaires a permis d'intégrer leurs préférences, y compris le choix de tons foncés pour les poutres en noyer et les treillis en chêne, défiant les conventions tout en conservant la cohérence esthétique.

Esta vivienda de minimalismo rústico, es el resultado de la reforma de una granja monumental en la zona rural en el Oeste de Flandes. La vivienda estaba catalogada como patrimonio arquitectónico, por lo que contaba con restricciones estrictas para conservar su estructura original. El arquitecto Peter Bovijn, experto en restauración de granjas, se encargó de la estructura. Para el diseño interior, los propietarios contactaron a Geraldine Van Heuverswyn, porque estaban alineados con su enfoque cálido-minimalista. La diseñadora puso el énfasis en elementos terrosos como madera y hormigón deslavado para crear un ambiente acogedor y auténtico. En la sala de estar, optó por una disposición de banco abierto que maximiza la entrada de luz, complementada con muebles de su colección Minimal, como un sólido sofá de nogal y una elegante mesa auxiliar de travertino. La colaboración con los propietarios permitió integrar sus preferencias, incluida la elección de tonos oscuros para vigas de nogal y entramados de roble, desafiando convenciones, pero manteniendo la coherencia estética.

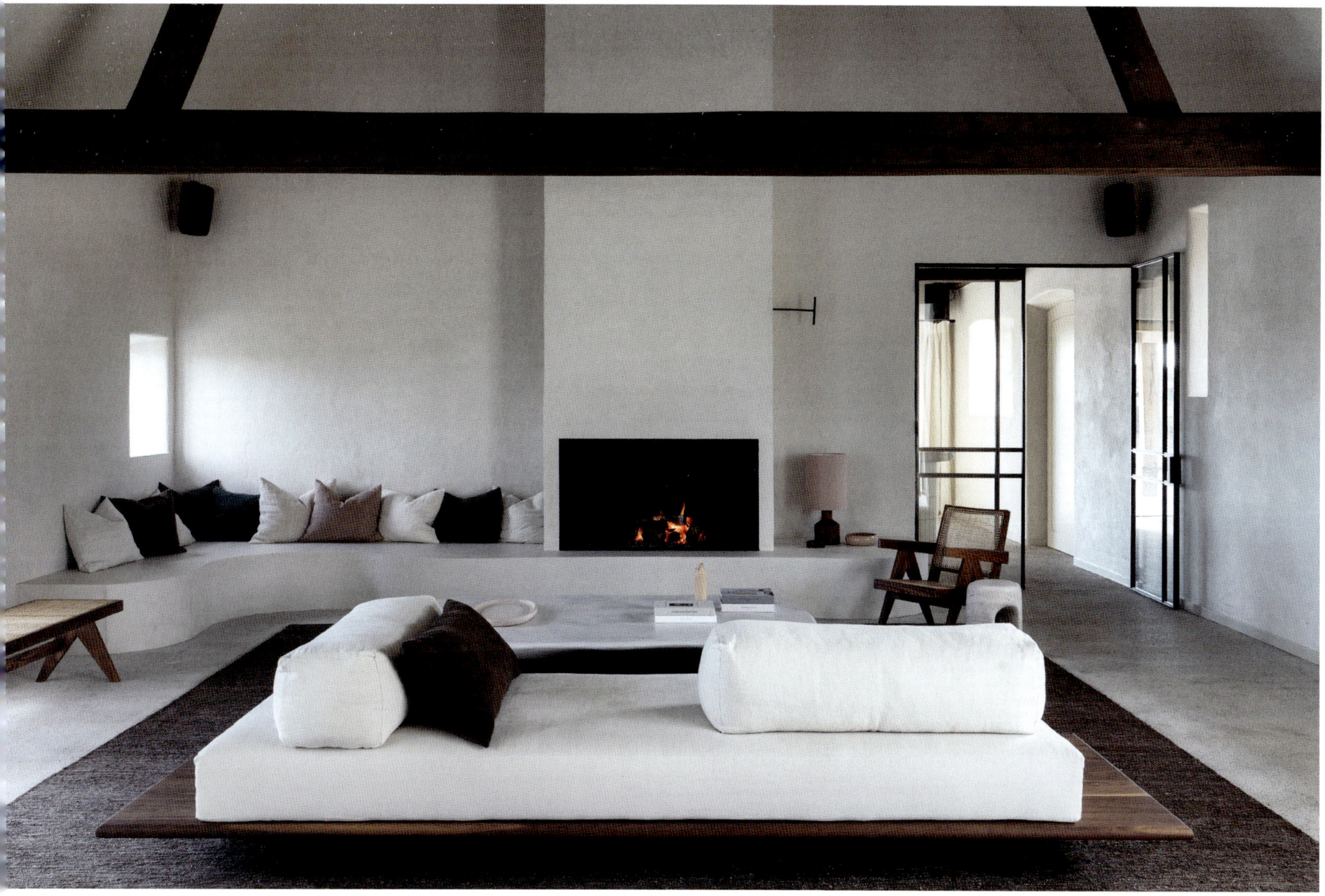

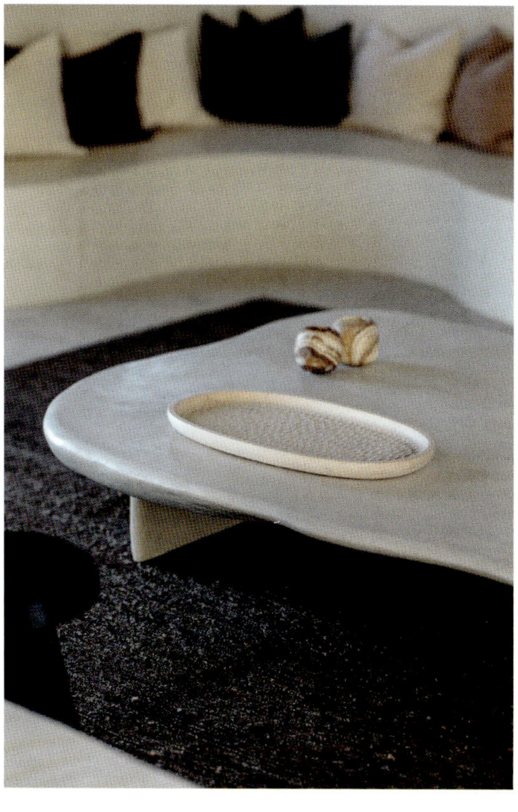

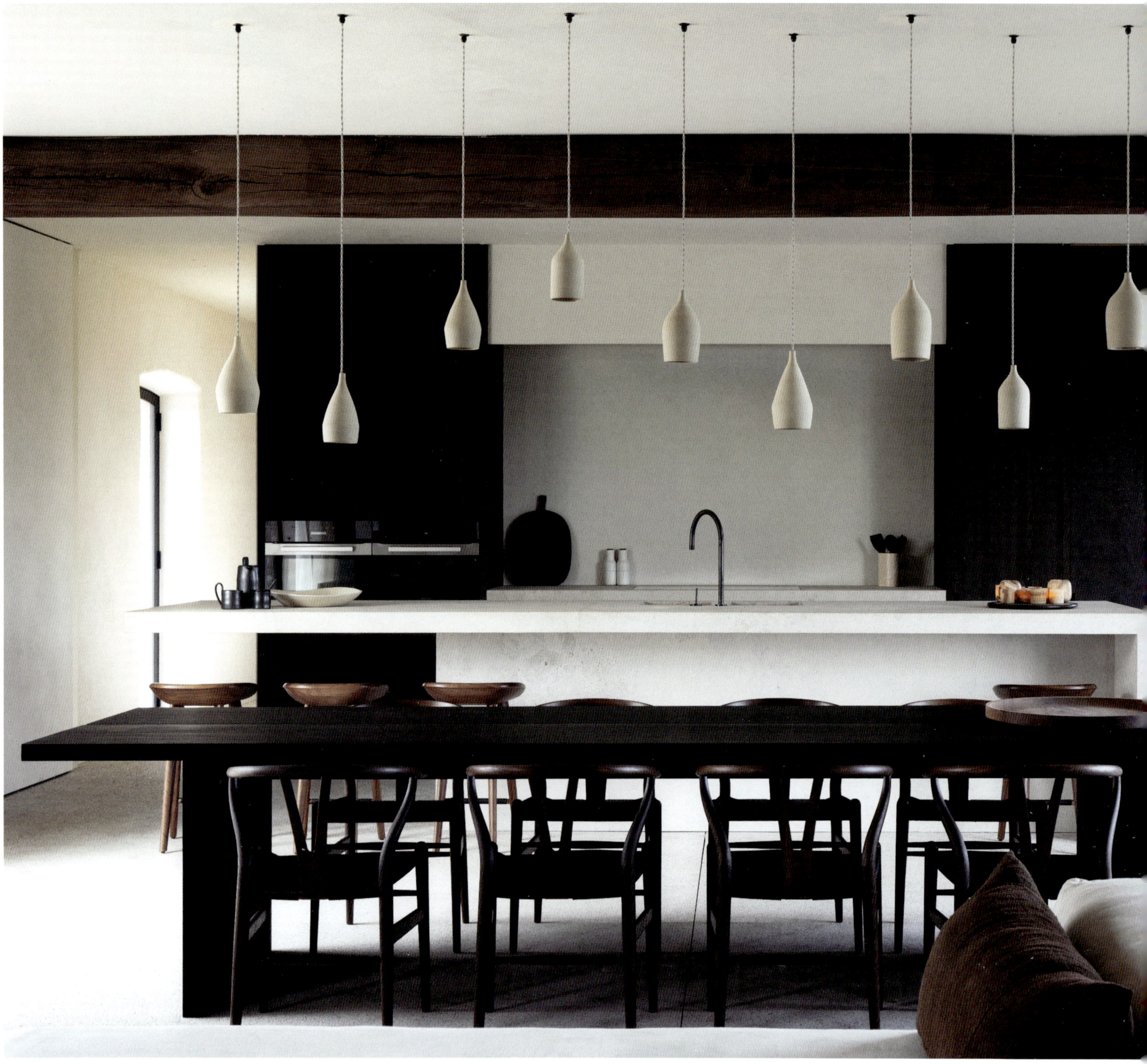

105

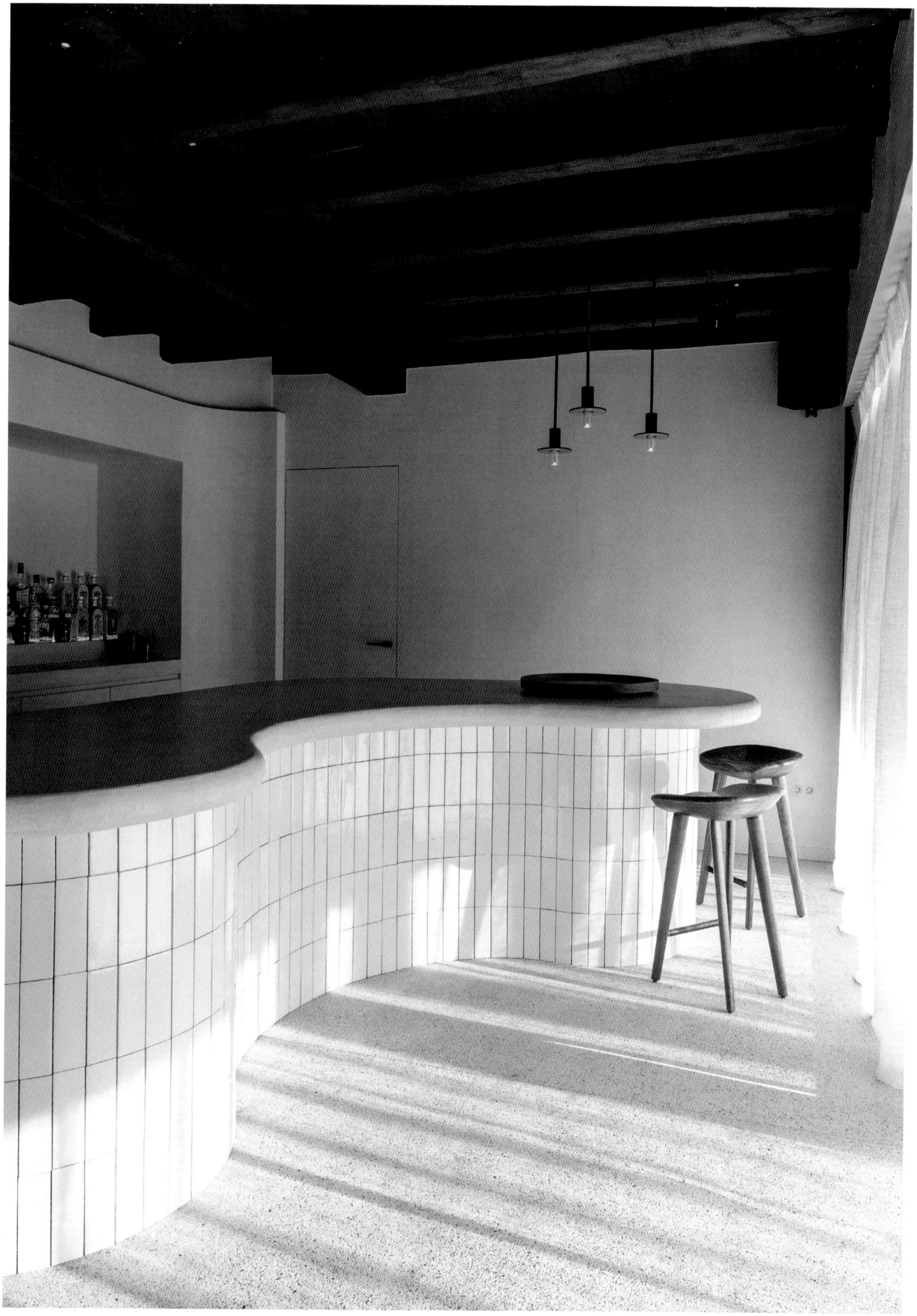

107

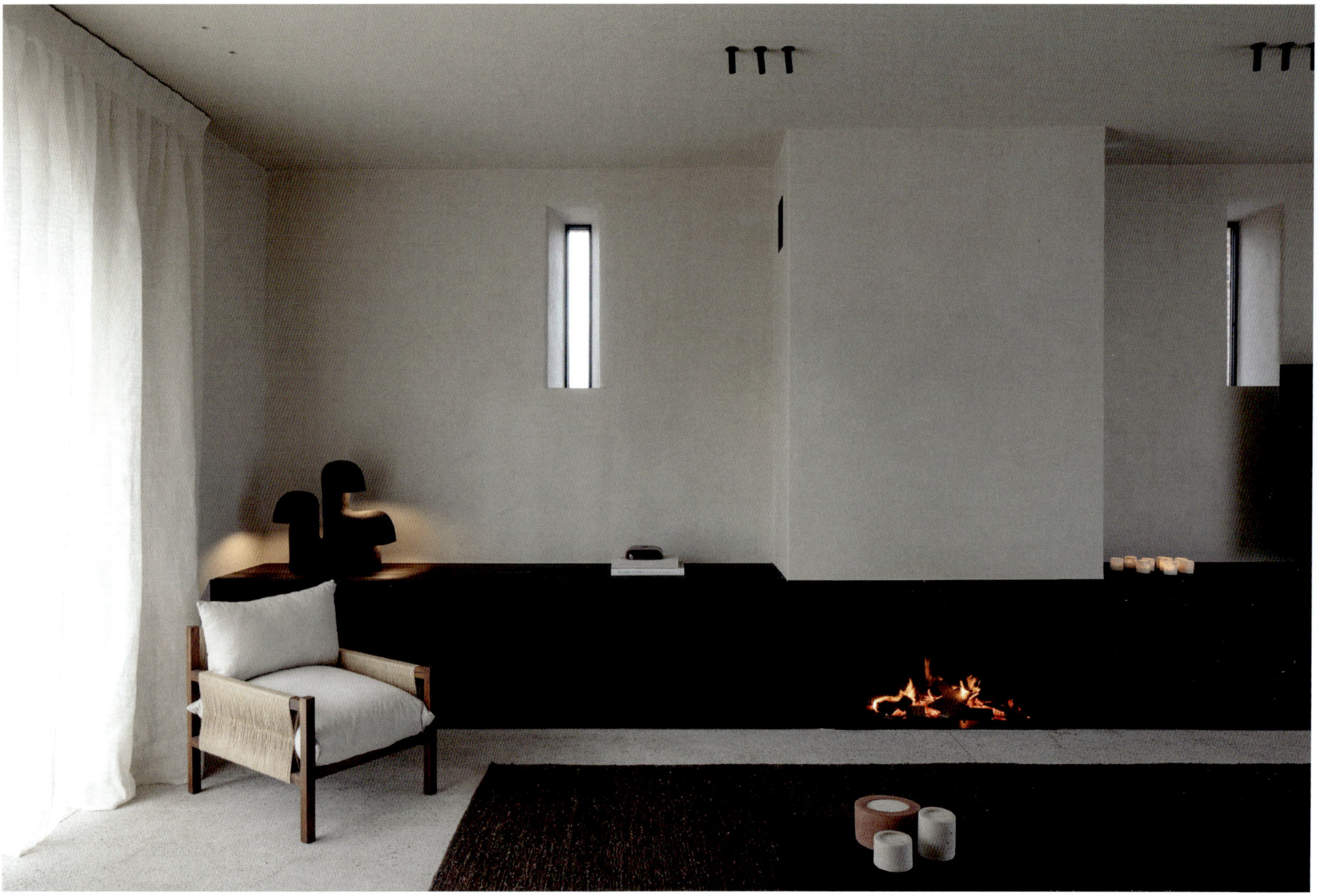

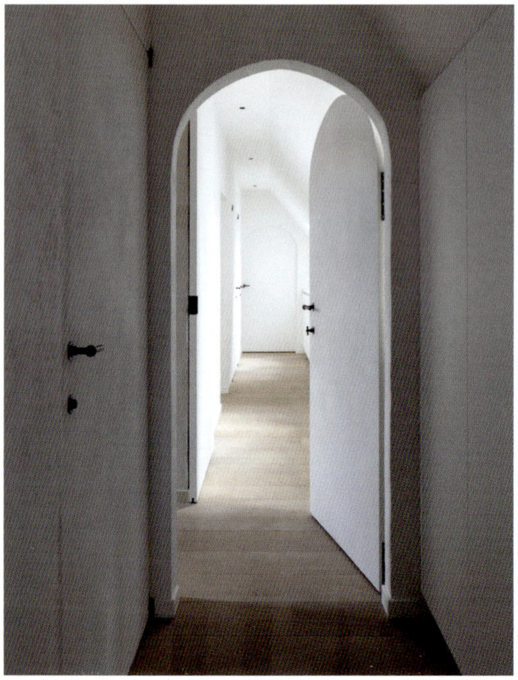

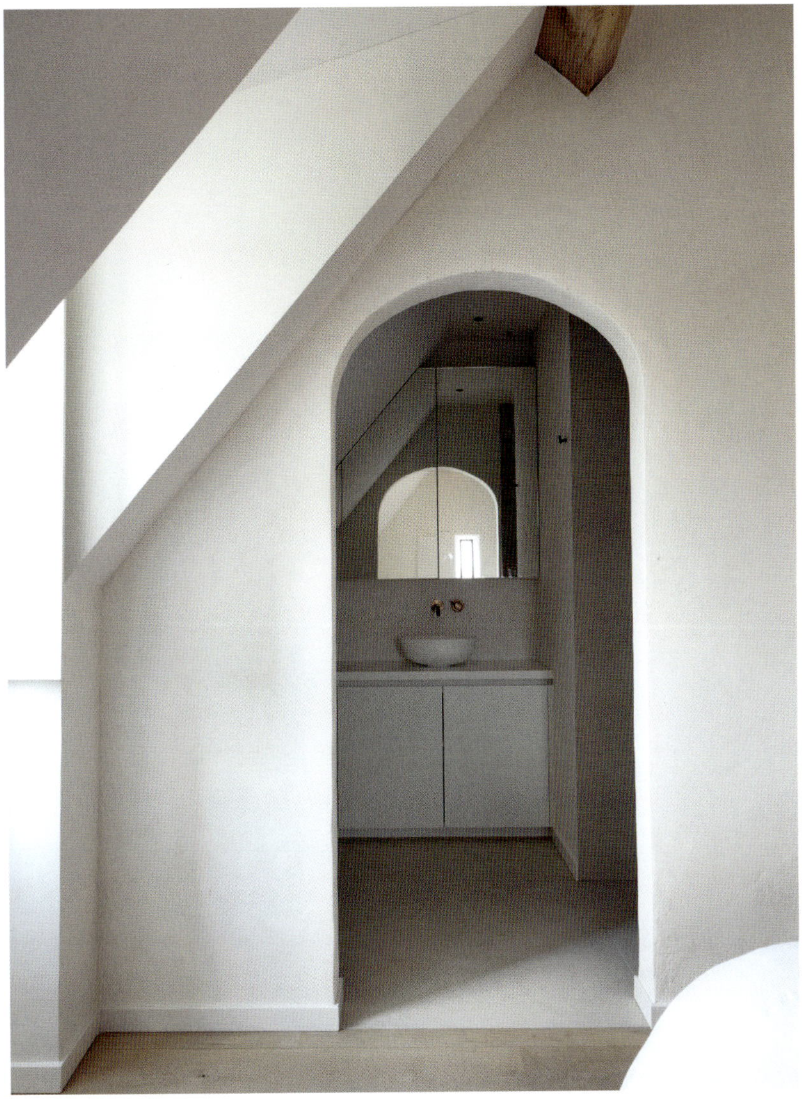

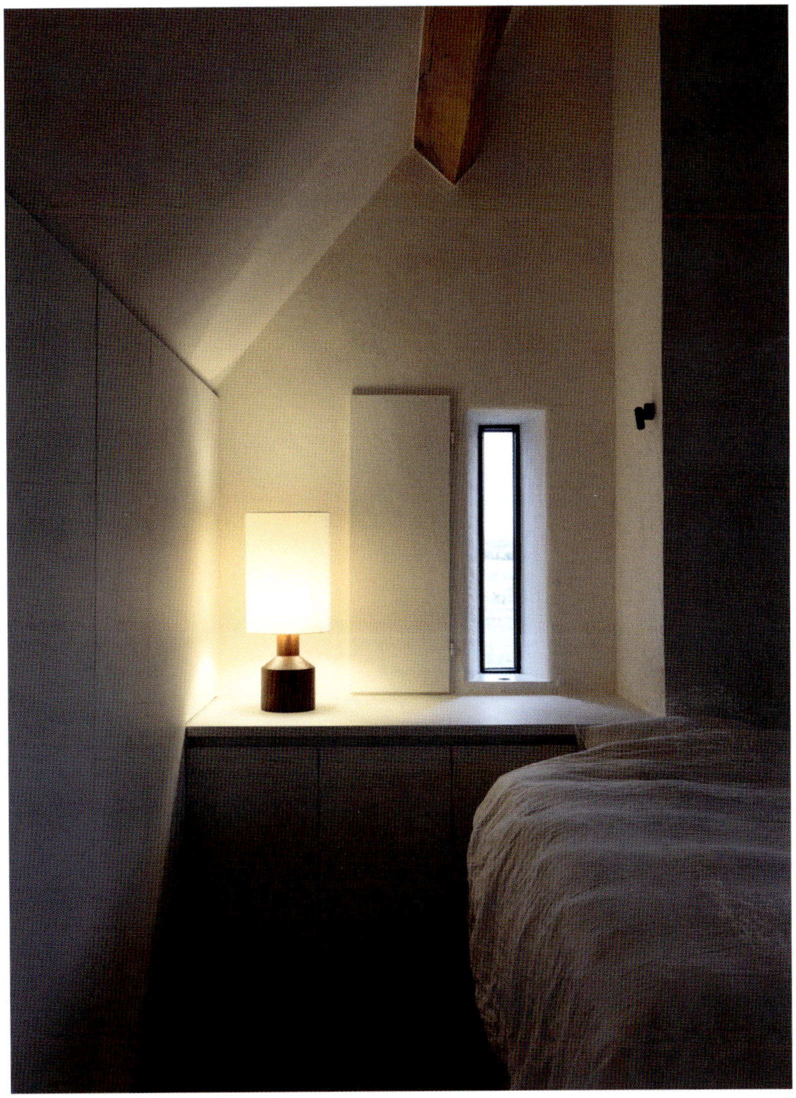

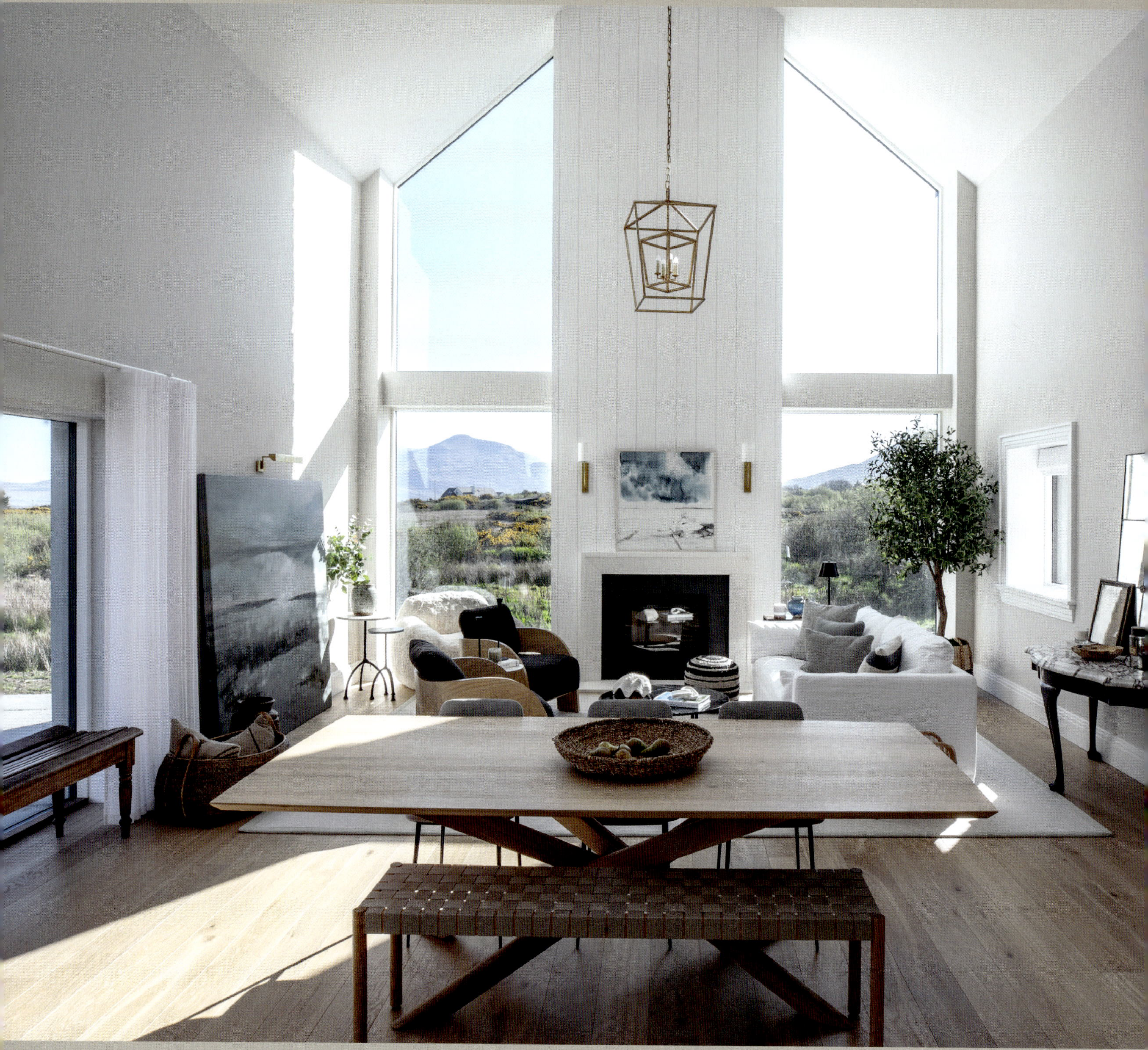

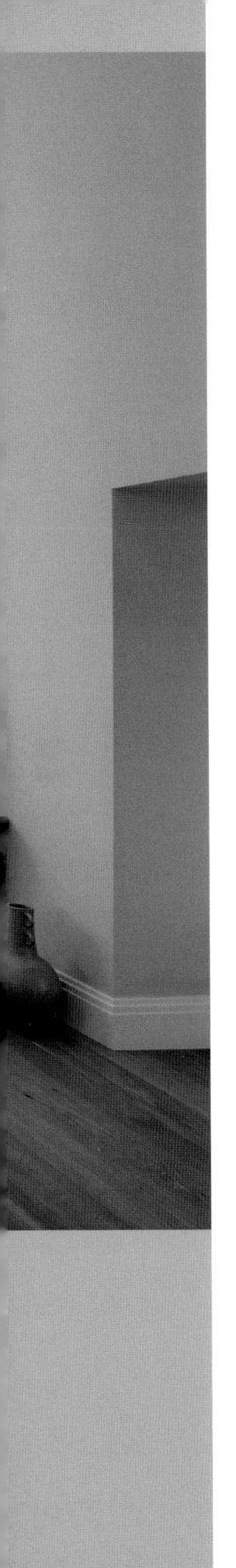

Geri Designs & Co is an award-winning international studio specializing in luxury design and led by Geri O'Toole. Founded in 2018 and based in Limerick, this prestigious studio specializes in the creation of exclusive residential projects both in and outside of Ireland.
After completing her studies in architecture and interior design at Griffith College Dublin, the designer honed her skills in London, collaborating with renowned brands. Her approach focuses on creating timeless and exclusive designs that enrich daily life. Her work has been recognized with nominations at the International Design Awards London 2020 and a mention at the House & Home Awards for Interior Design 2019, thus consolidating her relevant position in the Irish design scene.

Geri Designs & Co ist ein preisgekröntes internationales Studio, das sich auf Luxusdesign spezialisiert und von Geri O'Toole geleitet wird. Gegründet im Jahr 2018 und mit Sitz in Limerick, hat sich dieses renommierte Studio auf die Gestaltung exklusiver Wohnprojekte in und außerhalb Irlands spezialisiert.
Nach Abschluss ihres Studiums in Architektur und Innenarchitektur am Griffith College in Dublin verfeinerte die Designerin ihre Fähigkeiten in London, wo sie mit renommierten Marken zusammenarbeitete. Ihr Ansatz konzentriert sich darauf, zeitlose und exklusive Designs zu schaffen, die das tägliche Leben bereichern. Ihre Arbeit wurde mit Nominierungen bei den International Design Awards London 2020 und einer Erwähnung bei den House & Home Awards for Interior Design 2019 ausgezeichnet, was ihre relevante Position in der irischen Designszene unterstreicht.

Geri Designs & Co est un studio international primé spécialisé dans le design de luxe et dirigé par Geri O'Toole. Fondé en 2018 et basé à Limerick, ce prestigieux studio se spécialise dans la création de projets résidentiels exclusifs en Irlande et à l'étranger.
Après avoir terminé ses études en architecture et design d'intérieur au Griffith College de Dublin, la conceptrice a perfectionné ses compétences à Londres, en collaborant avec des marques de renom. Son approche se concentre sur la création de designs intemporels et exclusifs qui enrichissent la vie quotidienne. Son travail a été reconnu par des nominations aux International Design Awards London 2020 et une mention aux House & Home Awards for Interior Design 2019, consolidant ainsi sa position dans la scène du design irlandais.

Geri Designs & Co es un galardonado estudio internacional especializado en el diseño de lujo y dirigido por Geri O'Toole. Fundado en 2018 y con sede en Limerick, este prestigioso estudio se especializa en la creación de proyectos residenciales exclusivos dentro y fuera de Irlanda.
Tras completar sus estudios en arquitectura y diseño de interiores en el Griffith College de Dublín, la diseñadora perfeccionó sus habilidades en Londres, colaborando con marcas de renombre. Su enfoque se centra en crear diseños atemporales y exclusivos que enriquezcan la vida diaria. Su trabajo ha sido reconocido con nominaciones en los International Design Awards London 2020 y una mención en los House & Home Awards for Interior Design 2019, consolidando así su posición relevante en la escena del diseño irlandés.

**GERI DESIGNS & CO**

GERI O'TOOLE

www.geridesigns.ie

# CONNEMARA HOME

CONNEMARA, IRELAND || PHOTOS © RUTH MARIA MURPHY

The idyllic landscape of Connemara is the backdrop for this project that sought a full connection with the environment. It is defined by its clear and luminous yet interesting environments. The living room is the focal point, where a series of panels and a striking pendant lamp emphasize its imposing height.
The eloquence of the space effortlessly harmonizes with generously sized furniture with organic shapes and artworks, maintaining a proportional balance. All aspects of the house converge on a purpose: from the wallpapers in the bedrooms to the built-in shelves, they are in a neutral palette that highlights the magnificent outdoor views. Untreated wooden floors provide freshness, while the texture of linen and wool rugs adds layers and softness to the spacious open area. Creating a cozy atmosphere in such a large space is quite a challenge, but this house proves it is possible.

Die idyllische Landschaft von Connemara bildet den Hintergrund für dieses Projekt, das eine vollständige Verbindung mit der Umgebung anstrebt. Sie wird durch ihre offenen und hellen, aber dennoch interessanten Räume definiert.
Das Wohnzimmer ist der Mittelpunkt, wo eine Reihe von Paneelen und eine auffällige Hängelampe ihre imposante Höhe betonen. Die Aussagekraft des Raumes harmoniert mühelos mit großzügig dimensionierten Möbeln mit organischen Formen und Kunstwerken, wobei ein proportionaler Ausgleich erhalten bleibt. Alle Aspekte des Hauses haben ein Ziel: von den Tapeten in den Schlafzimmern bis hin zu den eingebauten Regalen, sie sind in einer neutralen Farbpalette gehalten, die den herrlichen Außenblick in den Vordergrund stellt. Die unbehandelten Holzböden sorgen für Frische, während die Textur von Leinen und Wollteppichen Schichten und Weichheit in den großzügigen offenen Bereich einbringt. Die Schaffung einer gemütlichen Atmosphäre in einem so geräumigen Raum ist eine Herausforderung, aber dieses Haus beweist, dass es möglich ist.

Le paysage idyllique de Connemara sert de toile de fond à ce projet qui cherchait une connexion totale avec l'environnement. Il se distingue par ses espaces ouverts et lumineux, tout en étant intéressants. Le salon est le point focal, où une série de panneaux et un luminaire suspendu remarquable mettent en valeur sa hauteur imposante.

L'éloquence de l'espace s'harmonise sans effort avec des meubles généreux aux formes organiques et des œuvres d'art, maintenant un équilibre proportionnel. Tous les aspects de la maison convergent vers un but : des papiers peints dans les chambres aux étagères encastrées, tout est dans une palette neutre qui met en valeur les magnifiques vues extérieures. Les sols en bois brut apportent de la fraîcheur, tandis que la texture du lin et les tapis en laine ajoutent des couches et de la douceur à la vaste zone ouverte. Créer une atmosphère accueillante dans un espace aussi vaste est un défi, mais cette maison démontre que c'est possible.

El paisaje idílico de Connemara, es el contexto de este proyecto que buscaba una plena conexión con el entorno. La definen sus ambientes despejados y luminosos, a la vez que interesantes. La sala de estar es el punto focal, donde una serie de paneles y una llamativa lámpara colgante enfatizan su altura imponente.

La elocuencia del espacio armoniza sin esfuerzo con muebles de generosas dimensiones con formas orgánicas y obras de arte, manteniendo un equilibrio proporcional. Todos los aspectos de la casa coinciden en un propósito: desde los papeles pintados en los dormitorios hasta las estanterías empotradas, están en una paleta neutral que da protagonismo a las magníficas vistas exteriores. Los suelos de madera sin tratar proporcionan frescura, mientras que la textura de lino y alfombras de lana añade capas y suavidad a la amplia zona abierta. Crear un ambiente acogedor en un espacio tan amplio es todo un desafío, pero esta casa demuestra que es posible.

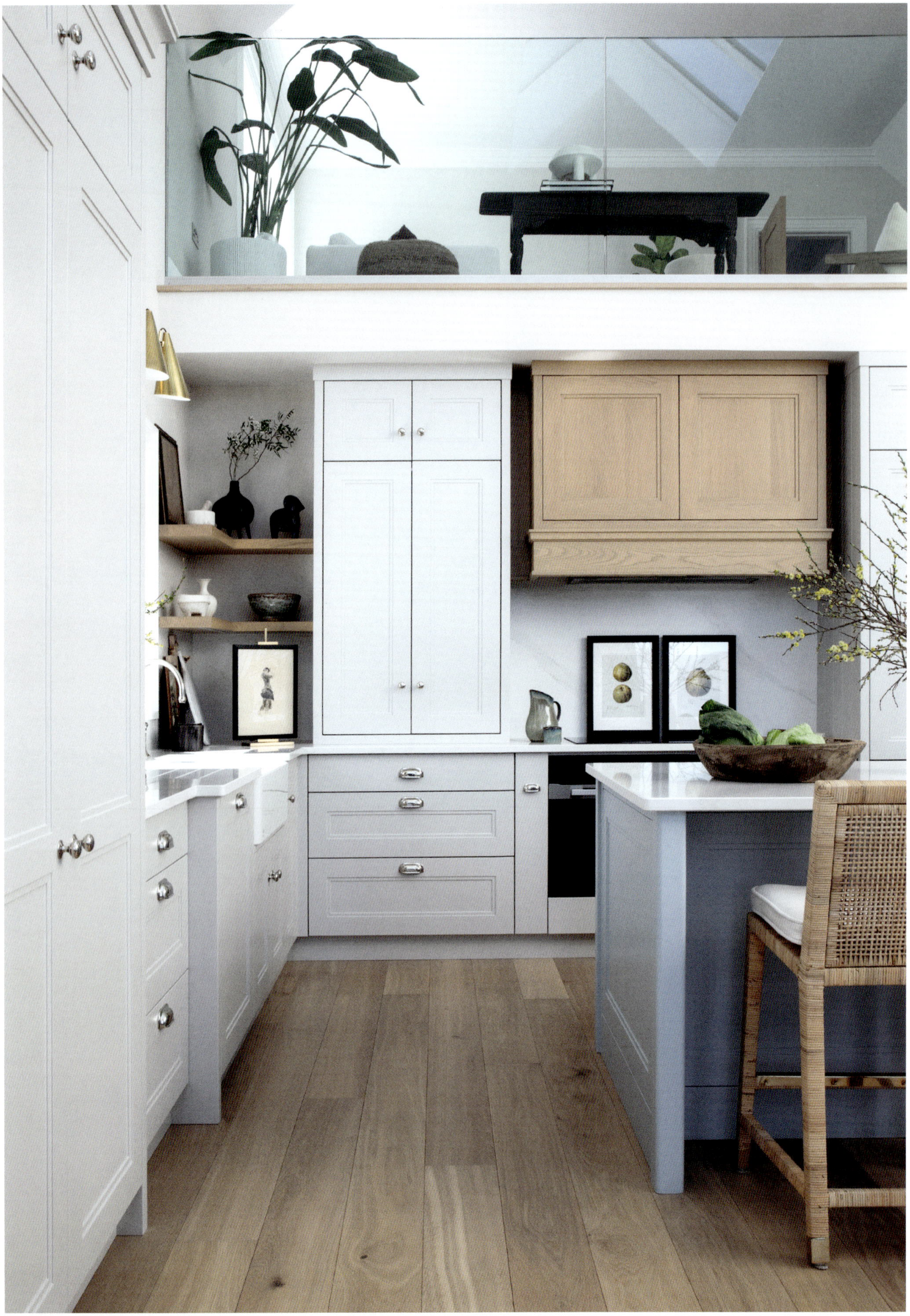

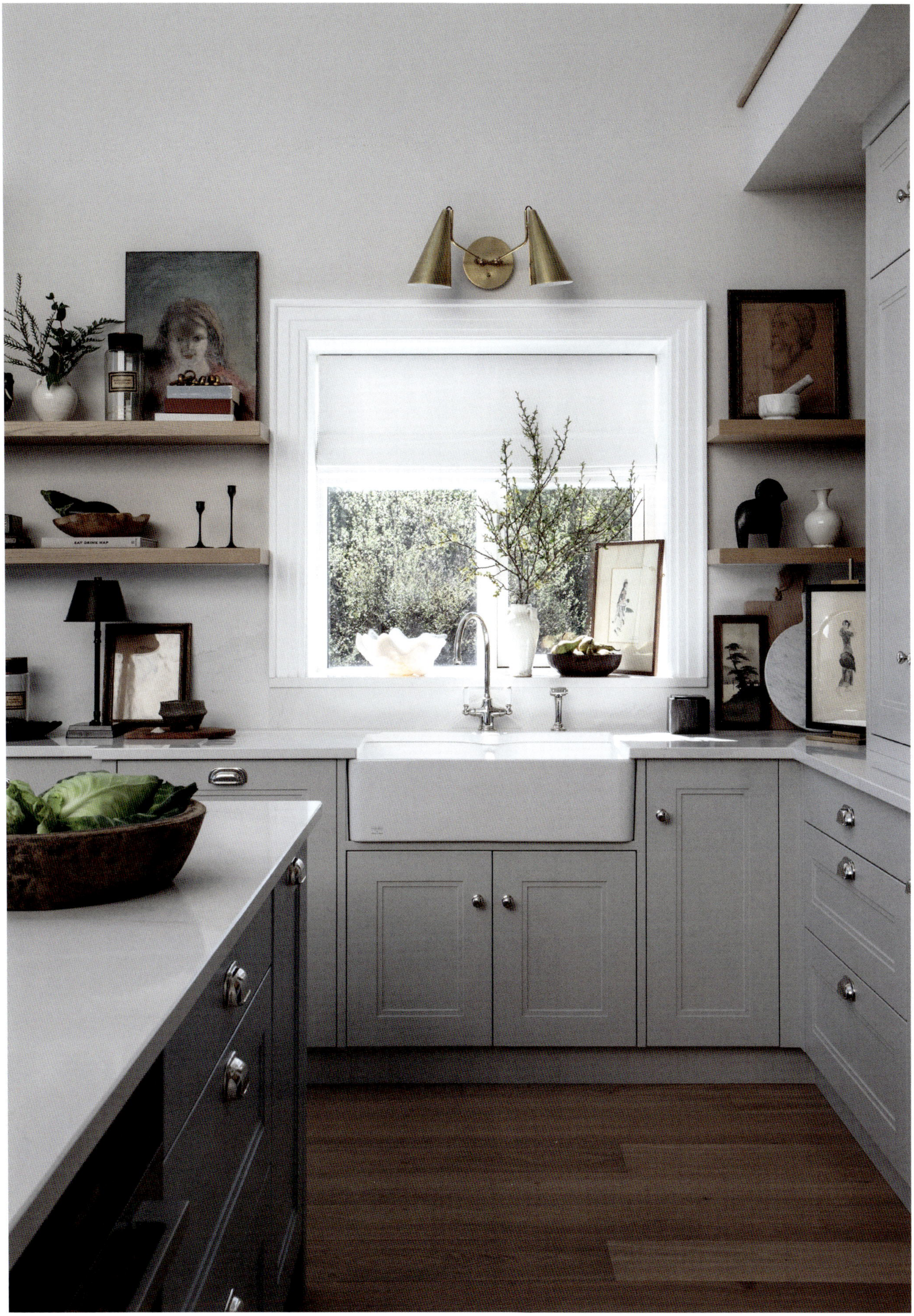

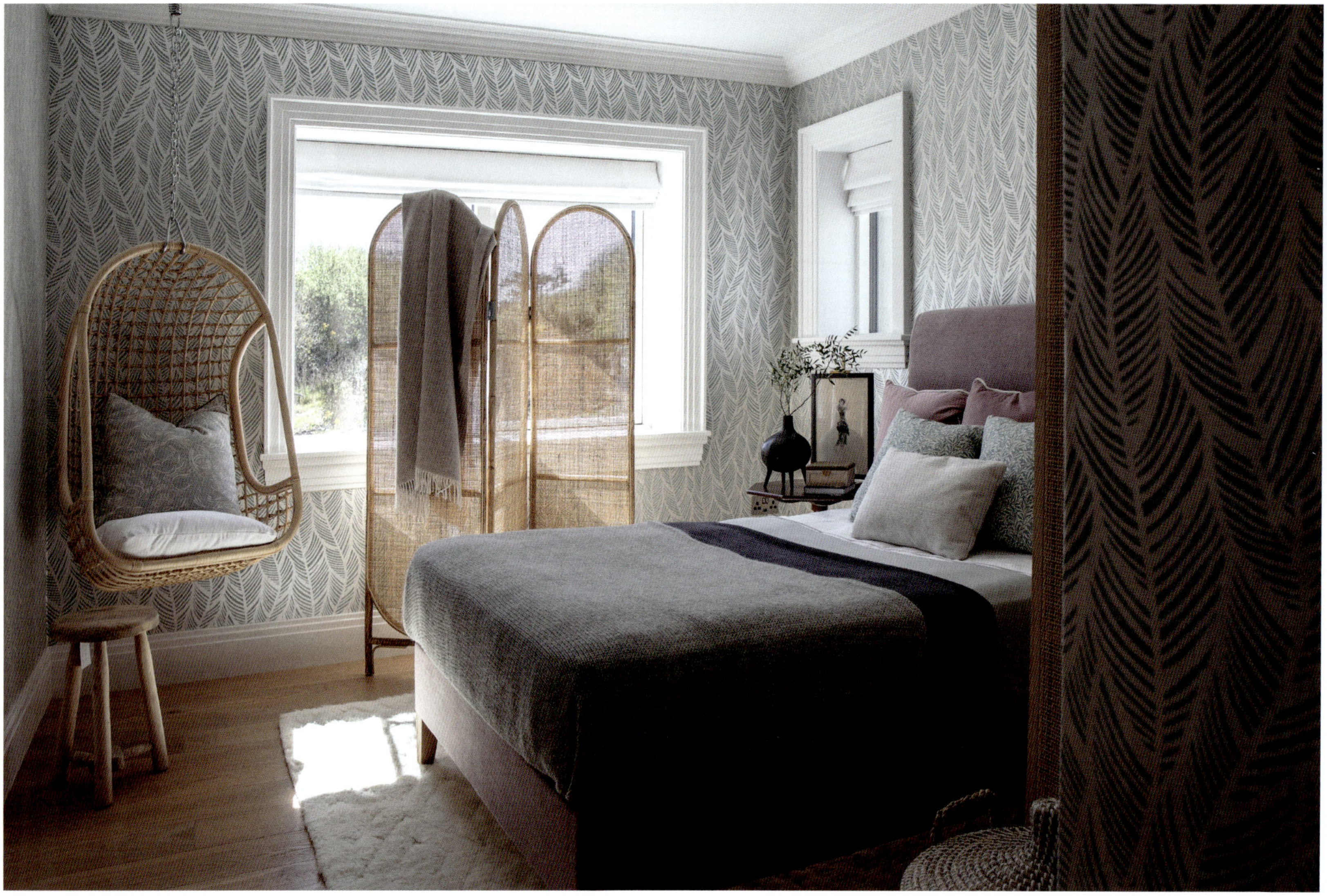

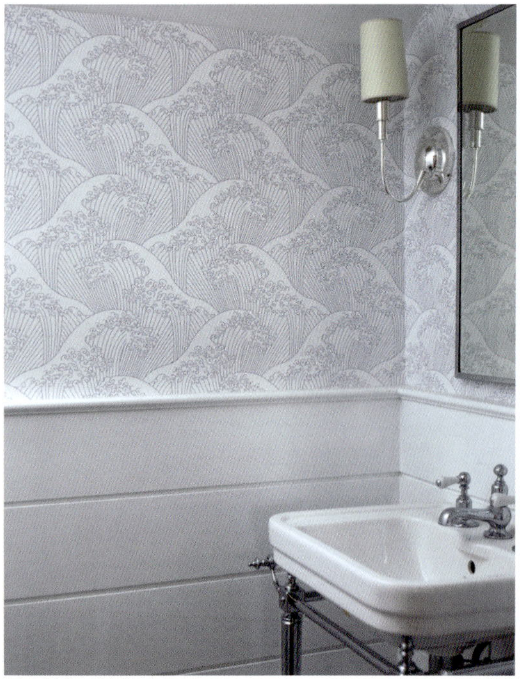

117

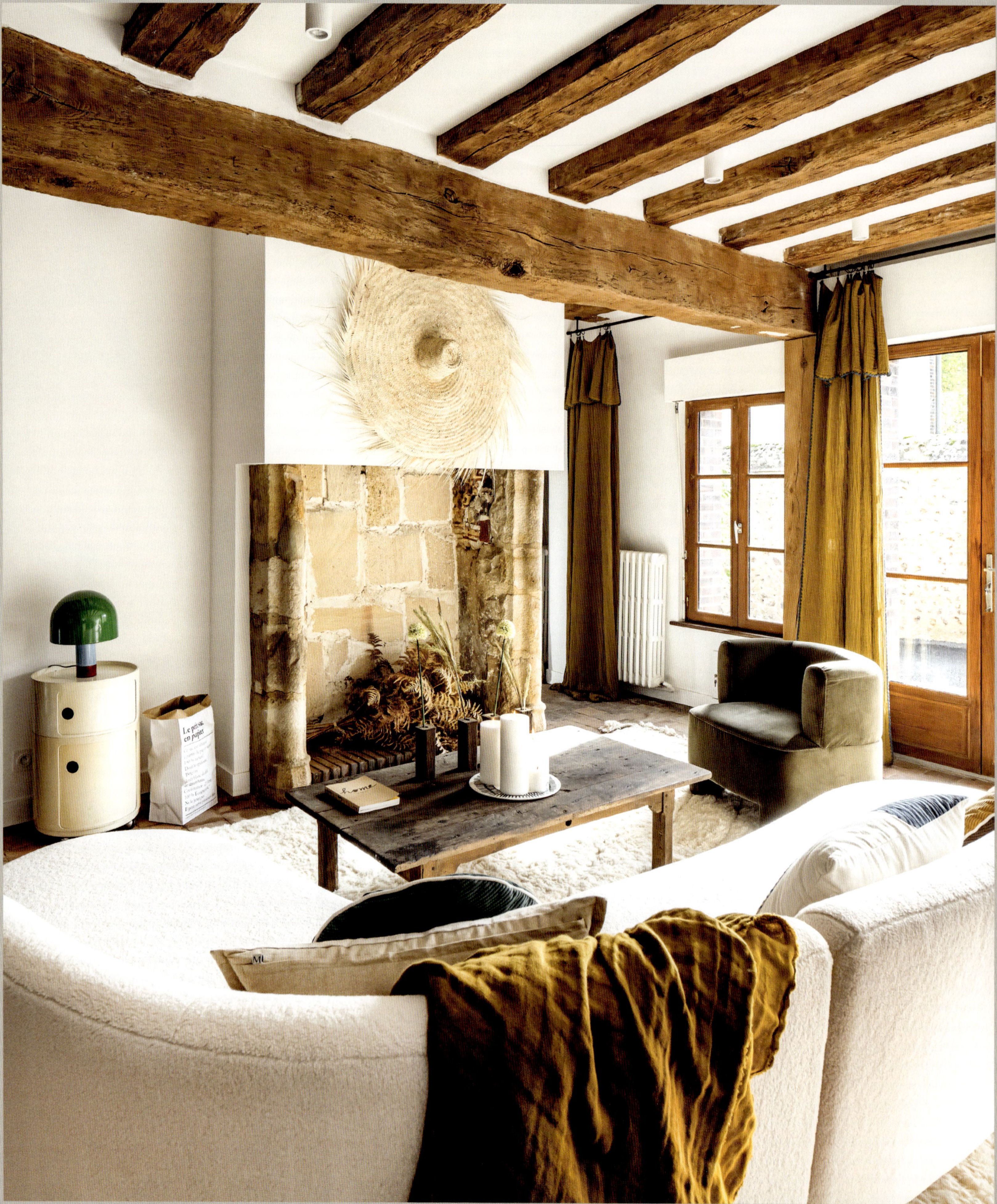

Gommez Vaëz Architect and BlackStones, two agencies based in Paris, have been collaborating closely for over a decade. While Black Stones specializes in interior design, Amandine Gommez Vaëz leads the architectural aspect. Together, they develop projects from conception to material selection, ensuring an integrated vision. Their shared commitment is to offer creativity and excellence to enhance the living or working environments of their clients. With a focus on simplicity and quality, they design personalized interiors prioritizing comfort and functionality in every detail. Through their combined experience, they manage to create unique and inspiring spaces.

Gommez Vaëz Architecte und BlackStones, zwei in Paris ansässige Agenturen, arbeiten seit über einem Jahrzehnt eng zusammen. Während sich Black Stones auf Innenarchitektur spezialisiert, leitet Amandine Gommez Vaëz den architektonischen Aspekt. Gemeinsam entwickeln sie Projekte von der Konzeption bis zur Materialauswahl und gewährleisten eine integrierte Vision. Ihr gemeinsames Engagement besteht darin, Kreativität und Exzellenz zu bieten, um die Lebens- oder Arbeitsumgebungen ihrer Kunden zu verbessern. Mit einem Fokus auf Einfachheit und Qualität entwerfen sie maßgeschneiderte Innenräume, wobei sie Komfort und Funktionalität in jedem Detail priorisieren. Durch ihre kombinierte Erfahrung gelingt es ihnen, einzigartige und inspirierende Räume zu schaffen.

L'architecte Gommez Vaëz et BlackStones, deux agences basées à Paris, collaborent étroitement depuis plus d'une décennie. Alors que Black Stones est spécialisé dans la conception d'intérieurs, Amandine Gommez Vaëz dirige l'aspect architectural. Ensemble, ils développent des projets de la conception au choix des matériaux, garantissant une vision intégrée. Leur engagement commun consiste à offrir créativité et excellence pour améliorer les environnements de vie ou de travail de leurs clients. Avec un accent sur la simplicité et la qualité, ils conçoivent des intérieurs sur mesure en privilégiant le confort et la fonctionnalité dans chaque détail. Grâce à leur expérience combinée, ils parviennent à créer des espaces uniques et inspirants.

Gommez Vaëz Architecte y BlackStones, dos agencias con sede en París, vienen colaborado estrechamente durante más de una década. Mientras Black Stones se especializa en diseño de interiores, Amandine Gommez Vaëz lidera el aspecto arquitectónico. Juntos, desarrollan proyectos desde la concepción hasta la elección de materiales, asegurando una visión integrada. Su compromiso compartido consiste en ofrecer creatividad y excelencia para mejorar los entornos de vida o trabajo de sus clientes. Con un enfoque en la simplicidad y la calidad, diseñan interiores personalizados priorizando la comodidad y la funcionalidad en cada detalle. A través de su experiencia combinada, logran crear espacios únicos e inspiradores.

**GOMMEZ VAËZ ARCHITECTE + BLACKSTONES**

AMANDINE GOMMEZ VAËZ
ARNAUD LENOIR

www.gommezvaez.com
www.black-stones.fr

# MAISON A LA PERCHE

VERNEUIL-D'AVRE-ET-D'ITON, FRANCE || PHOTOS © JULIEN PEPY

Amandine Gommez-Vaëz chose this 17th-century country house to establish her residence. Together with her partner Arnaud Lenoir from BlackStones, she carried out the renovation to turn it into a characterful retreat. The designers retained charming elements such as the tile on the ground floor and the rounded step of the dining room. They sandblasted the ceiling beams to give them a more contemporary look. Additionally, they created openings in the pass-through rooms that offer views of the garden, increasing the luminosity. The shed was transformed into a greenhouse, and a wall was removed in the kitchen to expand it and connect it to the dining room. In the living room, a custom-made library sets the pace of the space. The master suite stands out with its terracotta tones, and the space of the freestanding bathtub covered with zelliges, traditional Moroccan tiles. Thus, from the combination of rustic and contemporary elements arises a timeless residence that pays homage to its origin.

Amandine Gommez-Vaëz wählte dieses Landhaus aus dem 17. Jahrhundert als ihren Wohnsitz. Jahrhundert. Zusammen mit Arnaud Lenoir von BlackStones führte sie die Renovierung durch, um es in ein charaktervolles Refugium zu verwandeln. Die Designer bewahrten charmante Elemente wie die Fliesen im Erdgeschoss und die abgerundete Stufe im Esszimmer. Sie sandstrahlten die Dachbalken, um ihnen ein zeitgemäßeres Aussehen zu verleihen. Außerdem schufen sie Öffnungen in den Durchgangszimmern, die einen Blick auf den Garten ermöglichen und die Helligkeit erhöhen. Die Scheune wurde in ein Gewächshaus umgewandelt und in der Küche wurde eine Wand entfernt, um sie zu erweitern und mit dem Esszimmer zu verbinden. Im Wohnzimmer gibt eine maßgefertigte Bibliothek den Takt des Raumes vor. Das Hauptschlafzimmer besticht durch seine Terrakottatöne und die freistehende Badewanne. So entsteht aus der Kombination von rustikalen und zeitgenössischen Elementen eine zeitlose Residenz, die ihrer Herkunft Tribut zollt.

Amandine Gommez-Vaëz a choisi cette maison de campagne du XVIIe siècle comme résidence. Avec son partenaire Arnaud Lenoir de BlackStones, elle a entrepris la rénovation pour en faire un refuge plein de caractère. Les concepteurs ont conservé des éléments charmants tels que le carrelage au rez-de-chaussée et la marche arrondie de la salle à manger. Ils ont sablé les poutres du plafond pour leur donner un aspect plus contemporain. De plus, des ouvertures ont été créées dans les pièces de passage offrant des vues sur le jardin, augmentant la luminosité. La remise a été transformée en une serre et un mur a été abattu dans la cuisine pour l'agrandir et la relier à la salle à manger. Dans le salon, une bibliothèque sur mesure rythme l'espace. La suite principale se distingue par ses tons terracotta, des murs au plafond, et l'espace de la baignoire indépendante revêtu de zelliges, des carreaux traditionnels marocains. Ainsi, de la combinaison d'éléments rustiques et contemporains émerge une résidence intemporelle qui rend hommage à son origine.

Amandine Gommez-Vaëz eligió esta casa de campo del Siglo XVII para instalar su residencia. Junto con su socio Arnaud Lenoir de BlackStones, llevó a cabo la renovación para convertirla en un refugio con carácter. Los diseñadores conservaron elementos con encanto, como la baldosa en la planta baja y el escalón redondeado del comedor. Arenaron las vigas del techo para darles un aspecto más contemporáneo. Además, generaron aperturas en las habitaciones de paso que ofrecen vistas al jardín, aumentando la luminosidad. El cobertizo se trasformó en un invernadero y en la cocina se eliminó una pared para ampliarla y conectarla con el comedor. En el salón, una biblioteca a medida marca el ritmo del espacio. Destaca la suite principal con sus tonos terracota, y el espacio de la bañera exenta revestida con zelliges, azulejos tradicionales marroquíes. Así, de la combinación de elementos rústicos y contemporáneos surge una residencia atemporal que rinde homenaje a su origen.

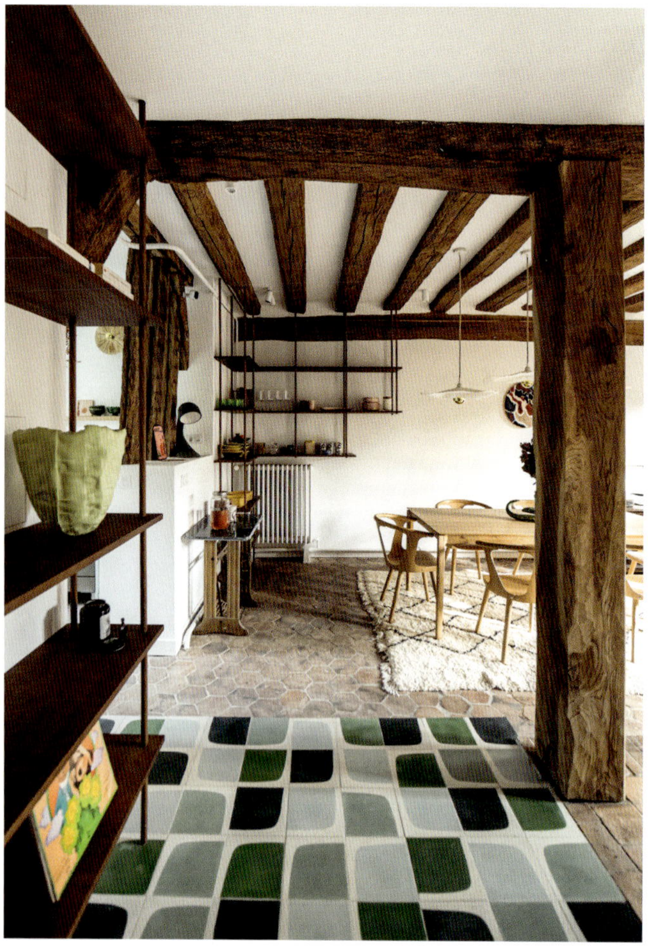
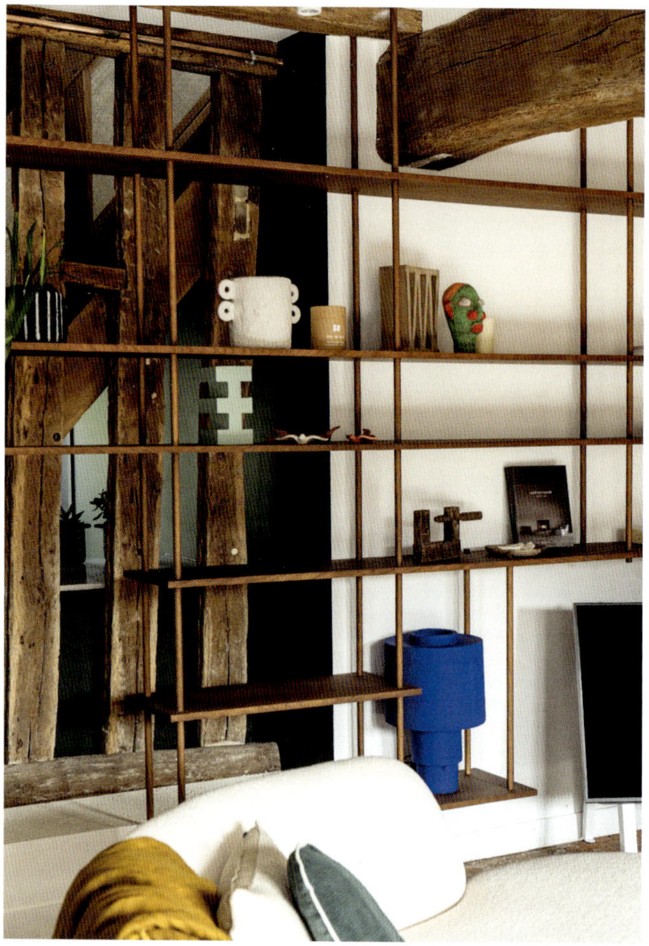
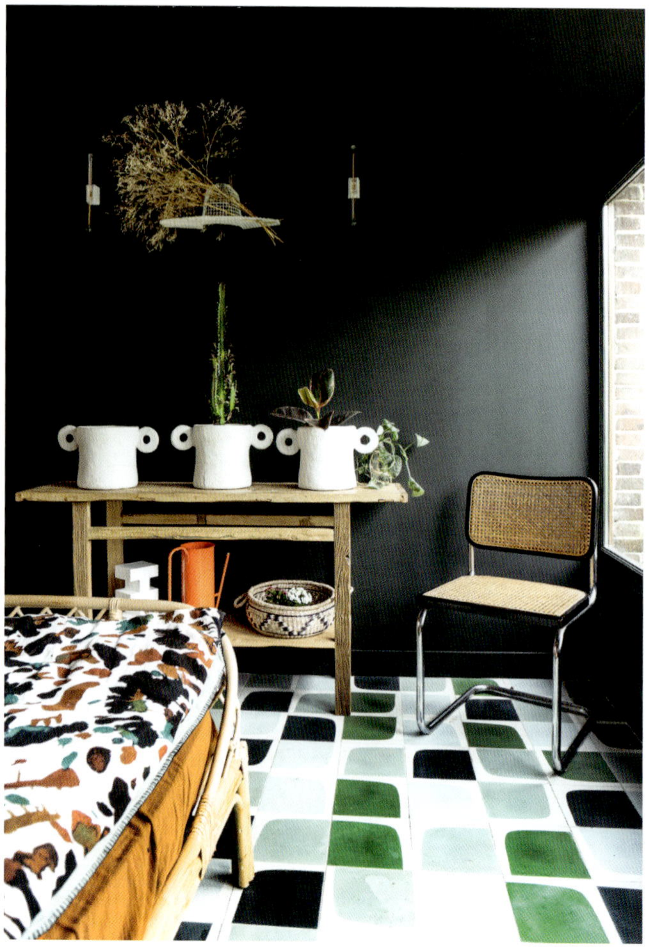
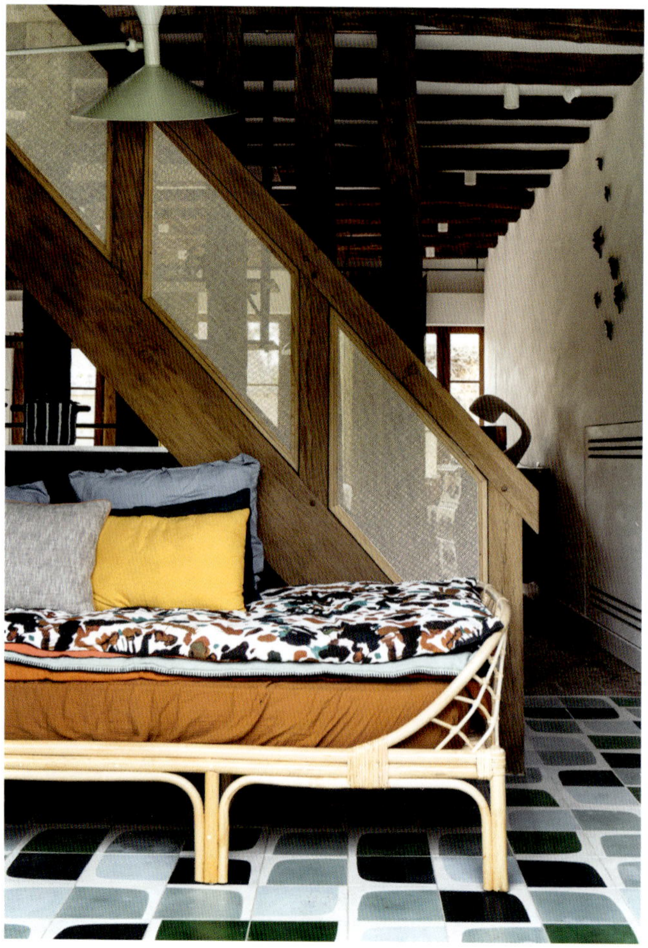

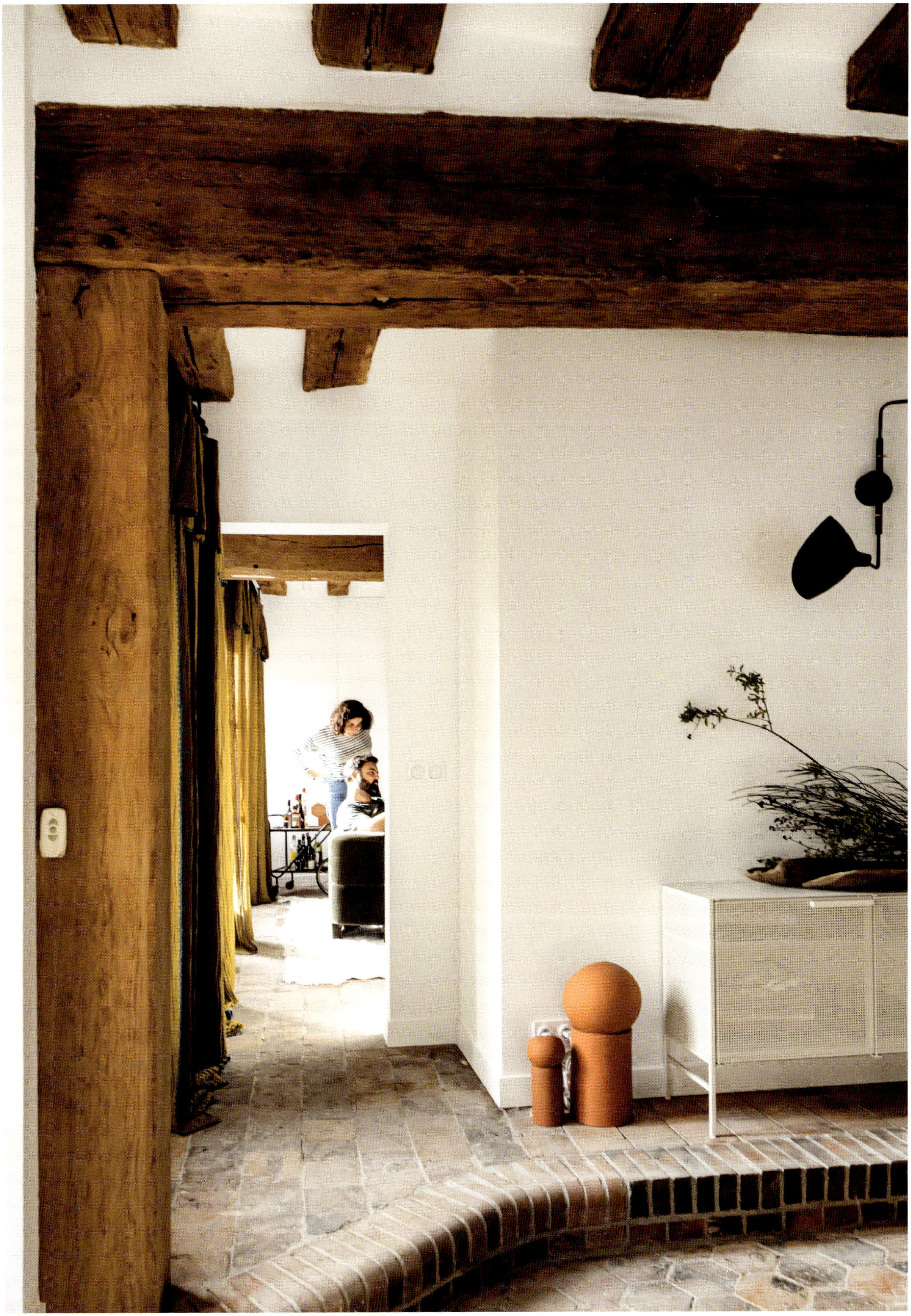

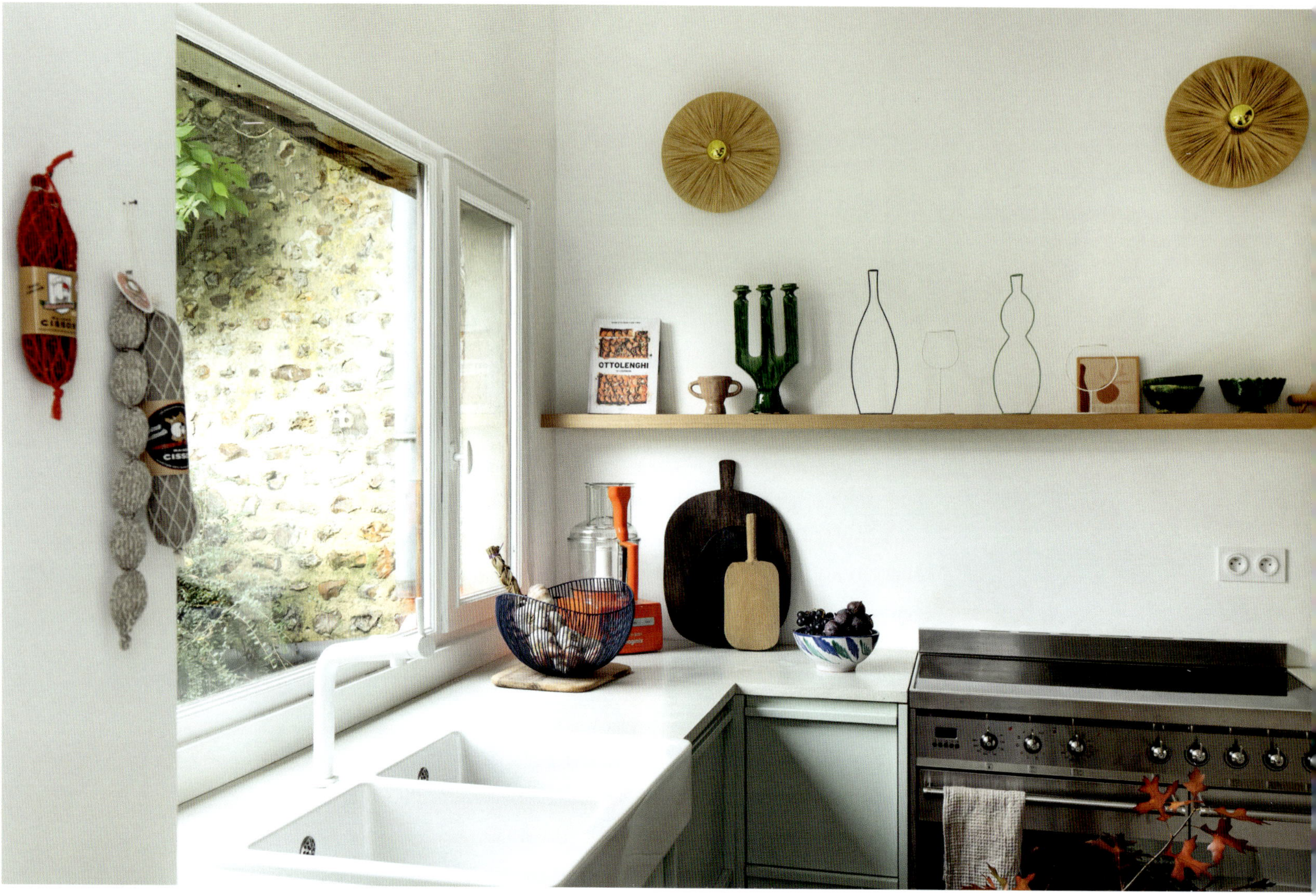
OTTOLENGHI

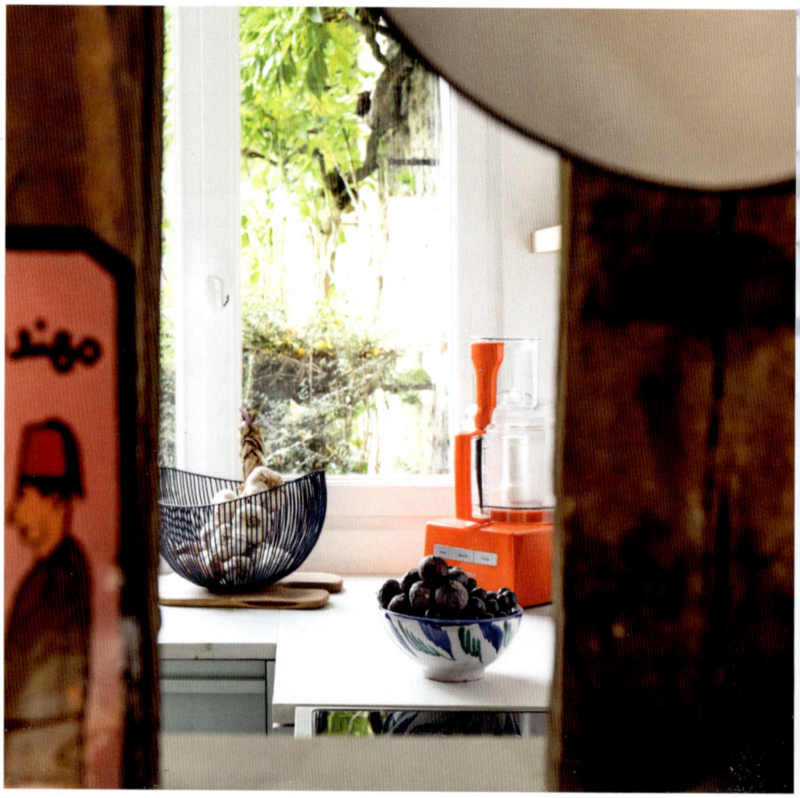

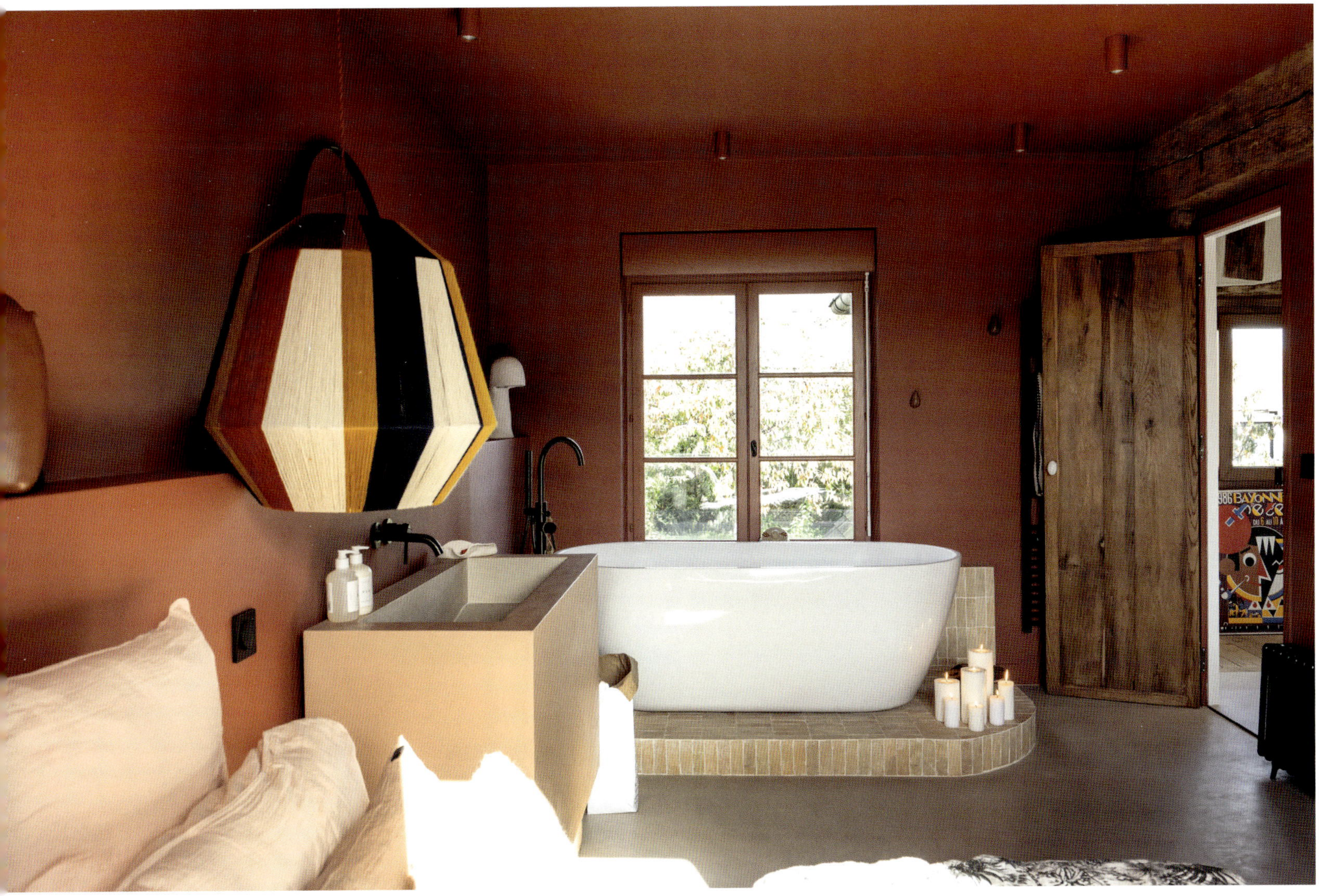
BAYONNE

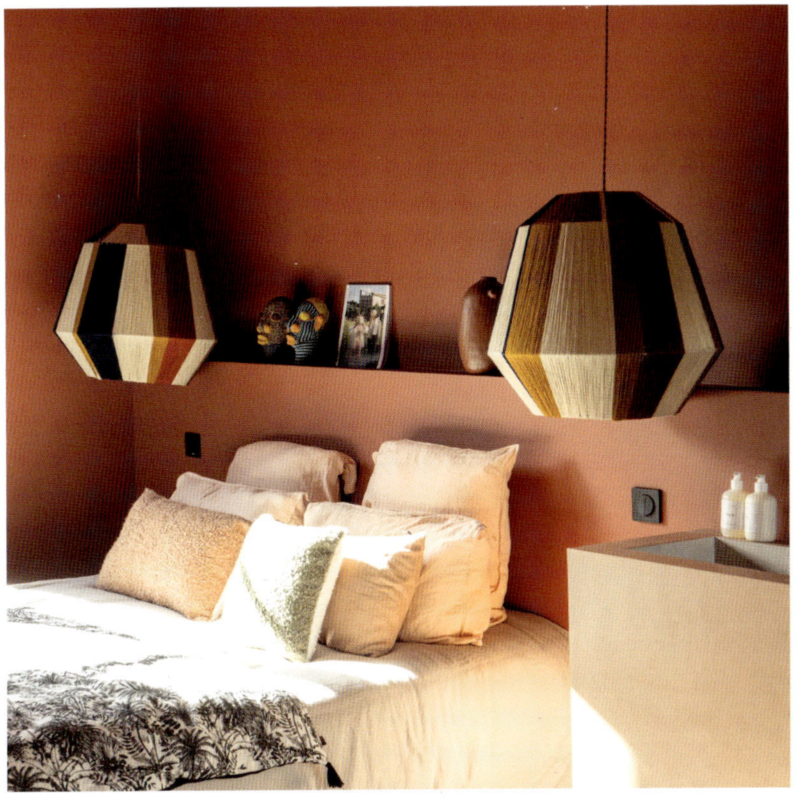

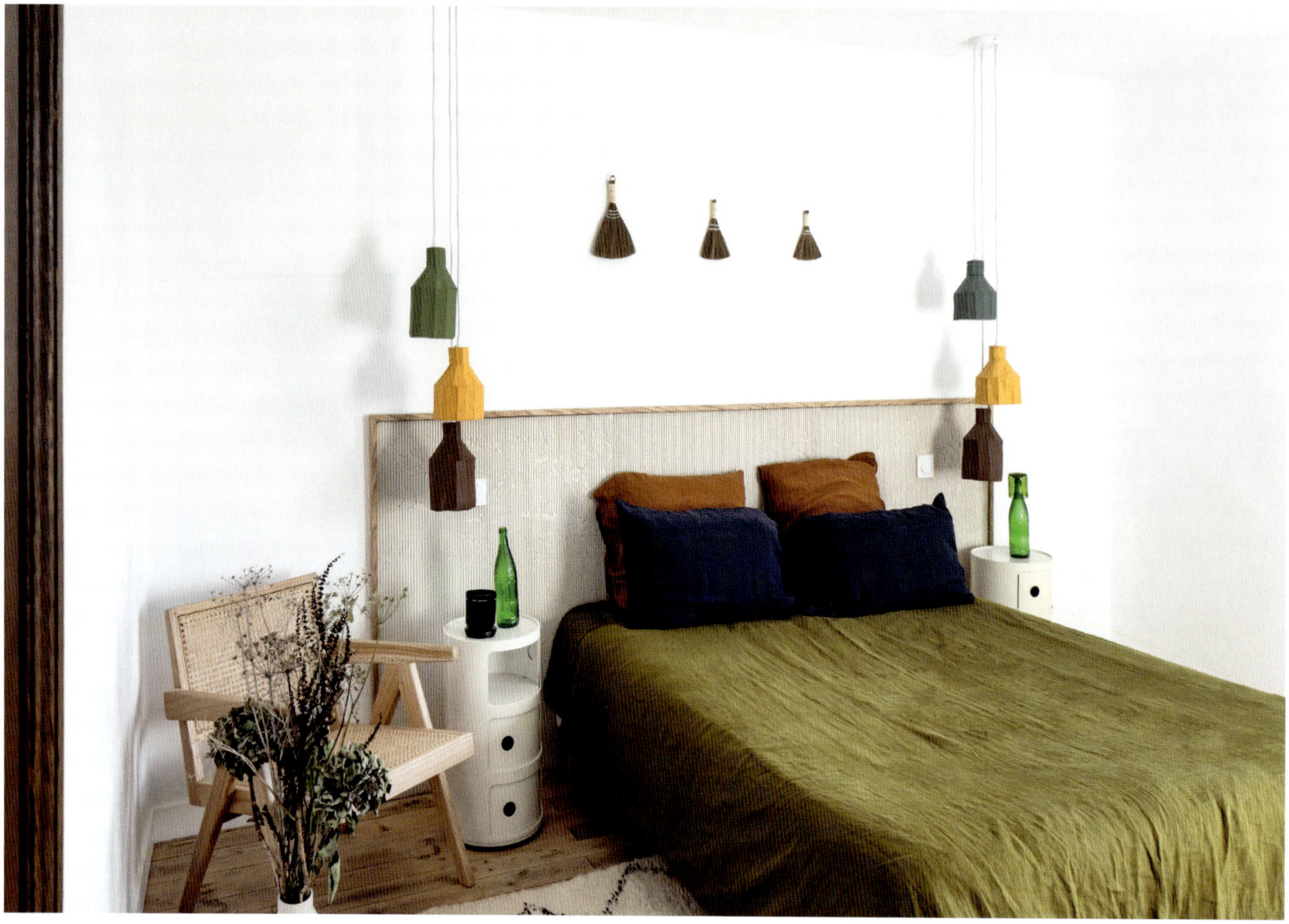

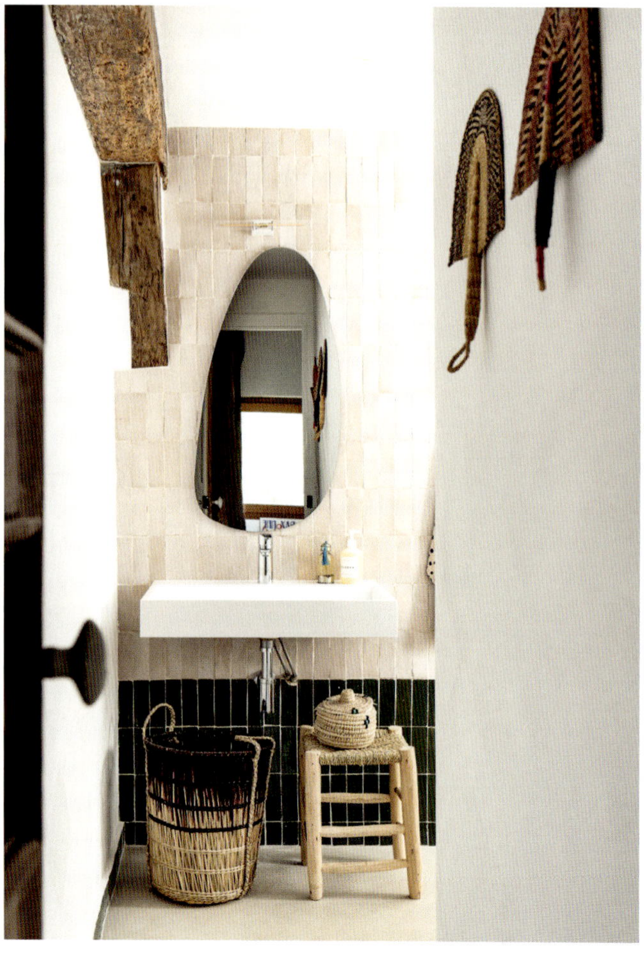

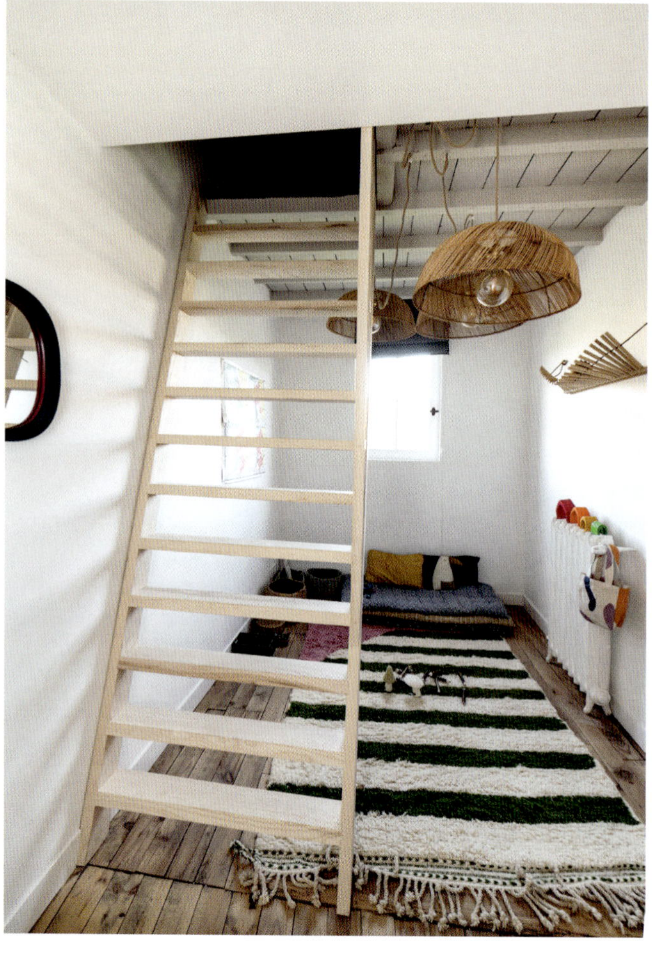

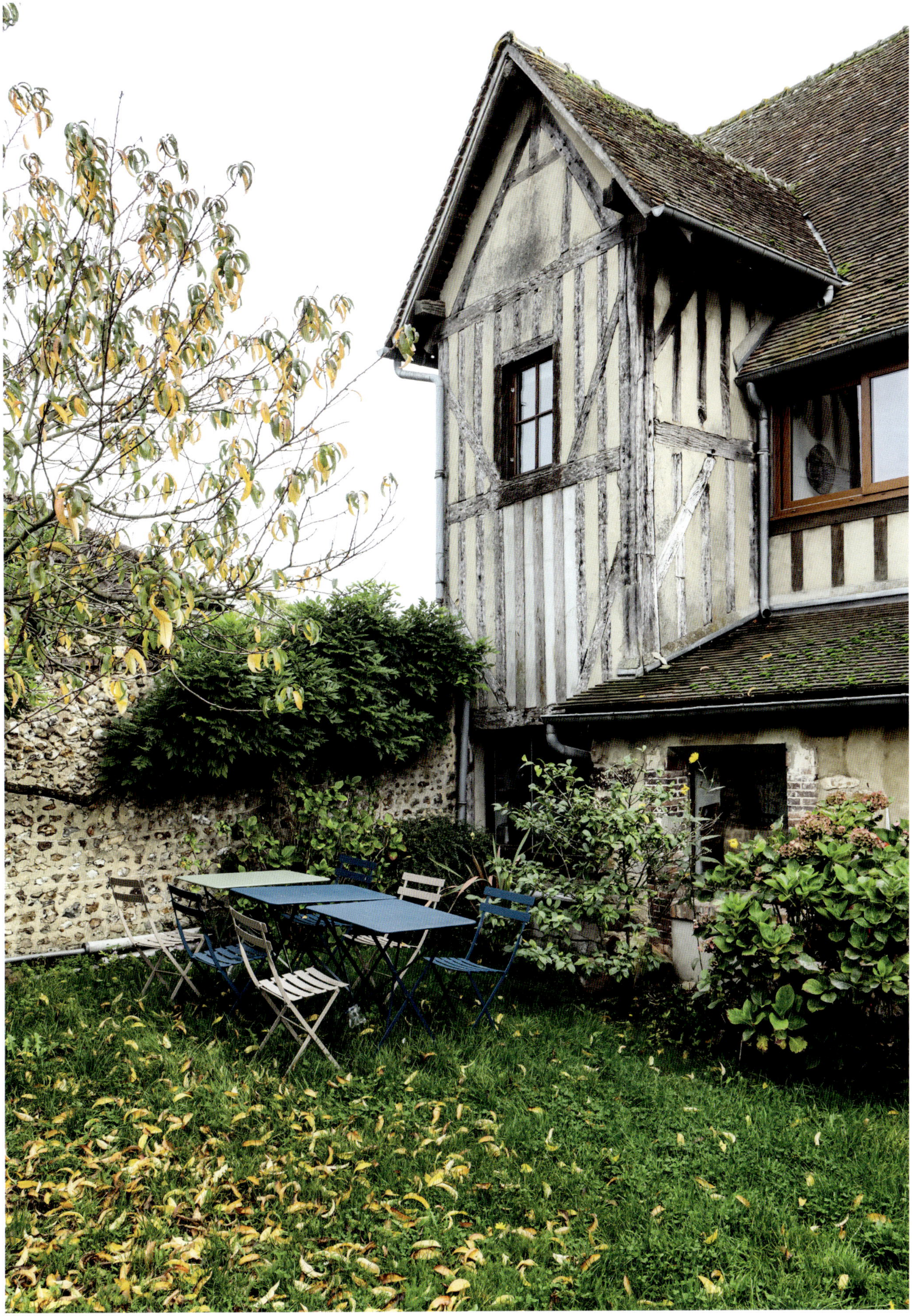

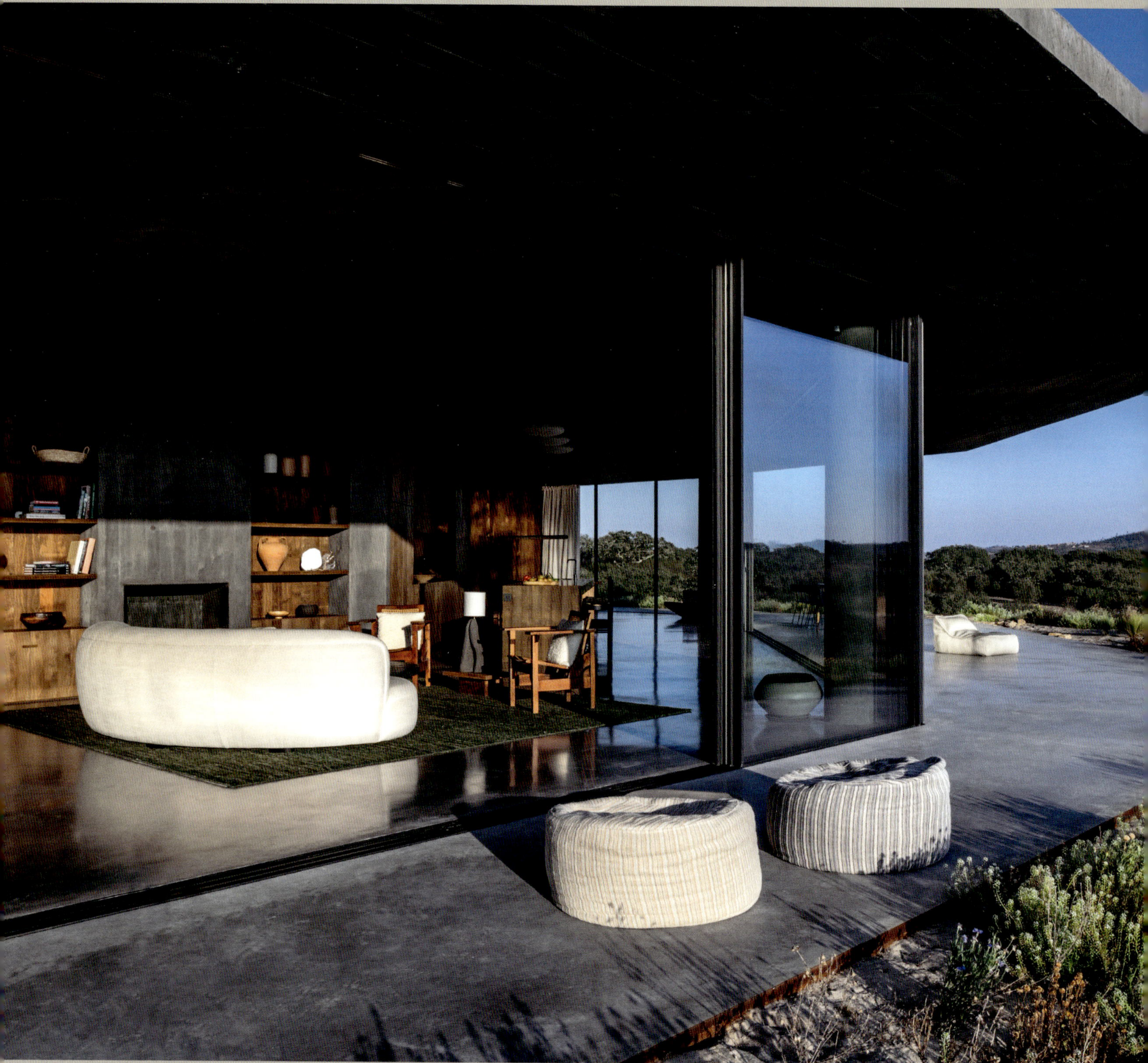

Gonçalo Bonniz is an architect with extensive experience who has led numerous projects, including the restoration of old buildings, residences, offices, and tourist developments. Throughout his career, he has acquired specialized knowledge in various areas of architecture, engineering, and construction, with a particular focus on Touristic Real Estate.
In 2015, he founded gonçalobonniz arquitectos, a firm dedicated to working closely with clients. Through teamwork with architects, engineers, and consultants, the office manages projects in an integrated manner and promotes sustainable practices. Bonniz is a member of the Architects' Association of Portugal.

Gonçalo Bonniz ist ein erfahrener Architekt, der zahlreiche Projekte geleitet hat, darunter die Renovierung alter Gebäude, Wohnungen, Büros und touristische Entwicklungen. Im Laufe seiner Karriere hat er spezialisiertes Wissen in verschiedenen Bereichen der Architektur, Ingenieurwissenschaften und Bauwesen erworben, wobei besonders Immobilien für den Tourismus hervorstechen.
Im Jahr 2015 gründete er gonçalobonniz arquitectos, ein Unternehmen, das eng mit den Kunden zusammenarbeitet. Durch die Teamarbeit mit Architekten, Ingenieuren und Beratern verwaltet das Büro die Projekte integriert und fördert nachhaltige Praktiken. Bonniz ist Mitglied der Architektenkammer Portugals.

Gonçalo Bonniz est un architecte expérimenté qui a dirigé de nombreux projets, notamment la rénovation de bâtiments anciens, de logements, de bureaux et de développements touristiques. Tout au long de sa carrière, il a acquis une expertise dans divers domaines de l'architecture, de l'ingénierie et de la construction, avec un accent particulier sur l'immobilier touristique.
En 2015, il a fondé gonçalobonniz arquitectos, un cabinet dont la vocation est de travailler en étroite collaboration avec les clients. En travaillant en équipe avec des architectes, des ingénieurs et des consultants, le bureau gère les projets de manière intégrée et promeut des pratiques durables. Bonniz est membre de l'Ordre des architectes du Portugal.

Gonçalo Bonniz es un arquitecto de dilatada experiencia que ha liderado numerosos proyectos, incluyendo la rehabilitación de edificios antiguos, viviendas, oficinas y desarrollos turísticos. A lo largo de su carrera, ha adquirido conocimientos especializados en diversas áreas de arquitectura, ingeniería y construcción, destacando especialmente los Bienes Raíces Turísticos.
En 2015, fundó «gonçalobonniz arquitectos», una firma dedicada a trabajar en estrecha colaboración con los clientes. Mediante el trabajo en equipo con arquitectos, ingenieros y consultores, la oficina gestiona los proyectos de manera integrada y promociona prácticas sostenibles. Bonniz es miembro de la Orden de Arquitectos de Portugal.

**GONÇALOBONNIZ ARQUITECTOS**

GONÇALO BONNIZ

www.gbarquitectos.pt

# HOUSE IN FONTE DAS PERDIZES

## GRÂNDOLA, PORTUGAL
PHOTOS © JOSE CAMPOS, DIOGO MARQUES, GERALDINE BRUNEEL

The Fonte das Perdizes house is located in Santa Margarida da Serra and effortlessly blends contemporary design with rugged landscapes. Strategically positioned to dominate the view and respect the existing oak trees, the house embodies harmony with nature. Natural tones, drawn from the slate stone of the region, infuse the structure with warmth. The exposed dark gray concrete evokes the ancient caves, fulfilling the owner's vision. Combined with warm pine wood, they create a durable and visually cohesive exterior. The interiors reflect stylistic cohesion by using the same materials as the exterior, such as exposed dark gray concrete and brown pine wood, maintaining a consistent architectural language in every detail, from the walls to the bedroom shutters. The kitchen is the heart of the home, connecting living spaces to a spacious terrace overlooking the pool deck. The private wings, accessible through illuminated corridors, offer serene retreats to enjoy the beauty of Alentejo.

Das Haus Fonte das Perdizes befindet sich in Santa Margarida da Serra und vereint mühelos zeitgenössisches Design mit wilden Landschaften. Strategisch platziert, um die Aussicht zu dominieren und die bestehenden Steineichen zu respektieren, verkörpert das Haus Harmonie mit der Natur. Die natürlichen Töne, die aus dem Schiefergestein der Region stammen, durchdringen die Struktur mit Wärme. Der dunkelgraue Sichtbeton erinnert an die alten Höhlen und erfüllt die Vision des Bauherrn. In Kombination mit warmem Kiefernholz schaffen sie eine dauerhafte und visuell zusammenhängende Außenfläche. Die Innenräume spiegeln eine stilistische Kohäsion wider, indem sie die gleichen Materialien wie außen verwenden, wie dunkelgrauen Sichtbeton und braunes Kiefernholz, und eine einheitliche architektonische Sprache in allen Details, von den Wänden bis zu den Fensterläden der Schlafzimmer, beibehalten. Die Küche ist der Mittelpunkt des Hauses und verbindet die Wohnbereiche mit einer großzügigen Terrasse mit Blick auf den Pooldeck. Die privaten Flügel, die über beleuchtete Korridore zugänglich sind, bieten ruhige Rückzugsorte, um die Schönheit des Alentejo zu genießen.

La maison de Fonte das Perdizes est située à Santa Margarida da Serra et allie sans effort un design contemporain à des paysages sauvages. Stratégiquement positionnée pour dominer la vue et respecter les bosquets de chênes verts existants, la maison incarne l'harmonie avec la nature. Les tons naturels, tirés de la pierre d'ardoise, imprègnent la structure de chaleur. Le béton gris foncé apparent évoque les anciennes grottes de la région, répondant ainsi à la vision du propriétaire. En combinaison avec le bois de pin chaud, ils créent un extérieur durable et visuellement cohérent. Les intérieurs reflètent une cohésion stylistique en utilisant les mêmes matériaux que l'extérieur, tels que le béton apparent gris foncé et le bois de pin brun, tout en conservant un langage architectural uniforme dans chaque détail, des murs aux volets des chambres. La cuisine est le cœur de la maison, reliant les espaces de vie à une terrasse spacieuse donnant sur la plage de la piscine. Les ailes privées, accessibles par des couloirs éclairés, offrent des retraites sereines pour profiter de la beauté de l'Alentejo.

La casa Fonte das Perdizes se encuentra en Santa Margarida da Serra y fusiona sin esfuerzo el diseño contemporáneo con paisajes agrestes. Estratégicamente ubicada para dominar la vista y respetar los encinares existentes, la casa encarna la armonía con la naturaleza. Los tonos naturales, extraídos de la piedra pizarra de la región, impregnan la estructura con calidez. El hormigón gris oscuro expuesto, evoca las antiguas cuevas, cumpliendo la visión del propietario. En combinación con la madera de pino cálido, crean un exterior duradero y visualmente cohesivo. Los interiores reflejan una cohesión estilística al utilizar los mismos materiales que el exterior, como el hormigón visto gris oscuro y la madera de pino marrón, manteniendo un lenguaje arquitectónico uniforme en todos los detalles, desde las paredes hasta las contraventanas de los dormitorios. La cocina es el núcleo de la vivienda, vinculando los espacios de vida a una espaciosa terraza con vistas al deck de la piscina. Las alas privadas, accesibles a través de corredores iluminados, ofrecen retiros serenos para disfrutar la belleza de Alentejo.

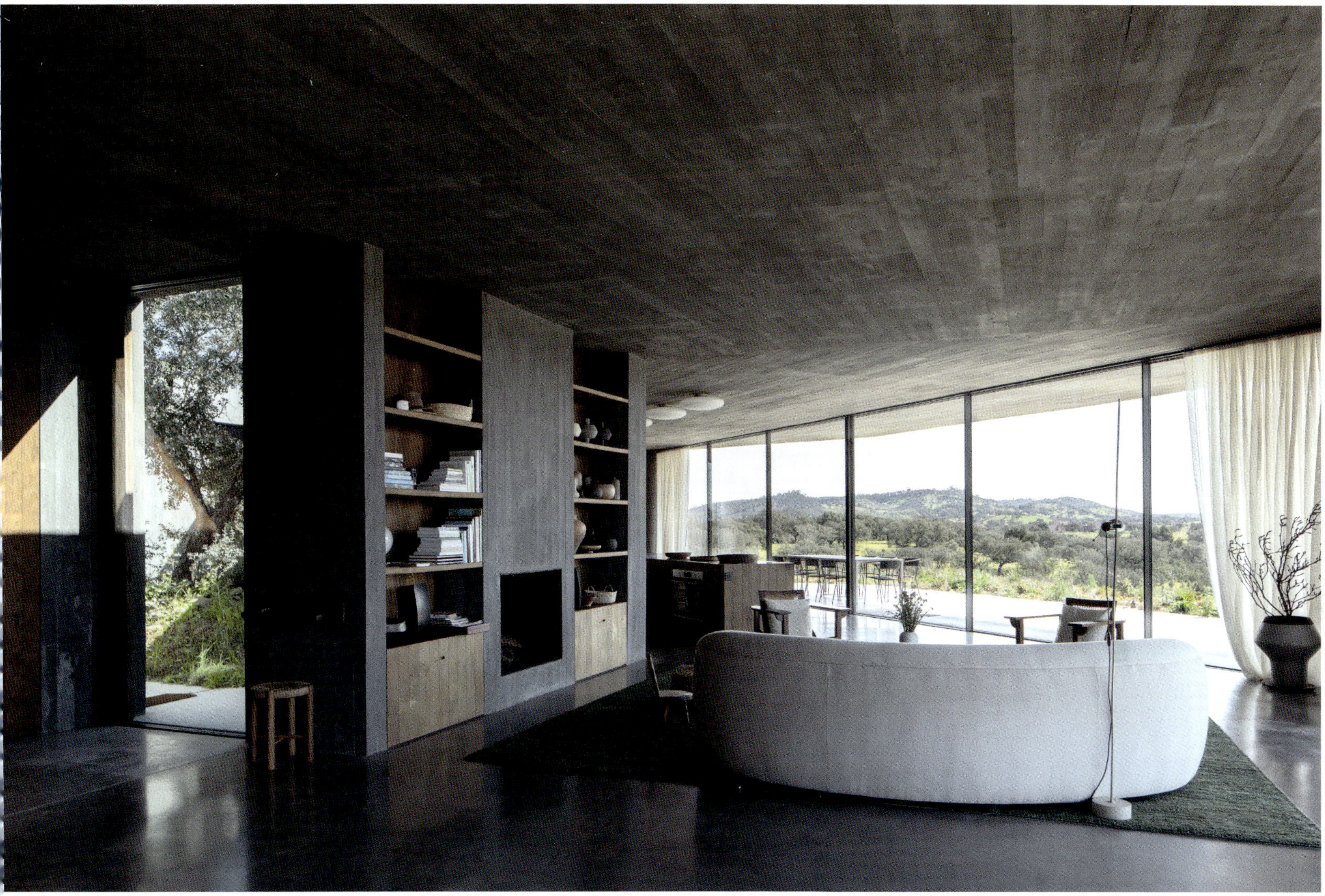

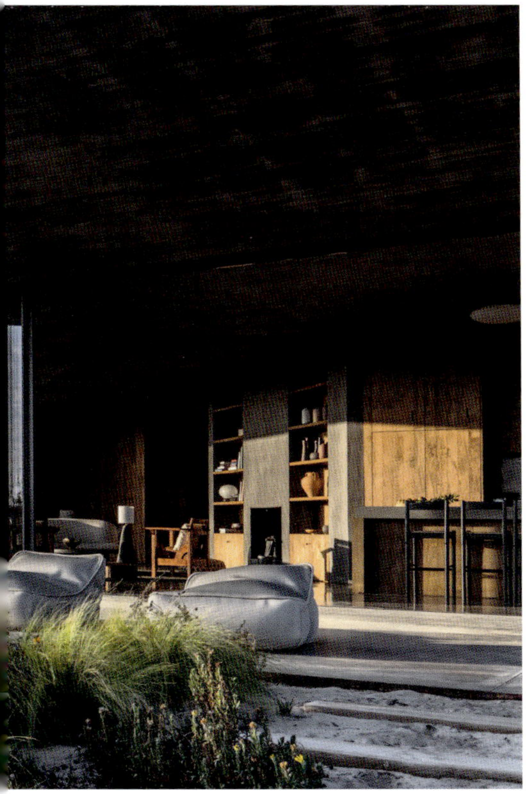

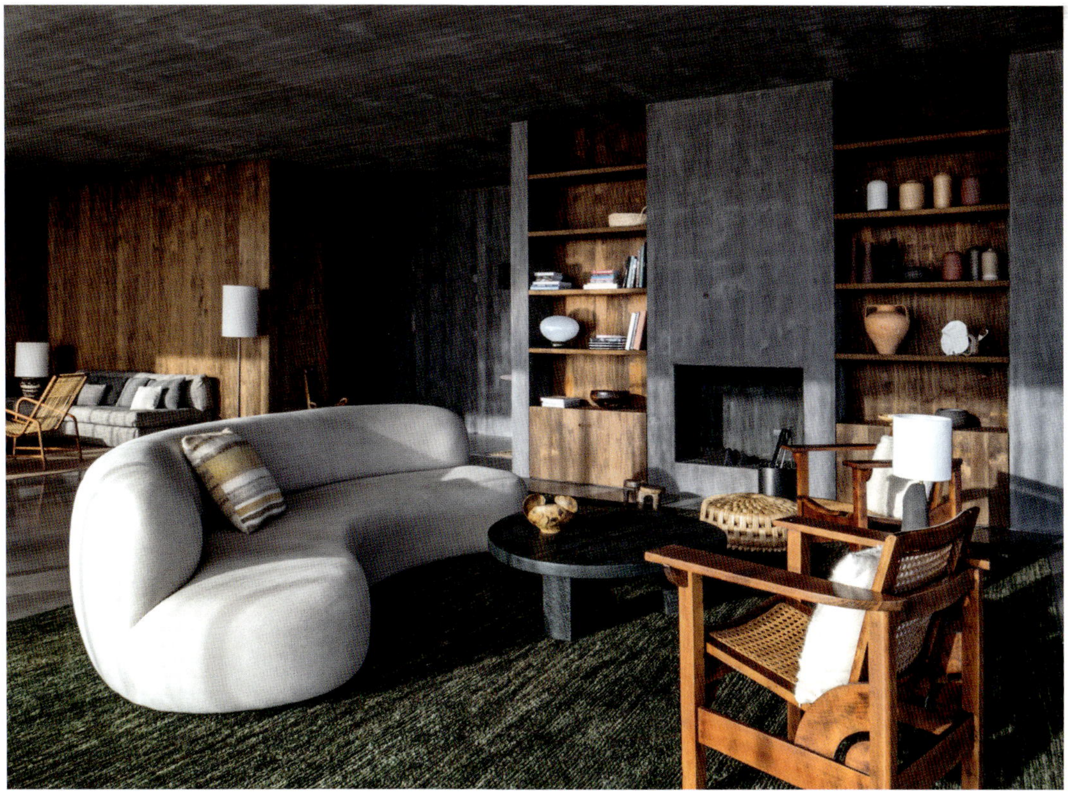

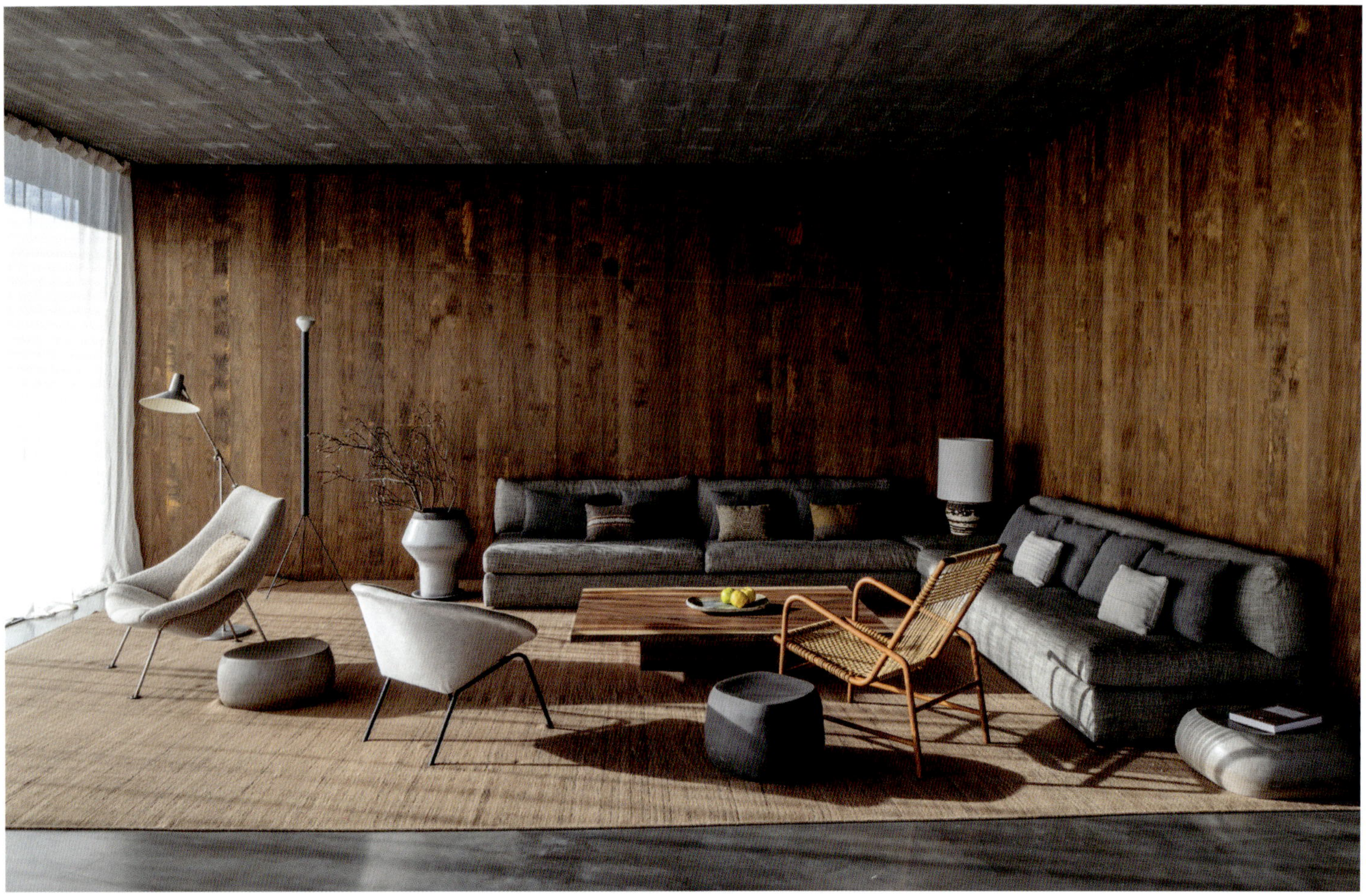

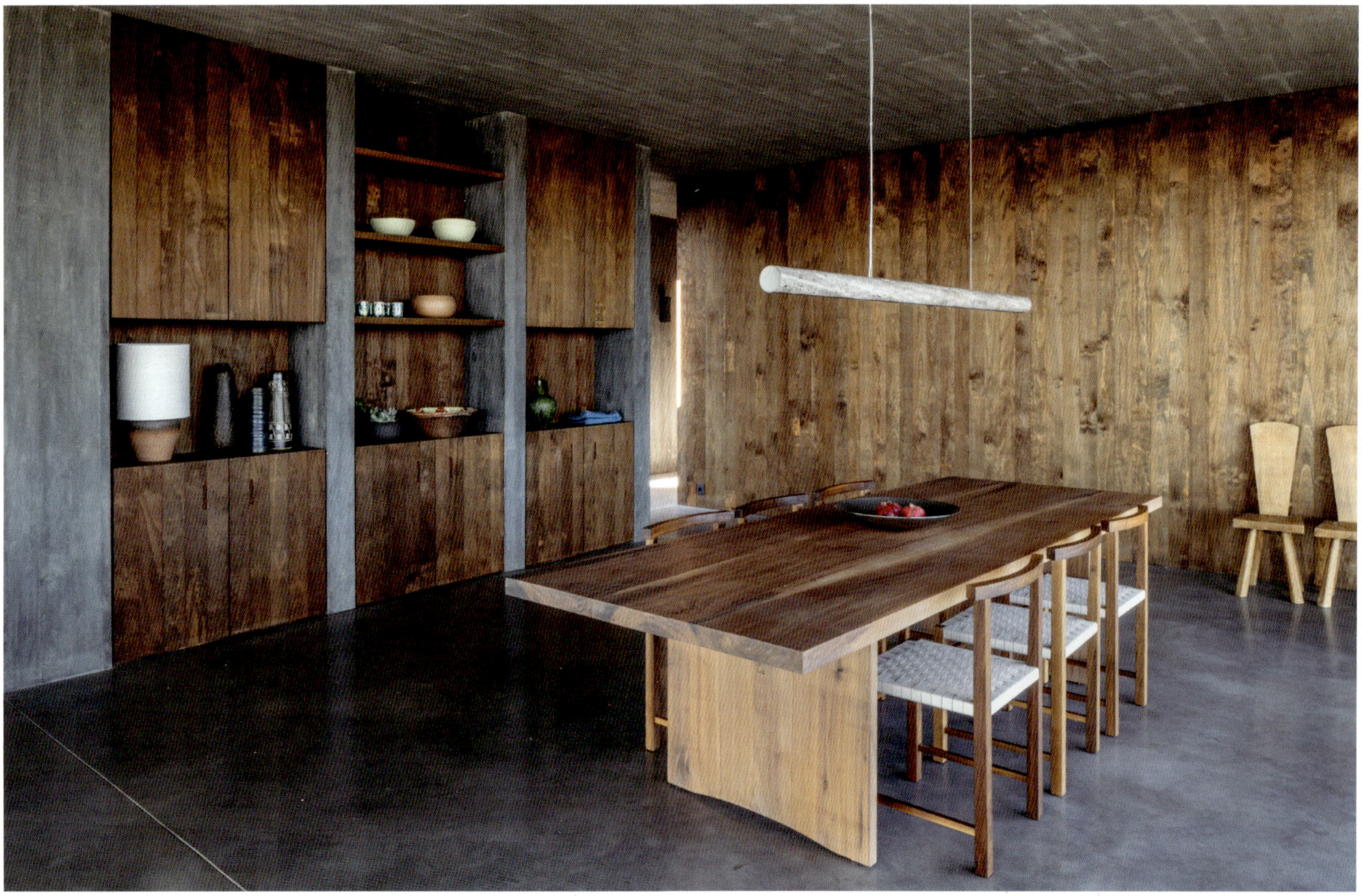

133

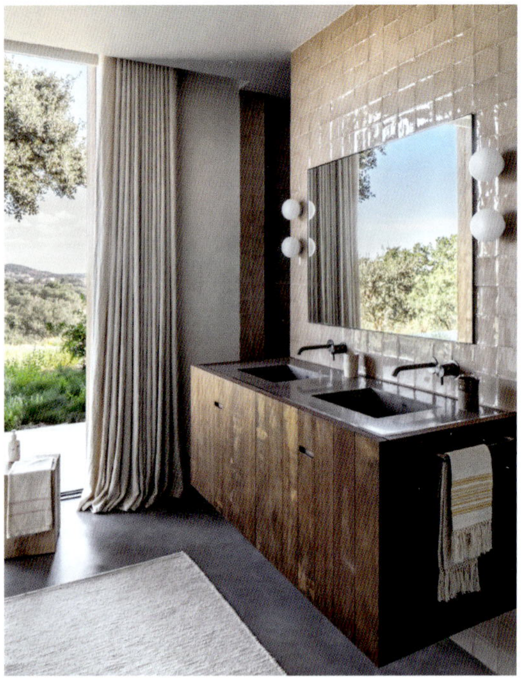

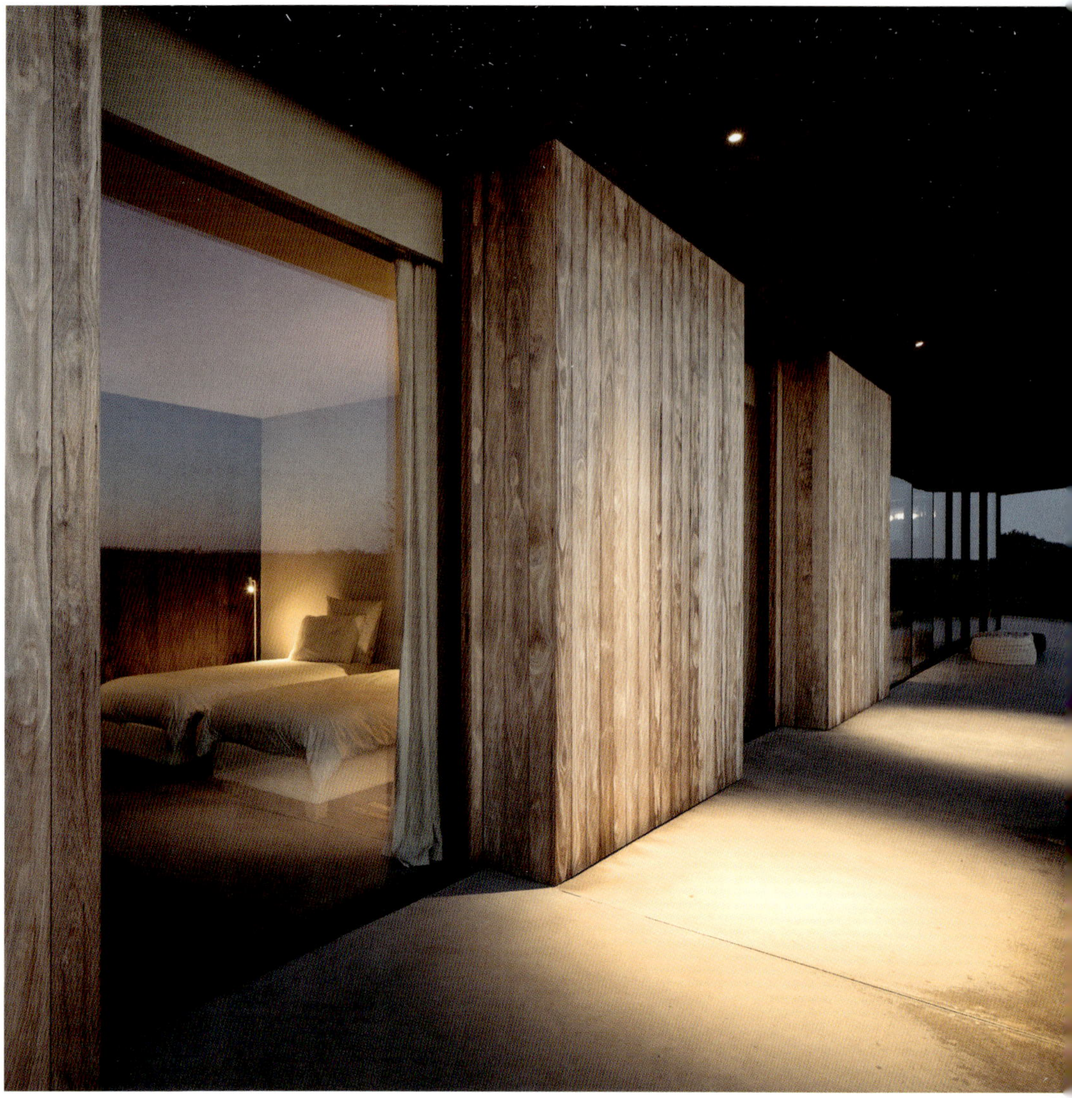

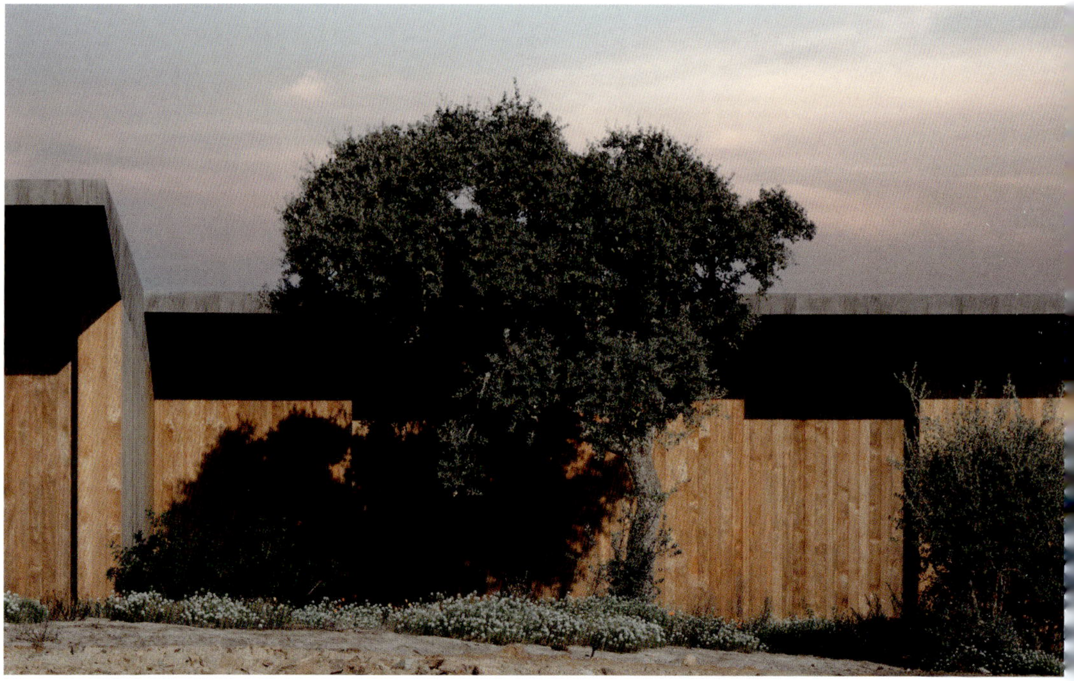

**Architecture and Interior Design:** gonçalobonniz arquitectos
**Structural Enginnering:** Elíptica, Engenharia e Consultoria
**Technical Installations Enginnering:** Sustentável, Engenharia e Certificação
**Landscape:** Greengest
**Decoration:** Flores Textile Studio
**Contractor:** Matriz, Sociedade de Construções

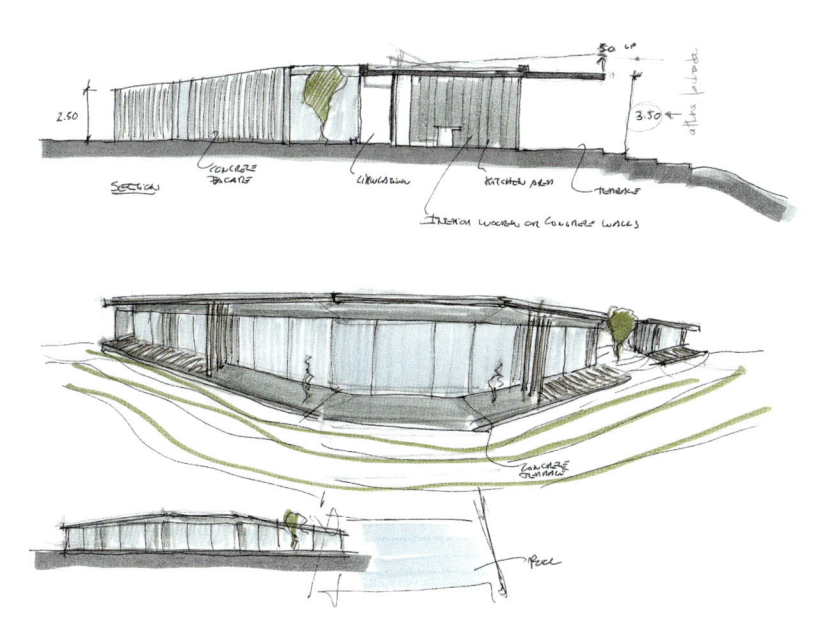

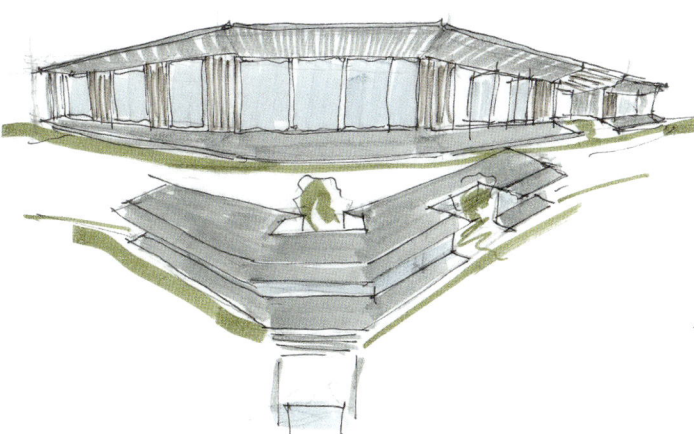

Sketches

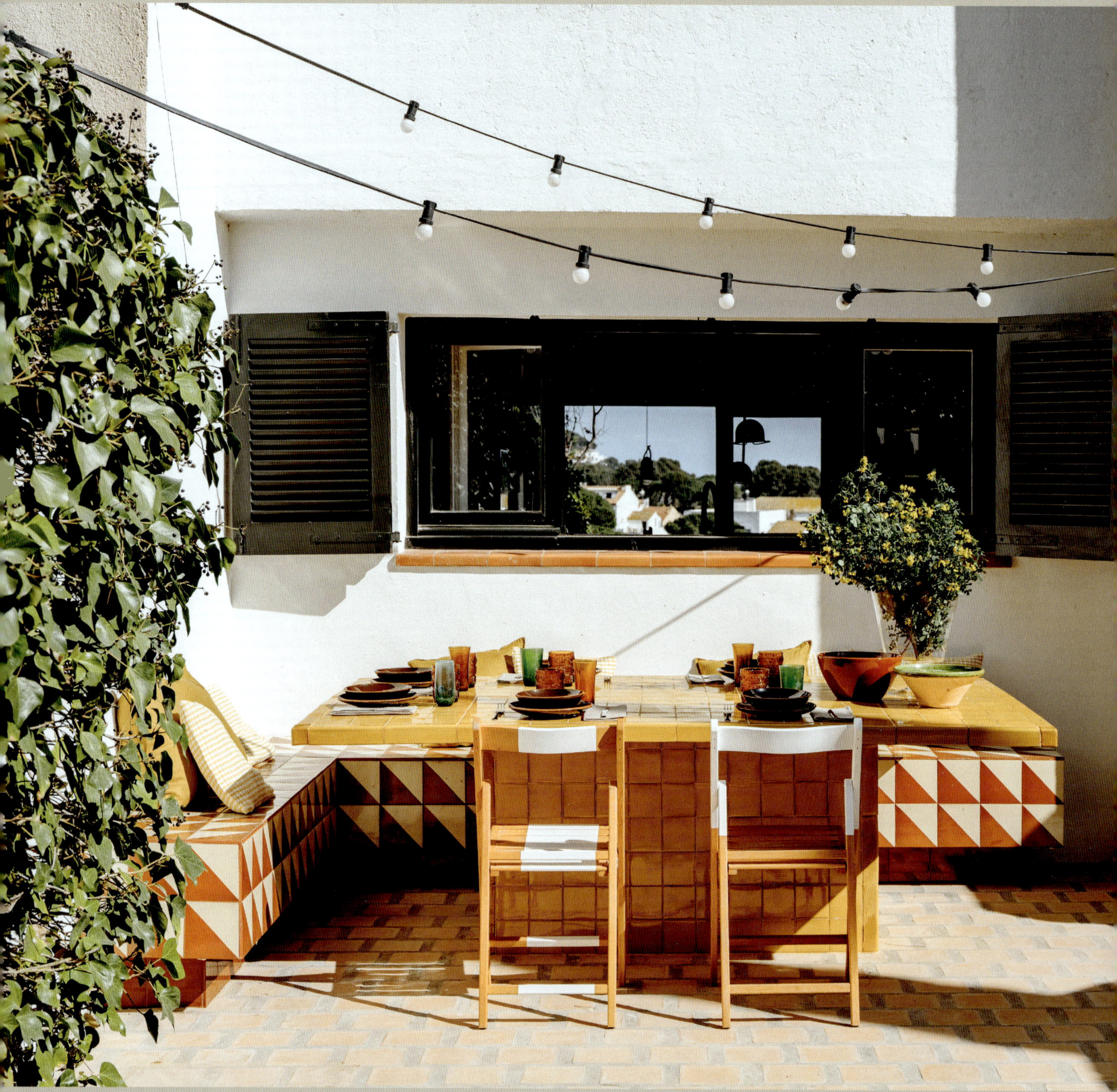

With a career spanning more than three decades, the architecture and interior design studio Isabel López Vilalta has stood out both nationally and internationally.
The versatility of the studio is evident in its ability to address a wide range of projects, although it has a particular affinity for interior design in public spaces, focusing on restaurants and hotels. Their work is characterized by timelessness, elegance, and attention to detail, employing natural materials sustainably to create enduring spaces. Isabel López Vilalta, co-founder and trained at Elisava Faculty of Design and Engineering of Barcelona, has been awarded multiple design awards.

Mit einer Erfahrung von mehr als drei Jahrzehnten hat sich das Architektur- und Innenarchitekturbüro Isabel López Vilalta sowohl national als auch international einen Namen gemacht.
Die Vielseitigkeit des Büros zeigt sich in seiner Fähigkeit, eine breite Palette von Projekten anzugehen, wobei es eine besondere Vorliebe für das Design von Innenräumen in öffentlichen Räumen hat, insbesondere in Restaurants und Hotels.
Ihre Arbeiten zeichnen sich durch Zeitlosigkeit, Eleganz und Liebe zum Detail aus und verwenden nachhaltige natürliche Materialien, um langlebige Räume zu schaffen. Isabel López Vilalta, Mitbegründerin und Absolventin von Elisava Fakultät für Design und Ingenieurwesen in Barcelona, wurde mit mehreren Designpreisen ausgezeichnet.

Avec une expérience de plus de trois décennies, le studio d'architecture et de design d'intérieur Isabel López Vilalta s'est distingué tant au niveau national qu'international.
La polyvalence du studio est évidente dans sa capacité à aborder un large éventail de projets, bien qu'il ait une affinité particulière pour la conception d'intérieurs dans les espaces publics, en se concentrant sur les restaurants et les hôtels.
Son travail se caractérise par son intemporalité, son élégance et son souci du détail. Il utilise des matériaux naturels de manière durable pour créer des espaces pérennes. Isabel López Vilalta, cofondatrice et formée chez Faculté Elisava de design et d'ingénierie de Barcelone, a remporté de nombreux prix de design.

Con una trayectoria que abarca más de tres décadas, el estudio de arquitectura e interiorismo Isabel López Vilalta se ha destacado tanto a nivel nacional como internacional.
La versatilidad del estudio se hace evidente en su capacidad para abordar una amplia gama de proyectos, aunque tiene una afinidad particular por el diseño de interiores en espacios públicos, centrándose en restaurantes y hoteles.
Sus trabajos se caracterizan por la atemporalidad, la elegancia, y la atención al detalle, empleando materiales naturales de manera sostenible para crear espacios perdurables. Isabel López Vilalta, cofundadora y con formación en Elisava Facultad de Diseño e Ingeniería de Barcelona, ha sido galardonada con múltiples premios de diseño.

## ISABEL LÓPEZ VILALTA
## INTERIOR DESIGN

ISABEL LÓPEZ VILALTA

www.isabellopezvilalta.com

# HOUSE IN CALELLA

**CALELLA DE PALAFRUGELL, CATALUNYA, SPAIN**
PHOTOS © SALVA LÓPEZ; CHIARA CASANOVAS

This summer residence in a charming coastal village belongs to a family that wanted to update the house and provide more livable spaces. This purpose was achieved with a harmonious integration between indoor and outdoor environments, while preserving the original architecture intact. On the south side is the courtyard, designed for family meals, with a large table and bench built with typical glazed ceramic from the area as protagonists. On one side, and protected by a visible brick lattice, an outdoor shower can be enjoyed. A pass-through window connects this space to the kitchen, facilitating access to a bright common area that merges kitchen, dining, and living room. On the upper floor, vibrant colors were incorporated into the bedroom ceilings, and a complete renovation of the bathrooms was carried out. One of the most significant challenges was integrating the existing pine wood furniture and making it a distinctive element of the design. The interior garden, with its brand-new pool, offers stunning views of the sea.

Dieses Sommerhaus in einem charmanten Küstendorf gehört einer Familie, die das Haus aktualisieren und mit mehr Wohnraum ausstatten wollte. Dieser Zweck wurde durch eine harmonische Integration zwischen Innen- und Außenbereichen erreicht, wobei die Originalarchitektur intakt blieb. Auf der Südseite befindet sich der Innenhof, der für Familienessen mit einem großen Tisch und einer Bank aus typisch emaillierter Keramik der Region gedacht ist. An einer Seite, geschützt durch ein Sichtmauerwerk, kann man eine Außendusche genießen. Eine Durchreiche verbindet diesen Raum mit der Küche und ermöglicht den Zugang zu einem hellen gemeinsamen Bereich, der Küche, Esszimmer und Wohnzimmer kombiniert. Im Obergeschoss wurden lebendige Farben an den Decken der Schlafzimmer hinzugefügt, und die Badezimmer wurden komplett renoviert. Eine der größten Herausforderungen bestand darin, die vorhandene Kiefernholzmöbel zu integrieren und sie zu einem markanten Element des Designs zu machen. Der Innenhof mit seinem neuen Pool bietet einen atemberaubenden Blick auf das Meer.

Cette résidence d'été dans un charmant village côtier appartient à une famille qui souhaitait moderniser la maison et lui donner plus d'espaces habitables. Cet objectif s'est concrétisé par une intégration harmonieuse entre les espaces intérieurs et extérieurs, préservant ainsi l'architecture originale. Sur la face sud se trouve la cour, conçue pour profiter des repas en famille, avec une grande table et un banc construits avec de la céramique émaillée typique de la région en tant que protagonistes. Sur un côté et protégée par une claustra en brique apparente, une douche extérieure est disponible. Un passe-plat relie cet espace à la cuisine, facilitant l'accès à un espace commun lumineux qui fusionne la cuisine, la salle à manger et le salon. À l'étage supérieur, des couleurs vibrantes ont été intégrées dans les plafonds des chambres et une rénovation complète des salles de bains a été réalisée. L'un des défis les plus significatifs a été d'intégrer le mobilier en pin existant, le transformant en un élément distinctif du design. Le jardin intérieur, avec sa toute nouvelle piscine, offre une vue imprenable sur la mer.

Esta residencia de verano en un encantador pueblo costero, pertenece a una familia que quería actualizar la casa y dotarla de más espacios habitables. Este propósito se materializó con una armoniosa integración entre los ambientes interiores y exteriores, conservando intacta la arquitectura original. En la cara sur se encuentra el patio, pensado para disfrutar de comidas familiares, con una gran mesa y banco construidos con cerámica esmaltada típica de la zona como protagonistas. En un lateral y protegido por una celosía de tocho vista se puede disfrutar de una ducha al aire libre. Un pasaplatos enlaza este espacio con la cocina, facilitando el acceso a un luminoso ambiente común que fusiona cocina, comedor y sala de estar. En la planta superior, se incorporaron colores vibrantes en los techos de los dormitorios y se llevó a cabo una renovación completa de los baños. Uno de los retos más significativos fue integrar el mobiliario de madera de pino preexistente, y que se convirtiera en un elemento distintivo del diseño. El jardín interior, con su flamante piscina, brinda unas vistas impresionantes al mar.

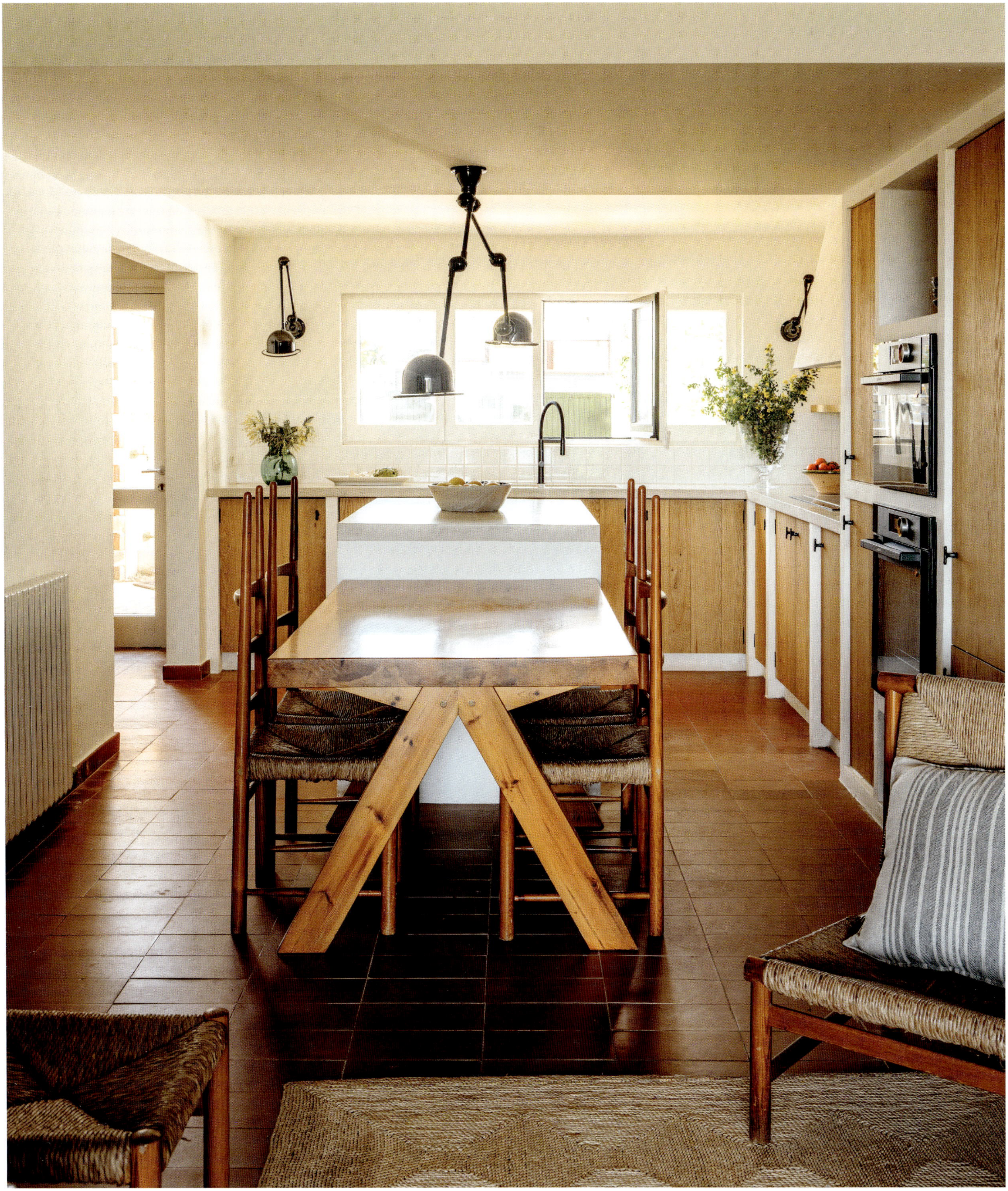

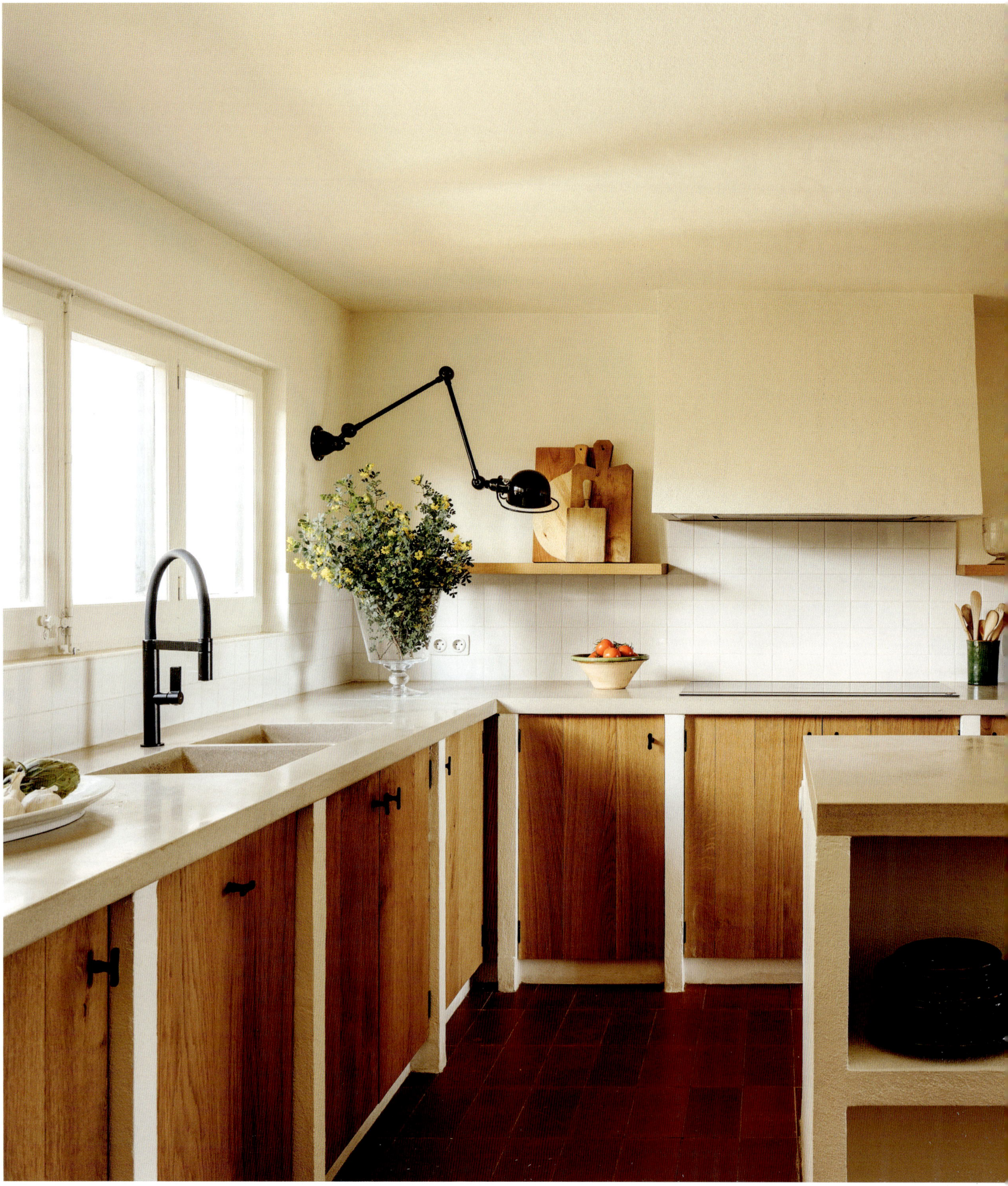

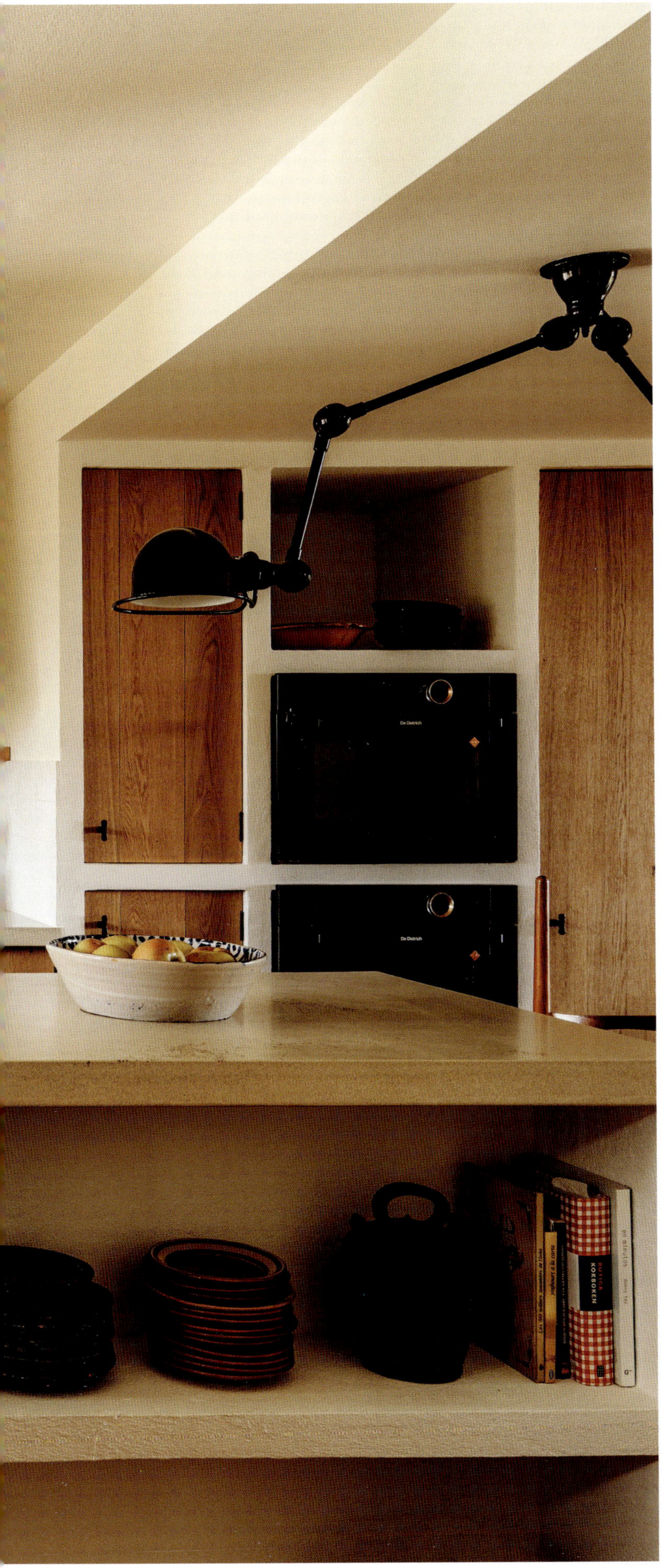

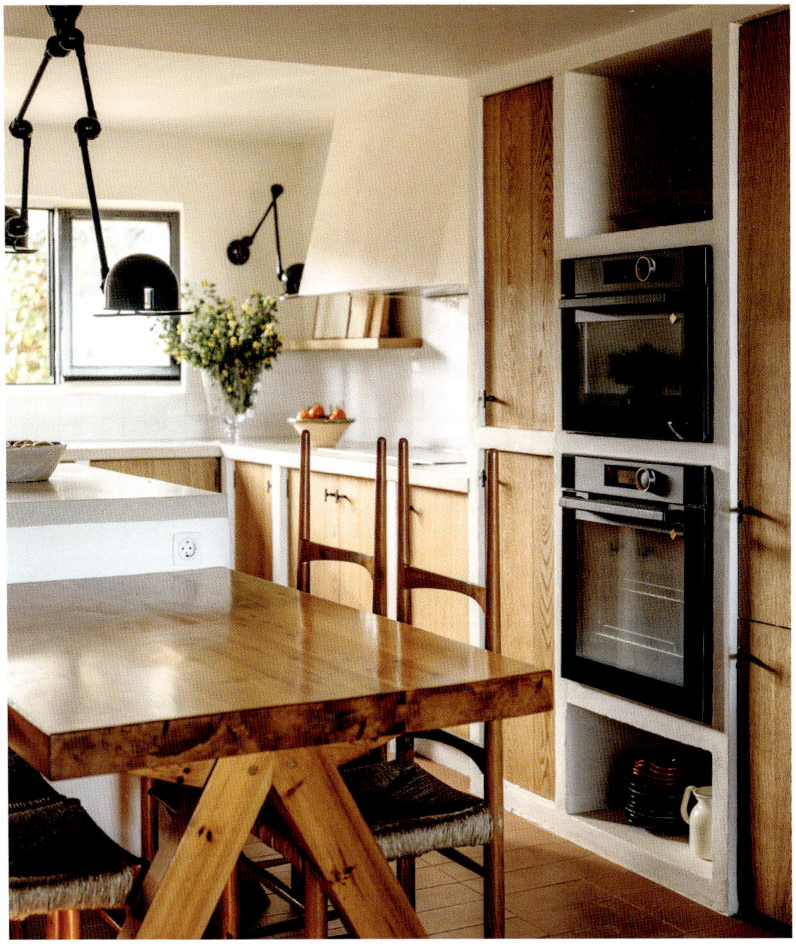

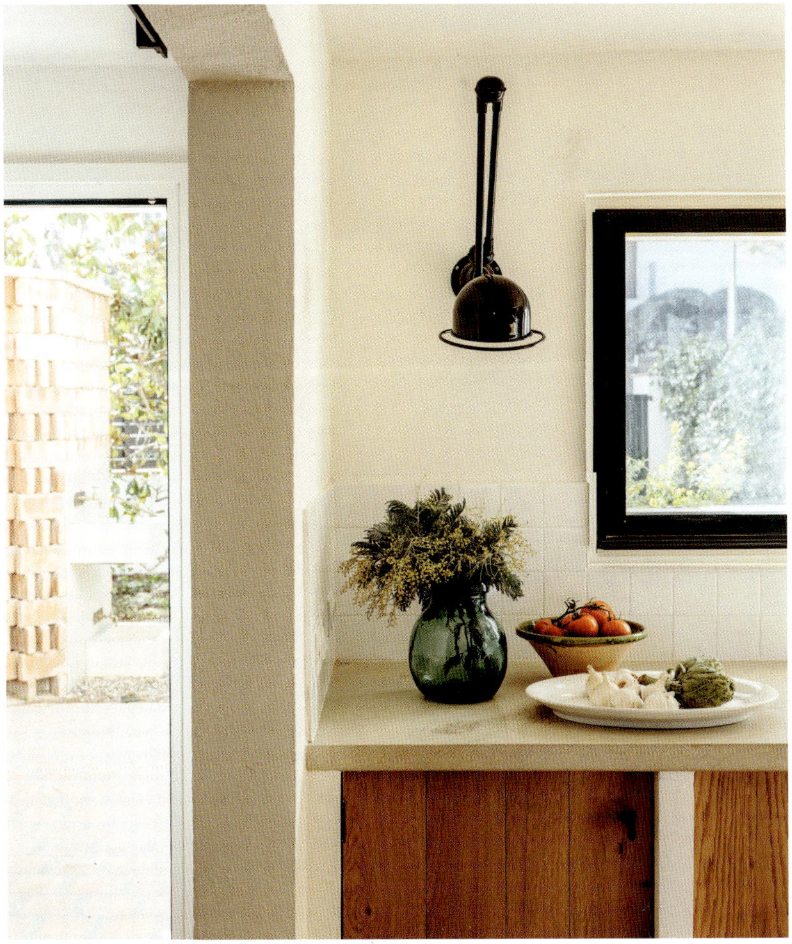

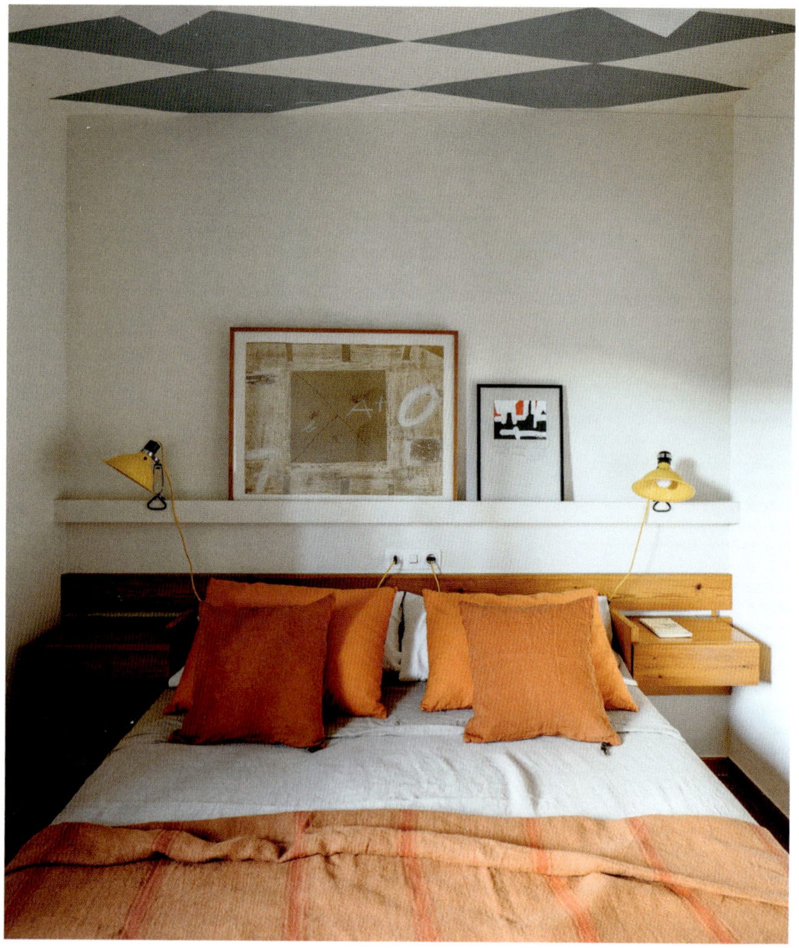

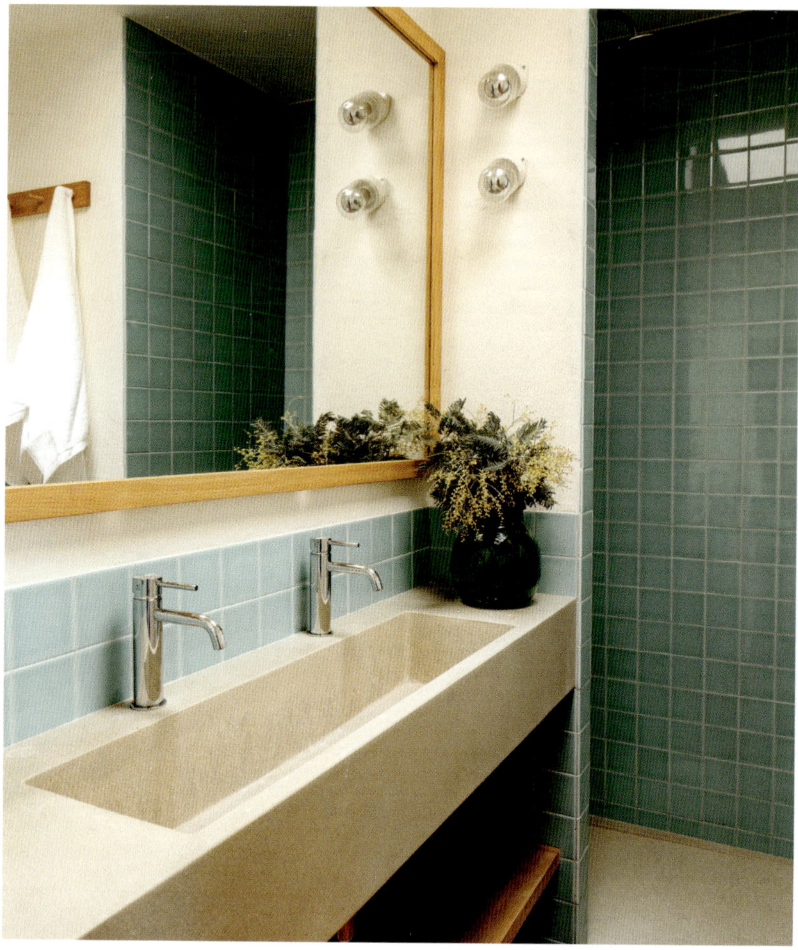

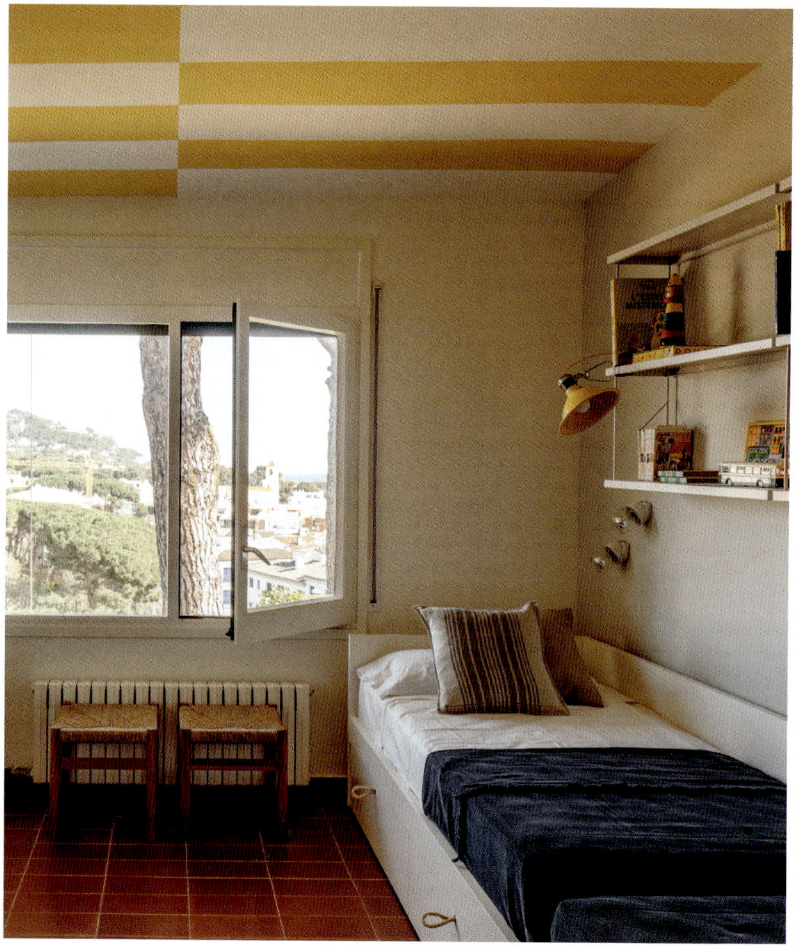

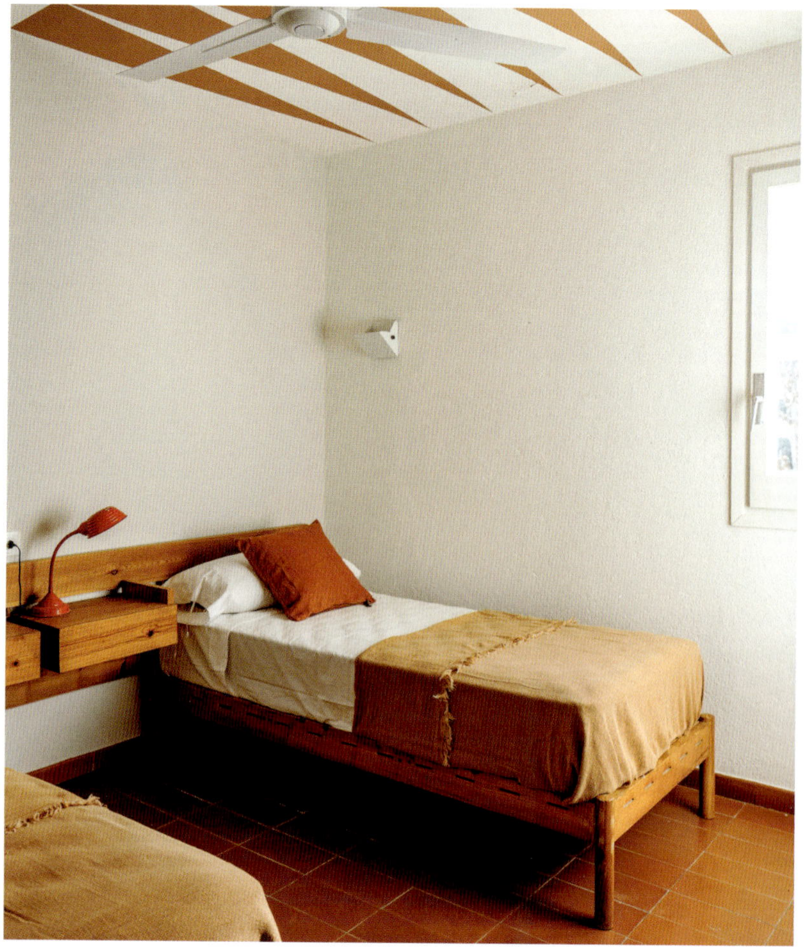

143

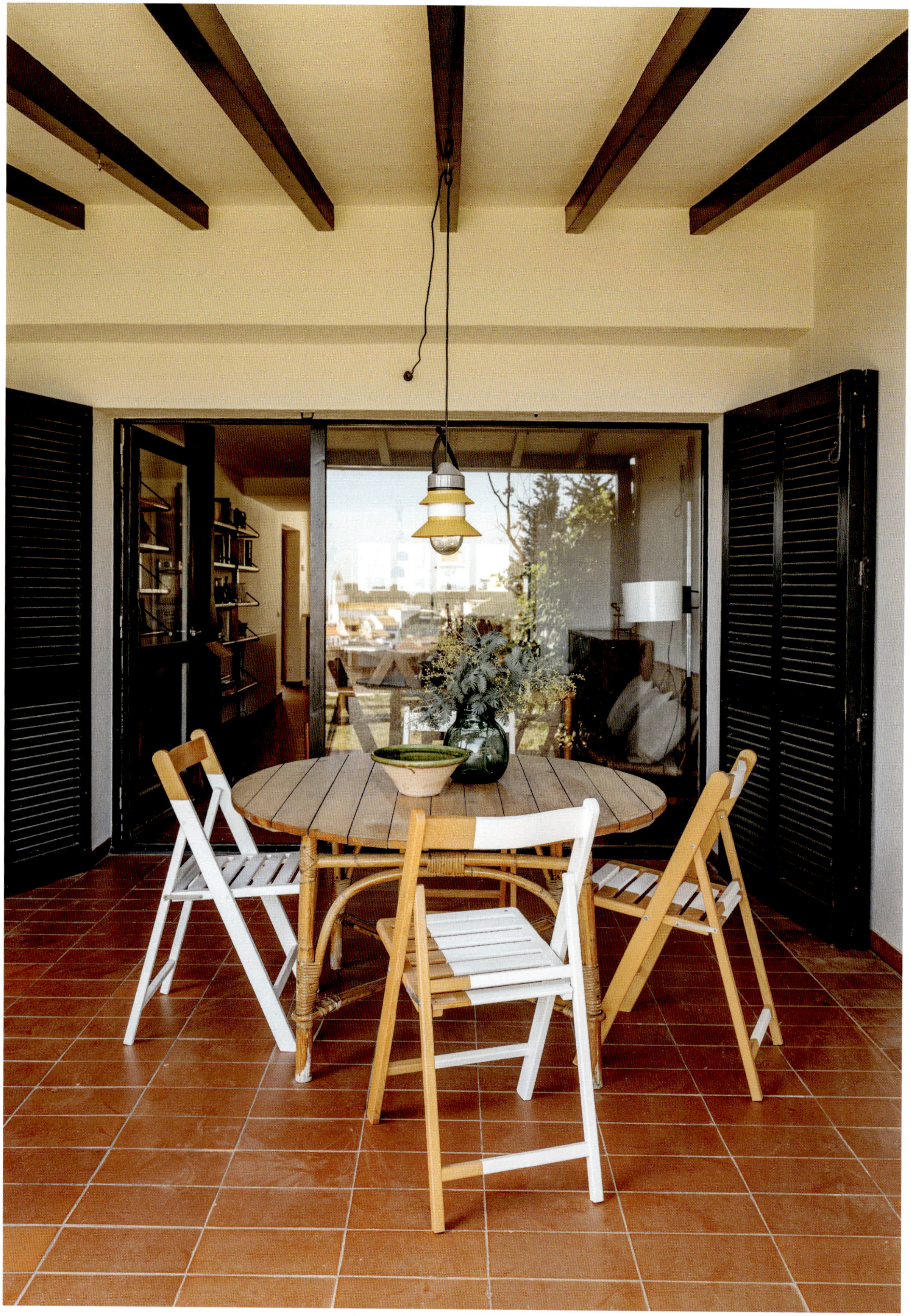

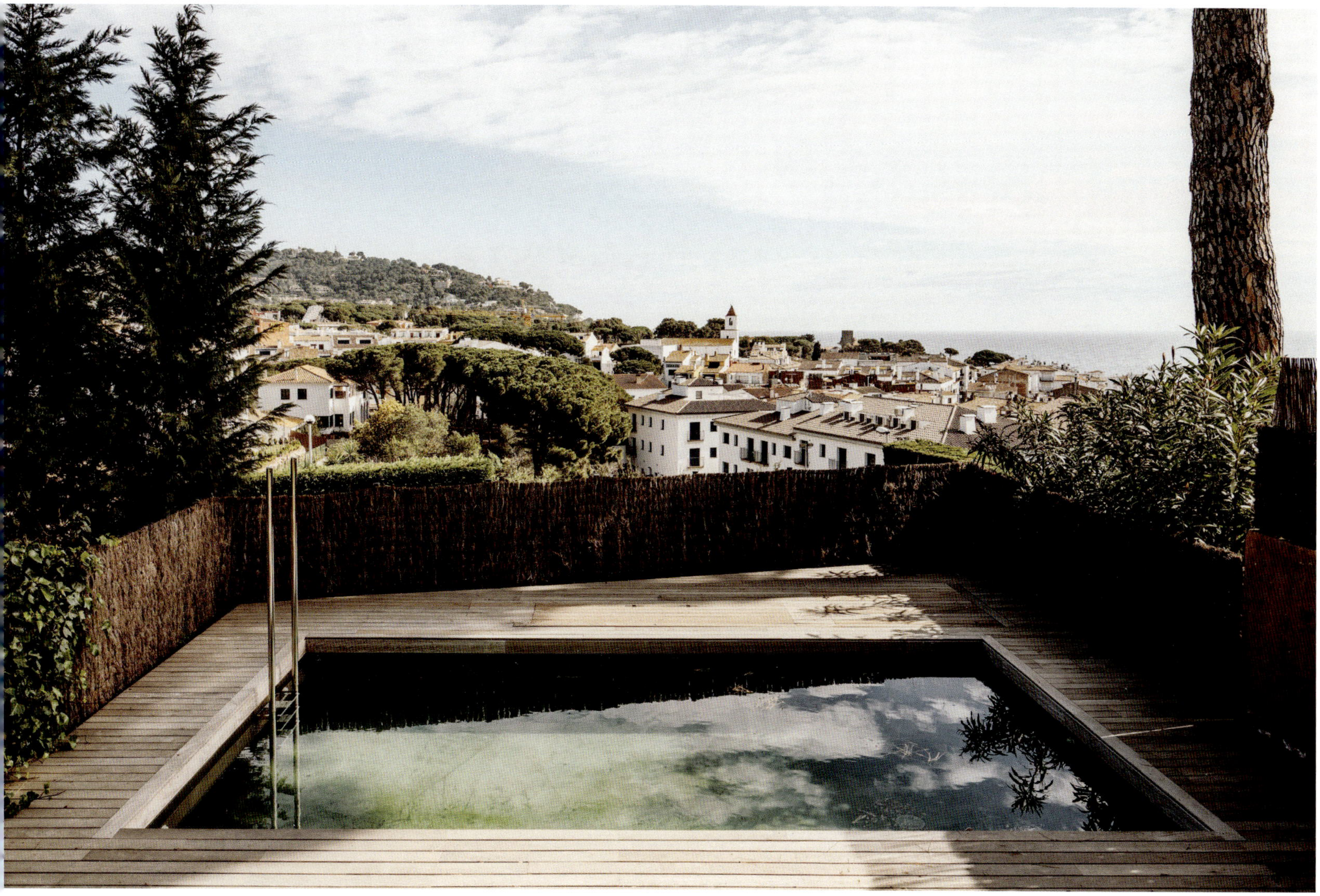

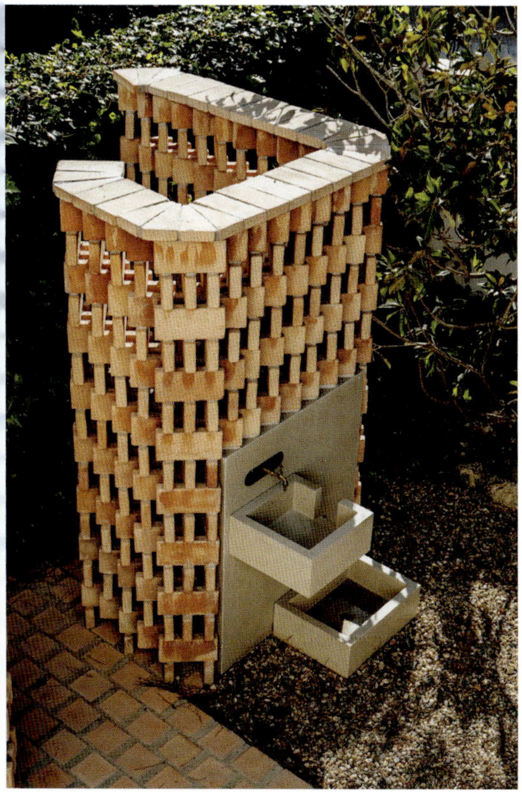

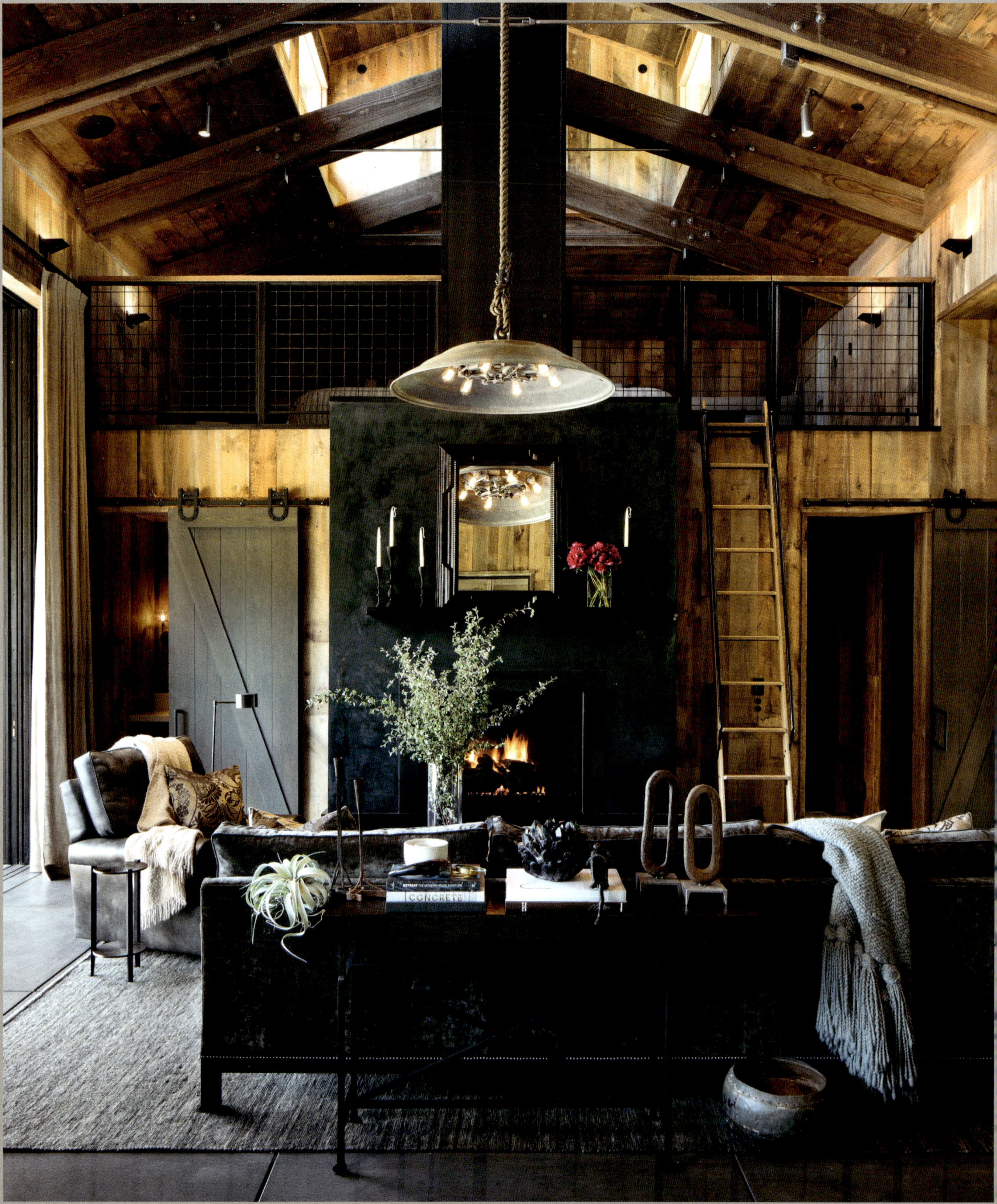
CONCRETE

Jennifer Robin is the founder and owner of Jennifer Robin Interiors, a full service interior design firm based in Northern California. Known for her re-imagination of luxury living, her designs blend traditional elements, modern lines and organic materials to create beautifully curated interiors full of warmth and elegance.
The designer specializes in large-scale residential projects throughout the Wine Country, Lake Tahoe and San Francisco Bay Area. Her work carefully weaves together each home's architectural elements, interior details and natural surroundings to create cohesive and well balanced spaces that celebrate the very best of indoor-outdoor living. Her award winning work has been celebrated in numerous design publications.

Jennifer Robin ist die Gründerin und Inhaberin von Jennifer Robin Interiors, einem Full-Service-Innenarchitekturbüro mit Sitz in Nordkalifornien. Bekannt für ihre Neuerfindung des Luxuslebens, kombinieren ihre Designs traditionelle Elemente, moderne Linien und organische Materialien, um sorgfältig gestaltete Innenräume zu schaffen, die Wärme und Eleganz ausstrahlen.
Die Designerin ist auf groß angelegte Wohnprojekte in Weinregionen, am Lake Tahoe und in der San Francisco Bay spezialisiert. Ihre preisgekrönte Arbeit wurde in zahlreichen Designpublikationen gefeiert.

Jennifer Robin est la fondatrice et propriétaire de Jennifer Robin Interiors, une société de décoration d'intérieur à service complet basée en Californie du Nord. Connue pour sa réinvention de l'habitat de luxe, ses créations combinent des éléments traditionnels, des lignes modernes et des matériaux organiques pour créer des intérieurs magnifiquement aménagés, empreints de chaleur et d'élégance.
La designer se spécialise dans les projets résidentiels de grande envergure dans la région des vignobles, du lac Tahoe et de la baie de San Francisco. Son travail associe soigneusement les éléments architecturaux, les détails intérieurs et l'environnement naturel de chaque maison pour créer des espaces cohérents qui célèbrent le meilleur de la vie à l'intérieur et à l'extérieur. Son travail, qui a été primé, a été célébré dans de nombreuses publications de design.

Jennifer Robin es la fundadora y propietaria de Jennifer Robin Interiors, una firma de diseño de interiores de servicio completo con sede en el norte de California. Conocida por su reinvención de la vida de lujo, sus diseños combinan elementos tradicionales, líneas modernas y materiales orgánicos para crear interiores bellamente curados llenos de calidez y elegancia.
La diseñadora se especializa en proyectos residenciales a gran escala en toda la región vinícola, Lake Tahoe y el área de la bahía de San Francisco. Sus obras tejen cuidadosamente los elementos arquitectónicos de cada hogar, los detalles interiores y el entorno natural para crear espacios cohesivos que celebran lo mejor de la vida interior-exterior. Su trabajo galardonado ha sido celebrado en numerosas publicaciones de diseño..

## JENNIFER ROBIN INTERIORS
JENNIFER ROBIN

www.jrobininteriors.com

# VINEYARD RESIDENCE

SANTA HELENA, CALIFORNIA, UNITED STATES || PHOTOS © PAUL DYER

Surrounded by vineyards, this house is a haven of tranquility that seamlessly blends with the landscape. Inspired by the redwood grove the home sits within, Jennifer Robin designed the interiors to blur the boundaries between indoors and out. The designer created an intimate atmosphere within the seven-meter-high vaulted space through custom finishes and furniture. The interior includes a large space that combines a living room, dining room, and kitchen, along with a separate loft, master bedroom, and two bathrooms. A natural palette of deep greens and silvery grays reflects the surroundings, while textural materials such as reclaimed wood and velvet emanate warmth and character. Unique vintage finds are mixed with modern elements, evoking a sense of rustic elegance. The wraparound terrace invites relaxation, with an outdoor kitchen, a copper hot tub, and a suspended daybed for getting lost while contemplating the picturesque landscape.

Umgeben von Weinbergen ist dieses Haus eine Oase der Ruhe, die sich nahtlos in die Landschaft einfügt. Um dies zu erreichen, ließ sich Jennifer Robin von dem Redwood-Wald in der Nähe des Hauses inspirieren und verwischte die Grenzen zwischen Innen- und Außenbereich. Die Designerin schuf eine intime Atmosphäre in dem sieben Meter hohen, gewölbten Raum durch maßgeschneiderte Oberflächen und Möbel. Das Innere umfasst einen großen Raum, der ein Wohnzimmer, ein Esszimmer und eine Küche mit einem separaten Loft, einem Hauptschlafzimmer und zwei Bädern kombiniert. Eine natürliche Farbpalette aus tiefen Grüntönen und silbrigen Grautönen spiegelt die Umgebung wider, während strukturierte Materialien wie wiederverwendetes Holz und Samt Wärme und Charakter ausstrahlen. Einzigartige Vintage-Fundstücke werden mit modernen Elementen gemischt, was ein Gefühl von rustikaler Eleganz hervorruft. Die umlaufende Terrasse lädt mit einer Außenküche, einem kupfernen Whirlpool und einer Hängeliege zum Entspannen ein, während man die malerische Landschaft betrachtet.

Entourée de vignes, cette maison est un havre de tranquillité qui s'intègre parfaitement au paysage. Pour y parvenir, Jennifer Robin s'est inspirée de la forêt de séquoias située à proximité de la maison et a brouillé les frontières entre l'intérieur et l'extérieur. La designer a créé une atmosphère intime dans l'espace voûté de sept mètres de haut grâce à des finitions et des meubles personnalisés. L'intérieur comprend un grand espace qui combine un salon, une salle à manger et une cuisine, ainsi qu'un loft séparé, une chambre principale et deux salles de bains. Une palette naturelle de verts profonds et de gris argentés reflète l'environnement, tandis que des matériaux texturés tels que le bois récupéré et le velours dégagent chaleur et caractère. Des objets vintage uniques sont mélangés à des éléments modernes, évoquant un sentiment d'élégance rustique. La terrasse enveloppante invite à la détente, avec une cuisine extérieure, un jacuzzi en cuivre et un lit de repos suspendu pour se perdre dans la contemplation du paysage pittoresque.

Rodeada de viñedos, esta casa es un remanso de tranquilidad que se funde con el entorno, tal como lo habían pedido sus propietarios. Para lograrlo, Jennifer Robin se inspiró en el bosque de secuoyas que rodea a la casa, y difuminó las fronteras entre el interior y el exterior. Pese a los techos abovedados de siete metros de altura, la interiorista logró crear una atmósfera íntima, mediante los acabados y el mobiliario personalizado. El interior incluye un gran espacio que aúna sala de estar, comedor y cocina, junto con el dormitorio principal, un altillo independiente y dos baños. Una paleta natural de verdes profundos y grises plateados refleja el entorno, mientras que materiales texturizados como la madera recuperada y el terciopelo emanan calidez y carácter. Elementos vintage se integran con comodidades modernas, evocando una sensación de elegancia rústica. La terraza envolvente invita a la relajación, con una cocina al aire libre, una bañera de hidromasaje de cobre y una cama suspendida para perderse contemplando el pintoresco paisaje.

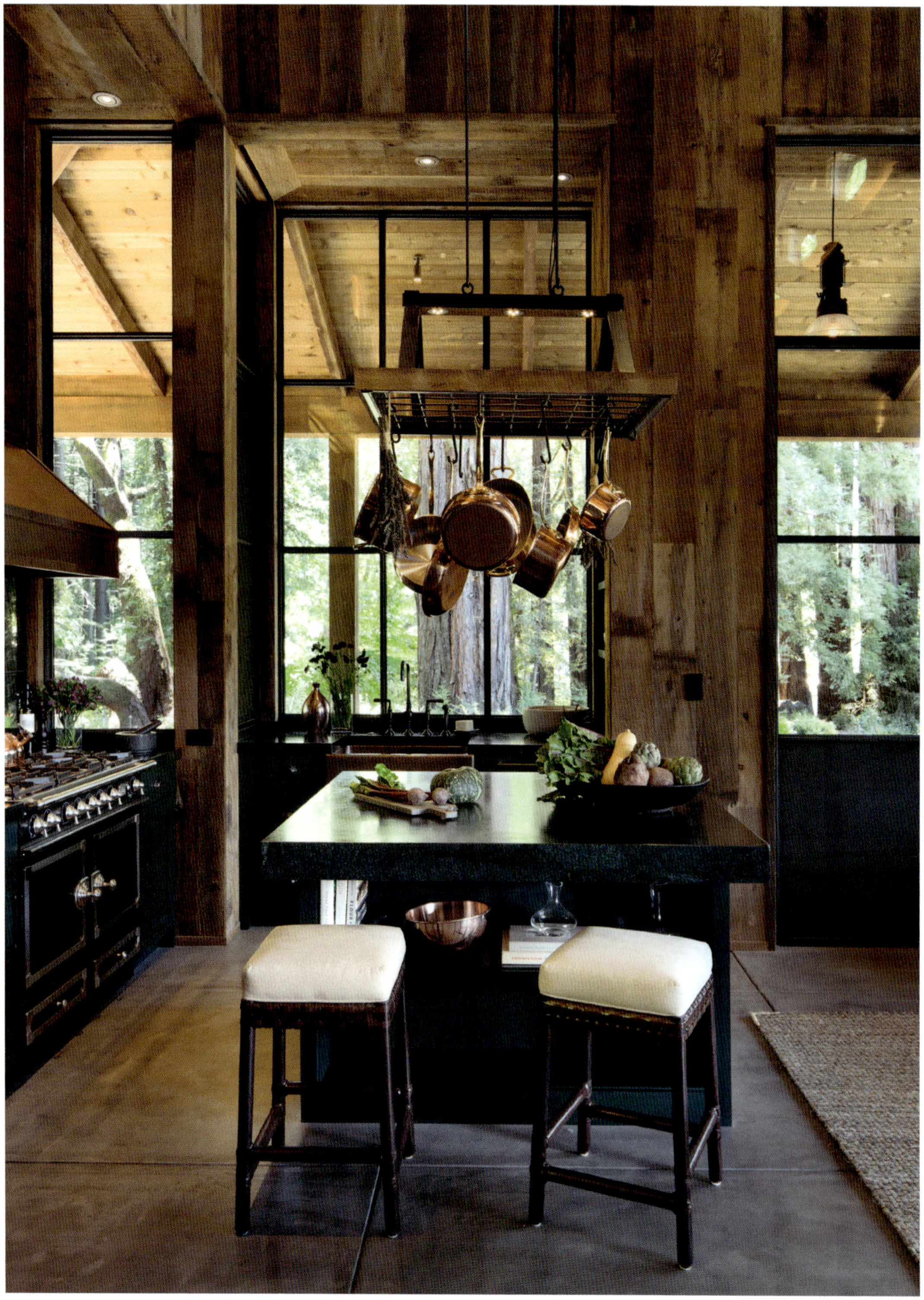

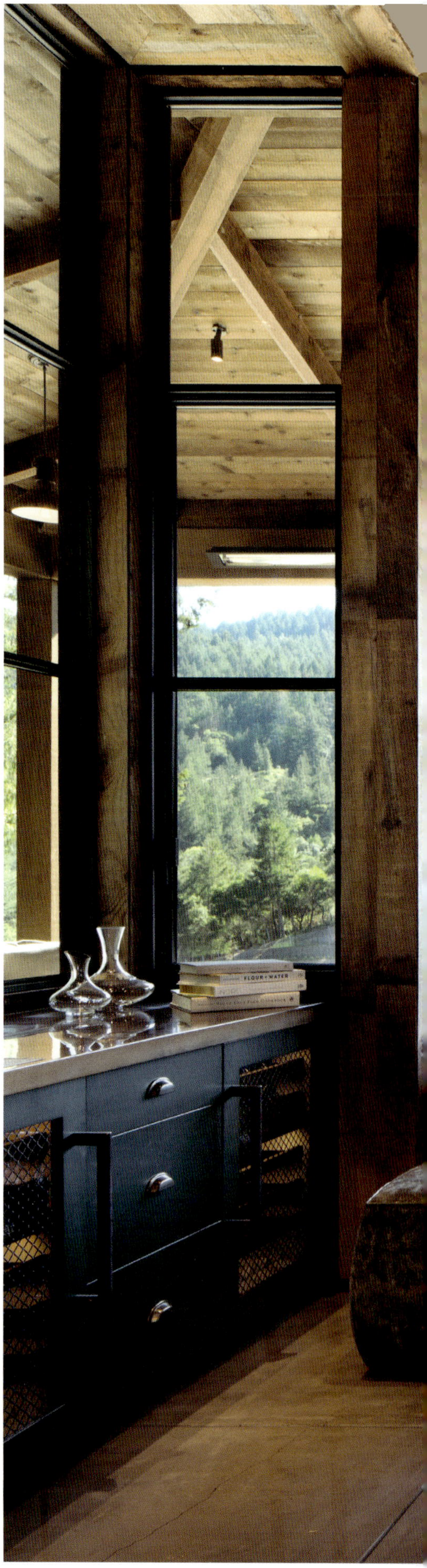

151

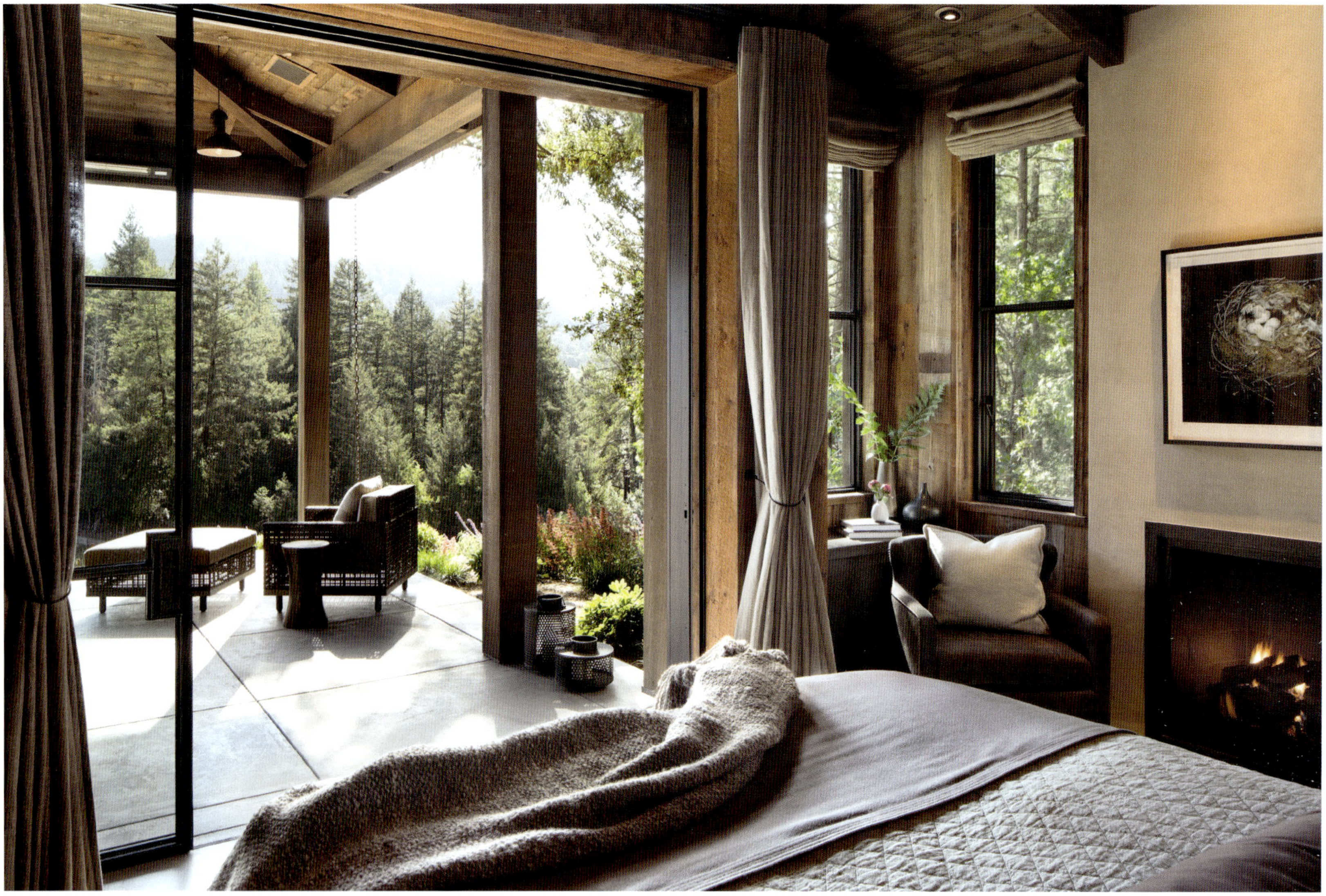

153

154

155

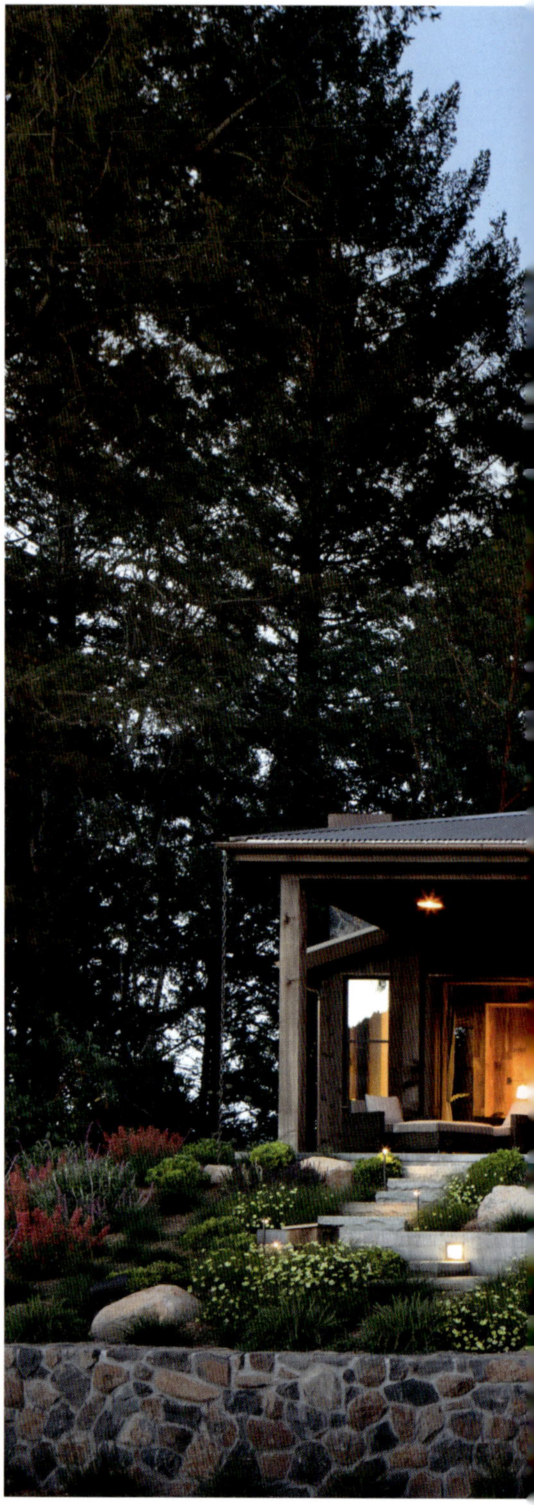

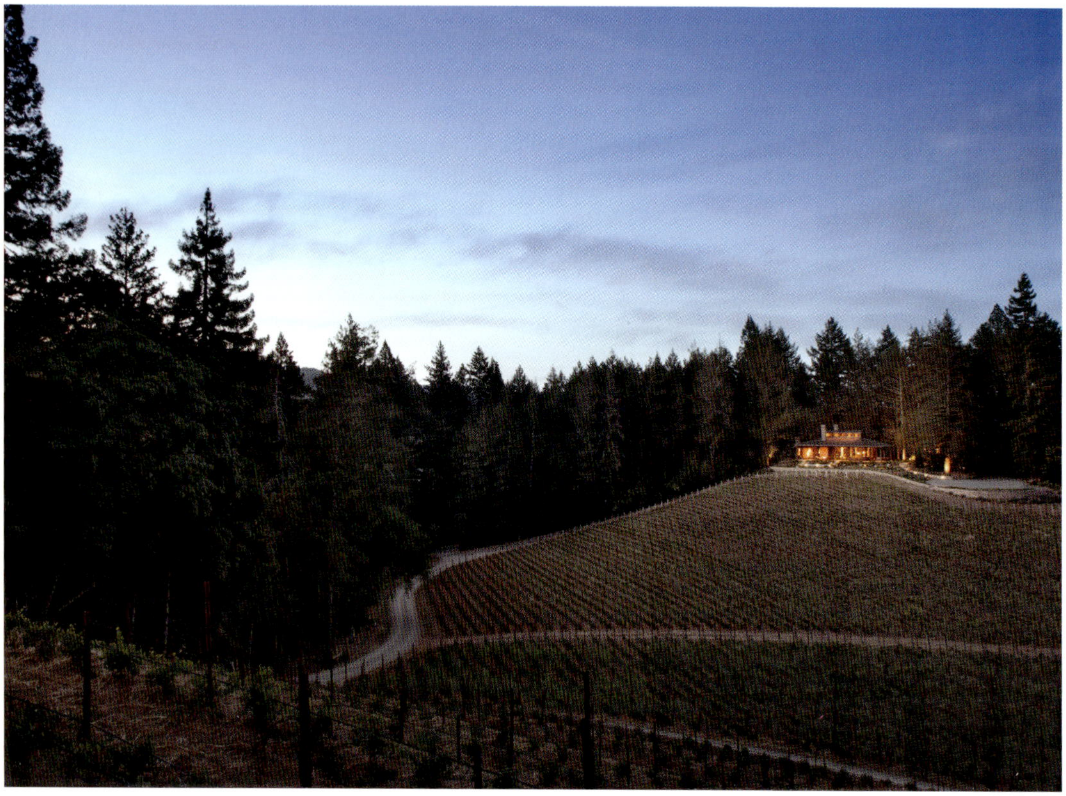

157

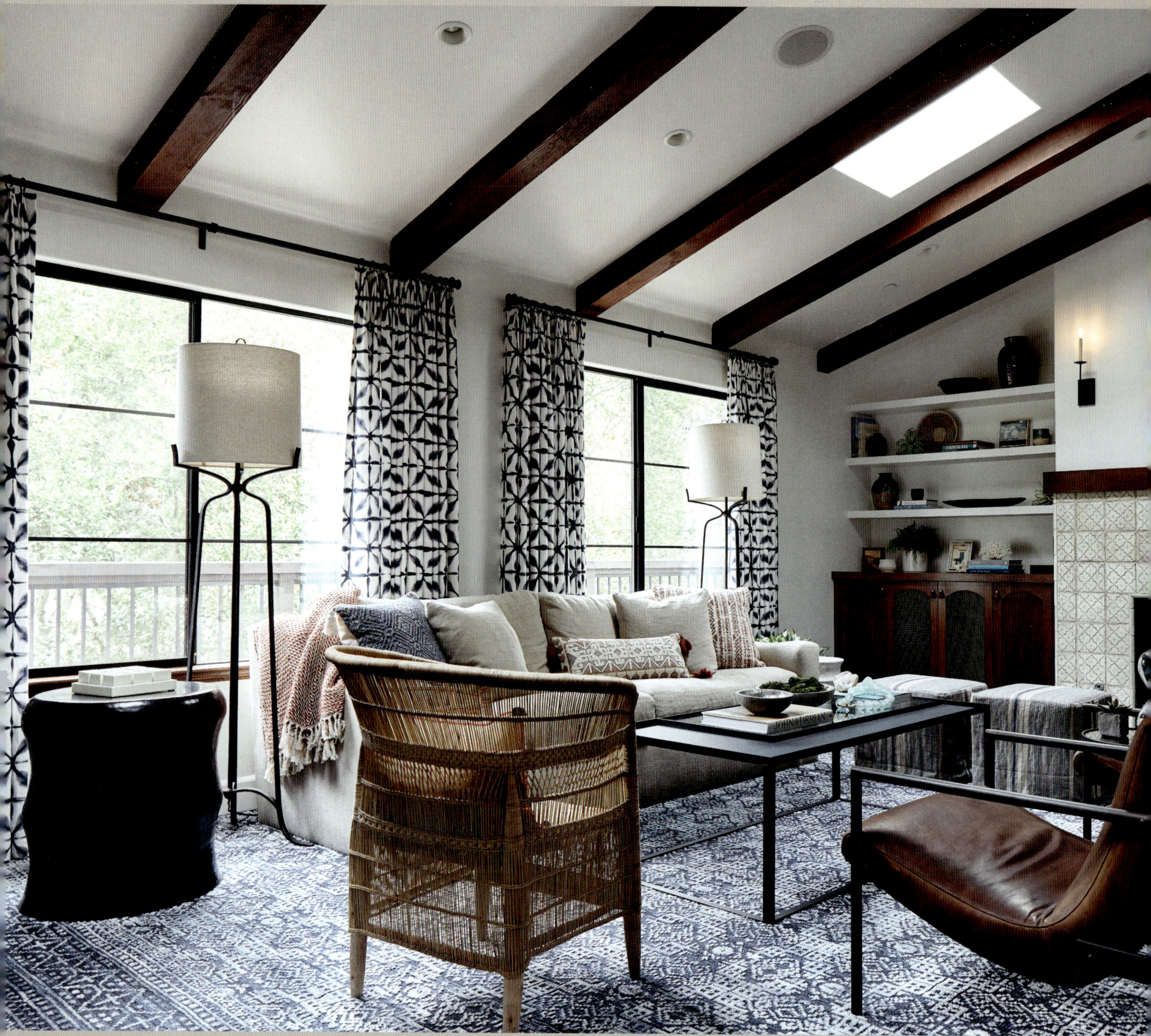

Santa Barbara-based interior design studio JRS ID is known for its sophisticated aesthetic. The firm specialises in high-end residential and commercial projects. Founder Jessica Risko Smith has extensive experience that includes her involvement with the prestigious architecture firm Gensler. With an eye for relaxed, natural, California-inspired interiors, she infuses each project with a touch of effortless elegance. The firm's projects fuse practicality with aesthetics, resulting in living environments that are functional, sustainable and delightful, catering to elevated living.

Das in Santa Barbara ansässige Innenarchitekturbüro JRS ID ist für seine anspruchsvolle Ästhetik bekannt. Das Unternehmen ist auf hochwertige Wohn- und Gewerbeprojekte spezialisiert. Die Gründerin Jessica Risko Smith verfügt über umfangreiche Erfahrungen, die sie unter anderem bei dem renommierten Architekturbüro Gensler gesammelt hat.
Sie hat ein Auge für entspannte, natürliche, kalifornisch inspirierte Innenräume und verleiht jedem Projekt einen Hauch von natürlicher Eleganz. Die Projekte des Büros vereinen Zweckmäßigkeit und Ästhetik. Das Ergebnis sind funktionale, nachhaltige und angenehme Wohnumgebungen, die den Anforderungen des täglichen Lebens gerecht werden.

Le studio de design d'intérieur JRS ID, basé à Santa Barbara, est connu pour son esthétique sophistiquée. L'entreprise est spécialisée dans les projets résidentiels et commerciaux haut de gamme. La fondatrice, Jessica Risko Smith, possède une vaste expérience, notamment au sein de la prestigieuse agence d'architecture Gensler.
Avec un œil pour les intérieurs décontractés, naturels et d'inspiration californienne, elle insuffle à chaque projet une touche d'élégance naturelle. Les projets de l'entreprise allient l'aspect pratique à l'esthétique, ce qui permet de créer des espaces de vie fonctionnels, durables et agréables, qui répondent aux besoins de la vie quotidienne.

El estudio de diseño de interiores con sede en Santa Bárbara, JRS ID, destaca por sus trabajos de estética sofisticada. La firma se especializa en proyectos residenciales y comerciales de alta gama. Su fundadora, Jessica Risko Smith, cuenta con una extensa experiencia que incluye su participación en el prestigioso estudio de arquitectura Gensler.
Con un gran ojo para los interiores relajados y naturales de inspiración californiana, la diseñadora infunde a cada proyecto un toque de elegancia natural. Los proyectos de la firma fusionan lo práctico con la estética, dando como resultado unos entornos habitables que son funcionales, sostenibles y placenteros, atendiendo las necesidades de la vida diaria.

**JRS ID - JESSICA RISKO SMITH
INTERIOR DESIGN**

JESSICA RISKO SMITH

www.jrsid.com

# RIVIERA SPANISH

SANTA BARBARA, CALIFORNIA, UNITED STATES || PHOTOS © LEELA CYD

When the owner, a passionate traveller and surfer, bought this house in the canyon between Santa Barbara and Montecito, he enlisted the help of designer Jessica Risko Smith to revitalise the interiors.
The creative journey began by eliminating lackluster fixtures and finishes. The designer focused on highlighting existing Spanish-style elements and creating a stronger link with the environment. In the risers of the entrance staircase, she replaced the carpet with striking Spanish tiles. In the kitchen, she exchanged the cupboards for open shelves. A trio of Moravian Star pendant lights, framed by an elegant arch, add a touch of distinction. The fireplace, tiled in classic patterns, and a custom storage area, create a purposeful area in the living room. The strategic layering of various shades of blue in the interiors offer a coveted connection to the ocean. The end result combines Spanish elegance with coastal charm

Als der Besitzer, ein leidenschaftlicher Reisender und Surfer, dieses Haus auf halbem Weg zwischen Santa Barbara und Montecito kaufte, holte er sich die Hilfe der Designerin Jessica Risko Smith, um die Inneneinrichtung zu erneuern.
Die kreative Reise begann mit der Beseitigung von uninteressanten Einrichtungsgegenständen und Oberflächen. Die Designerin konzentrierte sich darauf, die vorhandenen Elemente im spanischen Stil hervorzuheben, um eine stärkere Verbindung zur Umgebung herzustellen. In den Setzstufen der Eingangstreppe ersetzte sie den Teppich durch auffällige spanische Fliesen. In der Küche ersetzte er die Schränke durch offene Regale. Ein Trio von Moravian Star-Pendelleuchten, die von einem eleganten Bogen eingerahmt sind, setzt einen besonderen Akzent. Der mit klassischen Designkacheln gekachelte Kamin und eine maßgefertigte Ablagefläche schaffen eine besondere Ecke im Wohnzimmer. Die strategische Schichtung verschiedener Blautöne in den Innenräumen bietet eine begehrte Verbindung zum Meer. Das Endergebnis verbindet spanische Eleganz mit küstennahem Charme.

Lorsque le propriétaire, un voyageur et surfeur passionné, a acheté cette maison dans le canyon entre Santa Barbara et Montecito, il a demandé l'aide de la designer Jessica Risko Smith pour revitaliser les intérieurs.
Le voyage créatif a commencé par l'élimination des installations et des finitions inintéressantes. La designer s'est attachée à mettre en valeur les éléments existants de style espagnol afin de créer un lien plus fort avec l'environnement. Dans les contremarches de l'escalier d'entrée, elle a remplacé la moquette par des carreaux espagnols. Dans la cuisine, il a remplacé les placards par des étagères ouvertes. Un trio de luminaires suspendus Moravian Star, encadré par une élégante arche, apporte une touche de distinction. La cheminée, habillée de carreaux de faïence au design classique et un espace de rangement sur mesure créent un coin spécial dans le salon. La superposition stratégique de différentes nuances de bleu dans les intérieurs offre une connexion convoitée avec l'océan. Le résultat final allie l'élégance espagnole au charme côtier.

Cuando el propietario, un apasionado viajero y surfista compró esta casa en el cañón entre Santa Bárbara y Montecito, buscó la ayuda de la diseñadora Jessica Risko Smith para que revitalice los interiores.
El viaje creativo comenzó eliminando accesorios y acabados de escaso interés. La diseñadora se centró en resaltar los elementos de estilo español existentes, para crear una mayor vinculación con el entorno. En las contrahuellas de la escalera de entrada, reemplazó la moqueta por llamativas baldosas españolas. En la cocina, sustituyó los armarios por estantes abiertos. Un trío de lámparas colgantes Moravian Star, aparecen enmarcadas por un elegante arco, y añaden un toque de distinción. La chimenea, revestida con azulejos con diseño clásico, y una zona de almacenaje hecha a medida, crea un rincón especial en el salón. La estratégica estratificación de varios tonos de azul en los interiores ofrece una codiciada conexión con el océano. El resultado final combina la elegancia española con el encanto costero.

161

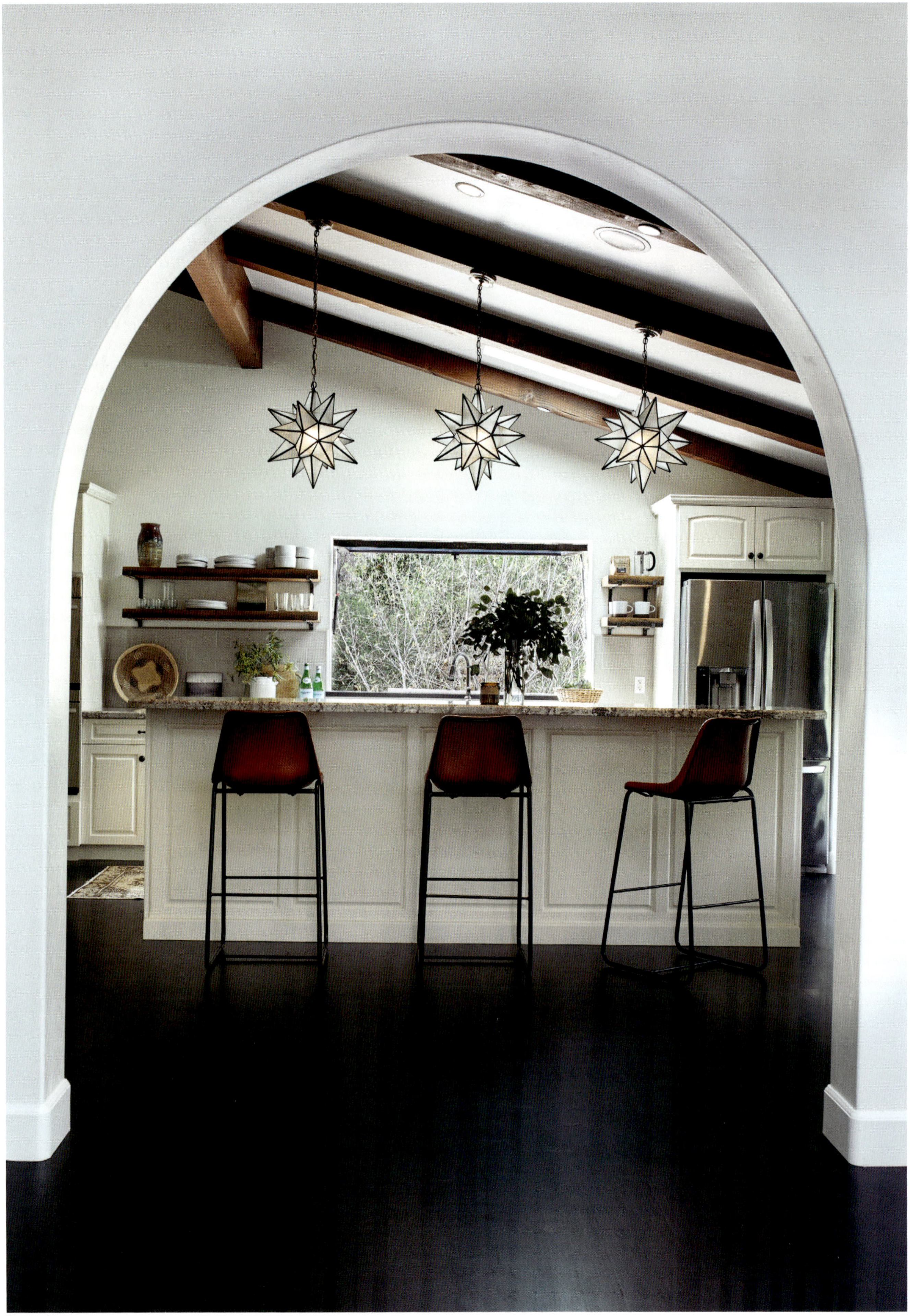

163

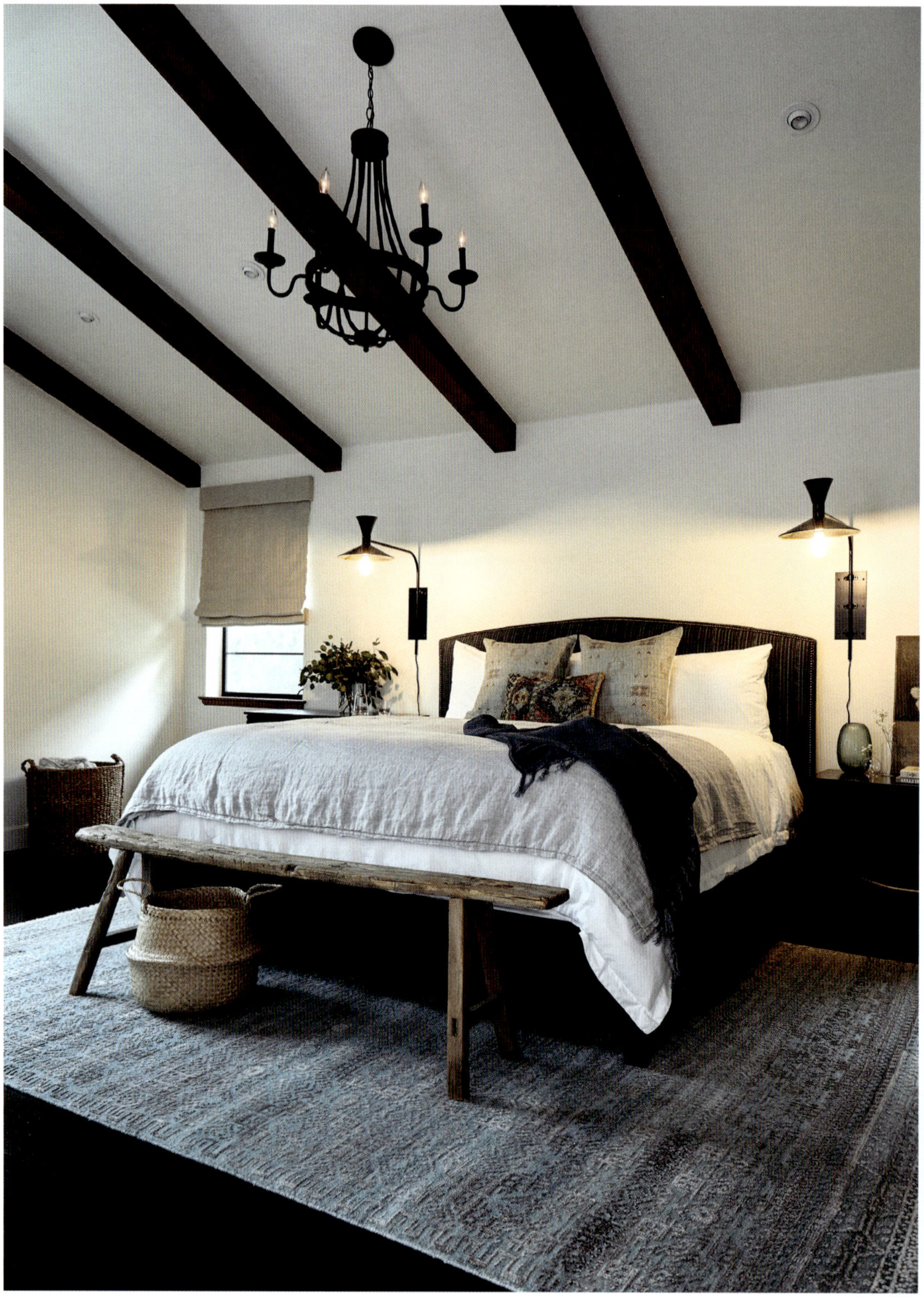
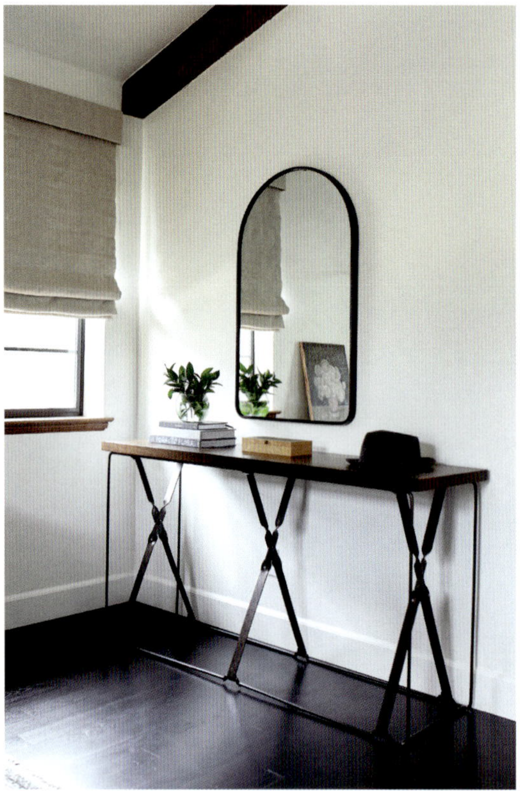
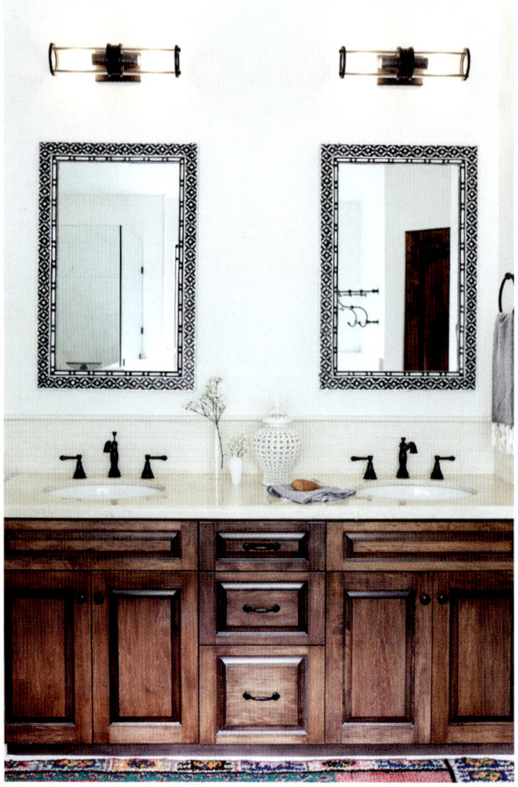

165

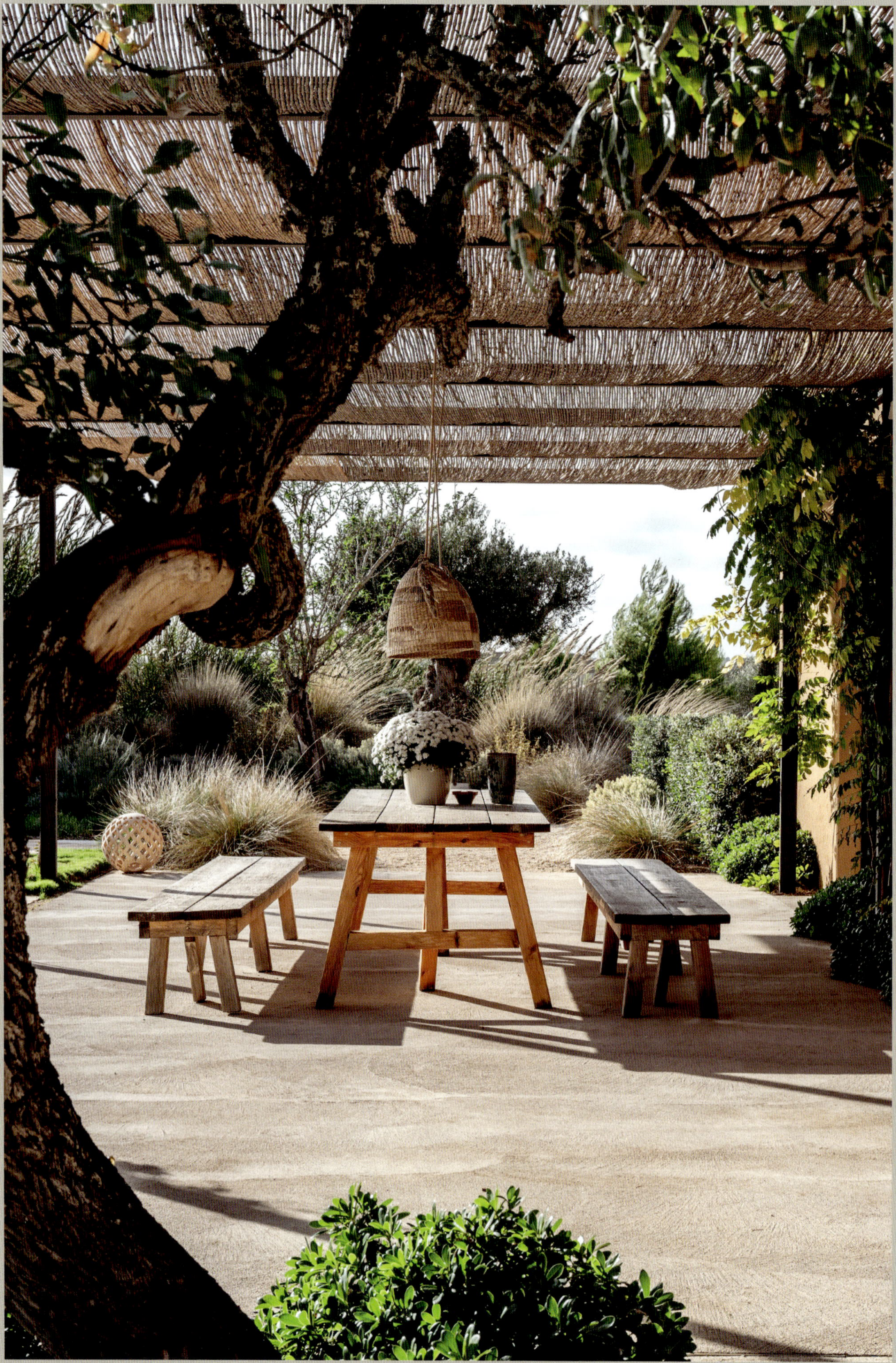

KLARQ is an architecture and interior design studio based in Ibiza and Mallorca. The firm, founded by Kimberley Díaz and Lluís Oliva in 2016, specialises in Passivhaus low-energy housing. The studio creates projects that optimise solar gain and ventilation to the maximum, while maintaining aesthetics and comfort.
Its projects fuse Mediterranean and timeless style in both new construction and refurbishment. Lluís Oliva brings his expertise in Building Information Modelling (BIM) and a functional approach, while Kimberley Díaz leads the more creative and conceptual phases, as well as the design of exceptional furniture with her minimalist stamp.

KLARQ ist ein Architektur- und Innenarchitekturbüro mit Sitz auf Ibiza und Mallorca. Das 2016 von Kimberley Díaz und Lluís Oliva gegründete Büro hat sich auf Passivhaus-Niedrigenergiehäuser spezialisiert. Das Studio entwirft Projekte, die die Sonneneinstrahlung und die Belüftung maximal optimieren und dabei Ästhetik und Komfort bewahren.
Seine Projekte vereinen mediterranen und zeitlosen Stil, sowohl bei Neubauten als auch bei Sanierungen. Lluís Oliva bringt sein Fachwissen im Bereich Building Information Modelling (BIM) und einen funktionalen Ansatz ein, während Kimberley Díaz die eher kreativen und konzeptionellen Phasen sowie das Design von außergewöhnlichen Möbeln mit ihrem minimalistischen Stempel leitet.

KLARQ est un studio d'architecture et de design d'intérieur basé à Ibiza et à Majorque. Le cabinet, fondé par Kimberley Díaz et Lluís Oliva en 2016, est spécialisé dans les logements basse consommation Passivhaus. Le studio crée des projets qui optimisent au maximum les apports solaires et la ventilation, tout en préservant l'esthétique et le confort.
Ses projets fusionnent le style méditerranéen et intemporel, tant dans les nouvelles constructions que dans les rénovations. Lluís Oliva apporte son expertise en Building Information Modelling (BIM) et une approche fonctionnelle, tandis que Kimberley Díaz dirige les phases plus créatives et conceptuelles, ainsi que la conception d'un mobilier exceptionnel avec son empreinte minimaliste.

KLARQ es un estudio de arquitectura e interiorismo con sedes en Ibiza y Mallorca. La firma fundada por Kimberley Díaz y Lluís Oliva en 2016, está especializada en viviendas de bajo consumo energético Passivhaus. El estudio crea proyectos que optimizan al máximo la captación solar y la ventilación, manteniendo la estética y comodidad.
Sus proyectos fusionan el estilo mediterráneo y atemporal tanto en obra nueva como en rehabilitación. Lluís Oliva aporta su experiencia en Building Information Modeling (BIM) y un enfoque funcional, mientras que Kimberley Díaz lidera las fases más creativas y conceptuales, así como el diseño de muebles excepcionales con su sello minimalista.

**KLARQ**
KIMBERLEY DÍAZ
LLUÍS OLIVA

www.klarq.eu

# CA NA LOLA

MALLORCA, SPAIN || PHOTOS © TOMEU CANYELLAS

With an aesthetic that sums up the Mediterranean essence, this house is presented as a pure and minimalist volume that meets the Passivhaus criteria for energy efficiency.
The large south-facing hall is connected to the garden through large openings. All the rooms are designed with a clear communication to the outside, a constant element in the project. The predominant materials are simple and the forms simple to emphasise the vernacular and timeless touch. Their bioclimatic design minimises energy demand. The architects also sought to reduce the carbon footprint by using a timber structure with wood fibre insulation and recycled textiles. The interior layout offers different levels of privacy: a west-facing archway gives access to the living room, kitchen and dining room; a short corridor leads to three bedrooms, pantry and toilet. To the south, the outdoor recreation area with swimming pool and pergola completes the elements of this small oasis.

Mit einer Ästhetik, die das mediterrane Wesen auf den Punkt bringt, präsentiert sich dieses Haus als reines und minimalistisches Volumen, das die Passivhauskriterien für Energieeffizienz erfüllt. Die große, nach Süden ausgerichtete Halle ist durch große Öffnungen mit dem Garten verbunden. Alle Räume sind so konzipiert, dass sie eine klare Verbindung nach außen haben, ein konstantes Element des Projekts. Die vorherrschenden Materialien sind einfach und die Formen schlicht, um den volkstümlichen und zeitlosen Touch zu betonen. Ihr bioklimatisches Design minimiert den Energiebedarf. Die Architekten bemühten sich auch um eine Verringerung des Kohlendioxidausstoßes, indem sie eine Holzstruktur mit Holzfaserisolierung und recycelten Textilien verwendeten. Die Innenaufteilung bietet verschiedene Ebenen der Privatsphäre: Ein nach Westen ausgerichteter Torbogen ermöglicht den Zugang zum Wohnzimmer, zur Küche und zum Esszimmer; ein kurzer Korridor führt zu drei Schlafzimmern, einer Speisekammer und einer Toilette. Im Süden vervollständigt der Außenbereich mit Schwimmbad und Pergola die Elemente dieser kleinen Oase.

Avec une esthétique qui résume l'essence méditerranéenne, cette maison se présente comme un volume pur et minimaliste qui répond aux critères de Passivhaus en matière d'efficacité énergétique. Le grand hall orienté au sud est relié au jardin par de grandes ouvertures. Toutes les pièces sont conçues avec une communication claire vers l'extérieur, un élément constant dans le projet. Les matériaux prédominants sont simples et les formes simples pour souligner la touche vernaculaire et intemporelle. Leur conception bioclimatique minimise la demande en énergie. Les architectes ont également cherché à réduire l'empreinte carbone en utilisant une structure en bois avec une isolation en fibre de bois et des textiles recyclés. L'aménagement intérieur offre différents niveaux d'intimité : une arche orientée vers l'ouest donne accès au salon, à la cuisine et à la salle à manger ; un court couloir mène aux trois chambres, à l'office et aux toilettes. Au sud, l'espace de loisirs extérieur avec piscine et pergola complète les éléments de cette petite oasis.

Con una estética que resume la esencia mediterránea, esta vivienda se presenta como un volumen puro y minimalista, que responde a los criterios Passivhaus de eficiencia energética.
La gran nave orientada al sur se conecta al jardín a través de amplias aperturas. Todas las habitaciones están diseñadas con una clara comunicación al exterior, un elemento constante en el proyecto. Los materiales predominantes son simples y las formas sencillas para enfatizar el toque vernáculo y atemporal. Su diseño bioclimático minimiza la demanda energética. Los arquitectos además buscaron reducir la huella de carbono a partir de una estructura de madera con aislamientos de fibra de madera y textiles reciclados. La distribución interior ofrece distintos niveles de privacidad: un arco orientado al Oeste da acceso al salón, cocina y comedor; un breve pasillo conduce a tres dormitorios, despensa y aseo. Hacia el sur, se encuentra la zona exterior de esparcimiento con piscina y una pérgola que completa los elementos de este pequeño oasis.

169

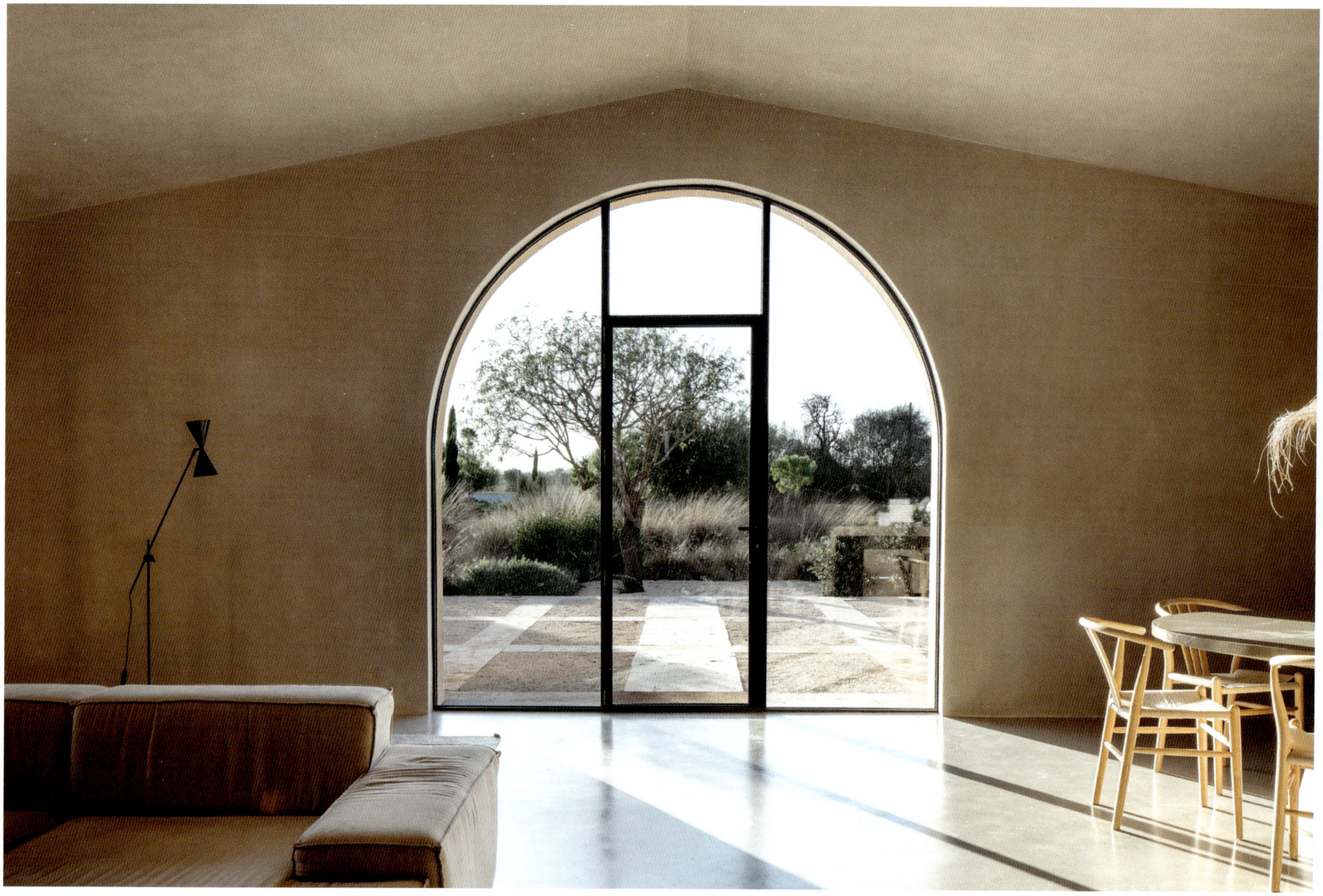

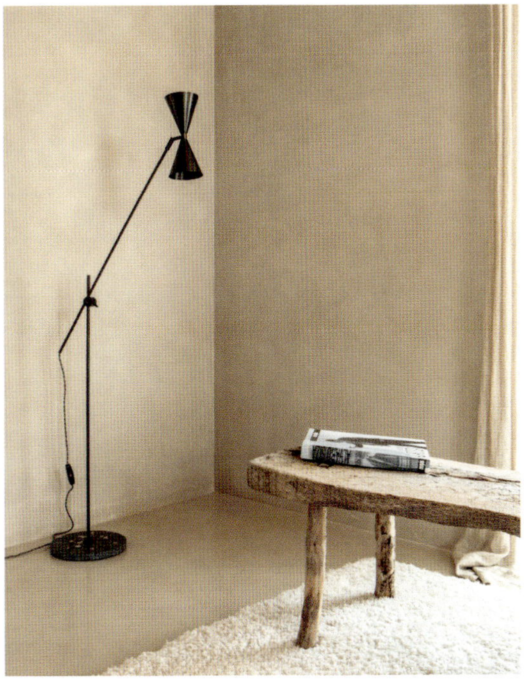

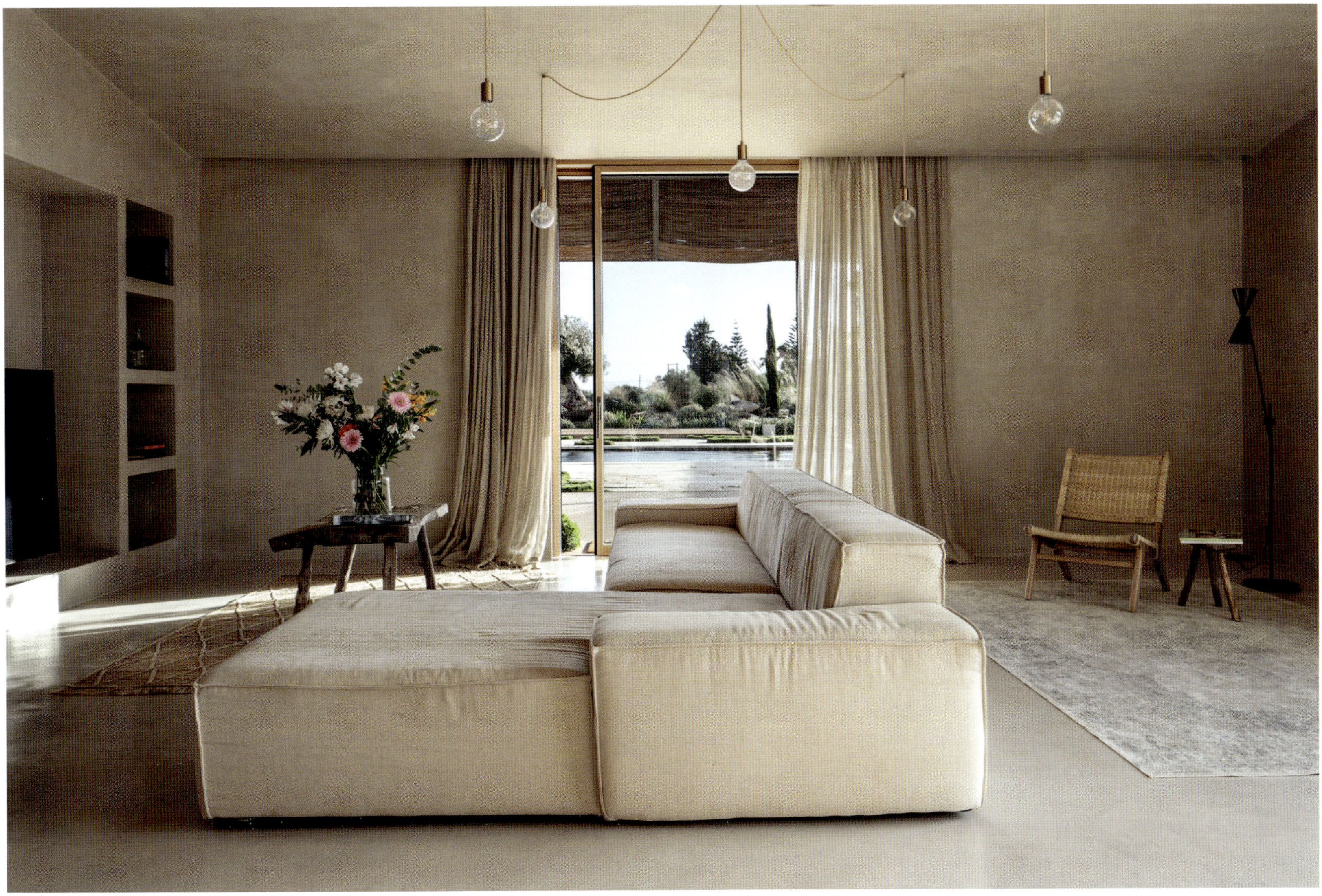

174

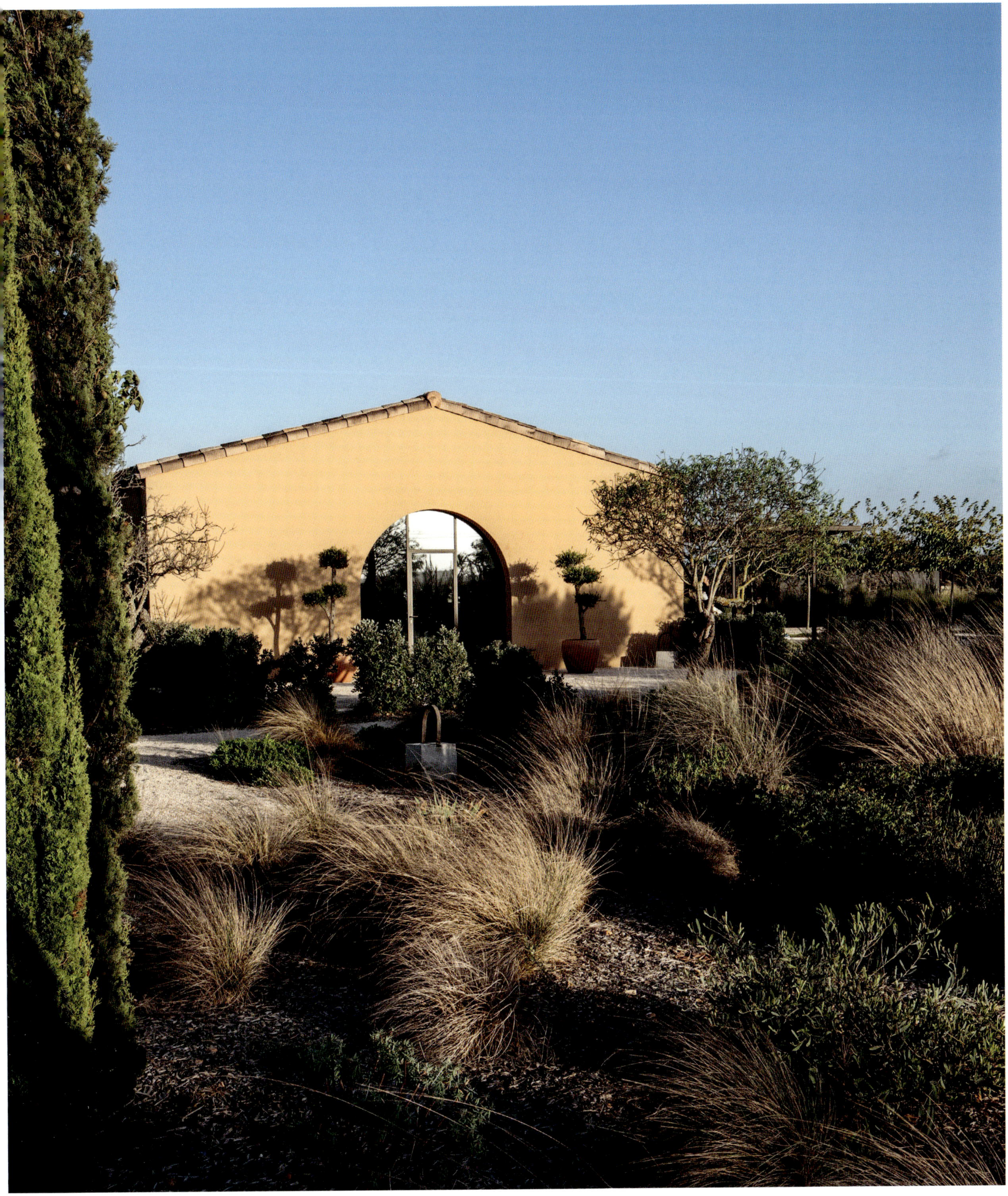

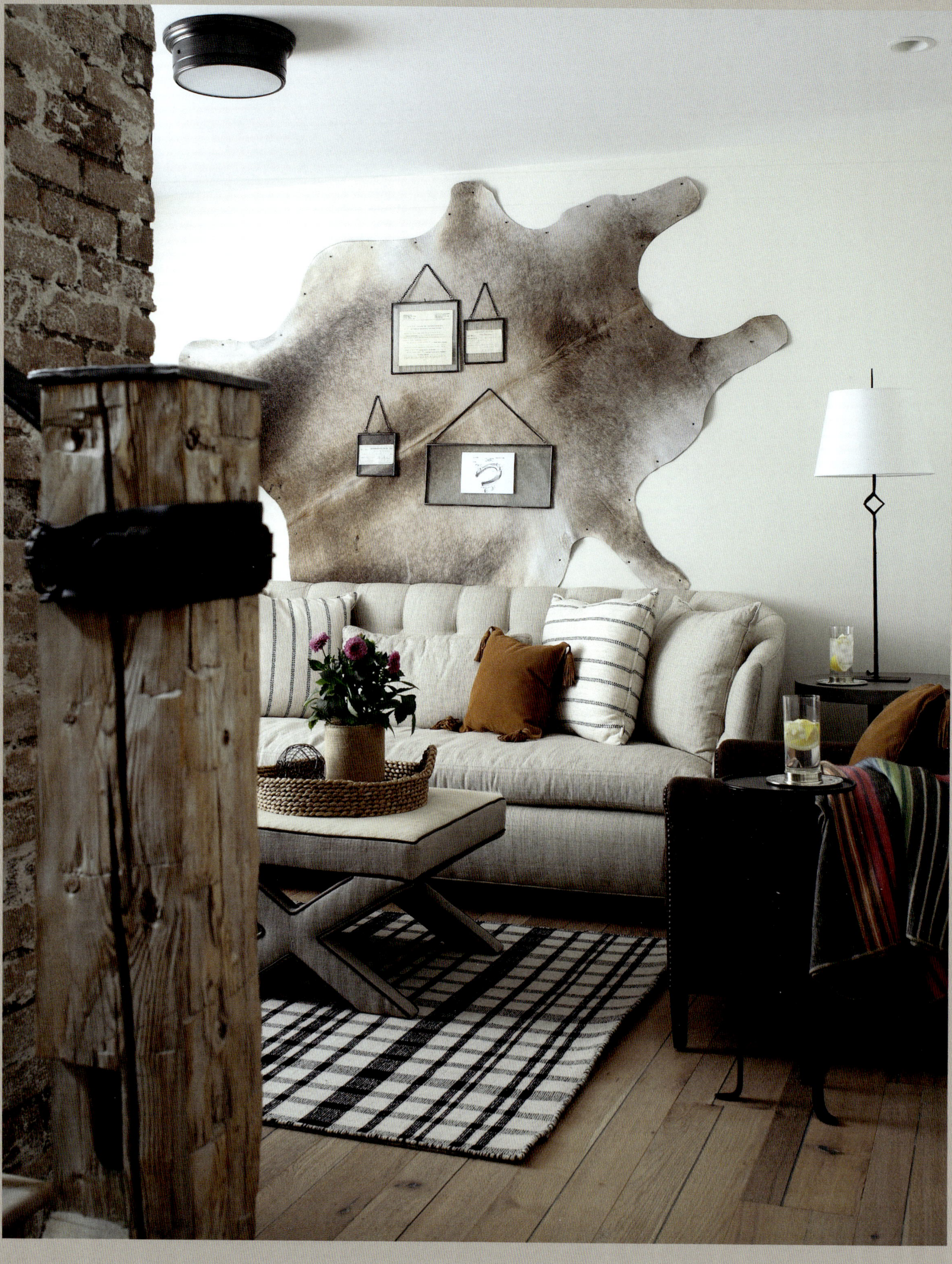

Koo de Kir is a studio renowned for its timeless, warm and meticulously curated interiors. Founder, creative director and principal designer Kristine Irving has dedicated her life to interior design since her early days of art school. Irving specialises in creating custom interiors, leading her team with an immersive approach. She collaborates with clients from conception to completion on each project, displaying a keen eye for detail and a touch of ingenuity. He also serves on the Board of Directors of the Massachusetts College of Art & Design Foundation and The Design Leadership Network. Her residential projects are located in the United States, Europe and the Middle East.

Koo de Kir ist ein Studio, das für seine zeitlosen, warmen und sorgfältig kuratierten Innenräume bekannt ist. Die Gründerin, Kreativdirektorin und Chefdesignerin des Unternehmens, Kristine Irving, hat ihr Leben seit ihrer Zeit an der Kunstschule der Innenarchitektur gewidmet. Irving hat sich auf die Gestaltung individueller Innenräume spezialisiert und leitet ihr Team mit einem ganzheitlichen Ansatz. Er arbeitet bei jedem Projekt von der Konzeption bis zur Fertigstellung mit den Kunden zusammen, wobei er einen scharfen Blick für Details und einen Hauch von Einfallsreichtum zeigt. Er ist außerdem Mitglied des Verwaltungsrats der Massachusetts College of Art & Design Foundation und des Design Leadership Network. Seine Wohnprojekte befinden sich in den Vereinigten Staaten, in Europa und im Nahen Osten..

Koo de Kir est un studio réputé pour ses intérieurs intemporels, chaleureux et méticuleusement conçus. Fondatrice, directrice de la création et designer principale de l'entreprise, Kristine Irving a consacré sa vie à la décoration d'intérieur depuis ses débuts à l'école d'art. Irving est spécialisée dans la création d'intérieurs sur mesure et dirige son équipe avec une approche immersive. Elle collabore avec les clients de la conception à l'achèvement de chaque projet, faisant preuve d'un sens aigu du détail et d'une touche d'ingéniosité. Elle siège également au conseil d'administration de la Massachusetts College of Art & Design Foundation et du Design Leadership Network. Ses projets résidentiels sont situés aux États-Unis, en Europe et au Moyen-Orient.

Koo de Kir, es un estudio reconocido por sus interiores atemporales, cálidos y meticulosamente curados. Fundadora, directora creativa y diseñadora principal de la firma la Kristine Irving, ha dedicado su vida al interiorismo desde sus inicios en la escuela de arte. Irving se especializa en crear interiores personalizados, dirigiendo a su equipo con un enfoque inmersivo. Colabora con los clientes desde la concepción hasta la finalización de cada proyecto, mostrando un ojo agudo para el detalle y un toque de ingenio. Además, forma parte de la Junta Directiva de la Fundación del Massachusetts College of Art & Design y de The Design Leadership Network. Sus proyectos residenciales se encuentran en Estados Unidos, Europa y el Medio Oriente.

**KOO DE KIR
ARCHITECTURAL INTERIORS**

KRISTINE IRVING

www.koodekir.com

# THE HOMESTEAD

MONTANA, UNITED STATES || PHOTOS © MICHAEL PARTENIO
BUILDER: HIGHLINE PARTNERS

The structure of an 1890's house that was part of a cattle farm, has been relocated and renovated to serve as a guest house on the estate. From the welcoming porch, to the living room with an impressive custom fireplace, every space in this home exudes a sense of comfort and sophistication. Special pieces tell a story of craftsmanship and tradition such as the hand-hammered zinc sinks in the kitchen or the antique Dutch cabinet repurposed as a dressing table. The glass windows above the doors to let in light, crafted by an artist from Nebraska, stand out. Selected artwork and vintage details pay homage to the region's heritage, as do textiles and rugs made by local artisans. The property's exterior features weathered wood cladding. Inside, reclaimed natural materials such as wood, leather and stone dominate the interior to add to the rustic charm.

Die Struktur eines Hauses aus den 1890er Jahren, das zu einer Rinderfarm gehörte, wurde verlagert und renoviert, um als Gästehaus auf dem Anwesen zu dienen. Von der gemütlichen Veranda bis zum Wohnzimmer mit einem beeindruckenden maßgefertigten Kamin strahlt jeder Raum dieses Hauses ein Gefühl von Komfort und Raffinesse aus. Besondere Stücke erzählen eine Geschichte von Handwerkskunst und Tradition, wie die handgehämmerten Zinkwaschbecken in der Küche oder der antike holländische Schrank, der als Frisiertisch wiederverwendet wurde. Besonders hervorgehoben sind die Glaskunstwerke über den Türen, um Licht einzulassen, hergestellt von einem Künstler aus Nebraska. Ausgewählte Kunstwerke und Vintage-Details ehren das Erbe der Region, ebenso wie Textilien und Teppiche, die von lokalen Handwerkern hergestellt wurden. Das Anwesen verfügt über eine verwitterte Holzfassade im Außenbereich. Im Inneren dominieren wiederverwendete natürliche Materialien wie Holz, Leder und Stein, um zum rustikalen Charme beizutragen.

La structure d'une maison des années 1890, qui faisait partie d'une ferme d'élevage, a été déplacée et rénovée pour servir de maison d'hôtes sur le domaine. Du porche accueillant au salon doté d'une impressionnante cheminée personnalisée, chaque espace de cette maison dégage une impression de confort et de sophistication. Les pièces spéciales racontent l'histoire de l'artisanat et de la tradition, comme les éviers en zinc martelé à la main dans la cuisine ou l'armoire hollandaise ancienne reconvertie en coiffeuse. Les fenêtres en verre au-dessus des portes, fabriquées par un artiste du Nebraska pour laisser entrer la lumière, sont remarquables. Les œuvres d'art sélectionnées et les détails anciens rendent hommage au patrimoine de la région, tout comme les textiles et les tapis fabriqués par des artisans locaux. L'extérieur de la propriété est recouvert d'un bardage en bois patiné par les intempéries. À l'intérieur, des matériaux naturels récupérés tels que le bois, le cuir et la pierre dominent l'intérieur et ajoutent au charme rustique.

La estructura de una casa de 1890 que formaba parte de una granja ganadera, ha sido reubicada y renovada para servir como casa de huéspedes en la finca. Desde el acogedor porche, hasta la sala de estar con una impresionante chimenea a medida, cada espacio de esta vivienda irradia una sensación de comodidad y sofisticación. Piezas especiales cuentan una historia de artesanía y tradición como como los lavabos de zinc martillado a mano en la cocina o el antiguo armario holandés reutilizado como tocador. Destacan las ventanas de cristal encima de las puertas para dar paso a la luz, confeccionadas por un artista de Nebraska. Las obras de arte seleccionadas y los detalles de vintage, rinden homenaje a la herencia de la región, al igual que los textiles y alfombras confeccionados por artesanos locales. La propiedad presenta en su exterior un revestimiento de madera envejecida. En el interior, dominan los materiales naturales recuperados como la madera, el cuero y la piedra para contribuir al encanto rústico.

179

BRACKLEY.
The Capital Live and Dead
FARMING STOCK
14 SHEEP,
7 HEAD
Chestnut Pony, 6 Pigs, 38 Head
AGRICULTURAL
PAXTON &

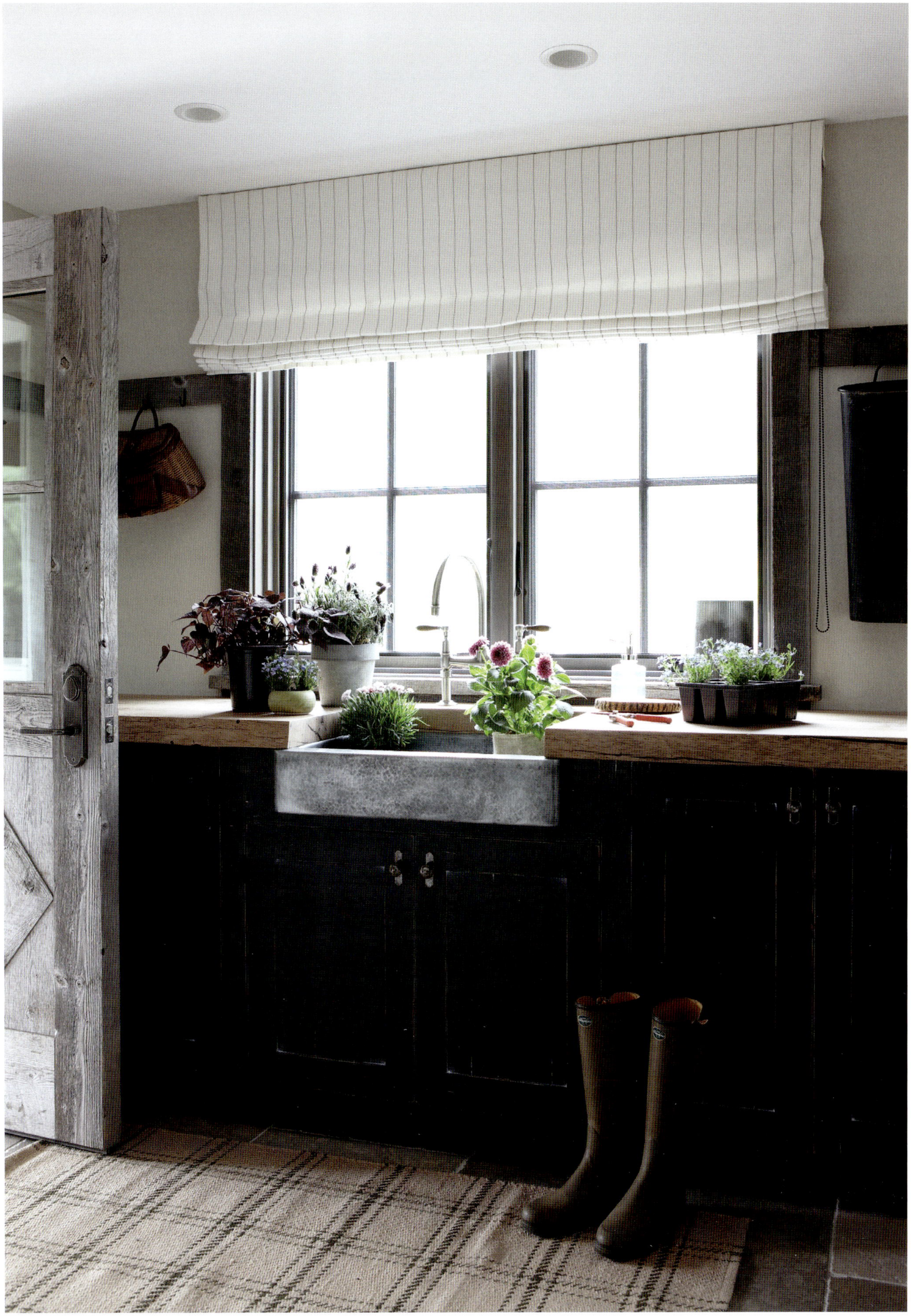

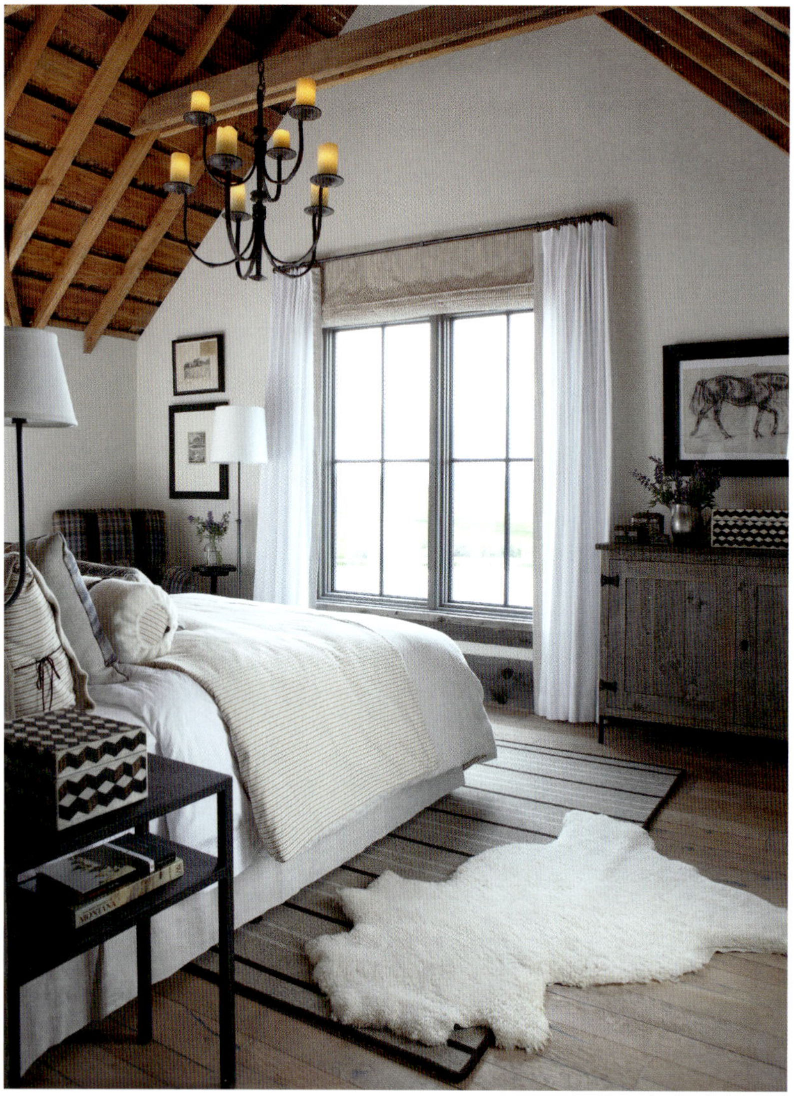

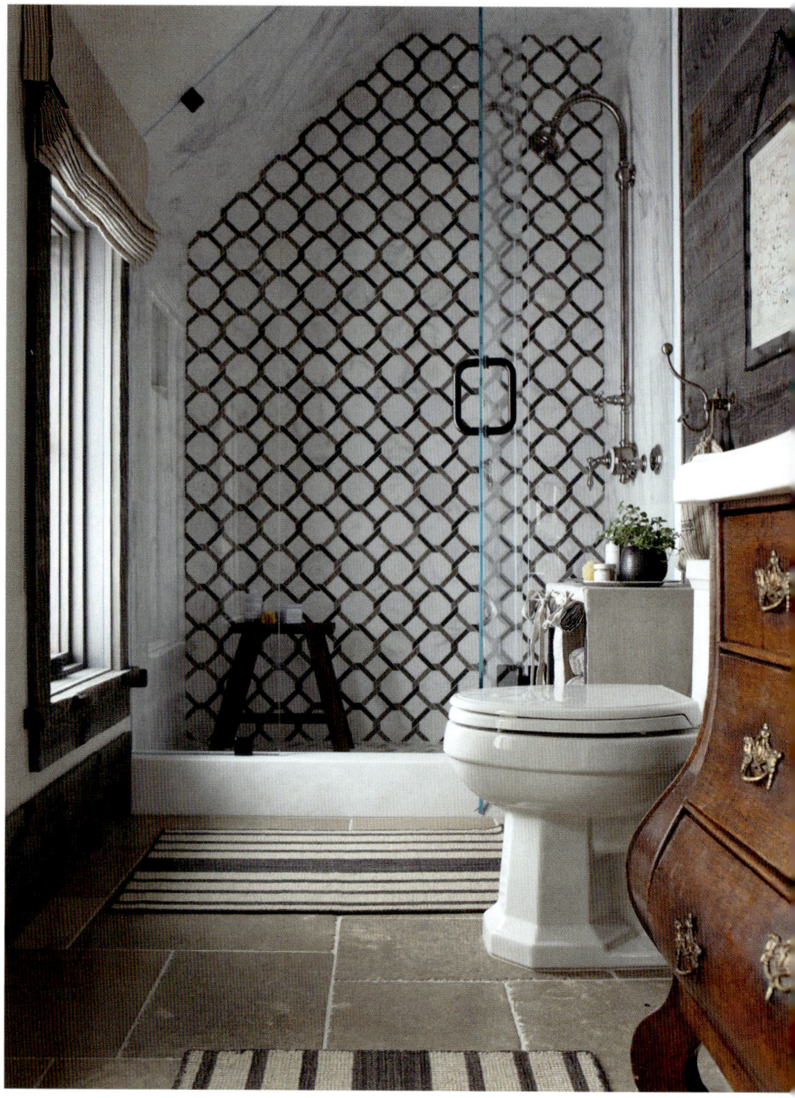

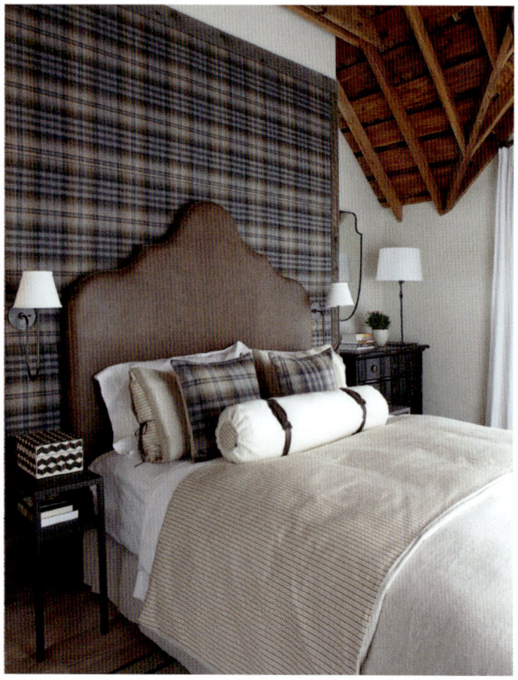

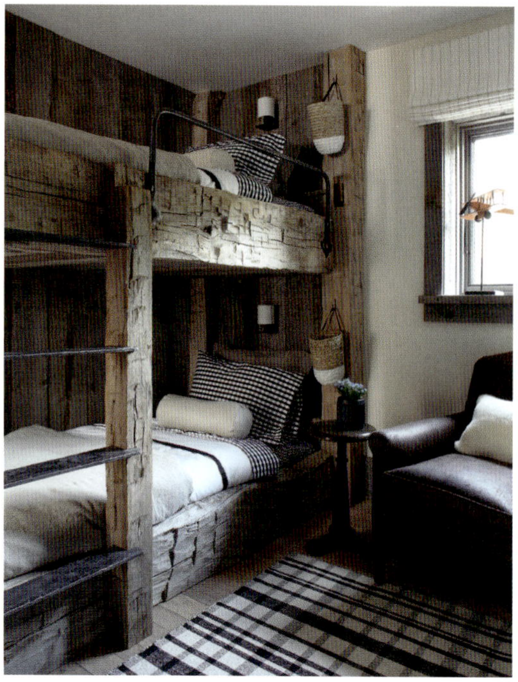

183

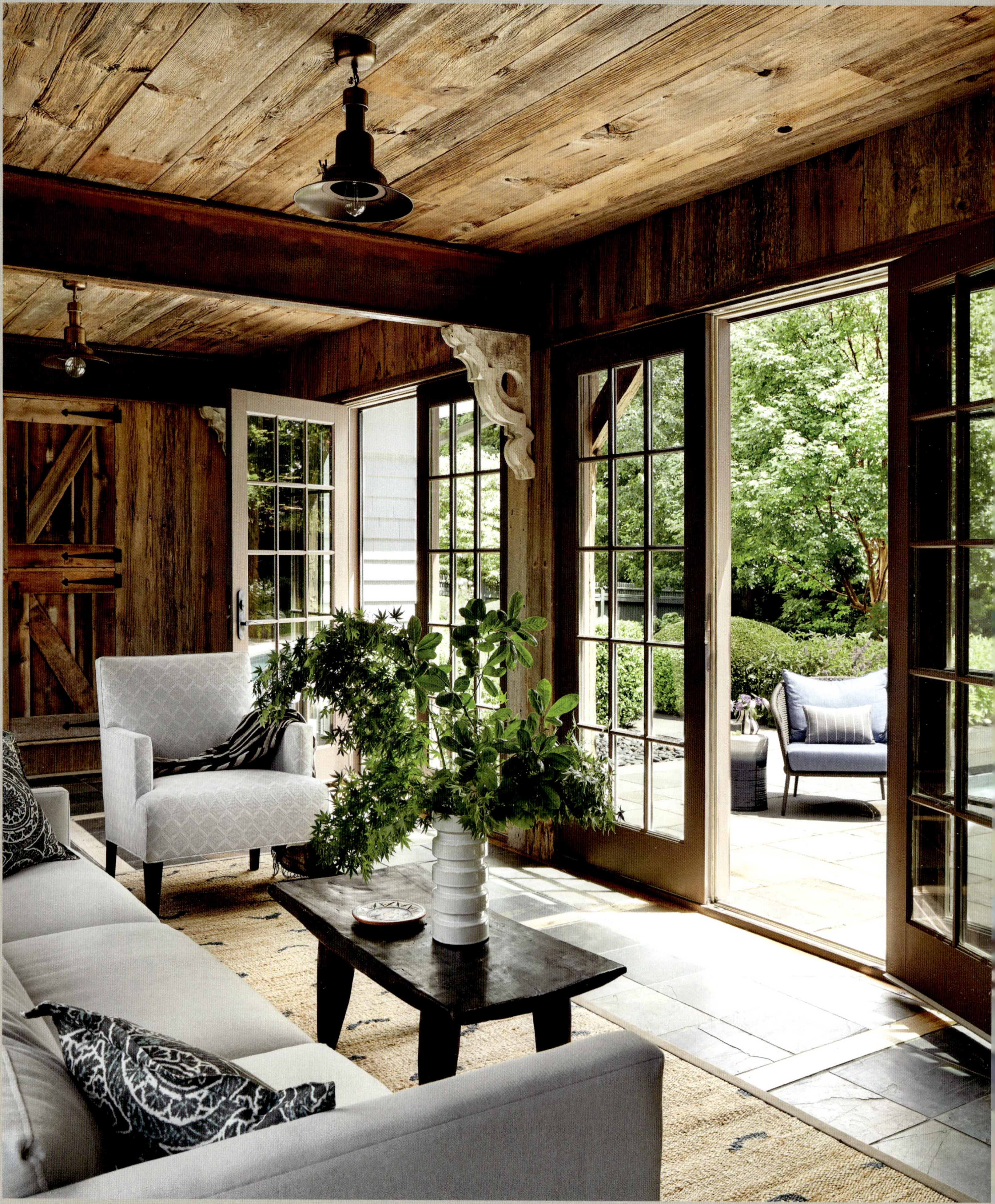

Kathleen Walsh Interiors is a boutique design firm based in New York and Boston. Whether embracing modernity, or transitioning between styles, the firm distinguishes itself by creating a common thread through every design, a preference for "less but better," and the choice of a standout piece to highlight the best of a space. Their designs begin by learning what the client sees, follows architectural cues and honors the landscape in which a property is set.
KWI's awards include the prestigious LUXE Red Award and nominations for the Cottages & Gardens Innovation in Design Award. Her portfolio encompasses interior design of primary and secondary residences in NYC, the Hamptons, New England and beyond.

Kathleen Walsh Interiors ist ein Boutique-Unternehmen mit Sitz in New York und Boston. Ob sie sich der Modernität verschrieben hat oder zwischen verschiedenen Stilen wechselt, das Unternehmen zeichnet sich aus durch die Verwendung von Naturfasern, eine unverwechselbare Note in jedem Design, eine Vorliebe für „weniger, aber besser" und die Wahl eines herausragenden Stücks in jedem Raum. Ihre Entwürfe stellen den Kunden in den Mittelpunkt, folgen architektonischen Vorgaben und berücksichtigen die Landschaft.
Zu den Auszeichnungen von KWI gehören der renommierte LUXE Red Award und Nominierungen für den Cottages & Gardens Innovation in Design Award. Ihr Portfolio umfasst die Innenarchitektur von Erst- und Zweitwohnsitzen in New York, den Hamptons und Neuengland.

Kathleen Walsh Interiors est une entreprise boutique basée à New York et Boston. Que ce soit en embrassant la modernité ou en naviguant entre les styles, l'entreprise se distingue par l'utilisation de fibres naturelles, une touche distinctive dans chaque conception, la préférence pour le « moins mais mieux », et le choix d'une pièce remarquable dans chaque espace. Leurs designs commencent par apprendre ce que le client voit, suivent les indices architecturaux et honorent le paysage dans lequel la propriété est située.
Les prix décernés à KWI comprennent le prestigieux LUXE Red Award et des nominations au Cottages & Gardens Innovation in Design Award. Son portefeuille comprend la conception d'intérieurs de résidences principales et secondaires à New York, dans les Hamptons et en Nouvelle-Angleterre.

Kathleen Walsh Interiors, es una firma boutique con sede en Nueva York y Boston. Ya sea abrazando la modernidad o transitando entre estilos, la firma se distingue por el uso de fibras naturales, un toque distintivo en cada diseño, la preferencia por el «menos pero mejor», y la elección de una pieza destacada en cada espacio. Sus diseños empiezan por aprender lo que el cliente ve, siguen las claves arquitectónicas y honran el paisaje en el que se asienta una propiedad.
Entre los premios de KWI figuran el prestigioso el prestigioso LUXE Red Award y nominaciones al Cottages & Gardens Innovation in Design Award. Su portafolio abarca el diseño de interiores en residencias primarias y secundarias en Nueva York, los Hamptons y Nueva Inglaterra.

**KWI**
**KATHLEEN WALSH INTERIORS**

KATHLEEN WALSH

www.kathleenwalshinteriors.com

# WESPORT COLONIAL

**CONNECTICUT, UNITED STATES** || PHOTOS © RIKKI SNYDER

Designed for a family leaving Manhattan behind, KWI and the clients looked to create a home to honor the past, reflect the many travels of its owners, and facilitate the busy lives of multiple generations. The house dates from 1785 and has two facades; the front retains its historic appearance, while the side reveals a new farmhouse-style extension that connects to the garden and pool. Harmonious spaces were developed by a mix of finishes, colors and textures that achieved a beautiful flow throughout the home. A combination of modern and antique furniture presents the family's style while balancing space and proportions. Colors range from purples, to reds to blues, complementing the warm tones of the pine floors and neutral walls. The original wide floor boards and the preserved carved details on the fireplace mantles reveal history as well as the love and care to which this house has been privileged for a few hundred years. Here, past and present coexist seamlessly, opening a new chapter in this family's, and this home's life.

Das Ziel dieser Renovierung für eine Familie, die Manhattan hinter sich ließ, war es, ein Haus zu schaffen, das die Vergangenheit ehrt, die vielen Reisen seiner Besitzer widerspiegelt und das Zusammenleben mehrerer Generationen ermöglicht. Das Haus stammt aus dem Jahr 1785 und hat zwei Fassaden. Die vordere Fassade bewahrt ihr historisches Aussehen, während die seitliche Fassade ein neuer Anbau im Bauernhausstil ist, der sich an den Garten und den Pool anschließt. Die Designerin wollte durch Oberflächen, Farben und Texturen harmonische Räume schaffen, die die Einflüsse der Lieblingsreiseziele der Eigentümer widerspiegeln. Sie kombinierte moderne und antike Möbel, um Proportionen und Ausgewogenheit zu erreichen. Die Farben reichen von Violett bis Rot und ergänzen die warmen Töne der Kiefer und die neutralen Farben. Die breiten Bodenlatten sind original, und die geschnitzten Details am Kamin verraten alte Baumethoden, die von der Liebe und Sorgfalt zeugen, die diesem Haus seit einigen hundert Jahren zuteil geworden sind. Hier gehen Vergangenheit und Gegenwart nahtlos ineinander über und eröffnen ein neues Kapitel im Leben dieser Familie.

Conçue pour une famille quittant Manhattan, l'objectif de cette rénovation était de créer une maison qui honore le passé, reflète les nombreux voyages de ses propriétaires et facilite la cohabitation de plusieurs générations. La maison date de 1785 et a deux façades. La façade avant conserve son aspect historique, tandis que la latérale est une nouvelle extension de style ferme qui se connecte au jardin et à la piscine. La designer s'est fixé pour objectif de créer des espaces harmonieux grâce à des finitions, des couleurs et des textures, reflétant les influences des destinations de voyage préférées des propriétaires. Elle a combiné des meubles modernes et anciens pour obtenir proportion et équilibre. Les couleurs vont du violet au rouge et complètent les tons chauds de pin et les neutres. Les larges planches de sol sont d'origine, et les détails sculptés dans la maison révèlent des méthodes de construction anciennes qui témoignent de l'amour et du soin dont cette maison a été privilégiée pendant quelques centaines d'années. Ici, le passé et le présent coexistent sans heurts en ouvrant un nouveau chapitre dans la vie de cette famille.

Diseñada para una familia que deja atrás Manhattan, el objetivo de esta reforma fue crear una casa que honre el pasado, refleje los numerosos viajes de sus propietarios y facilite la convivencia de varias generaciones. La casa es del año 1785 y tiene dos fachadas. La fachada frontal conserva su aspecto histórico, mientras que la lateral es una nueva extensión estilo granja que conecta con el jardín y la piscina. La diseñadora se propuso crear espacios armónicos a través de acabados, colores y texturas, reflejando influencias de los destinos de viaje favoritos de los propietarios. Combinó muebles modernos y antiguos para conseguir proporción y equilibrio. Los colores van desde violetas hasta rojos y complementan los tonos cálidos de pino y neutros. Los anchos listones del suelo son originales, y los detalles tallados en el hogar, revelan métodos de construcción antiguos que marcan el amor y cuidado al cual esta casa ha sido privilegiada durante unos cuantos cientos de años. Aquí, el pasado y el presente coexisten sin problemas abriendo un nuevo capítulo en la vida de esta familia.

187

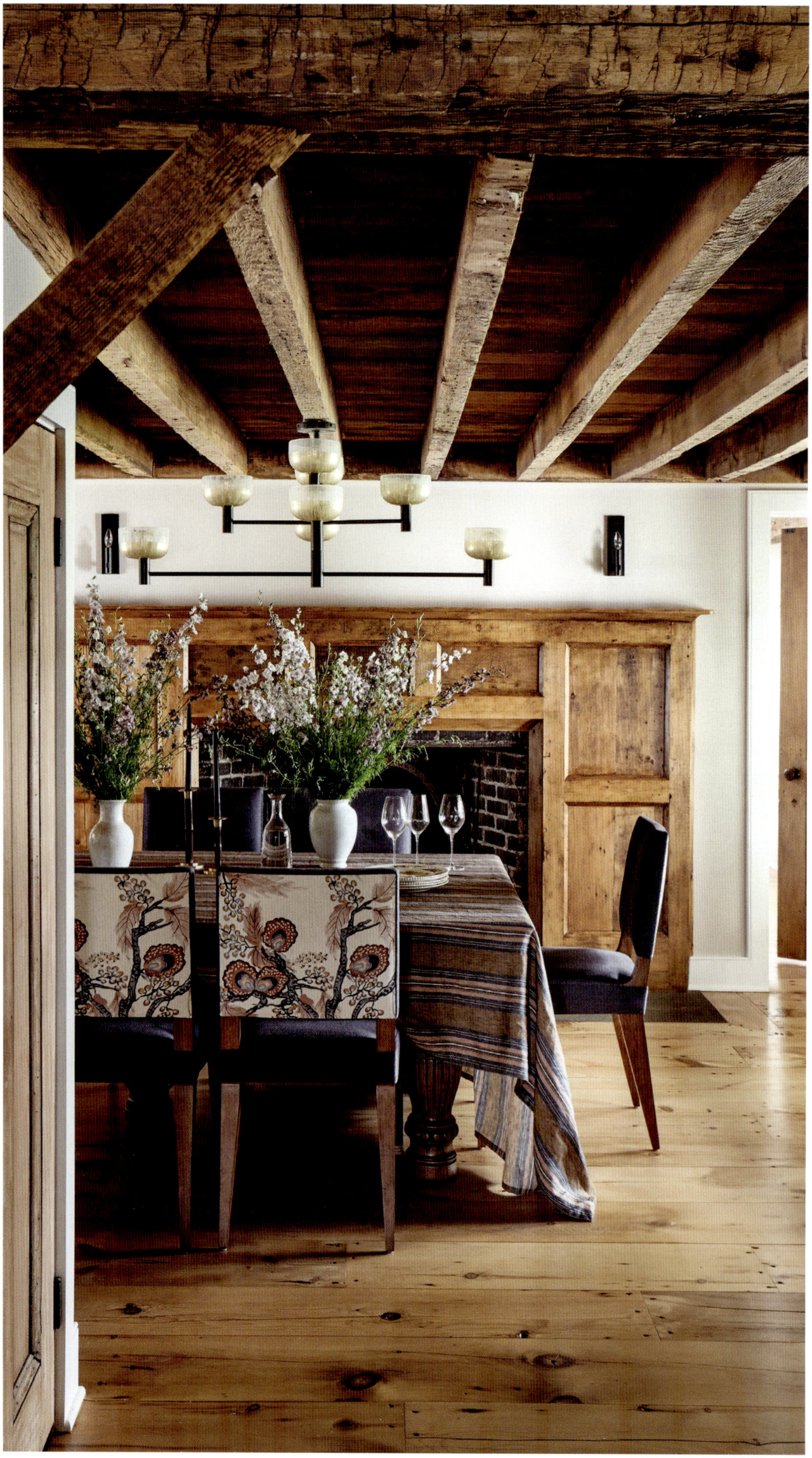

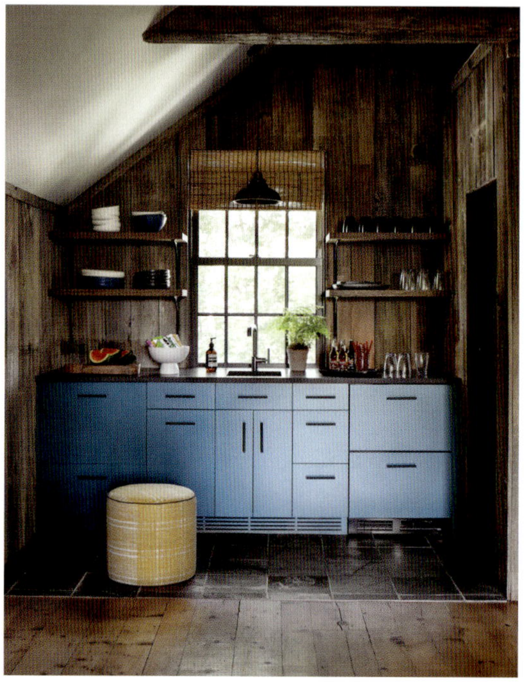

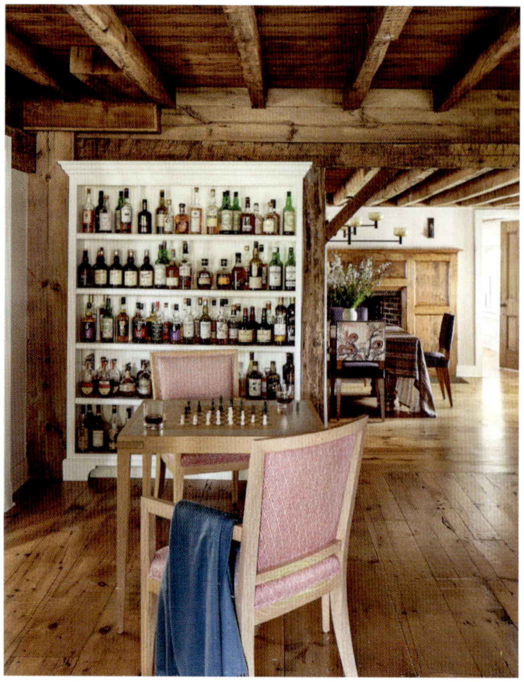

189

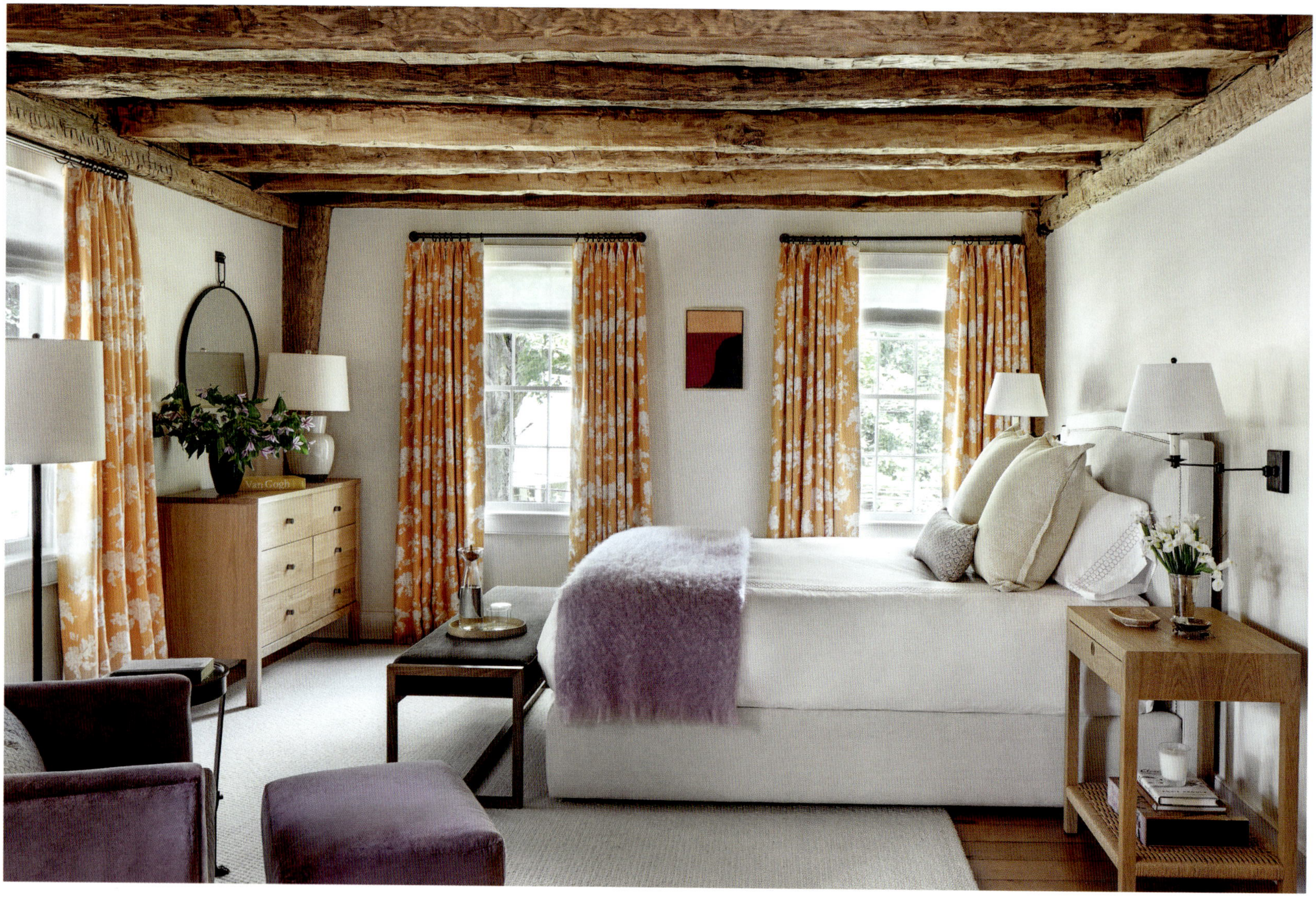

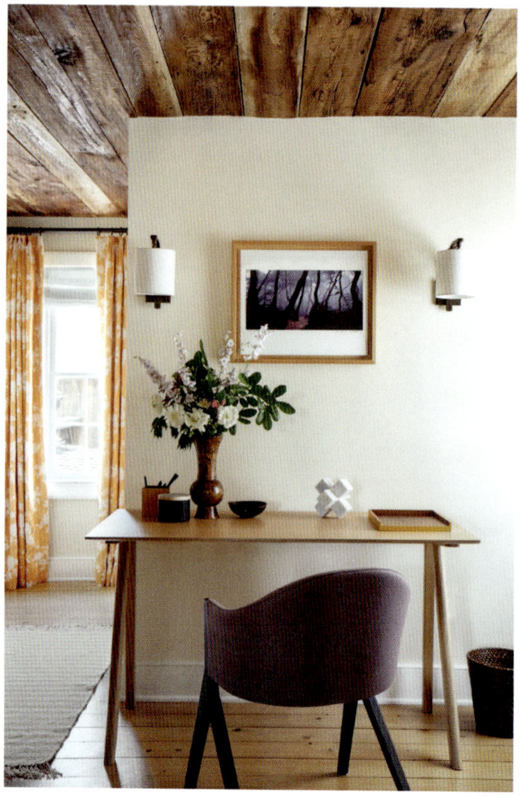

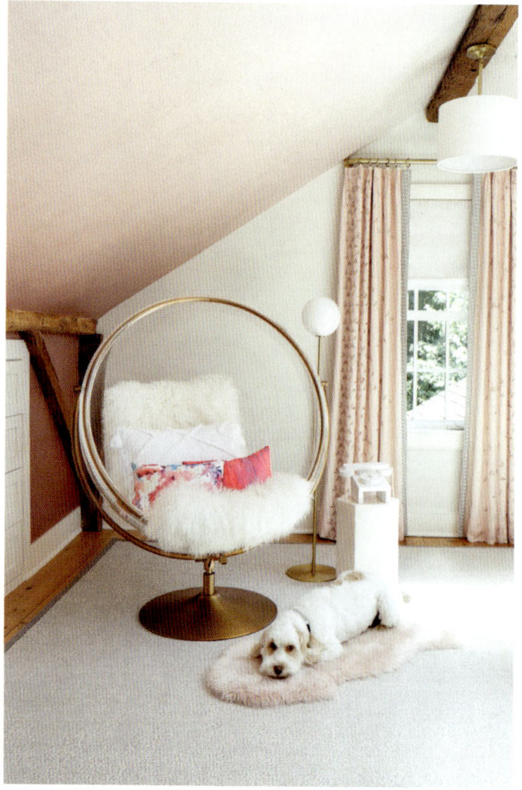

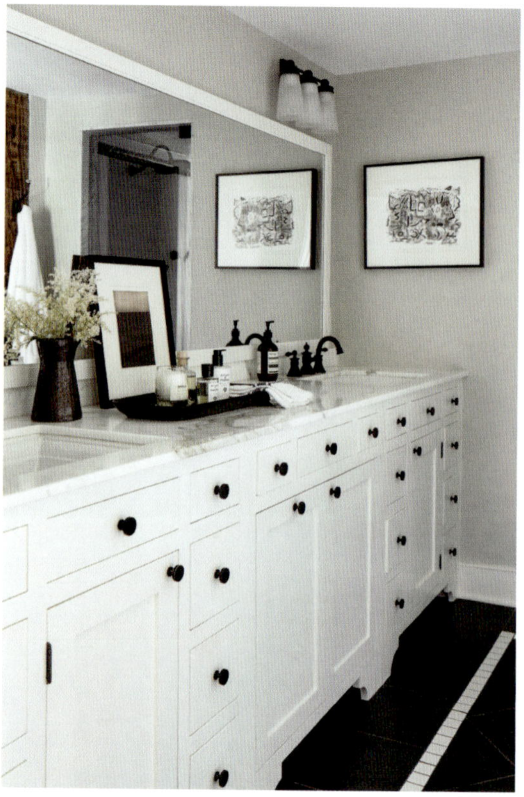

191

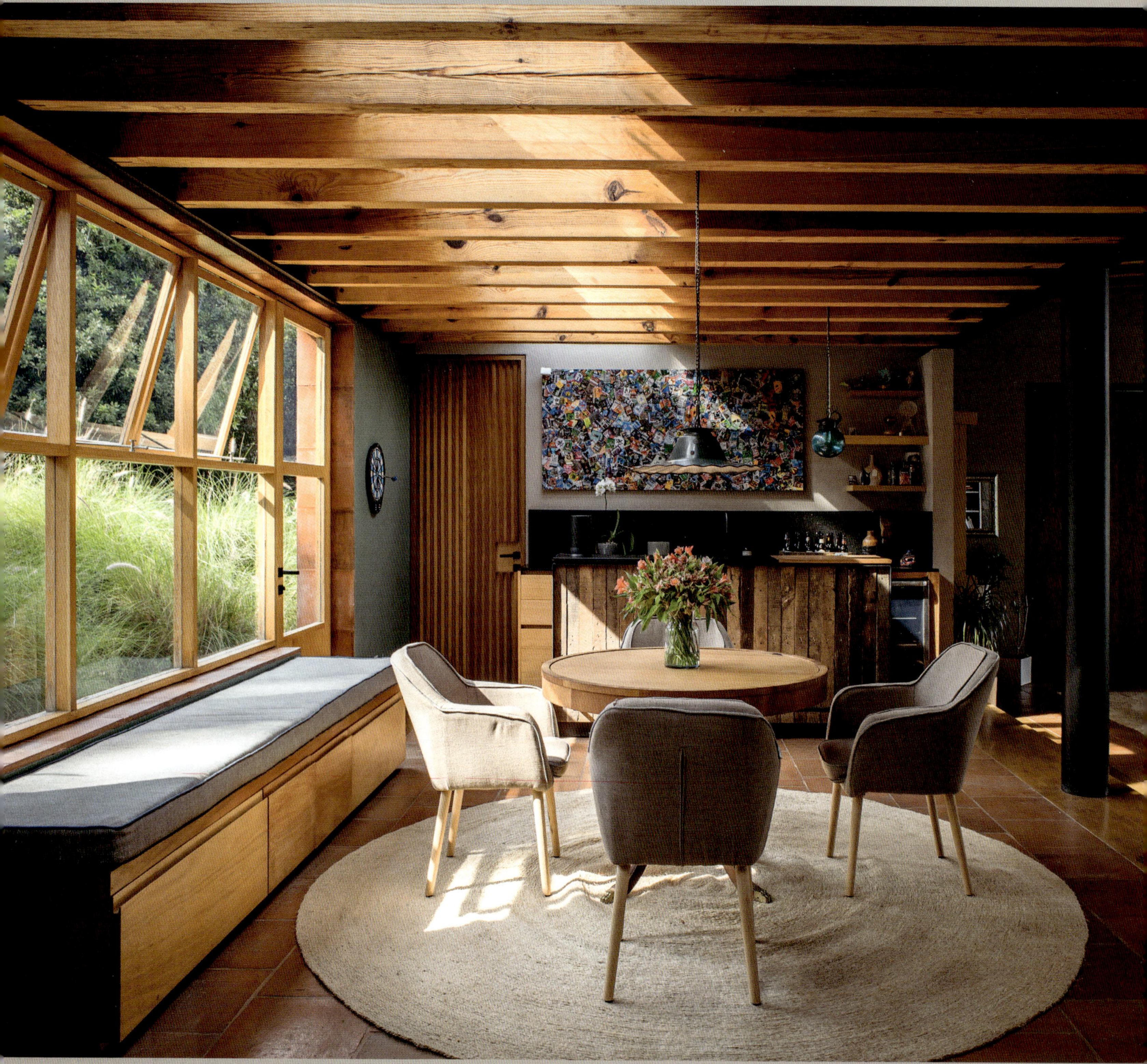

Founded by architect Luis Miguel Aguilar, LAX is a studio that believes in the diversity and integration of architectural design disciplines. Its approach goes beyond the mere construction of buildings, and focuses on creating spaces that harmonise with their surroundings, respecting ecology and improving the quality of life. Its Mexican identity is a source of inspiration, but does not limit it. The studio explores the possibilities offered by local culture alongside those of the contemporary world and new technologies. For LAX, each project is an opportunity to create unique, original and relevant solutions, always adapted to the client's needs and in tune with the demands of society.

Das von dem Architekten Luis Miguel Aguilar gegründete Studio LAX setzt auf die Vielfalt und die Integration der architektonischen Designdisziplinen. Sein Ansatz geht über die reine Konstruktion von Gebäuden hinaus und konzentriert sich auf die Schaffung von Räumen, die mit ihrer Umgebung harmonieren, die Ökologie respektieren und die Lebensqualität verbessern. Die mexikanische Identität ist eine Quelle der Inspiration, schränkt sie aber nicht ein. Das Studio erforscht die Möglichkeiten der lokalen Kultur ebenso wie die der modernen Welt und der neuen Technologien. Für LAX ist jedes Projekt eine Gelegenheit, einzigartige, originelle und relevante Lösungen zu schaffen, die stets an die Bedürfnisse des Kunden angepasst sind und mit den Anforderungen der Gesellschaft im Einklang stehen.

Fondé par l'architecte Luis Miguel Aguilar, LAX est un studio qui croit en la diversité et l'intégration des disciplines du design architectural. Son approche va au-delà de la simple construction de bâtiments et se concentre sur la création d'espaces harmonieux avec leur environnement, respectant l'écologie et améliorant la qualité de vie. Son identité mexicaine est une source d'inspiration, mais ne la limite pas. Le studio explore les possibilités offertes par la culture locale ainsi que par le monde contemporain et les nouvelles technologies. Pour LAX, chaque projet est une opportunité de créer des solutions uniques, originales et pertinentes, toujours adaptées aux besoins du client et en harmonie avec les demandes de la société.

Fundado por el arquitecto Luis Miguel Aguilar, LAX es un estudio que cree en la diversidad y la integración de las disciplinas del diseño arquitectónico. Su enfoque va más allá de la mera construcción de edificios, y se centra en crear espacios que armonicen con su entorno, respetando la ecología y mejorando la calidad de vida. Su identidad mexicana es fuente de inspiración, pero no lo limita. El estudio explora las posibilidades que ofrece la cultura local junto con las del mundo contemporáneo y las nuevas tecnologías. Para LAX, cada proyecto es una oportunidad para crear soluciones únicas, originales y relevantes, siempre adaptadas a las necesidades del cliente y en sintonía con las demandas de la sociedad.

**LAX**

LUIS AGUILAR

www.laxarquitectura.com

# PUIG HOUSE

VALLE DE BRAVO, MEXICO || PHOTOS © MAVIX/RAÚL HERNÁNDEZ

Strategically located on the top of a wooded hill in the south of Valle de Bravo, this residence integrates the functions of a permanent home and a place to work. The construction takes advantage of the orientation of the terrain, and ensures optimal lighting and ventilation throughout the day. A central courtyard fluidly articulates the public and private areas, while various covered, semi-covered and open-air terraces intertwine with the lush vegetation, creating spaces for intimate and peaceful conviviality. The house offers panoramic views of the exceptional landscape. To minimise elements that interrupt this panorama, a large v-shaped piece of metal supports the roof on the terrace. The predominant materials are wood, metal, glass and stone, not only because they blend in with the landscape, but also because they are low maintenance. The conservation of the environment was key in the architectural conception, as well as an exhaustive selection of rustic and traditional materials that lead the user to experience nature.

Dieses Haus liegt strategisch günstig auf einem bewaldeten Hügel im Süden von Valle de Bravo und vereint die Funktionen eines ständigen Wohnsitzes und eines Arbeitsplatzes. Die Konstruktion macht sich die Ausrichtung des Geländes zunutze und sorgt für eine optimale Belichtung und Belüftung während des gesamten Tages. Ein zentraler Hof gliedert die öffentlichen und privaten Bereiche fließend, während verschiedene überdachte, halbüberdachte und Freiluftterrassen mit der üppigen Vegetation verschmelzen und Räume für intime und friedliche Geselligkeit schaffen. Das Haus bietet einen Panoramablick auf die außergewöhnliche Landschaft. Um störende Elemente zu minimieren, stützt ein großes v-förmiges Metallstück das Dach auf der Terrasse. Die vorherrschenden Materialien sind Holz, Metall, Glas und Stein, nicht nur, weil sie sich in die Landschaft einfügen, sondern auch, weil sie wartungsarm sind. Bei der architektonischen Konzeption stand die Erhaltung der Umwelt im Vordergrund, ebenso wie die sorgfältige Auswahl rustikaler und traditioneller Materialien, die den Nutzer die Natur erleben lassen.

Stratégiquement située au sommet d'une colline boisée au sud de Valle de Bravo, cette résidence intègre les fonctions de résidence habituelle et de lieu de travail. La construction profite de l'orientation du terrain, et garantit un éclairage et une ventilation optimaux tout au long de la journée. Un patio central articule avec fluidité les espaces publics et privés, tandis que diverses terrasses couvertes, semi-couvertes et à ciel ouvert s'entrelacent avec la végétation luxuriante, créant des espaces de coexistence intime et paisible. La maison offre une vue panoramique sur le paysage exceptionnel. Pour minimiser les éléments qui interrompent cette vue panoramique, une grande pièce métallique en forme de « V » soutient le toit de la terrasse. Les matériaux prédominants sont le bois, le métal, le verre et la pierre, non seulement parce qu'ils s'intègrent au paysage, mais aussi parce qu'ils nécessitent peu d'entretien. La conservation de l'environnement a été essentielle dans la conception architecturale, ainsi qu'une sélection exhaustive de matériaux rustiques et traditionnels qui amènent l'utilisateur à faire l'expérience de la nature.

Situada estratégicamente en la cima de una colina boscosa en el sur del Valle de Bravo, esta residencia integra las funciones de vivienda habitual y sitio de trabajo. La construcción aprovecha la orientación del terreno, y garantiza una óptima iluminación y ventilación durante todo el día. Un patio central articula de manera fluida las áreas públicas y privadas, mientras que diversas terrazas cubiertas, semi cubiertas y al aire libre se entrelazan con la exuberante vegetación, creando espacios de convivencia íntima y tranquila. La casa ofrece vistas panorámicas al paisaje excepcional. Para minimizar elementos que interrumpan esta panorámica, una gran pieza de metal en forma de «v» sostiene el techo en la terraza. Los materiales que predominan son la madera, metal, vidrio y la piedra, no sólo porque combinan con el paisaje, sino también porque tienen un bajo mantenimiento. La conservación del entorno fue clave en la concepción arquitectónica, así como una selección exhaustiva de materiales rústicos y tradicionales que llevan al usuario a experimentar la naturaleza.

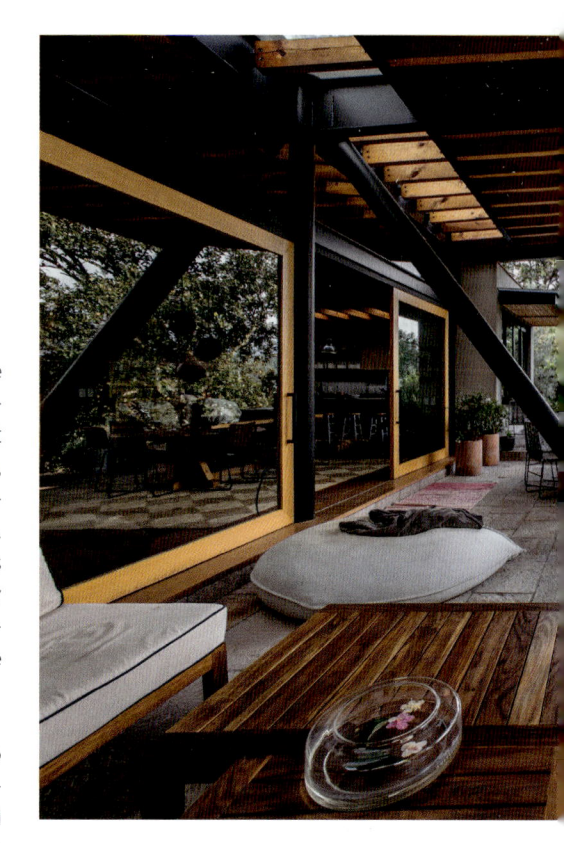

Sections

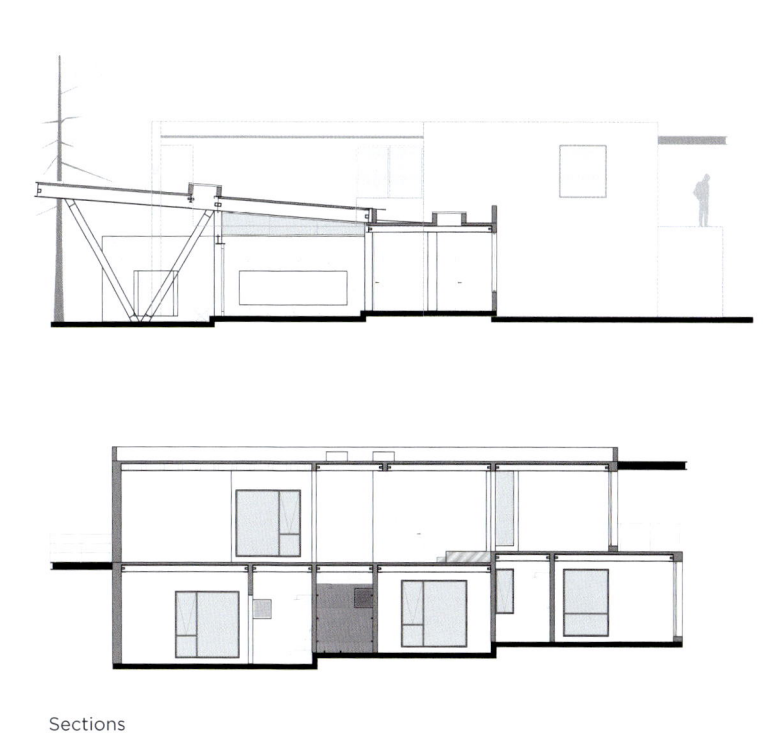

195

First floor plan

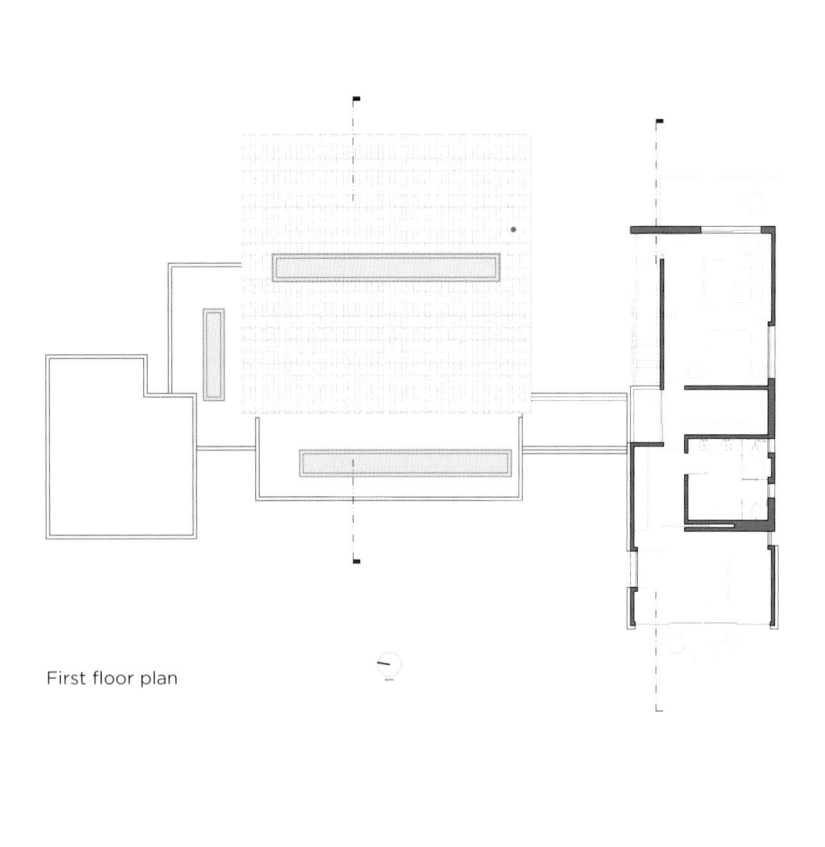

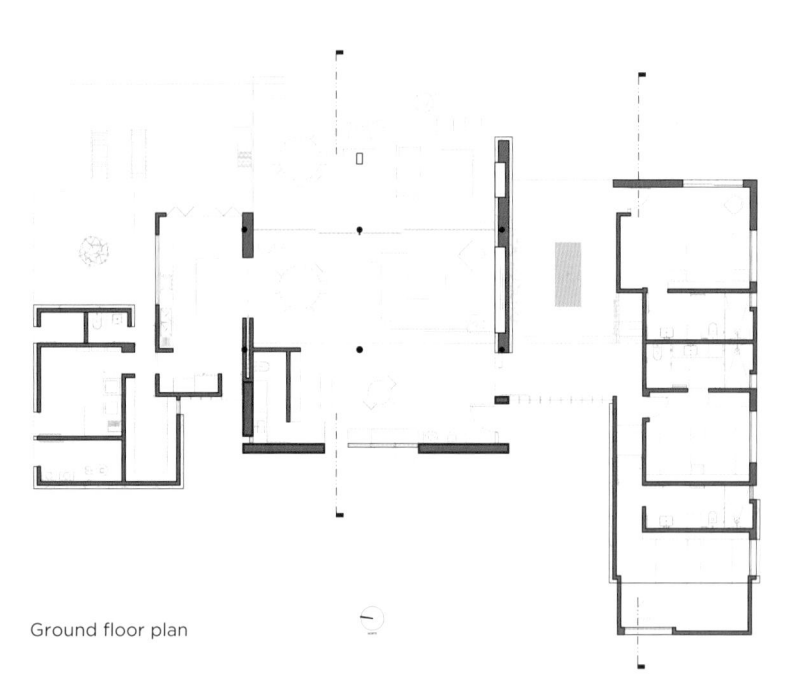

Ground floor plan

196

197

Front elevation

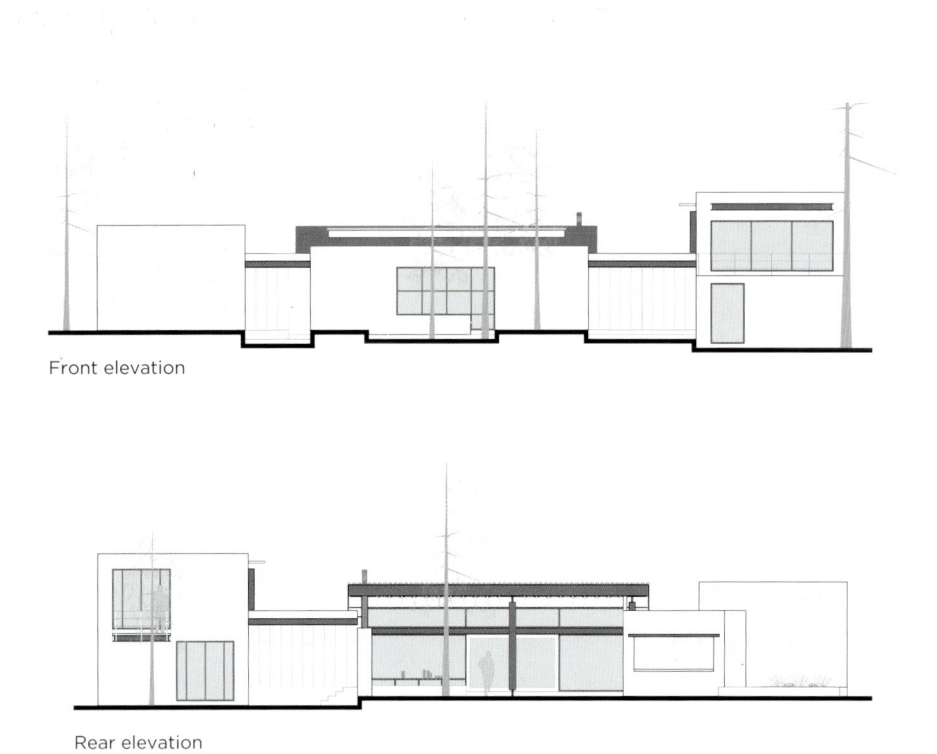

Rear elevation

198

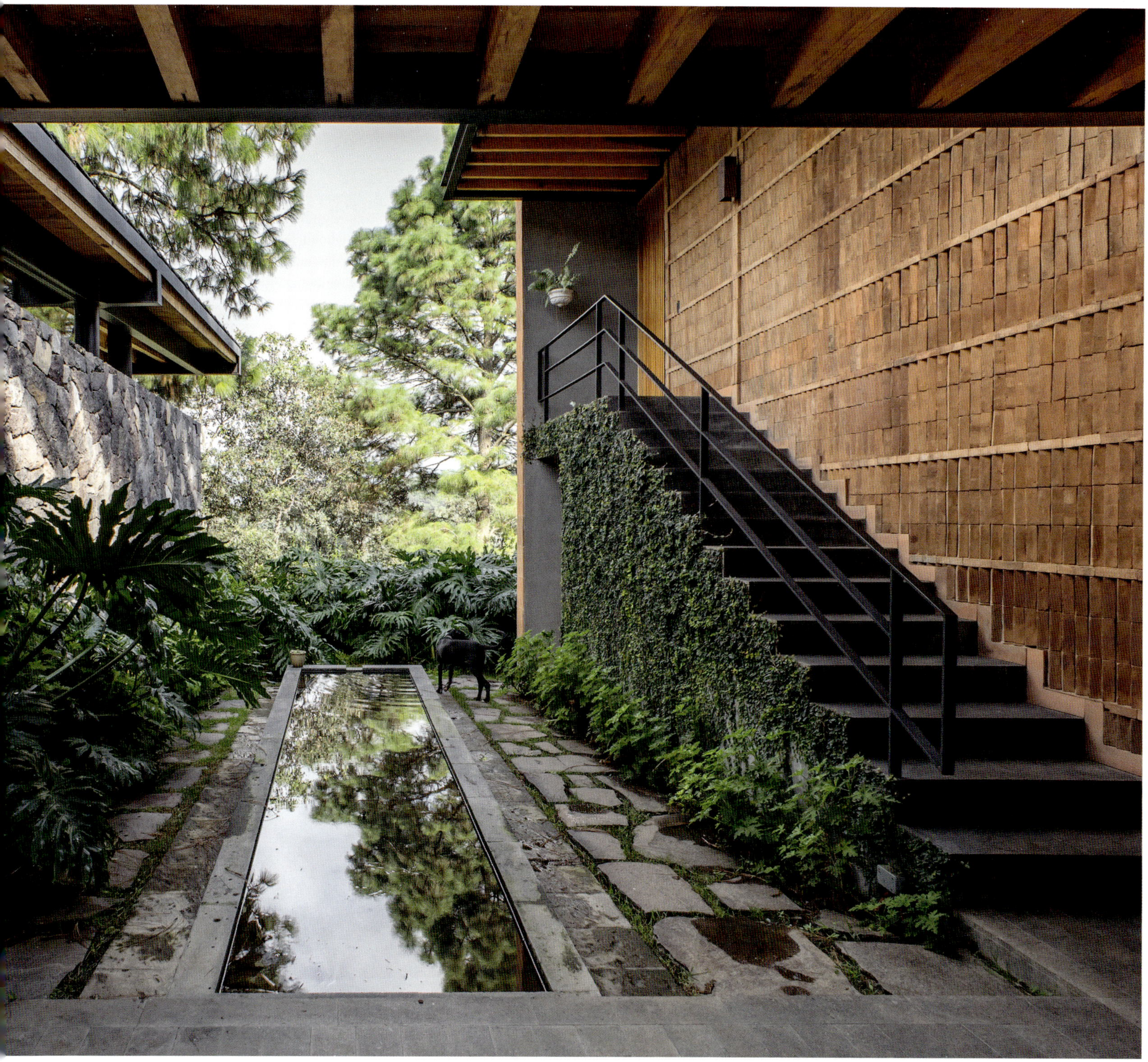

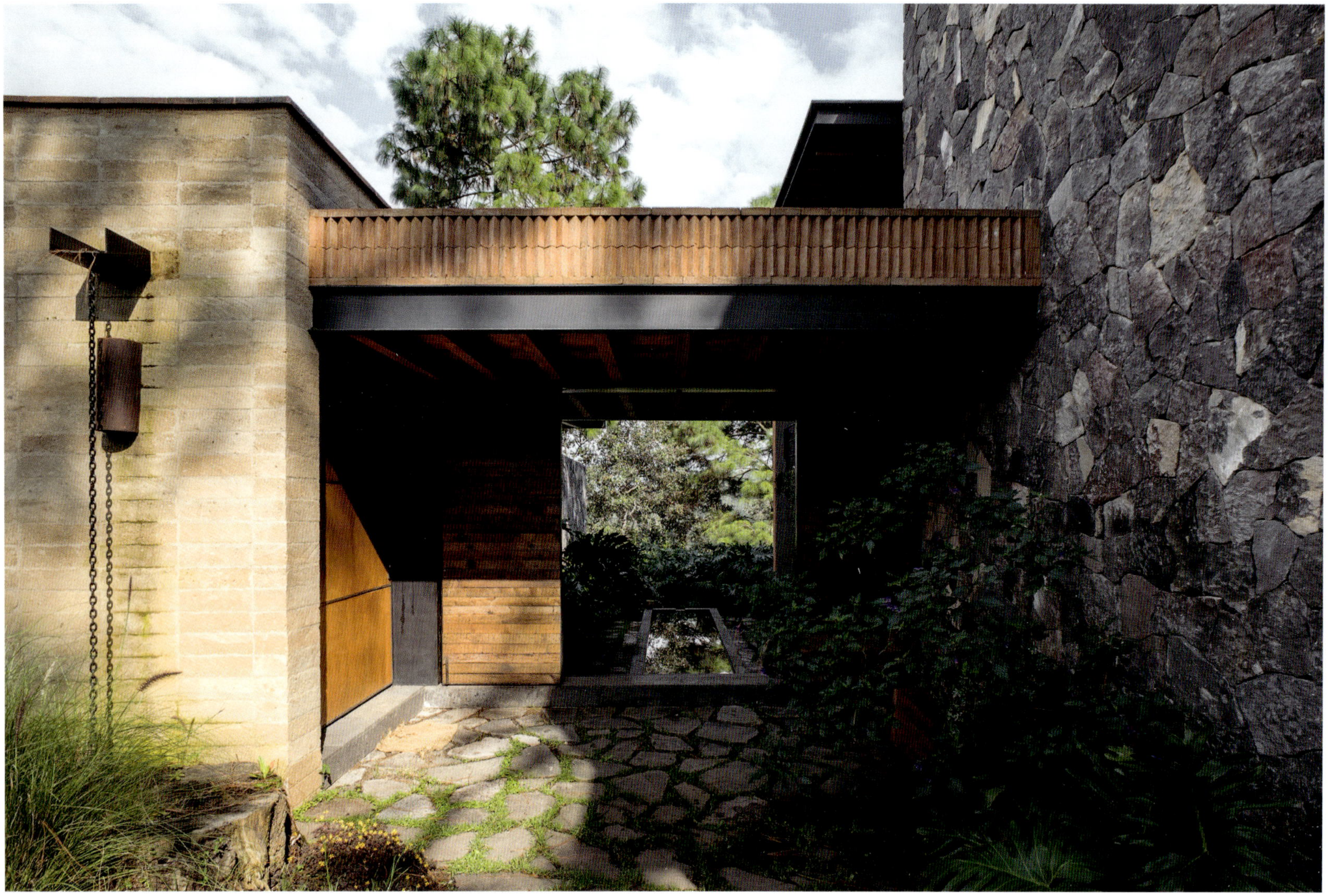

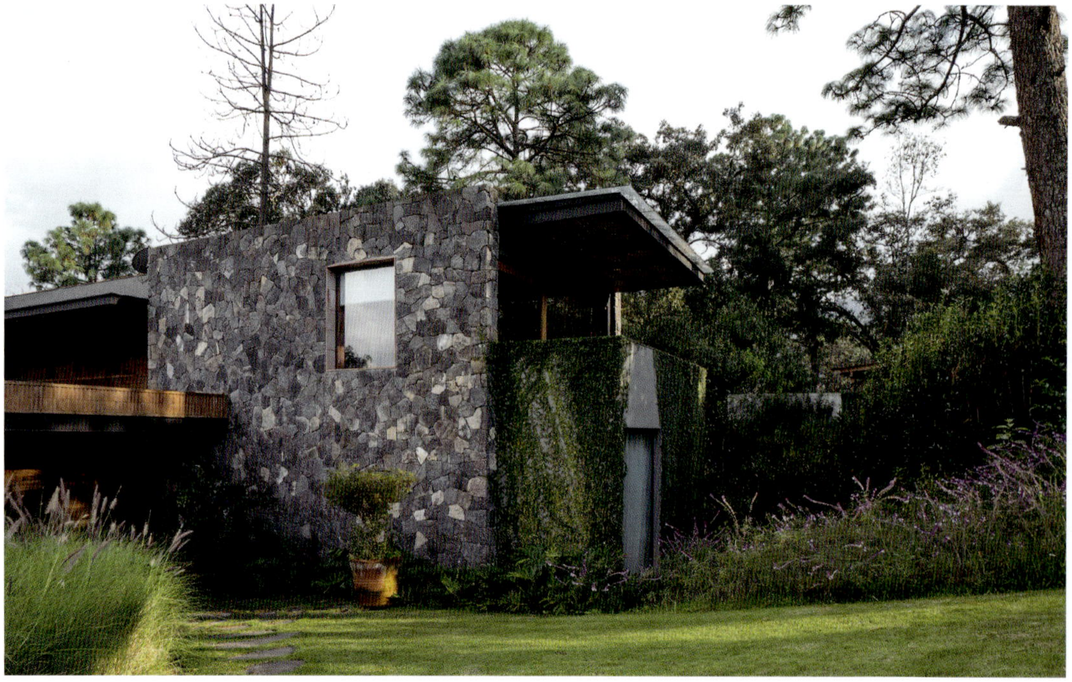

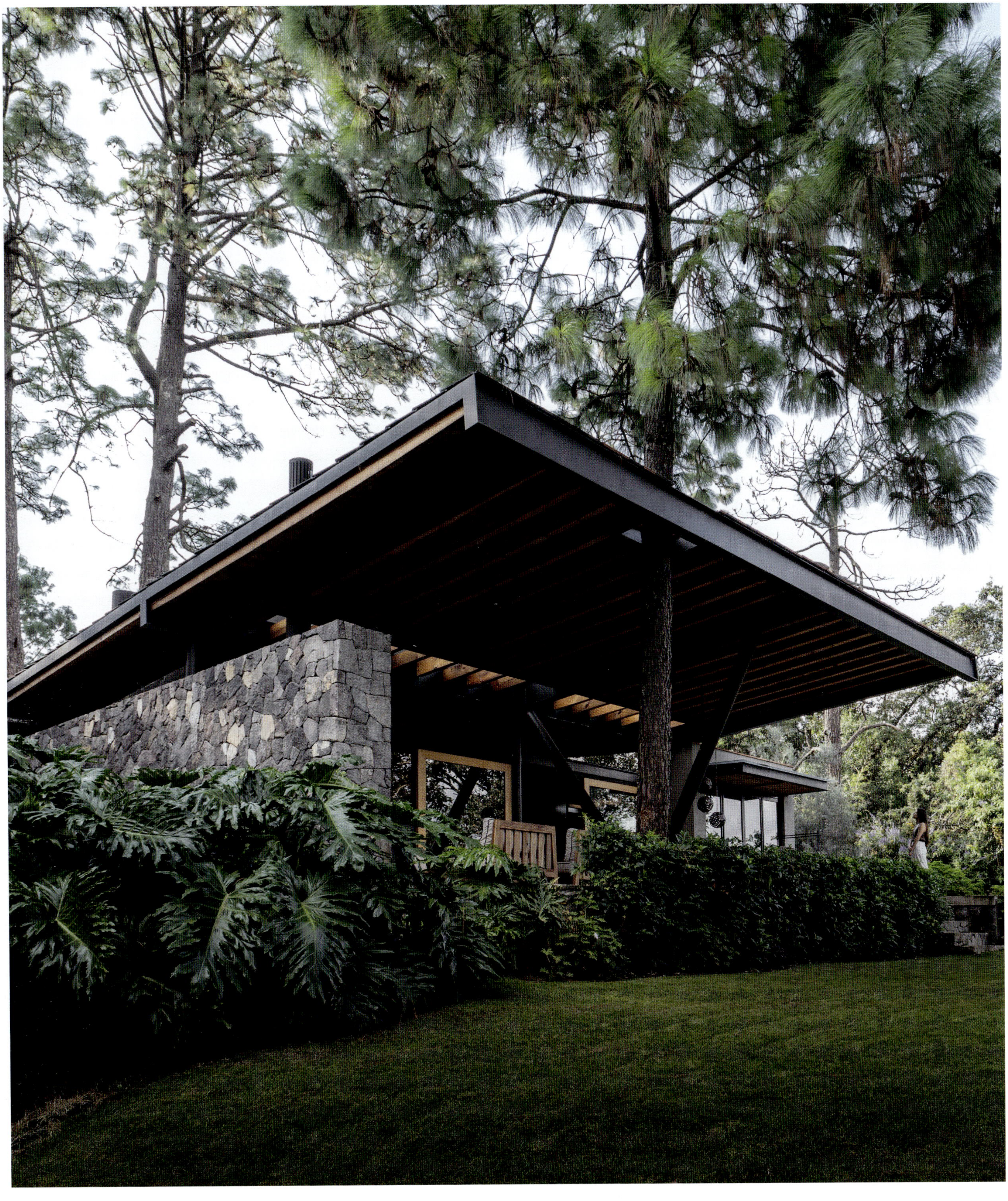

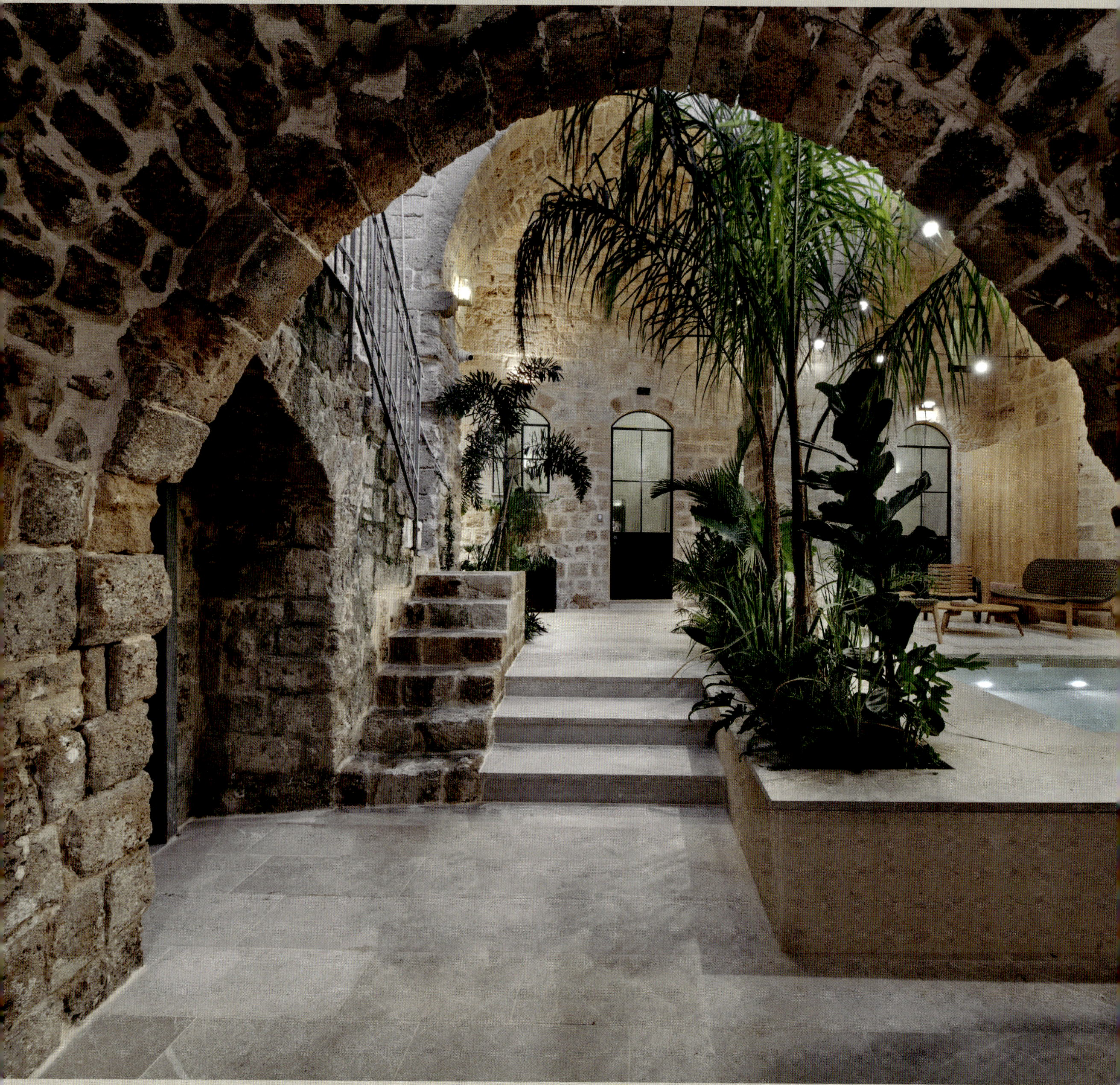

The Michal Matalon Home Maker studio specializes in the planning and design of buildings for conservation, boutique hotels, and private residences. Since its founding in 2008, the firm has been dedicated to creating distinctive spaces. Its designs combine functionality, convenience, and a welcoming atmosphere, resulting in spaces as attractive as they are practical.

Michal Matalon Home Maker ist auf die Planung und Gestaltung von denkmalgeschützten Gebäuden, Boutique-Hotels und Privatwohnungen spezialisiert. Seit der Gründung ihres Unternehmens im Jahr 2008 widmet sich die Firma der Gestaltung unverwechselbarer Räume. Ihre Entwürfe vereinen Funktionalität, Komfort und eine einladende Atmosphäre und schaffen so Räume, die ebenso attraktiv wie praktisch sind.

Le studio Michal Matalon Home Maker se spécialise dans la planification et la conception de bâtiments pour la conservation, les hôtels-boutiques et les résidences privées. Depuis la fondation de son entreprise en 2008, la société s'est consacrée à la création d'espaces distinctifs. Ses conceptions combinent fonctionnalité, commodité et une atmosphère chaleureuse, ce qui se traduit par des espaces aussi attrayants que pratiques.

El estudio Michal Matalon Home Maker se especializa en la planificación y el diseño de edificios para la conservación, hoteles boutique y residencias privadas. Desde la fundación de su empresa en 2008, la firma se ha dedicado a crear espacios distintivos. Sus diseños combinan funcionalidad, conveniencia y una atmósfera acogedora, lo que resulta en espacios tan atractivos como prácticos.

## MICHAL MATALON - HOME MAKER
MICHAL MATALON

www.michalmatalon.com

# MELISENDE OASIS

ACRE, ISRAEL || PHOTOS © KARIN RAVENNA

Studio Home-Maker has revived an old Ottoman house, turning it into a Mediterranean-style boutique hotel. The Melisende Boutique Hotel emerges as a beacon of luxury in the historic district of Acre, a city declared a UNESCO World Heritage Site. The hotel consists of six buildings around 500 years old, all facing a picturesque alley. The latest addition is the Melissande Oasis, a complex that includes three suites and an inner courtyard with a relaxation area and a swimming pool. Under the supervision of the Antiquities Authority, an excavation was carried out that restored the building to its Ottoman-era form. The renovation combined ancient heritage with contemporary opulence. Thus, Ottoman arches and structures pay homage to local history, while modern furniture offers the comforts of a luxurious retreat. The courtyard is a green oasis, with Corten metal planters overflowing with lush flora. A cascade of string lights adorns the relaxation area, creating a warm and inviting atmosphere ideal for this oasis of serenity.

Das Studio Home-Maker hat ein altes osmanisches Haus in ein Hotel im mediterranen Stil umgewandelt. Das Melisende Boutique Hotel ist ein Leuchtturm des Luxus im historischen Viertel der Weltkulturerbestadt Akko. Das Hotel besteht aus sechs 500 Jahre alten Gebäuden, die alle auf eine malerische Gasse ausgerichtet sind. Die jüngste Erweiterung ist die Melissande Oasis, ein Komplex, der drei Suiten und einen Innenhof mit Lounge-Bereich und Swimmingpool umfasst. Unter der Aufsicht der Antikenbehörde wurden Ausgrabungen durchgeführt, die das Gebäude in seiner Form aus der osmanischen Zeit wiederherstellten. Bei der Renovierung wurde das antike Erbe mit zeitgenössischer Opulenz kombiniert. Osmanische Bögen und Strukturen sind eine Hommage an die lokale Geschichte, während die moderne Einrichtung den Komfort eines luxuriösen Rückzugsortes bietet. Der Innenhof ist eine grüne Oase mit Pflanzgefäßen aus Corten-Metall, die mit üppiger Flora bepflanzt sind. Eine Kaskade von Lichtergirlanden schmückt den Sitzbereich und schafft eine warme und einladende Atmosphäre, die ideal für diese Oase der Gelassenheit ist.

Studio Home-Maker a ressuscité une ancienne maison ottomane pour en faire un hôtel de style méditerranéen. Le Melisende Boutique Hotel émerge comme un phare de luxe dans le quartier historique d'Acre, une ville classée au patrimoine mondial. L'hôtel se compose de six bâtiments datant d'environ 500 ans, donnant tous sur une ruelle pittoresque. La dernière addition a été l'Oasis de Melissande, un complexe comprenant trois suites et une cour intérieure avec espace détente et piscine. Sous la supervision de l'Autorité des Antiquités, des fouilles ont été menées pour redonner au bâtiment sa forme d'origine ottomane. La rénovation a combiné l'héritage ancien avec l'opulence contemporaine. Ainsi, les arcs et les structures ottomanes rendent hommage à l'histoire locale, tandis que les meubles modernes offrent le confort d'une retraite luxueuse. La cour est un oasis verdoyant, avec des jardinières en métal Corten débordantes de flore luxuriante. Une cascade de guirlandes lumineuses décore la zone de détente, créant une atmosphère chaleureuse et accueillante idéale pour cet oasis de sérénité.

Studio Home-Maker ha resucitado una antigua casa otomana, para convertirla en hotel de estilo mediterráneo. El Melisende Boutique Hotel emerge como un faro de lujo en el barrio histórico de Acre, ciudad declarada Patrimonio de la Humanidad. El hotel consta de seis edificaciones que rondan los 500 años de antigüedad y que dan todas a un pintoresco callejón. La última incorporación ha sido el Melissande Oasis, un complejo que incluye tres suites y un patio interior con zona de descanso y una piscina. Con la supervisión de la Autoridad de Antigüedades, se llevó a cabo una excavación que devolvió al edificio la forma que tenía en época otomana. La renovación combinó la herencia antigua con la opulencia contemporánea. Así, arcos y estructuras otomanas rinden homenaje a la historia local, mientras que los muebles modernos ofrecen las comodidades de un retiro lujoso. El patio es un oasis verde, con maceteros de metal Corten rebosantes de exuberante flora. Una cascada de luces de guirnalda adorna el área de descanso, creando una atmósfera cálida y acogedora ideal para este oasis de serenidad.

205

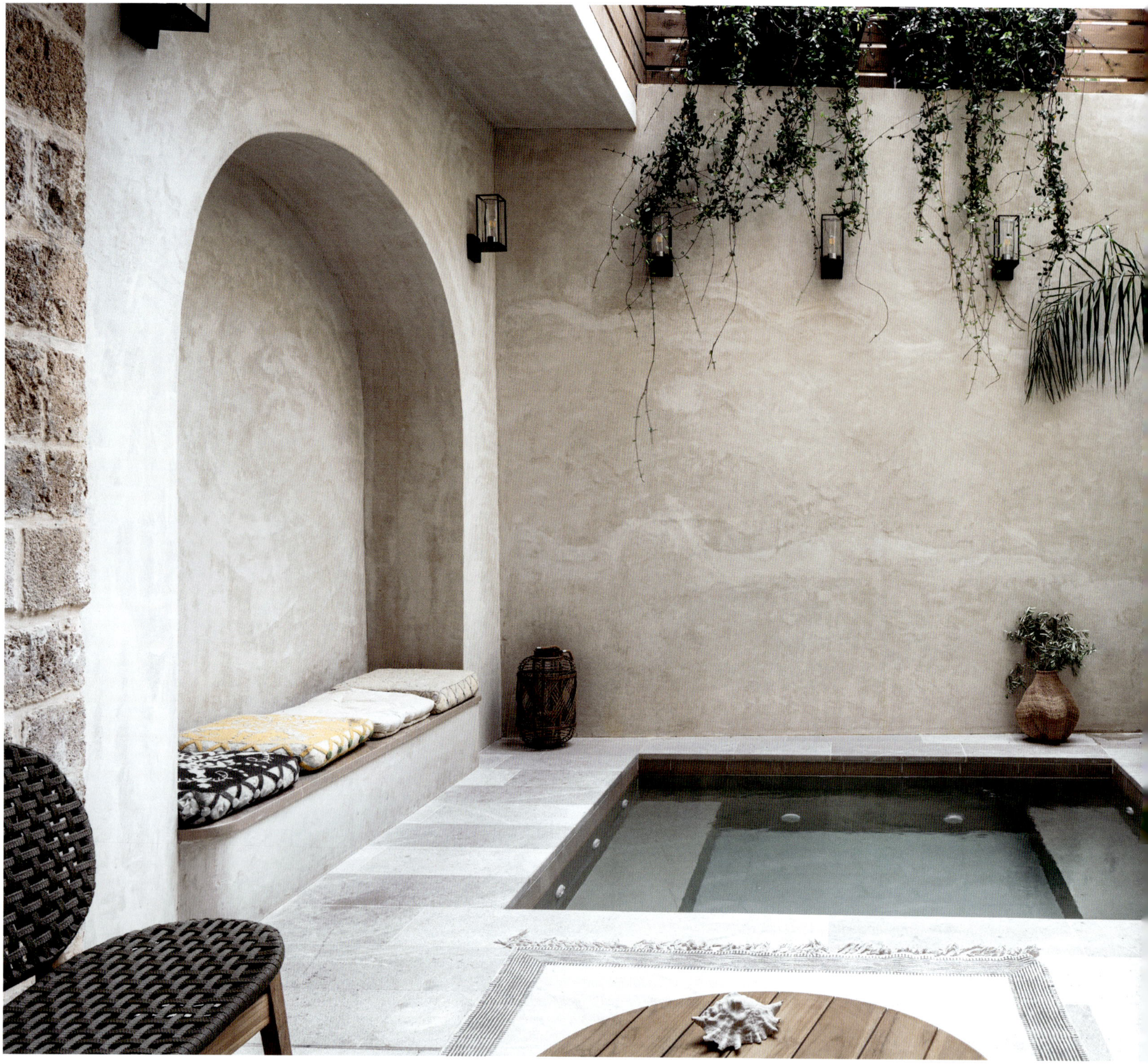

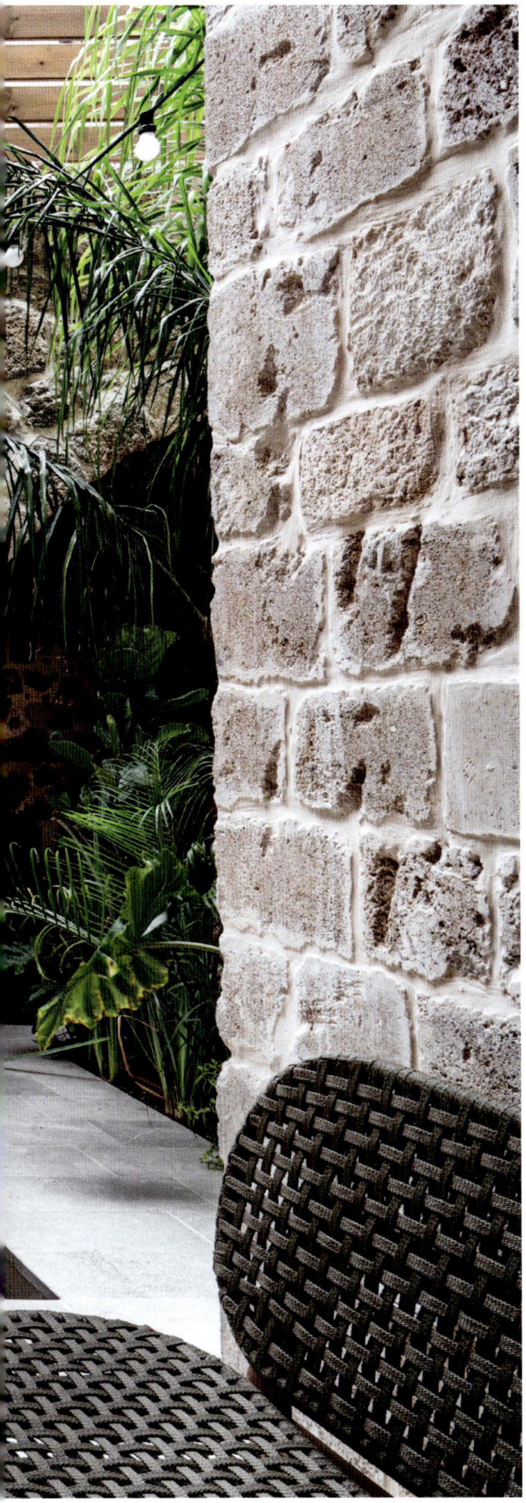

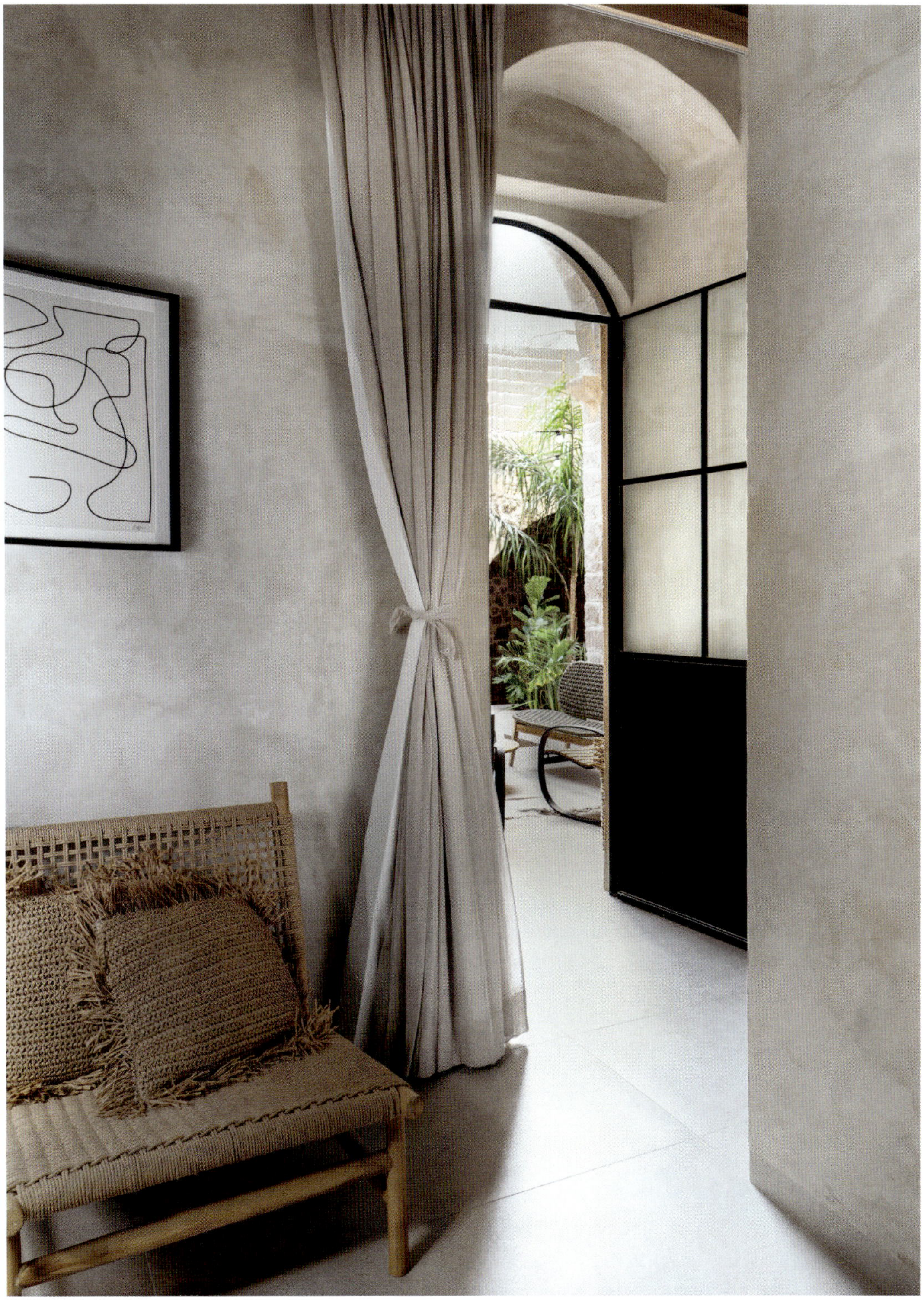

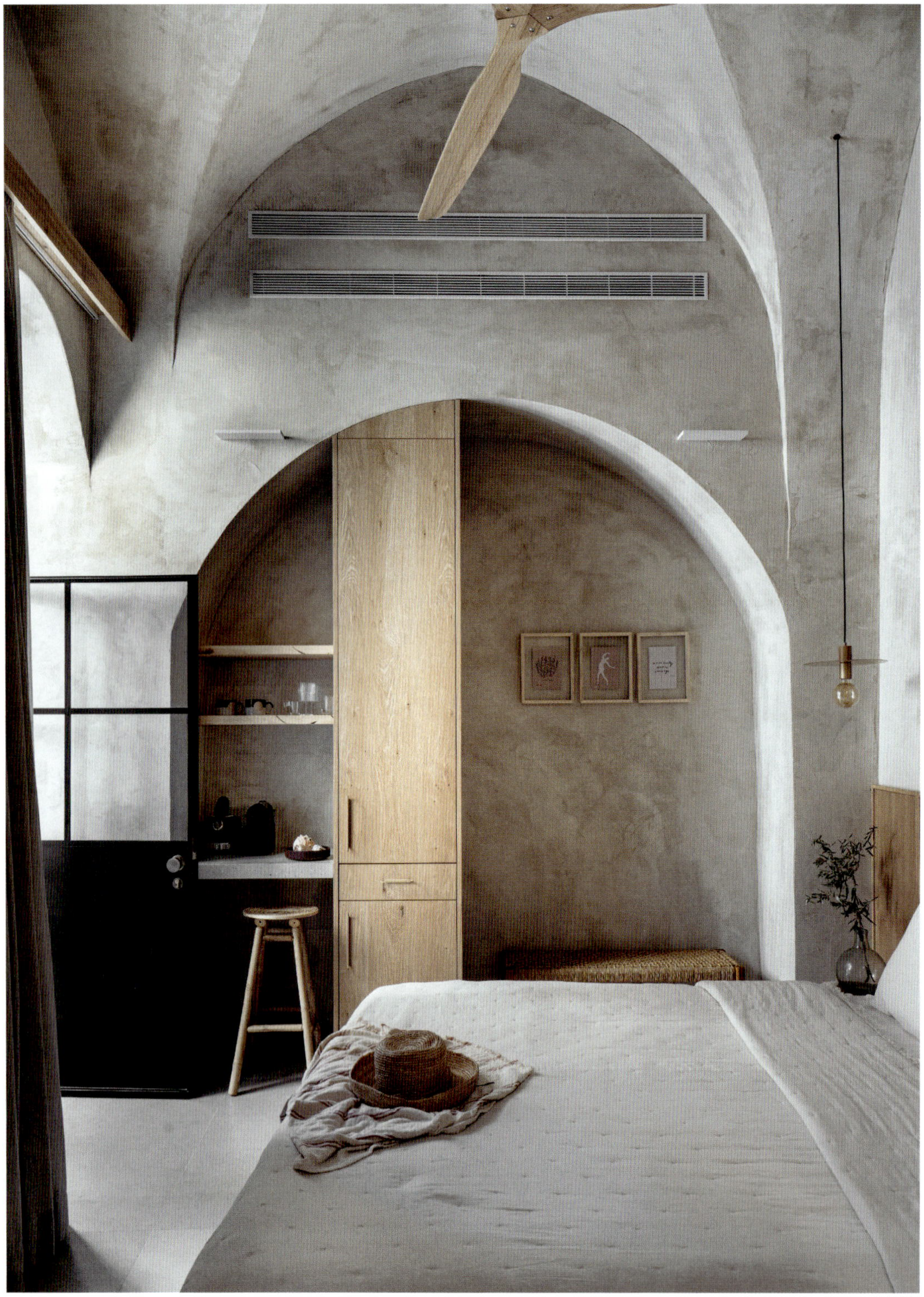

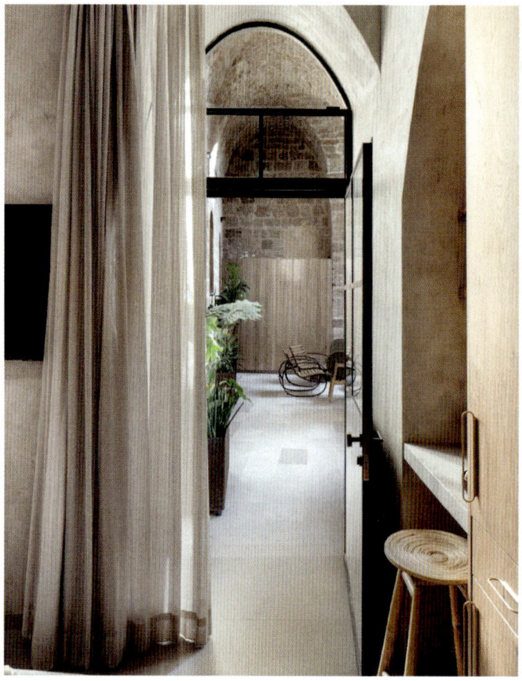

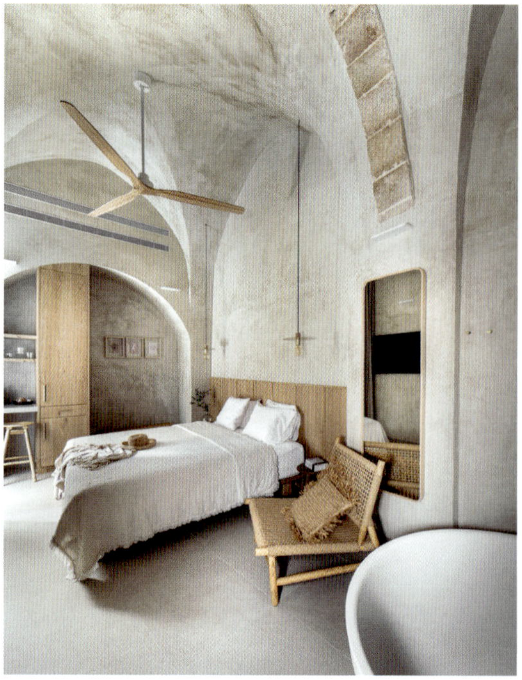

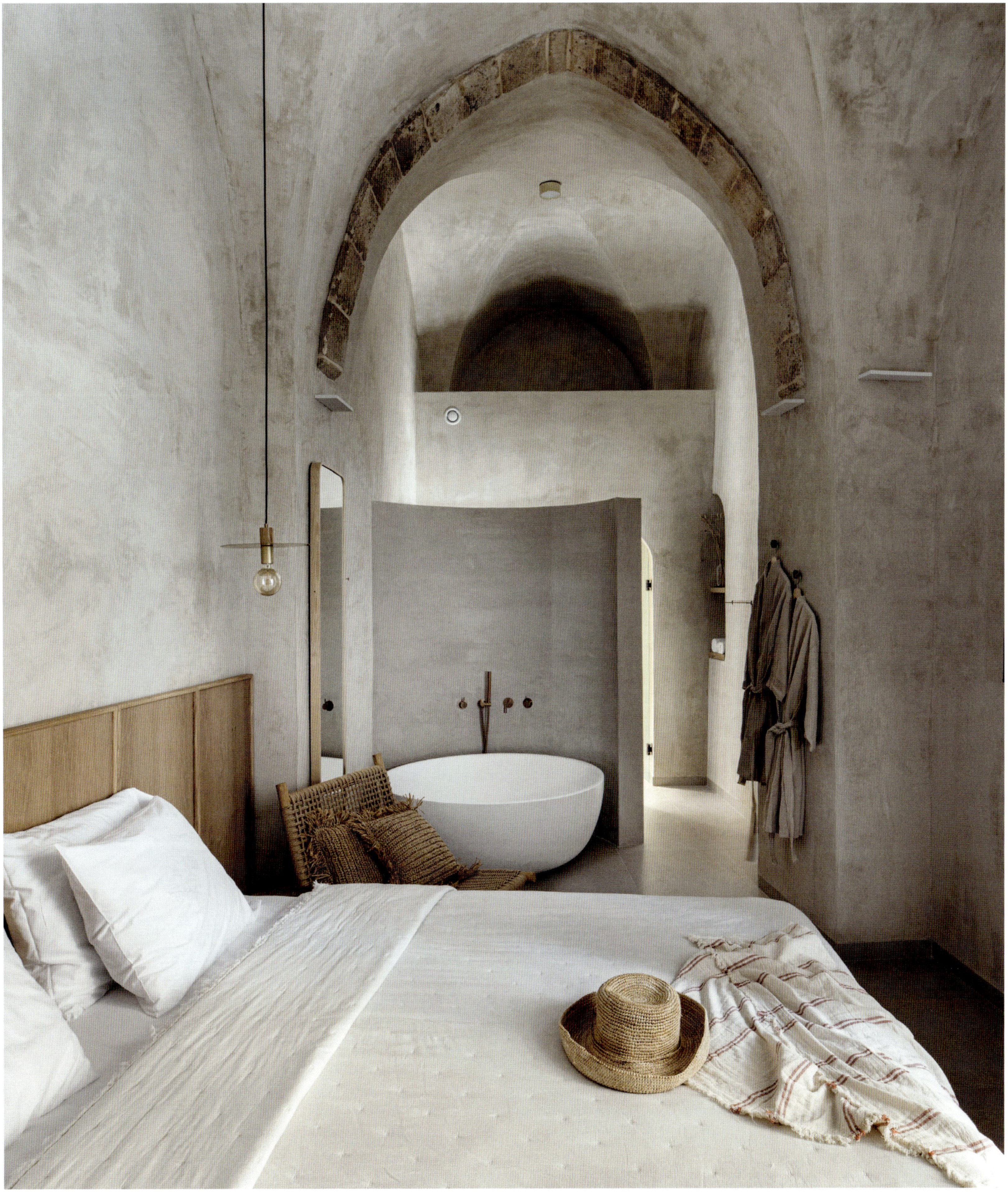

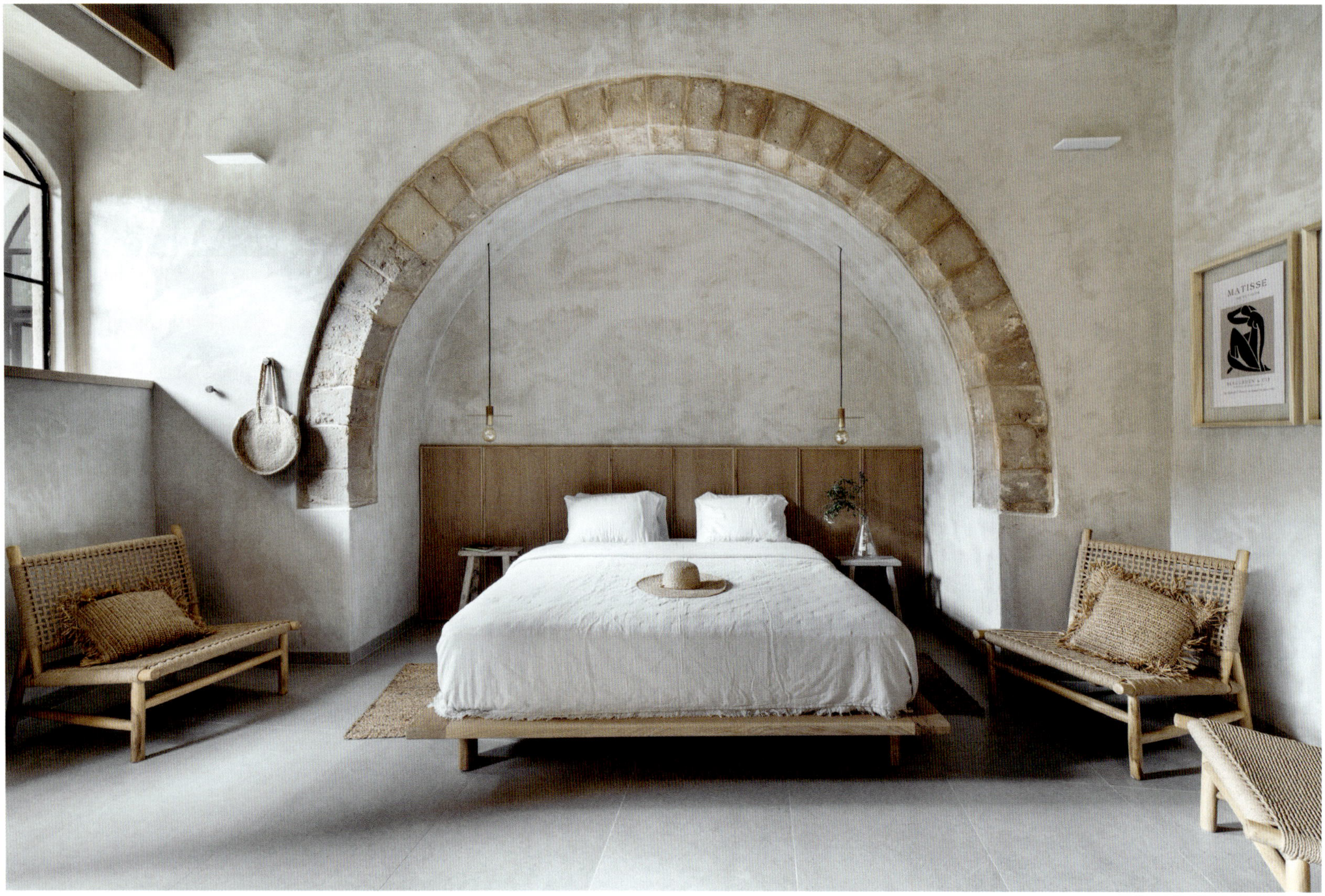
MATISSE

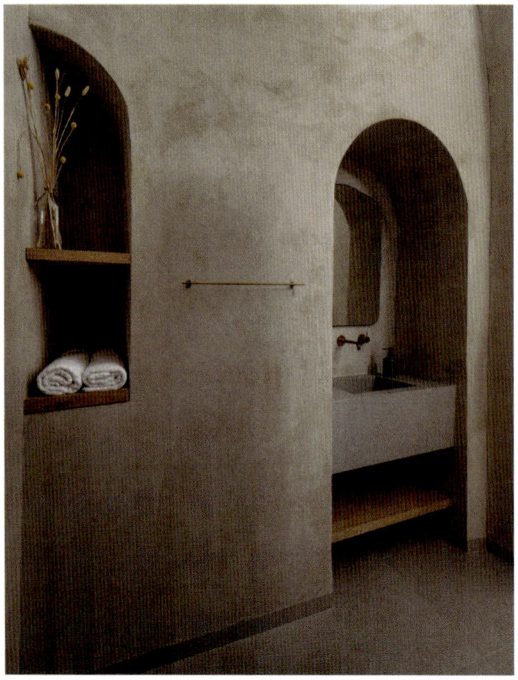

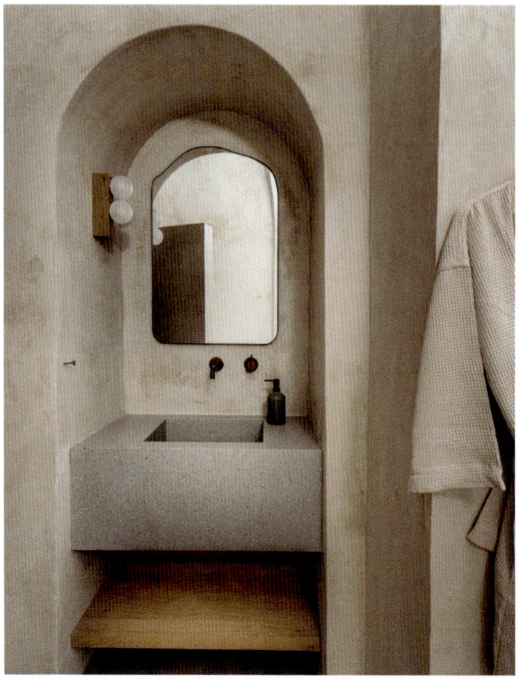

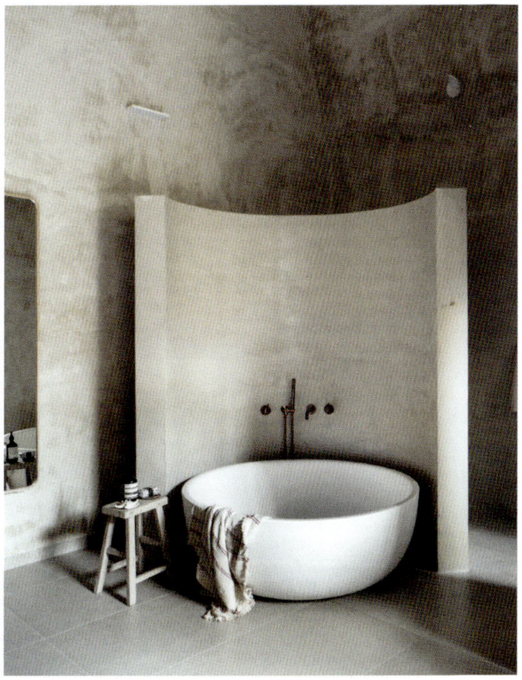

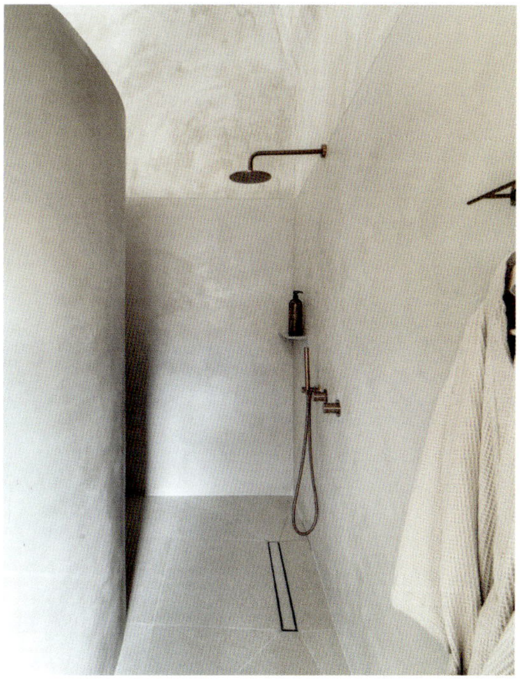

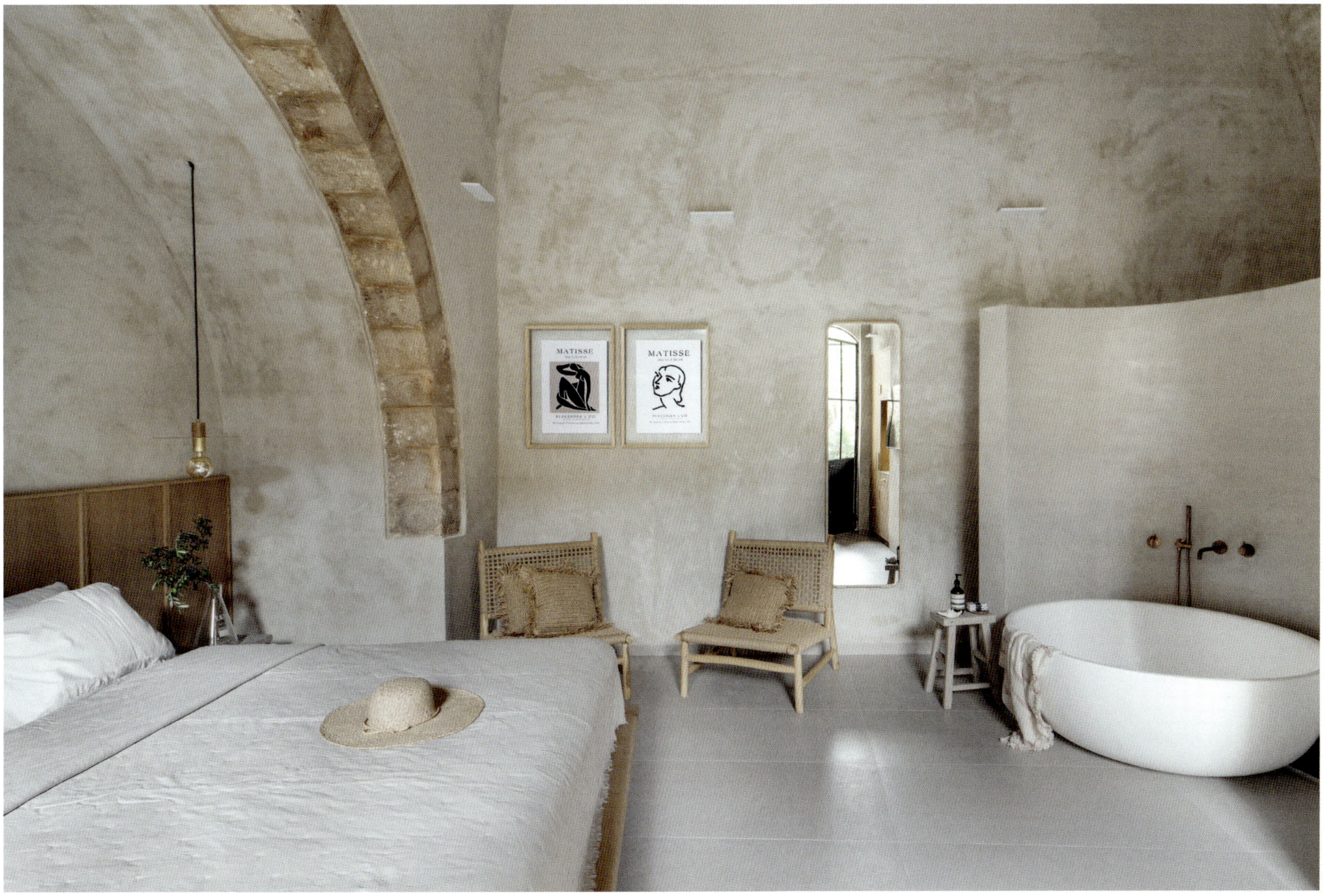
MATISSE
MATISSE

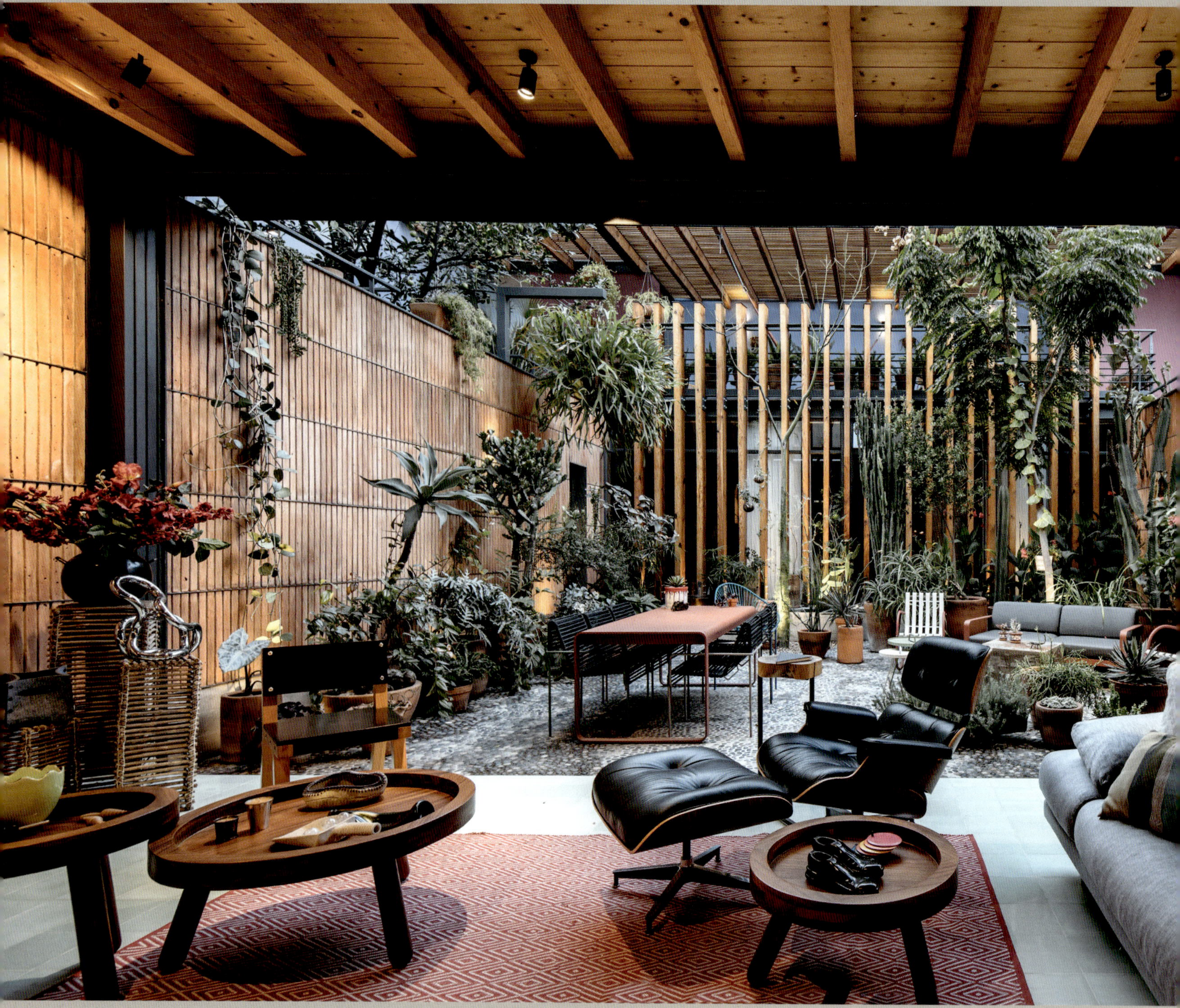

With a career spanning more than 20 years, Queretaro architect Miguel Concha stands out for his residential projects and projects for a variety of uses, both in Mexico and abroad. With mastery in the management of fundamental principles such as light, orientation and ventilation, the studio he heads combines natural materials with innovative technology in his work. The architect has been recognised in prestigious awards such as AHEAD and AAI Awards.
His partner, Claudia Vázquez is in charge of interior design within the firm. Her eclectic background and approach to decoration brings a unique perspective, integrating visual art with functionality to create harmonious and attractive spaces.

Der Architekt Miguel Concha aus Querétaro kann auf eine mehr als 20-jährige Karriere zurückblicken und zeichnet sich durch seine Wohnprojekte und Projekte für verschiedene Zwecke in Mexiko und im Ausland aus. Das von ihm geleitete Studio beherrscht den Umgang mit grundlegenden Prinzipien wie Licht, Orientierung und Belüftung und kombiniert in seiner Arbeit natürliche Materialien mit innovativen Technologien. Der Architekt wurde mit prestigeträchtigen Preisen wie dem AHEAD und dem AAI Award ausgezeichnet.
Seine Partnerin, Claudia Vázquez, ist im Büro für die Innenarchitektur zuständig. Ihr eklektischer Hintergrund und ihre Herangehensweise an die Dekoration bringen eine einzigartige Perspektive mit sich, die visuelle Kunst mit Funktionalität verbindet, um harmonische und attraktive Räume zu schaffen.

Avec une carrière de plus de 20 ans, l'architecte de Querétaro Miguel Concha se distingue par ses projets résidentiels et ses projets à usages divers, à l'intérieur et à l'extérieur du Mexique. Maîtrisant la gestion des principes fondamentaux tels que la lumière, l'orientation et la ventilation, le studio qu'il dirige allie dans son travail matériaux naturels et technologie innovante. L'architecte a été récompensé par des prix prestigieux tels que les AHEAD et AAI Awards.
Son associée, Claudia Vázquez, est en charge du design d'intérieur au sein de l'entreprise. Son parcours éclectique et son accent sur la décoration apportent une perspective unique, intégrant l'art visuel à la fonctionnalité pour créer des espaces harmonieux et attrayants.

Con una trayectoria de más de 20 años, el arquitecto queretano Miguel Concha, destaca por sus proyectos residenciales y de diversos usos, dentro y fuera de México. Con maestría en el manejo de principios fundamentales como la luz, orientación y ventilación, el estudio que lidera combina en sus trabajos materiales naturales con tecnología innovadora. El arquitecto ha sido reconocido en prestigiosos premios como AHEAD y AAI Awards.
Su socia, Claudia Vázquez se encarga del diseño interior dentro de la firma. Su formación ecléctica y enfoque en la decoración aportan una perspectiva única, integrando arte visual con funcionalidad para crear espacios armoniosos y atractivos.

**MIGUEL CONCHA ARQUITECTURA**

MIGUEL CONCHA
CLAUDIA VÁZQUEZ

www.arqmiguelconcha.com

# SAN ANGEL HOUSE

QUERÉTARO, MEXICO || PHOTOS © ARIADNA POLO

This house is located in an urban environment. Thanks to its articulated design in volumes connected by side corridors, stairs and a central courtyard, it stands as a green and luminous oasis. In Casa San Ángel, the distinction between structure and finishes is blurred, and textures take centre stage. The façade and structural elements of concrete contrast with the clay panels that cover the walls and the wood on the ceilings, creating a chromatic play. The presence of vegetation and decoration give warmth and break with the rigidity of concrete. The social area, which includes the living room, dining room and kitchen, merges with the central courtyard through a large sliding window. The sliding doors allow the opening to be adjusted according to Querétaro's climate. This open and fluid design promotes casual conviviality, especially around the kitchen. A central open space dominated by a large sapote tree links and endows all areas of the house with vitality.

Dieses Haus befindet sich in einer städtischen Umgebung. Dank seines gegliederten Entwurfs mit Volumina, die durch Seitenkorridore, Treppen und einen zentralen Innenhof miteinander verbunden sind, stellt es eine grüne und helle Oase dar. In Casa San Ángel verschwimmen die Grenzen zwischen Struktur und Oberflächen, und die Texturen treten in den Vordergrund. Die Fassade und die Strukturelemente aus Beton kontrastieren mit den Lehmplatten, die die Wände bedecken, und dem Holz an den Decken, wodurch ein Farbenspiel entsteht. Das Vorhandensein von Vegetation und Dekoration verleiht Wärme und bricht mit der Starrheit des Betons. Der soziale Bereich, der das Wohnzimmer, das Esszimmer und die Küche umfasst, verbindet sich durch ein großes Schiebefenster mit dem zentralen Innenhof. Durch die Schiebetüren kann die Öffnung an das Klima von Querétaro angepasst werden. Diese offene und fließende Gestaltung fördert die zwanglose Geselligkeit, insbesondere in der Küche. Ein zentraler offener Raum, der von einem großen Sapote-Baum dominiert wird, verbindet alle Bereiche des Hauses miteinander und verleiht ihnen Lebendigkeit.

Cette maison située dans un environnement urbain. Grâce à sa conception articulée en volumes reliés par des couloirs latéraux, des escaliers et un patio central, il se présente comme une oasis verte et lumineuse. Dans Casa San Ángel, la distinction entre structure et finitions est floue et les textures sont les protagonistes. La façade en béton et les éléments structurels contrastent avec les panneaux d'argile qui recouvrent les murs et le bois des plafonds, créant un jeu chromatique. La présence de végétation et la décoration apportent de la chaleur et rompent avec la rigidité du ciment. L'espace social, qui comprend le salon, la salle à manger et la cuisine, se confond avec le patio central grâce à une grande fenêtre coulissante. Le portail permet d'ajuster l'ouverture en fonction du climat de Querétaro. Ce design ouvert et fluide favorise une vie décontractée, notamment autour de la cuisine. Un espace ouvert central dominé par un grand sapotier relie et apporte de la vitalité à tous les espaces de la maison.

Esta casa emplazada en un entorno urbano. Gracias a su diseño articulado en volúmenes conectados por pasillos laterales, escaleras y un patio central, se erige como un oasis verde y luminoso. En Casa San Ángel, la distinción entre estructura y acabados se desdibuja, y las texturas son protagonistas. La fachada y elementos estructurales de hormigón contrastan con los paneles de arcilla que recubren las paredes, y la madera en los techos, creando un juego cromático. La presencia de vegetación y la decoración dan calidez y rompen con la rigidez del cemento. El área social, que incluye sala, comedor y cocina, se fusiona con el patio central mediante una amplia ventana corrediza. La cancelería permite ajustar la apertura según el clima de Querétaro. Este diseño abierto y fluido promueve una convivencia casual, especialmente alrededor de la cocina. Un espacio central abierto dominado por un gran árbol de zapote, enlaza y dota de vitalidad a todas las áreas de la vivienda.

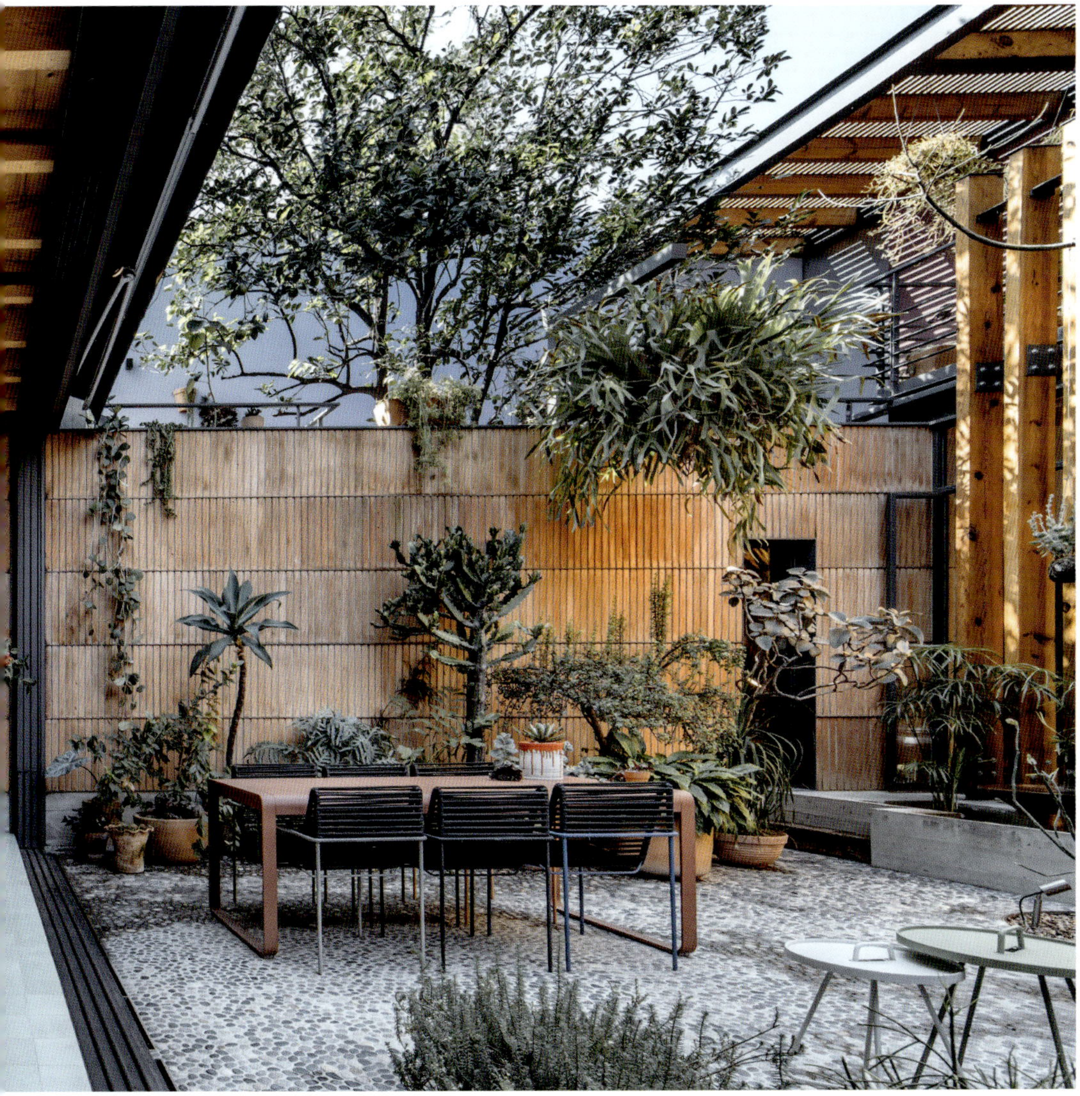

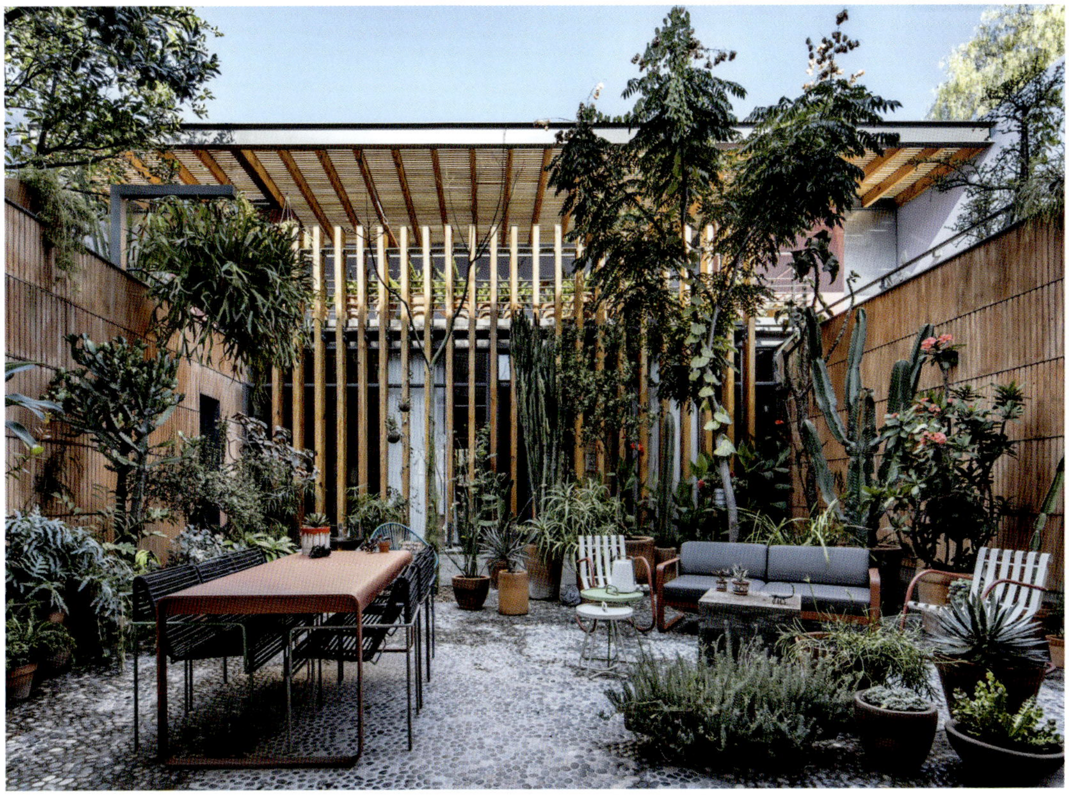

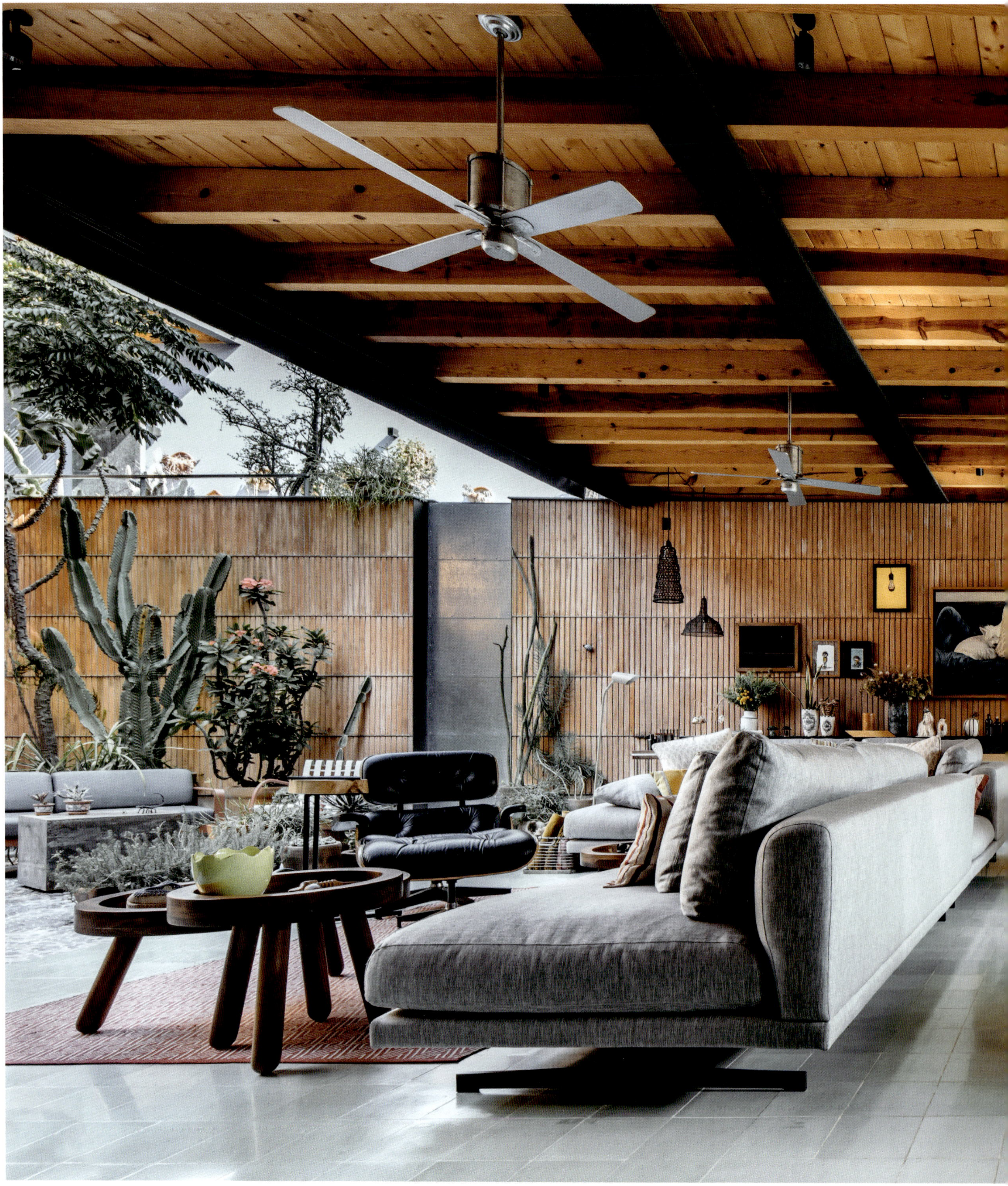

217

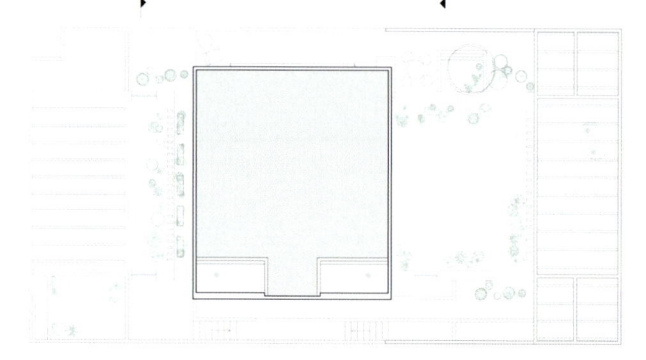

Roof plan

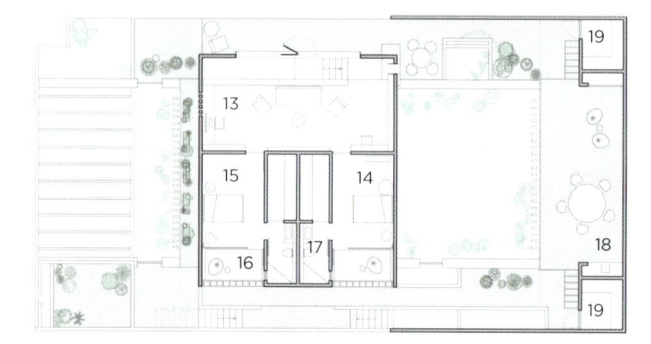

First floor plan

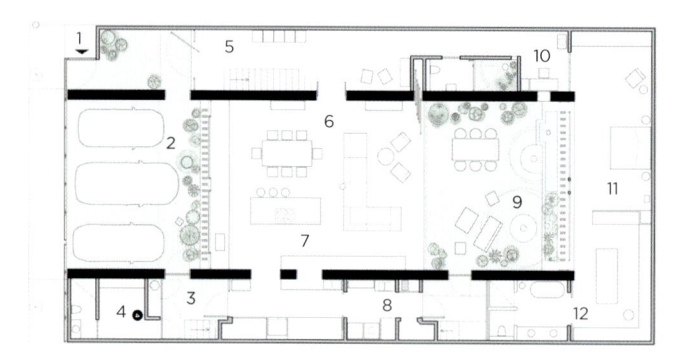

Ground floor plan

1. Access
2. Carport
3. Service yard
4. Maid's quarters
5. Entrance hall
6. Living/dining room
7. Kitchen
8. Laundry room
9. Central courtyard
10. Study
11. Master bedroom
12. Dressing/bathroom
13. TV room/study
14. Bedroom 2
15. Bedroom 3
16. Individual courtyard
17. Dressing/bathroom
18. Terrace
19. Cellar

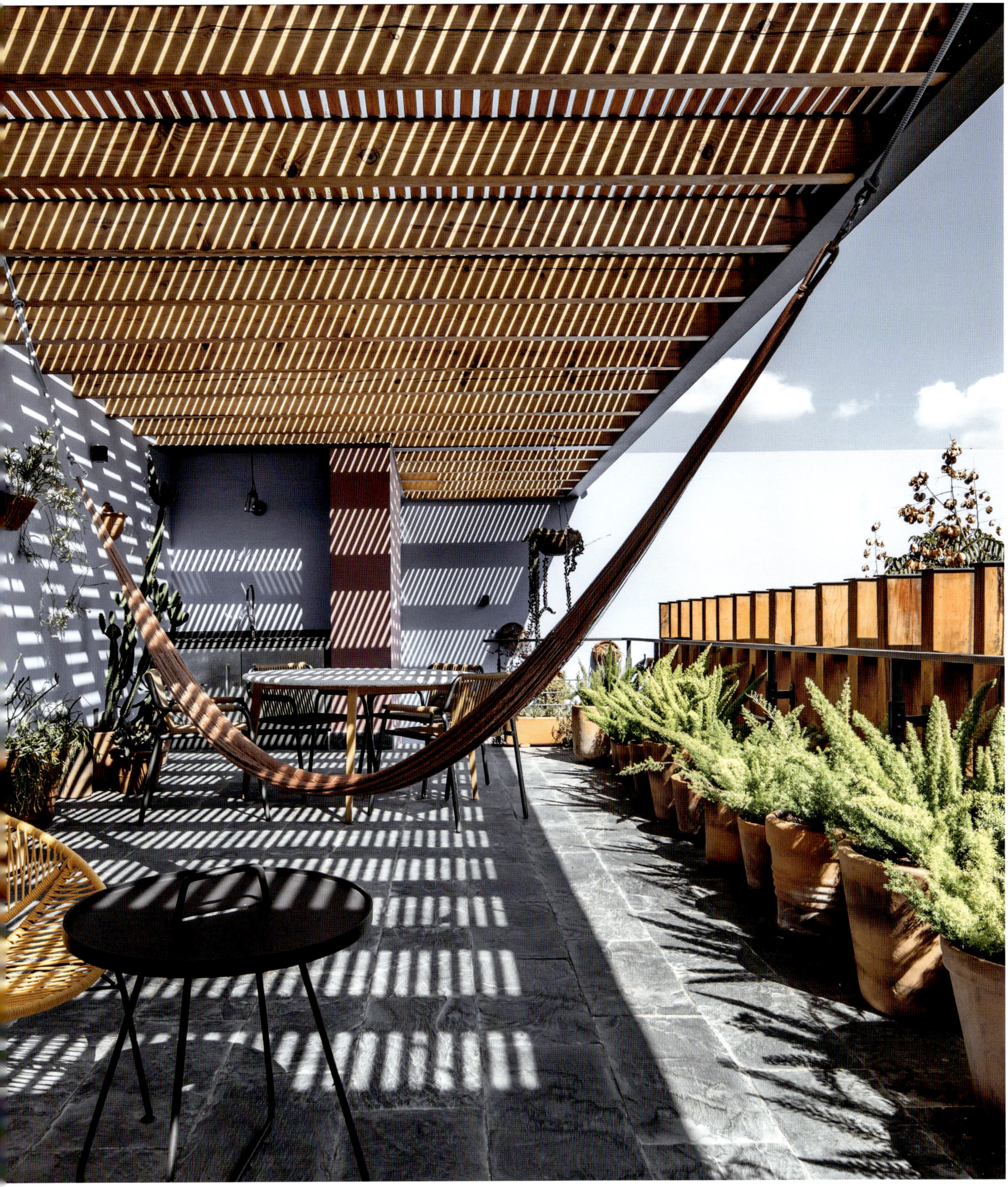

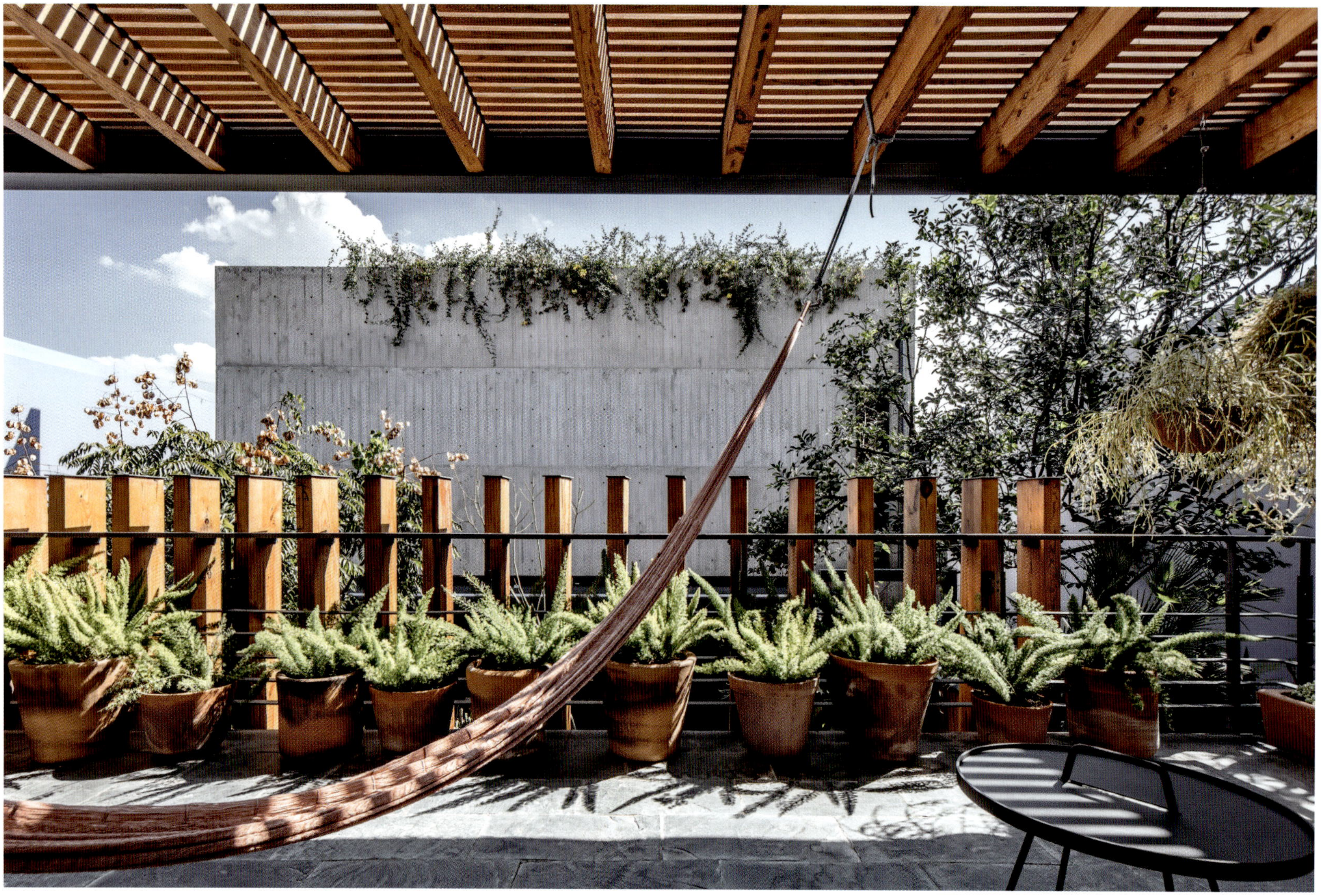

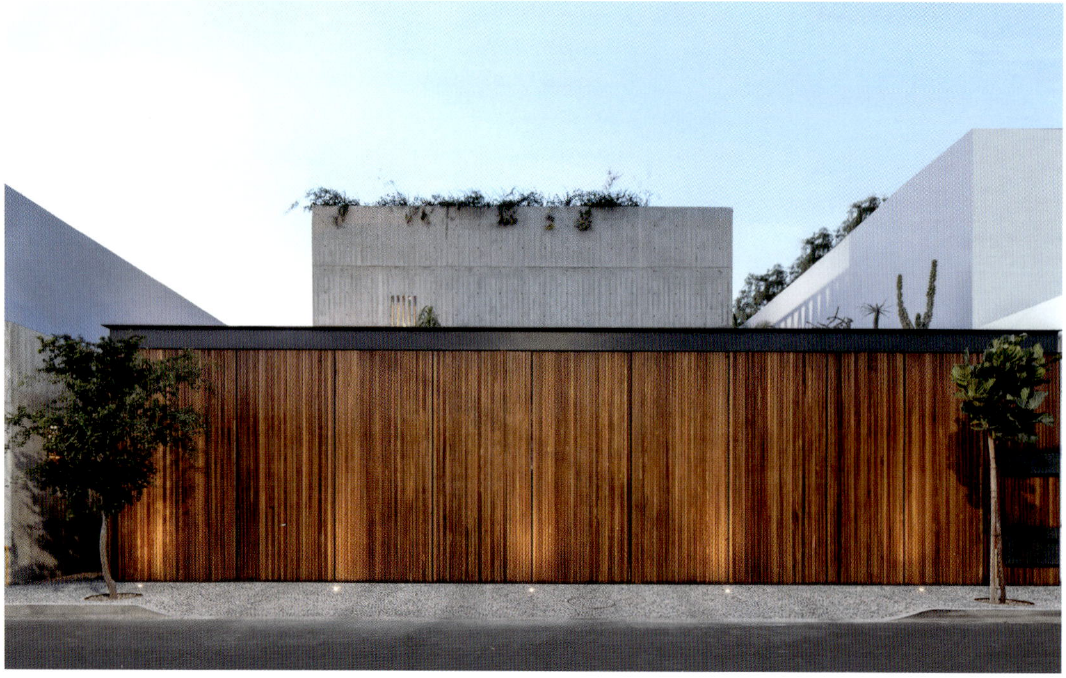

221

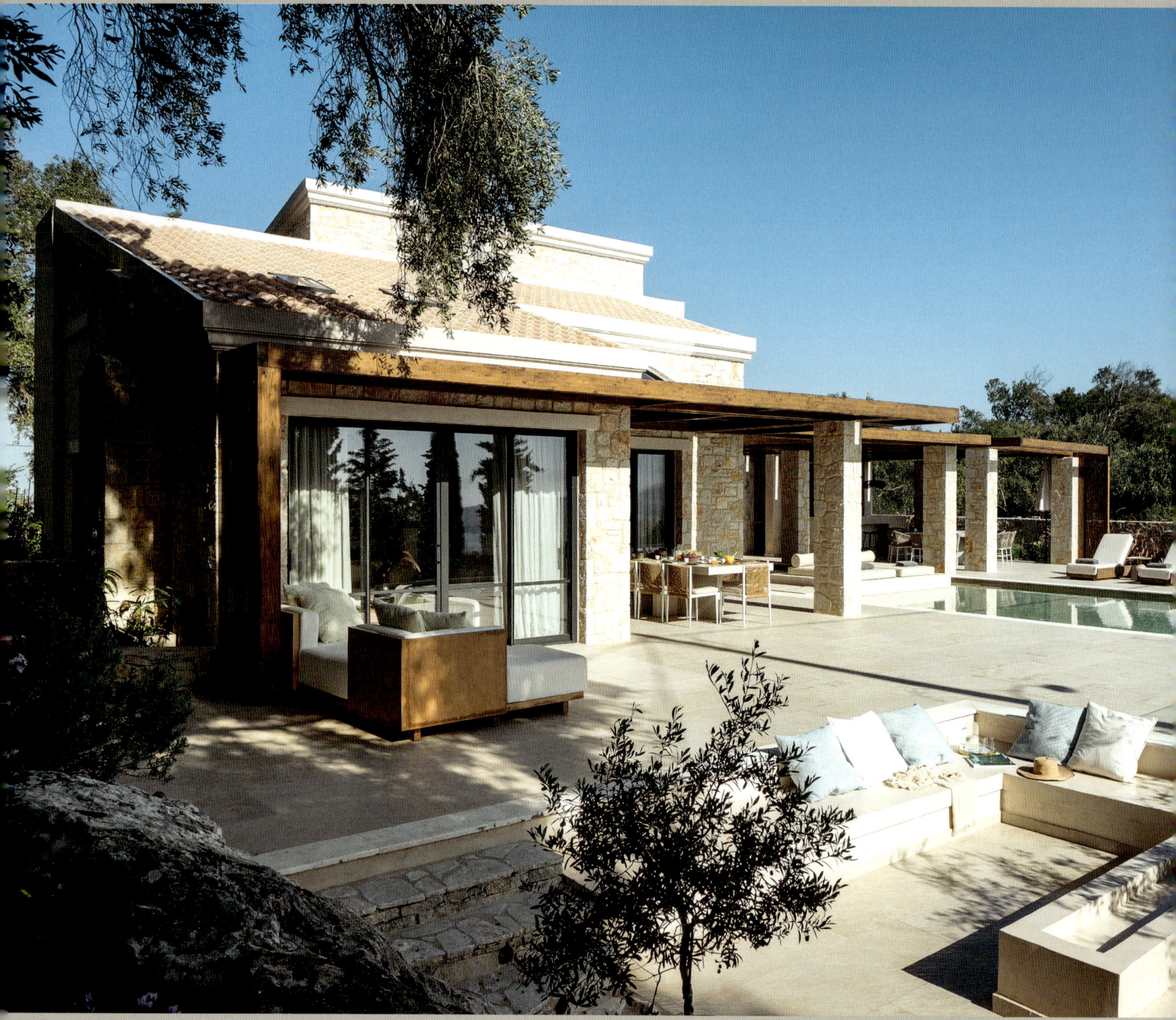

Driven by the motto: "Life is too vivid to be spent in boring spaces," the members of this Athens-based firm aim to produce contemporary architecture with character.
"Mutiny" means rebellion, and in that spirit, it has been chosen as the studio' s name, as it describes an act of constant questioning, a continuous drive to change, evolve and adapt. As such, each project is unique and aimed at creating original, high-quality spaces. Their work includes residential projects, renovations, design of commercial spaces and products such as furniture and decorative objects.

Nach dem Motto: „Das Leben ist zu wichtig, um es in langweiligen Räumen zu vergeuden," wollen die Mitglieder dieses Athener Büros zeitgenössische Architektur mit Charakter schaffen.
Meuterei bedeutet Rebellion und in diesem Sinne wurde der Name des Büros gewählt, denn er beschreibt einen Akt des ständigen Hinterfragens, einen kontinuierlichen Drang zur Veränderung, Weiterentwicklung und Anpassung. So ist jedes Projekt einzigartig und zielt darauf ab, originelle und qualitativ hochwertige Räume zu schaffen. Ihre Arbeit umfasst Wohnprojekte, Renovierungen, die Gestaltung von Geschäftsräumen und Produkte wie Möbel und dekorative Objekte.

Animés par la devise : « La vie est trop vitale pour être gaspillée dans des espaces ennuyeux », les membres de cette entreprise basée à Athènes visent à produire une architecture contemporaine de caractère.
« Mutiny » signifie mutinerie, et c'est dans cet esprit qu'il a été choisi comme nom du studio, car il décrit un acte de remise en question constante, une volonté continue de changement, d'évolution et d'adaptation. Chaque projet est donc unique et vise à créer des espaces originaux et de qualité. Son travail comprend des projets résidentiels, des rénovations, la conception d'espaces commerciaux et des produits tels que des meubles et des objets décoratifs.

Impulsados por el lema: «La vida es demasiado intensa para pasarla en espacios aburridos», los miembros de esta firman con sede en Atenas, se plantean como objetivo producir arquitectura contemporánea con carácter.
«Mutiny» significa motín y con ese espíritu se ha elegido como nombre del estudio, ya que describe un acto de constante cuestionamiento, un impulso continuo de cambio, evolución y adaptación. Por eso, cada proyecto es único y orientado a crear espacios originales de alta calidad. Su trabajo incluye proyectos residenciales, renovaciones, diseño de espacios comerciales y de productos como muebles y objetos decorativos.

**MUTINY
ARCHITECTURE
AND DESIGN**

MANOS GOGOULIS
MANOS KARAVASILIS
APOSTOLOS KYTEAS

www.mutiny.gr

# VILLA INES

**CORFU, GREECE** || PHOTOS © COSTAS MITROPOULOS
DESIGN TEAM: CHRYSA PANAGIOTOPOULOU AND PANAGIOTIS TZOUKAS

Located in the serene northern region of Corfu, in the bay of Agios Stefanos, Villa Ines embodies discreet opulence. The restoration project, comprising a villa and guesthouse, was inspired by local traditions and Mediterranean architecture. The facades reflect the contours of the landscape with wood and local stone, unified by an earthy palette. The villa has two two-storey, single-pitched roof modules connected by a roof terrace.
Inside, contemporary wooden furnishings and warm tones create a serene ambience. The outdoor spaces include wooden pergolas and stone columns that interconnect the structures, and define the pathways. In addition to restoring and renovating the main building, a new terracotta-tiled guesthouse was built. A rectangular swimming pool complements the villa, surrounded by courtyards and gardens that enhance the sense of escape from routine.

Die in der ruhigen nördlichen Region von Korfu, in der Bucht von Agios Stefanos, gelegene Villa Ines verkörpert schlichte Opulenz. Das Restaurierungsprojekt, das eine Villa und ein Gästehaus umfasst, wurde von den lokalen Traditionen und der mediterranen Architektur inspiriert. Die Fassaden spiegeln die Konturen der Landschaft mit Holz und lokalem Stein wider, vereint durch eine erdige Farbpalette. Die Villa besteht aus zwei zweigeschossigen Modulen mit Pultdach, die durch eine Dachterrasse verbunden sind.
Im Inneren sorgen moderne Holzmöbel und warme Farbtöne für ein ruhiges Ambiente. Zu den Außenbereichen gehören hölzerne Pergolen und Steinsäulen, die die Gebäude miteinander verbinden und die Wege definieren. Neben der Restaurierung und Renovierung des Hauptgebäudes wurde auch ein neues Gästehaus mit Terrakottafliesen errichtet. Ein rechteckiger Swimmingpool ergänzt die Villa, die von Höfen und Gärten umgeben ist, die den Rückzug aus dem Alltag erleichtern.

Située dans la région sereine du nord de Corfou, sur la baie d'Agios Stefanos, la Villa Ines incarne l'opulence discrète. Le projet de restauration, qui comprend une villa et une maison d'hôtes, s'est inspiré des traditions locales et de l'architecture méditerranéenne. Les façades reflètent les contours du paysage avec du bois et de la pierre locaux, unifiés par une palette terreuse. La villa dispose de deux modules de deux étages, avec un toit à une seule pente reliés par un toit-terrasse.
À l'intérieur, un mobilier contemporain en bois et des tons chauds créent une atmosphère sereine. Les espaces extérieurs comprennent des pergolas en bois et des colonnes en pierre qui relient les structures et définissent les chemins. En plus de la restauration et de la rénovation du bâtiment principal, une nouvelle maison d'hôtes avec un toit de tuiles en terre cuite a été construite. Une piscine rectangulaire complète la villa, entourée de patios et de jardins qui améliorent l'évasion de la routine.

Ubicada en la serena región norte de Corfú, en la bahía de Agios Stefanos, Villa Ines encarna la opulencia discreta. El proyecto de restauración, que comprende una villa y una casa de huéspedes, se inspiró en las tradiciones locales y la arquitectura mediterránea. Las fachadas reflejan los contornos del paisaje con madera y piedra local, unificados por una paleta terrosa. La villa cuenta con dos módulos de dos plantas, con techo de una sola pendiente conectados por una terraza en la azotea.
En el interior, los muebles contemporáneos de madera y tonos cálidos crean un ambiente sereno. Los espacios exteriores incluyen pérgolas de madera y columnas de piedra que interconectan las estructuras, y definen los senderos. Además de restaurar y renovar el edificio principal, se construyó una nueva casa de huéspedes con techo de tejas de terracota. Una piscina rectangular complementa la villa, rodeada de patios y jardines que realzan el escape de la rutina.

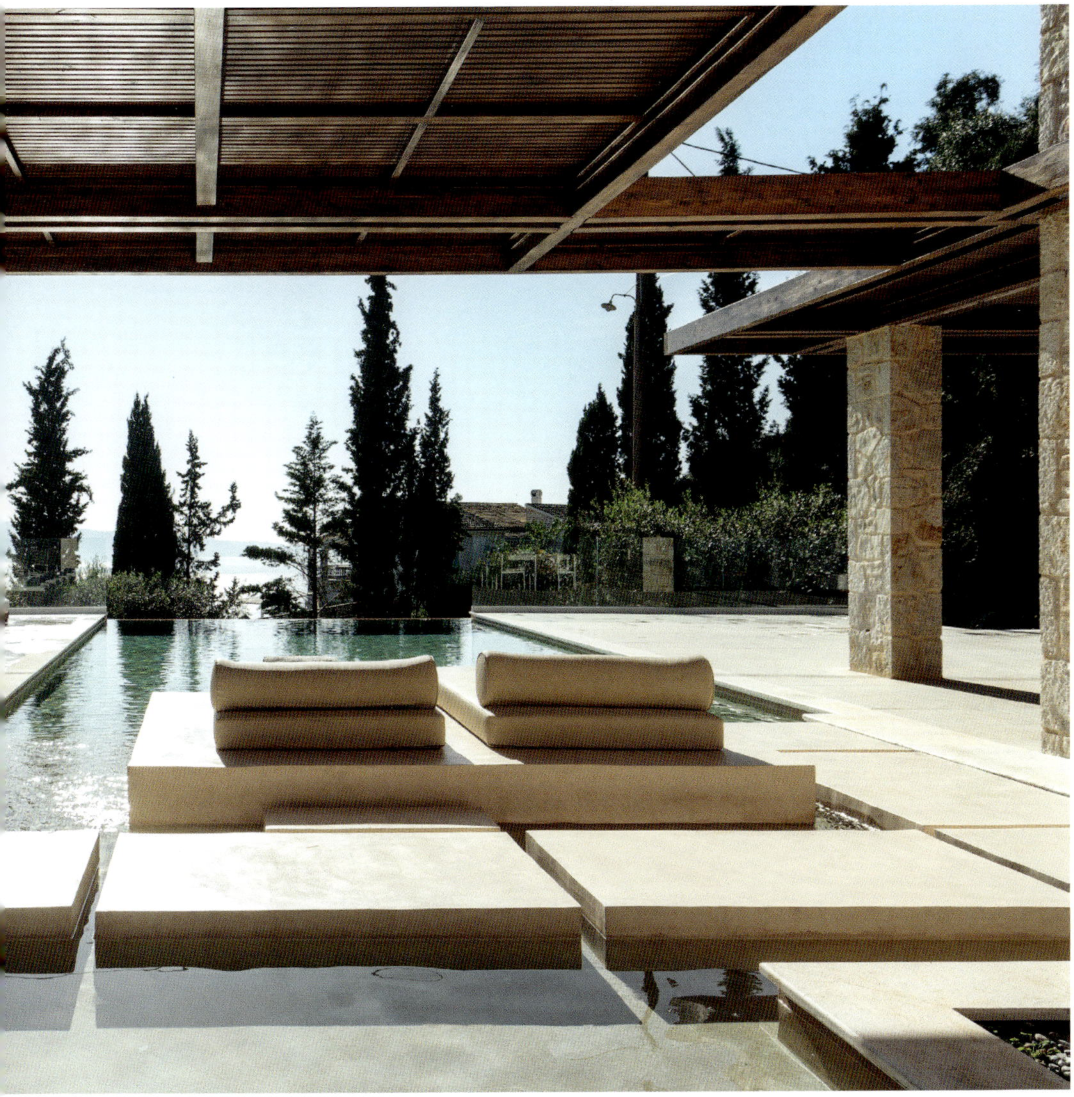

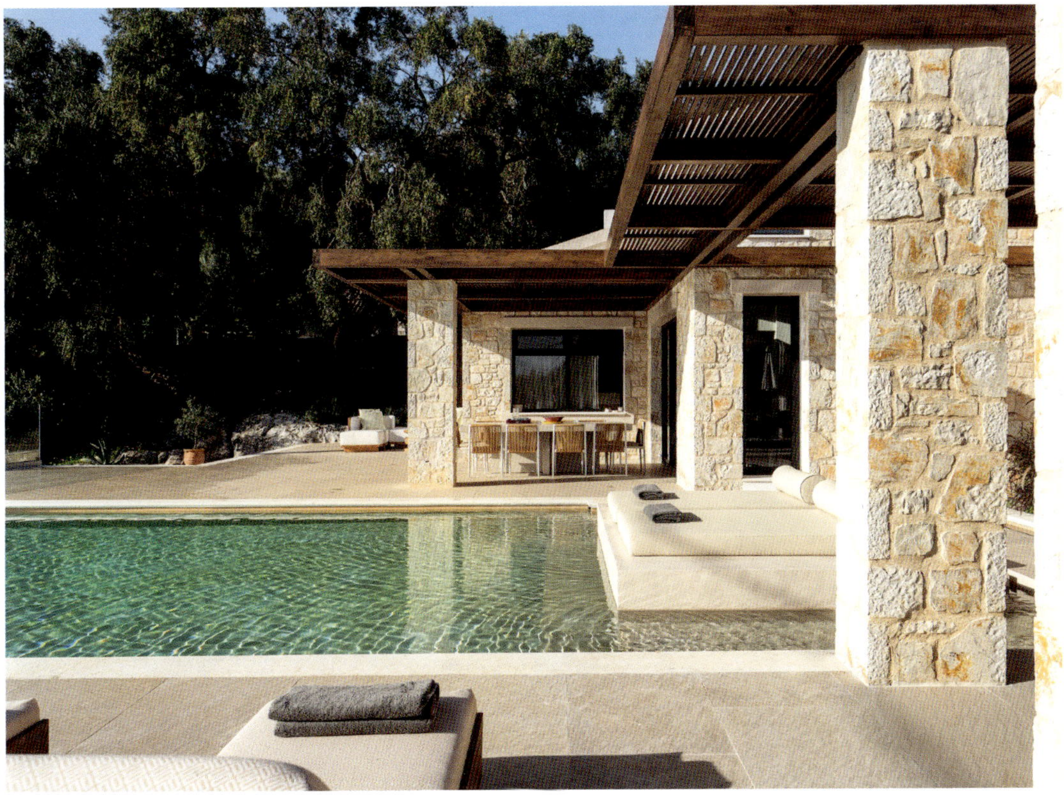

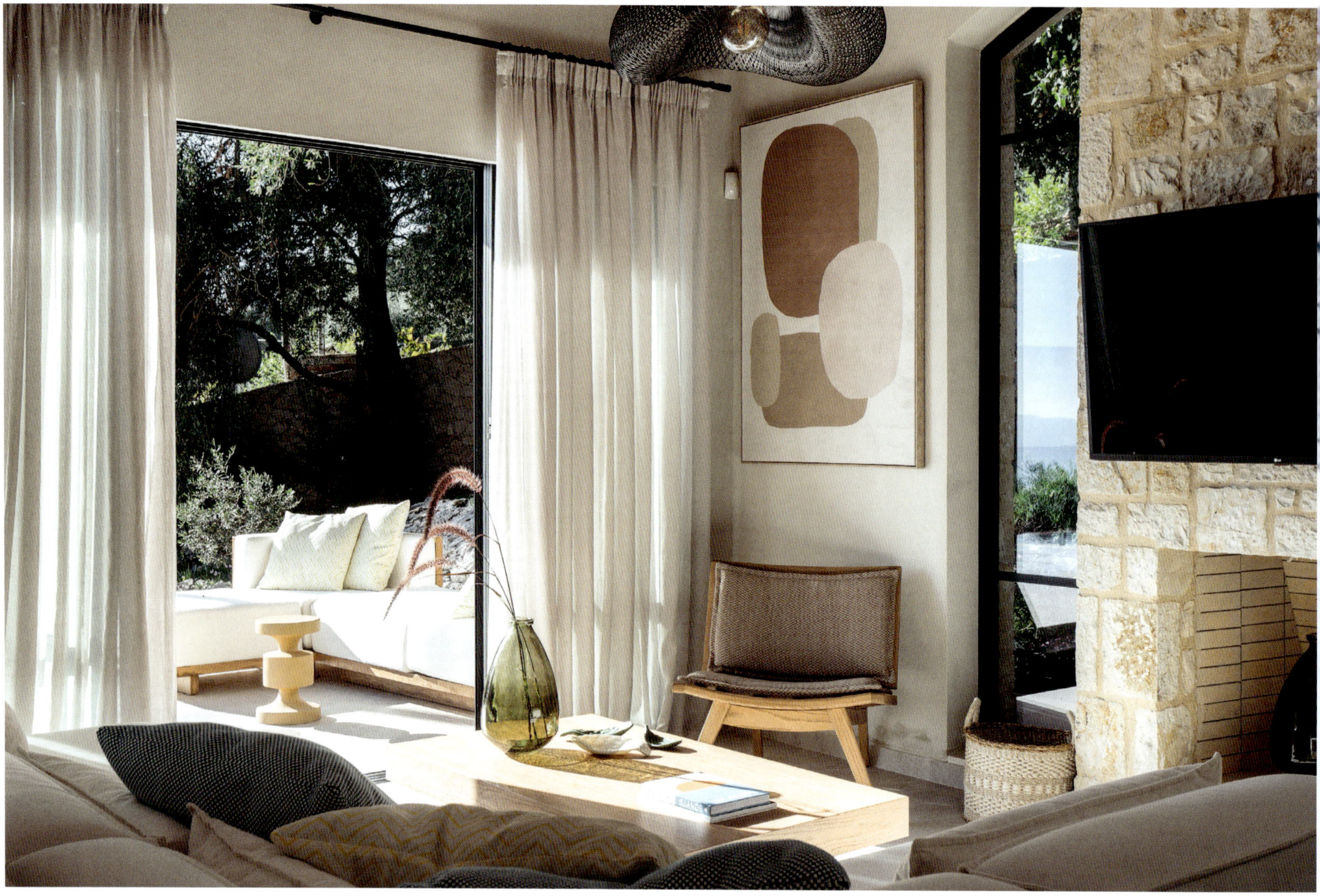

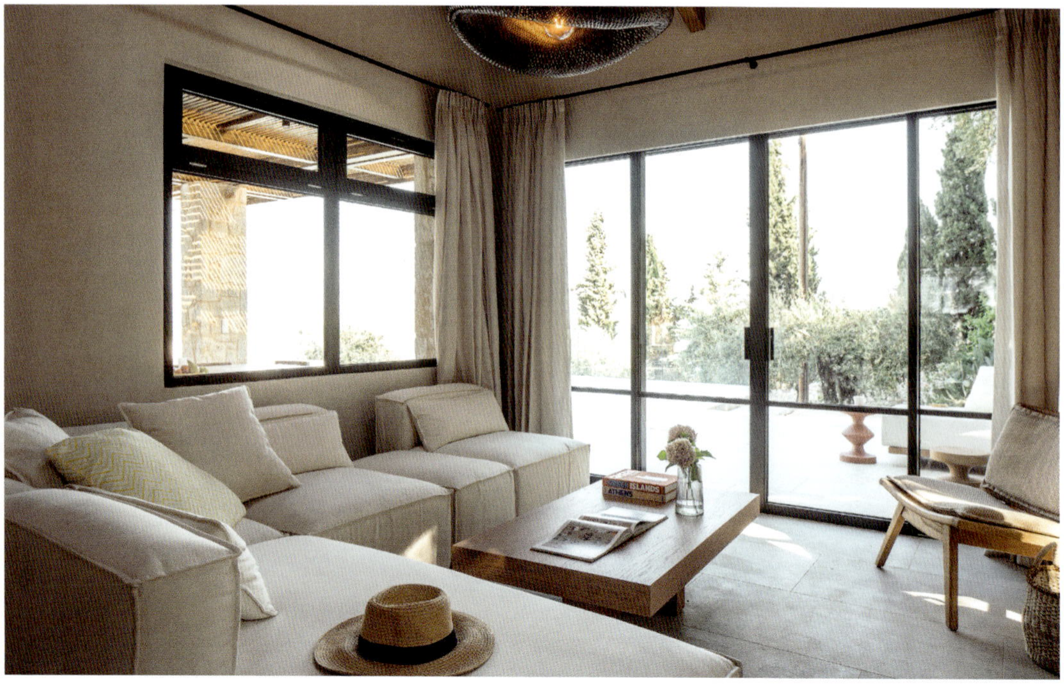

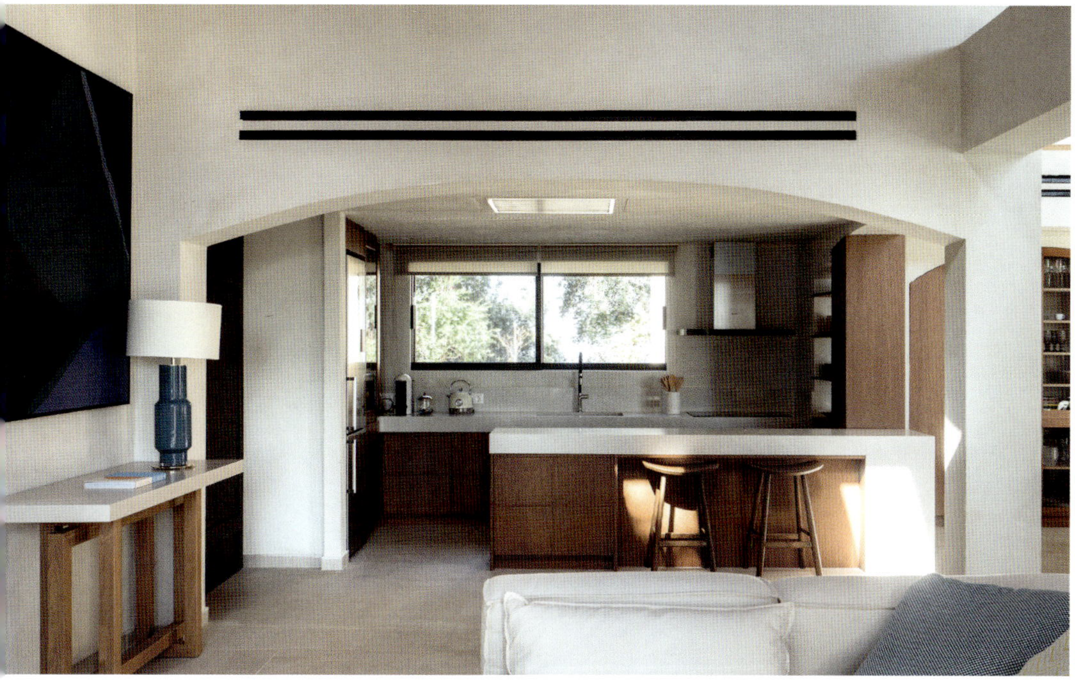

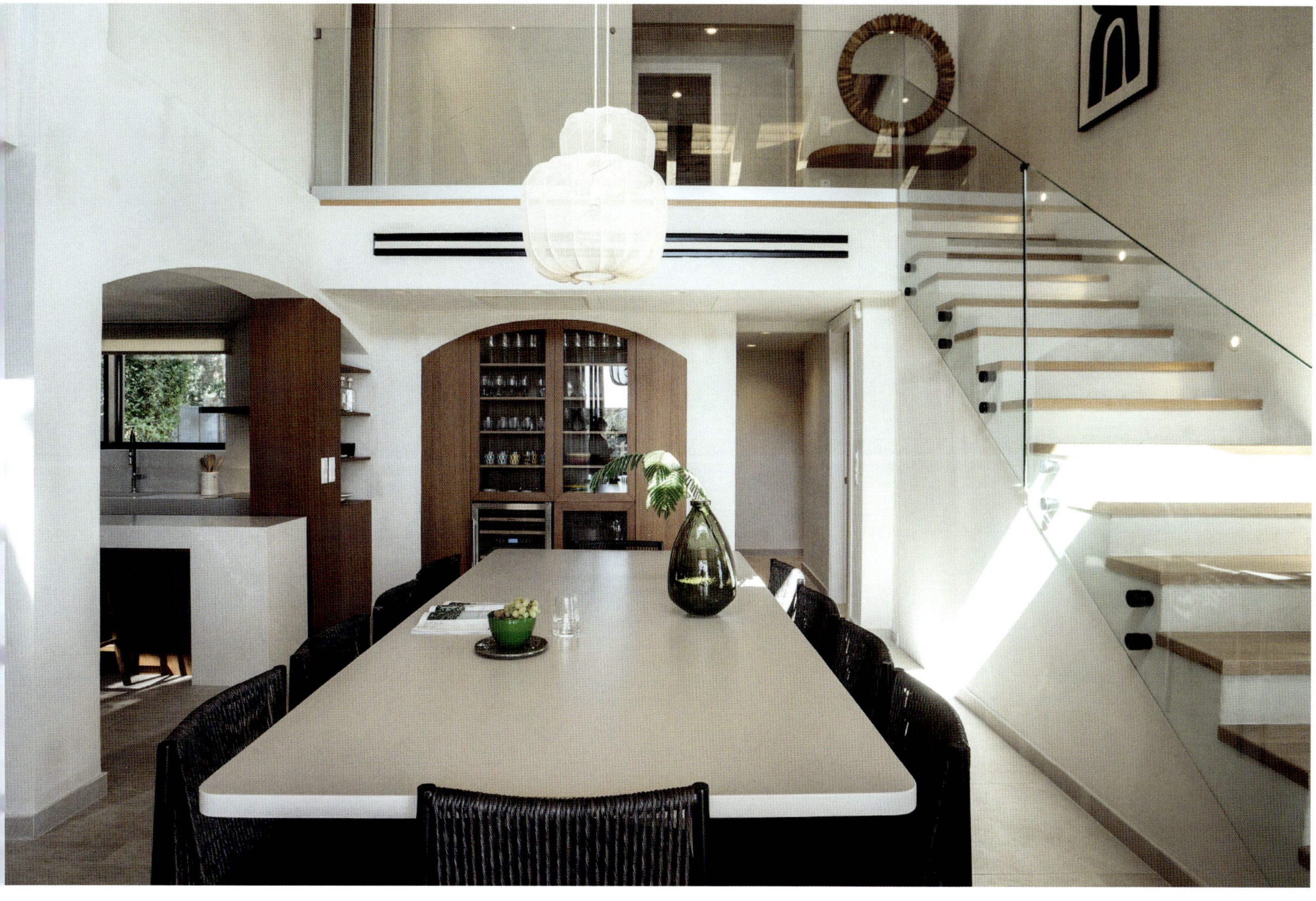

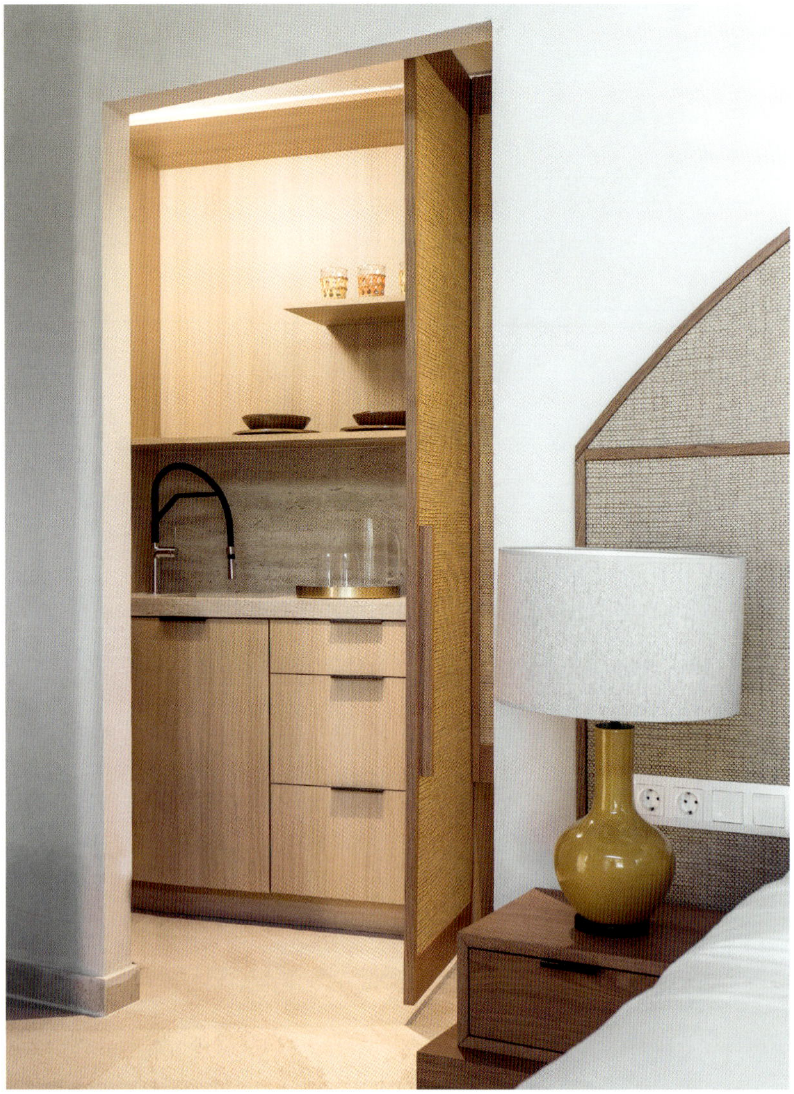

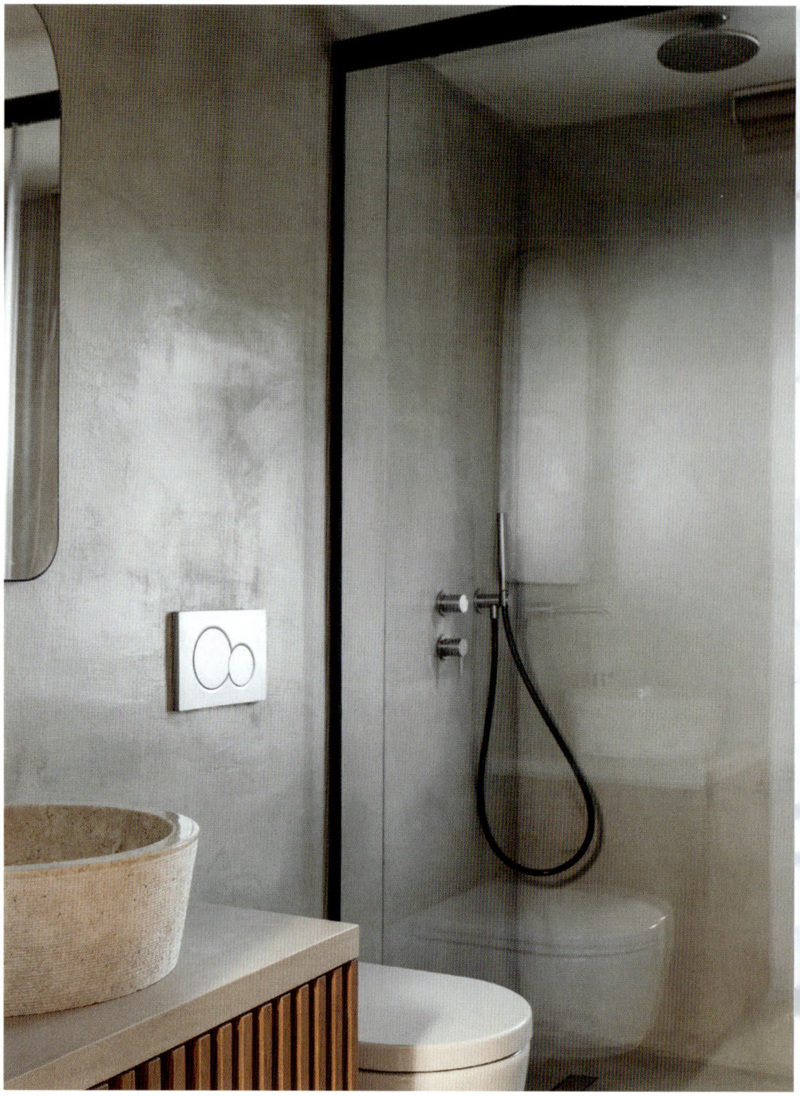

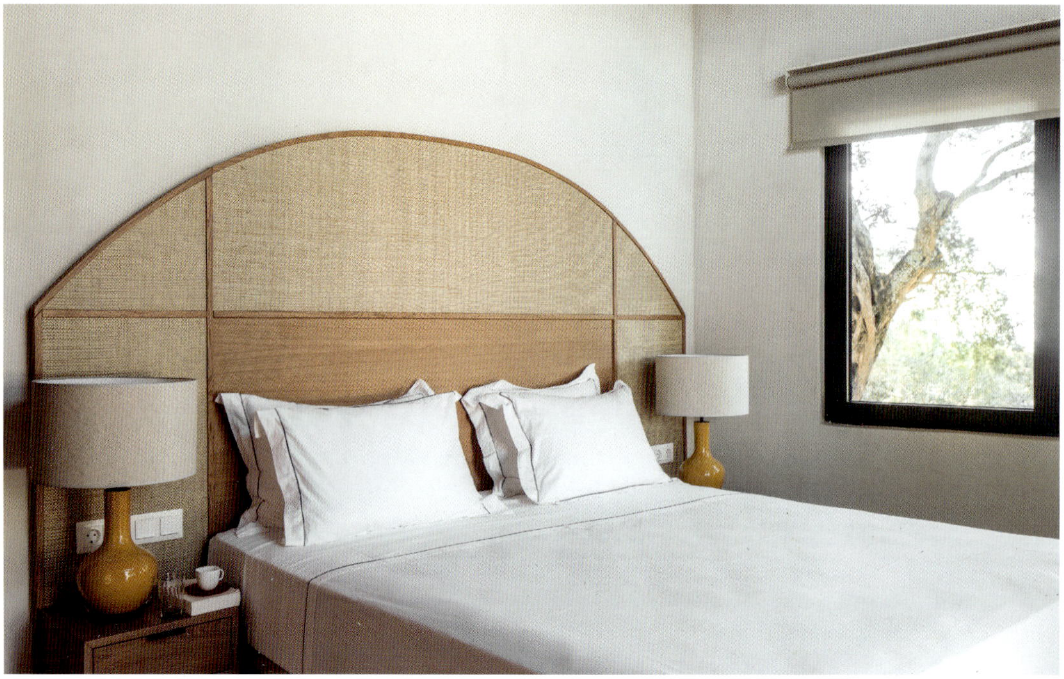

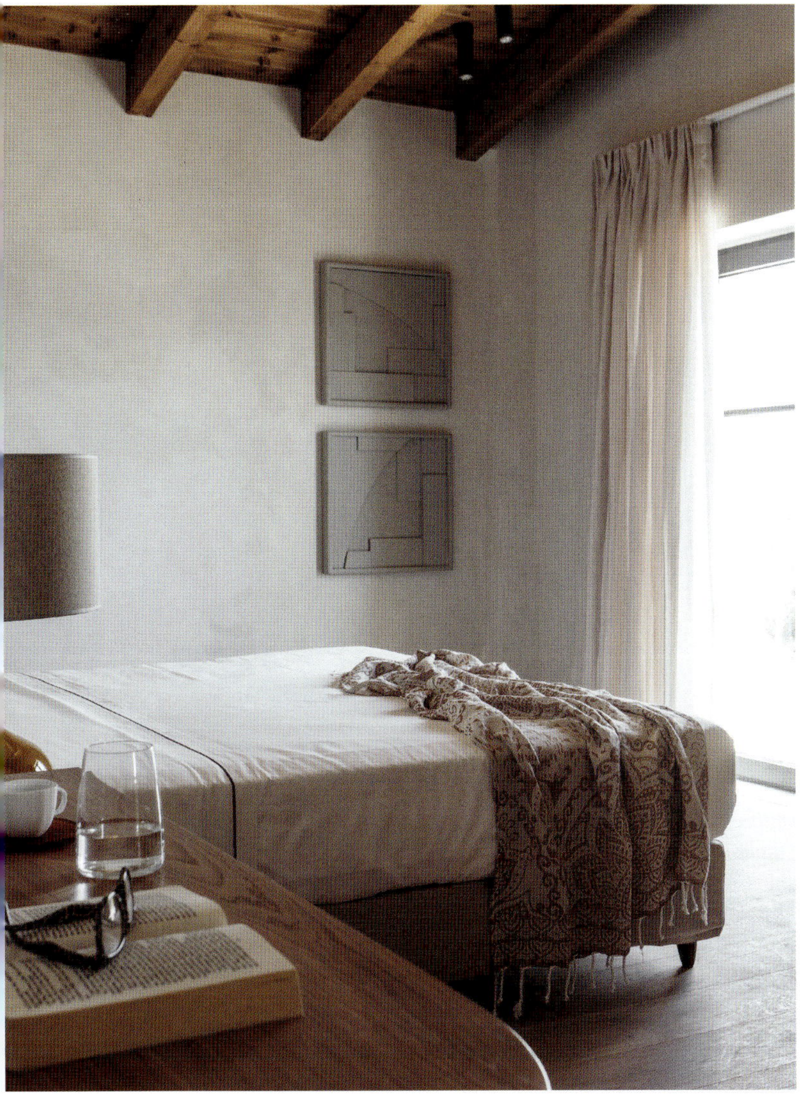

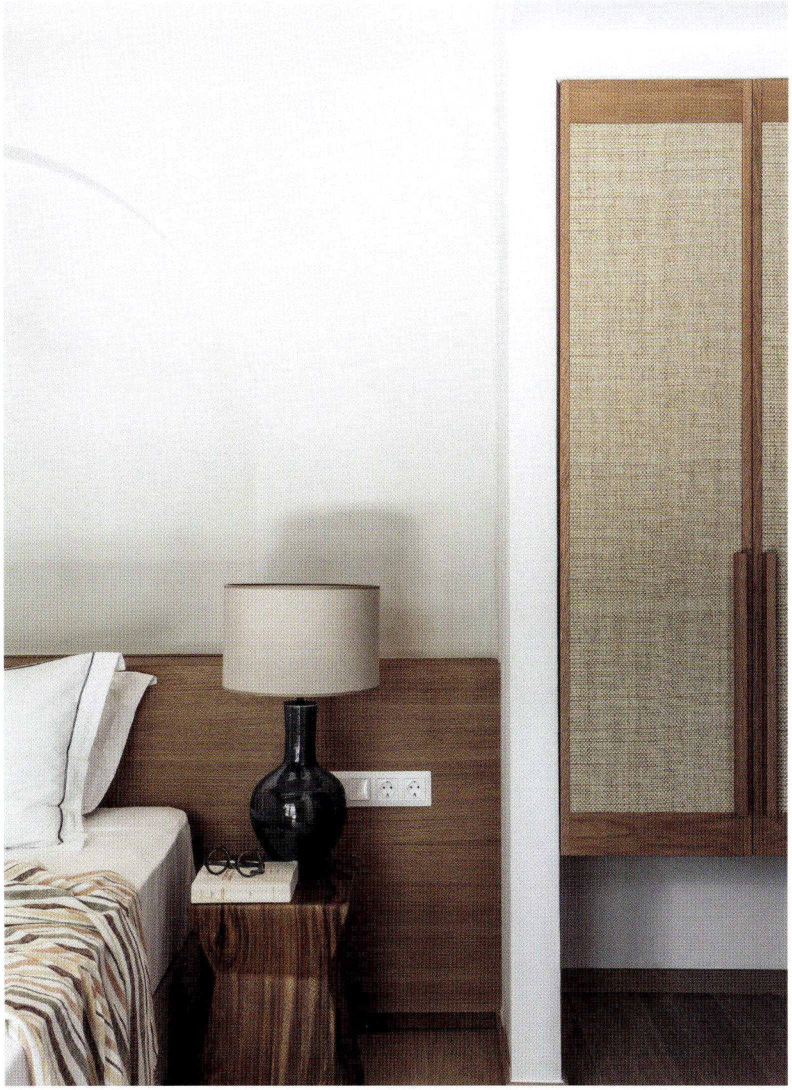

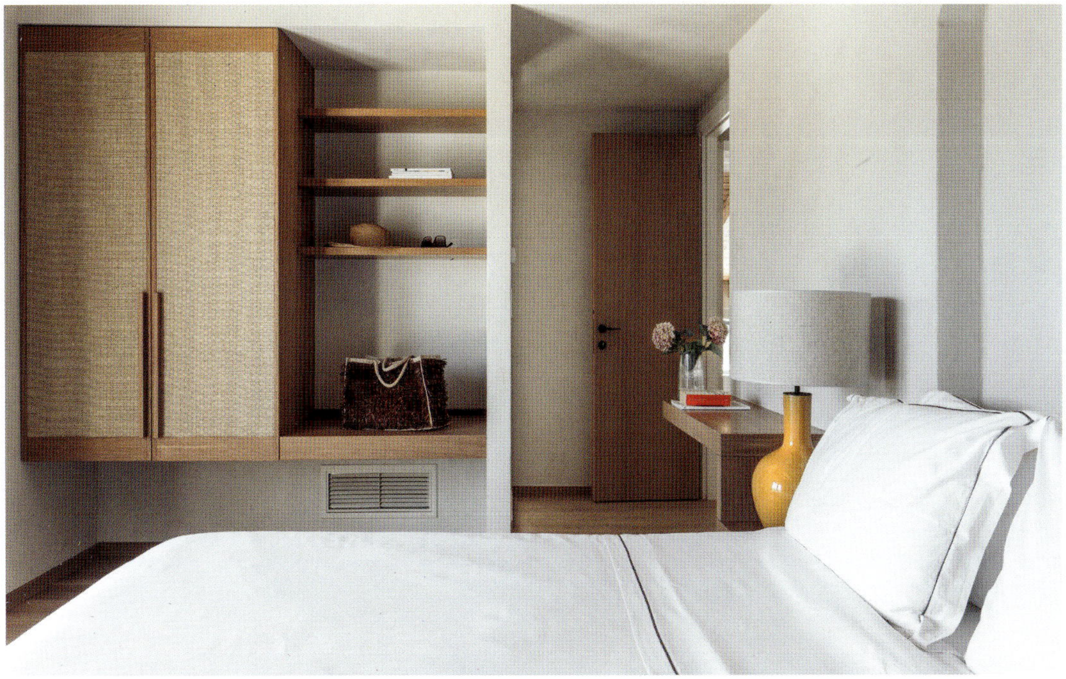

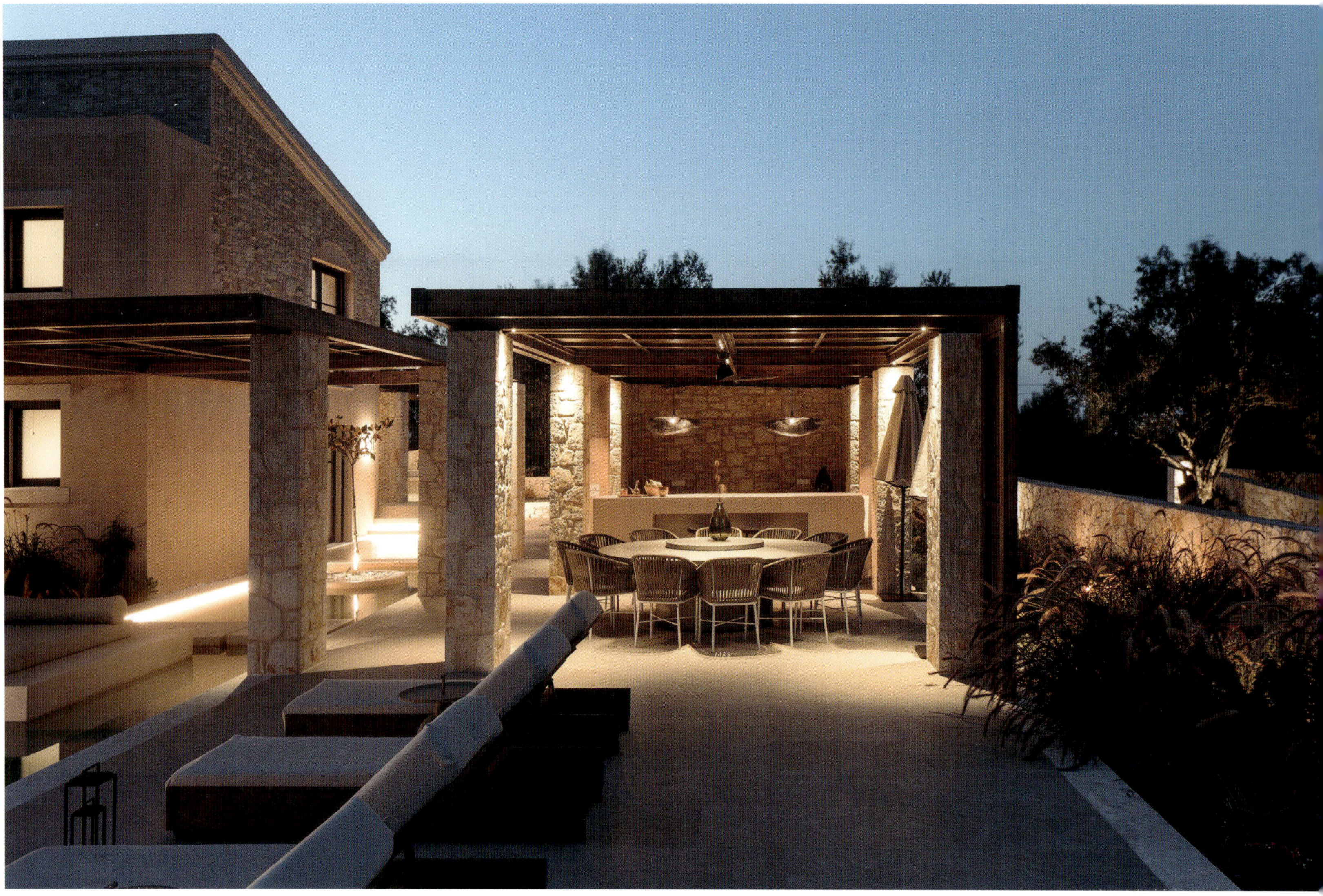

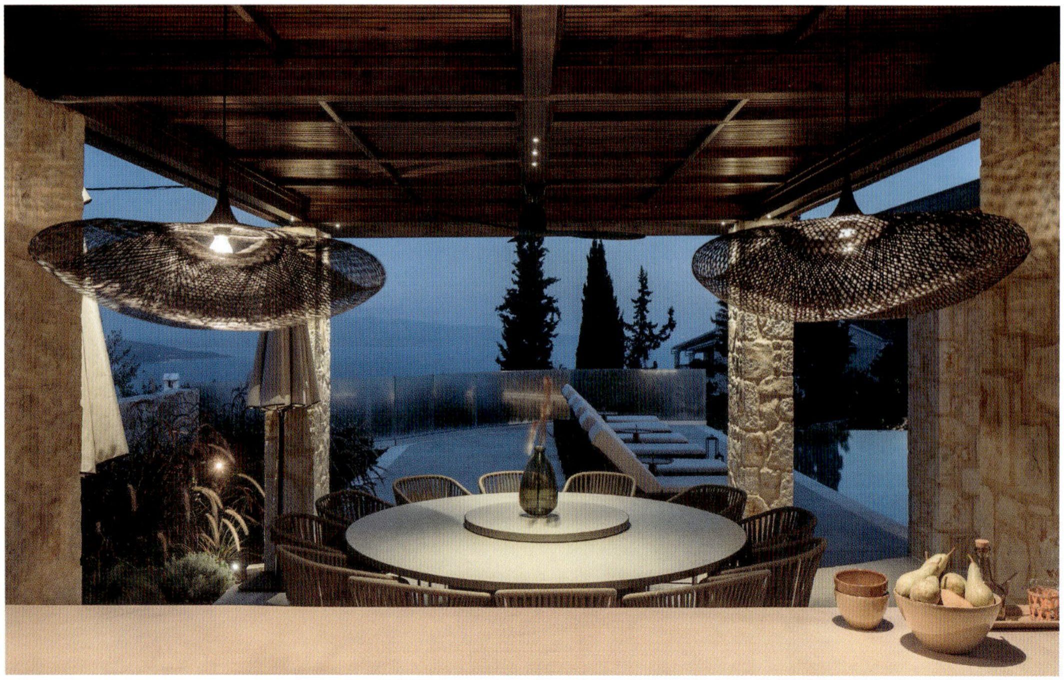

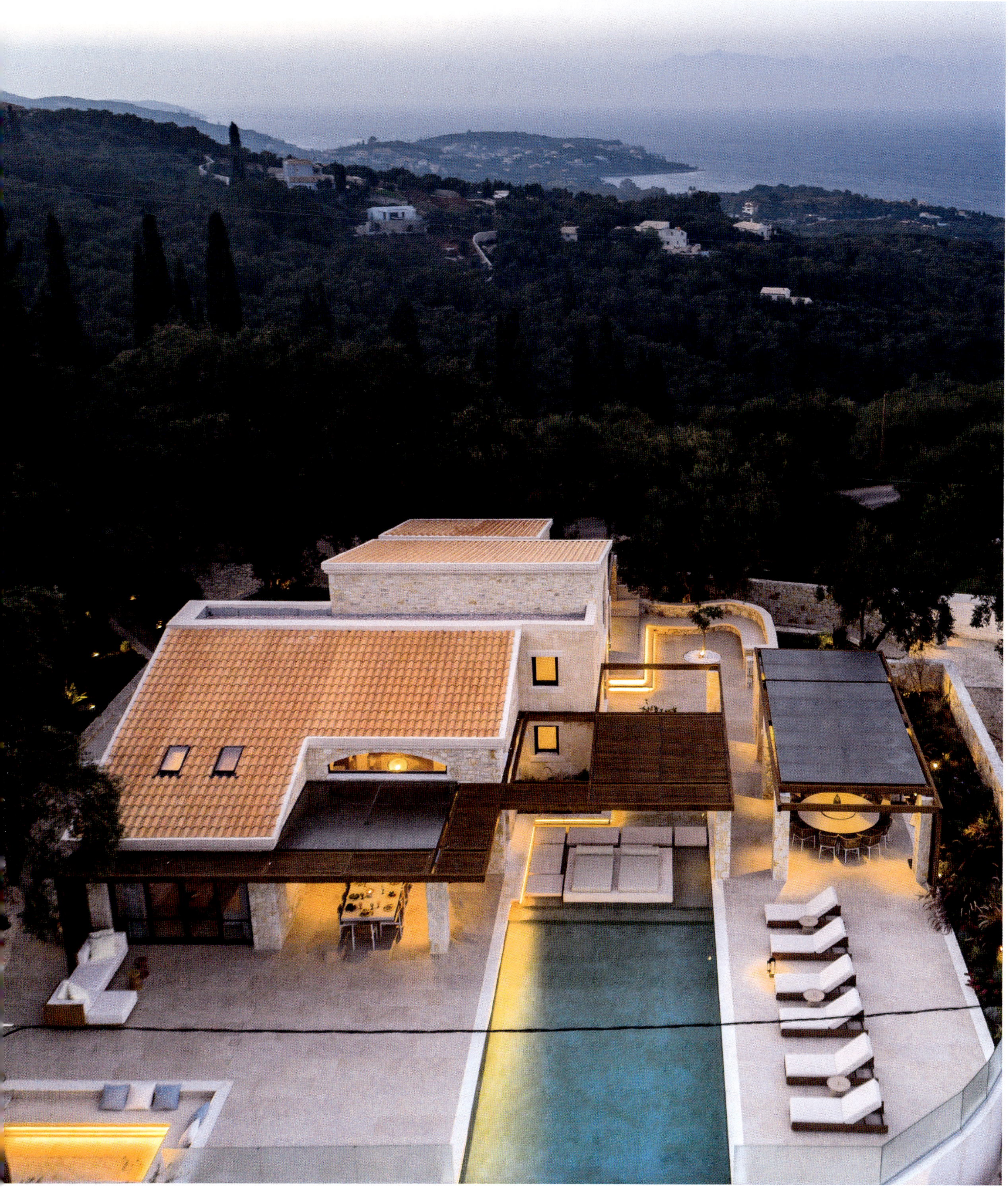

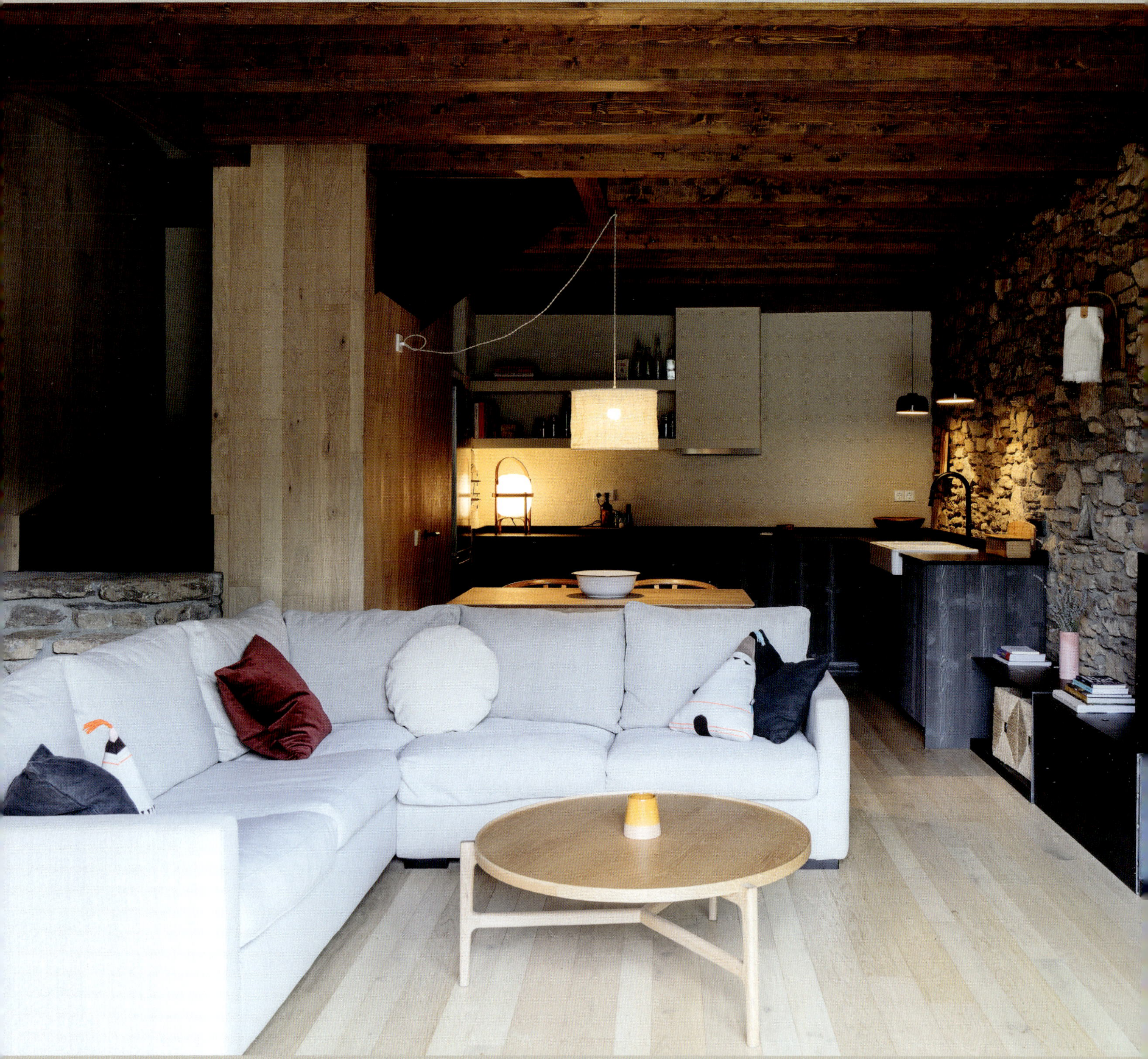

Led by Helena Puig (Barcelona, 1982), PPT Interiorismo is a studio specialized in the design of commercial spaces, private residences, and contemporary-style businesses in Barcelona. The company collaborates closely with the field of graphic design and other creative disciplines such as illustration, industrial design, and landscaping. Its interior design, renovation, and decoration services encompass both space conception, creative idea, concept, construction, and renovation. Since 2010, the studio has participated in the creation of over 35 restaurants, establishing itself as an expert in conceptualizing spaces and experiences for gastronomy and leisure.

Dirigé par Helena Puig (Barcelone, 1982), PPT Interiorismo est un studio spécialisé dans la conception d'espaces commerciaux, de logements particuliers et d'entreprises au style contemporain à Barcelone. L'entreprise collabore étroitement avec le domaine du graphisme et d'autres disciplines créatives telles que l'illustration, le design industriel et l'aménagement paysager. Ses services en design d'intérieur, rénovation et décoration comprennent la conception de l'espace, l'idée créative, le concept, la construction et la rénovation. Depuis 2010, le studio a participé à la création de plus de 35 restaurants, se positionnant comme un expert dans la conceptualisation d'espaces et d'expériences pour la gastronomie et les loisirs.

Dirigé par Helena Puig (Barcelone, 1982), PPT Interiorismo est un studio spécialisé dans la conception d'espaces commerciaux, de logements particuliers et d'entreprises au style contemporain à Barcelone. L'entreprise collabore étroitement avec le domaine du graphisme et d'autres disciplines créatives telles que l'illustration, le design industriel et l'aménagement paysager. Ses services en design d'intérieur, rénovation et décoration comprennent la conception de l'espace, l'idée créative, le concept, la construction et la rénovation. Depuis 2010, le studio a participé à la création de plus de 35 restaurants, se positionnant comme un expert dans la conceptualisation d'espaces et d'expériences pour la gastronomie et les loisirs.

Dirigido por Helena Puig (Barcelona, 1982), PPT Interiorismo es un estudio especializado en el diseño de espacios comerciales, viviendas particulares y negocios de estilo contemporáneo en Barcelona. La empresa colabora estrechamente con el ámbito del diseño gráfico y otras disciplinas creativas como la ilustración, el diseño industrial y el paisajismo. Sus servicios de interiorismo, reforma y decoración comprenden tanto la concepción del espacio, la idea creativa, el concepto, la obra y la reforma. Desde 2010, el estudio ha participado en la creación de más de 35 restaurantes, consolidándose como experto en la conceptualización de espacios y experiencias para la gastronomía y el ocio.

**PPT INTERIORISMO**

HELENA PUIG

www.pptinteriorismo.com

# HOUSE IN LA CERDANYA

LA CERDANYA, SPAIN || PHOTOS © ENRIC BADRINAS

What was once a modest hayloft has been renovated into a 120 m² residence that respects its roots. The design by PPT Interiorismo embraces the fusion of the old and the new, incorporating natural elements into contemporary functionality. Thanks to its privileged south-facing orientation, the house enjoys sunlight for much of the day. Natural light accentuates the light tones and warm wood cladding inside. Black metallic elements add a touch of modernity, particularly noticeable in the stairs and window frames. Selected details, such as linen and cotton curtains and natural oak parquet, infuse warmth and texture into all areas of the house. The kitchen, simple but well-organized, combines the rusticity of stone with the elegance of dark wood. On its facade, black intertwines with heat-treated wood, alongside stone and iron details, evoking the essence of mountain houses.

Ein ehemaliger bescheidener Heuboden wurde zu einem 120 m² großen Wohnhaus umgebaut, das seine Wurzeln respektiert. Der Entwurf von PPT Interiorismo verbindet Altes mit Neuem und verbindet natürliche Elemente mit moderner Funktionalität. Dank der privilegierten Südausrichtung genießt das Haus einen großen Teil des Tages die Sonne. Das natürliche Licht unterstreicht die hellen Farbtöne und die warme Holzvertäfelung im Inneren. Schwarze Metallelemente verleihen dem Haus einen Hauch von Modernität, besonders auffällig an der Treppe und den Fensterrahmen. Ausgewählte Details wie die Leinen- und Baumwollvorhänge und der natürliche Eichenparkettboden verleihen jedem Raum des Hauses Wärme und Textur. Die einfache, aber gut organisierte Küche verbindet die Rustikalität von Stein mit der Eleganz von dunklem Holz. An der Fassade vermischt sich Schwarz mit wärmebehandeltem Holz und Details aus Stein und Eisen, die an das Wesen der Berghäuser erinnern.

Ce qui était autrefois une modeste grange a été rénové pour devenir une résidence de 120 m² qui respecte ses racines. Le design de PPT Interiorismo embrasse la fusion entre l'ancien et le nouveau et intègre des éléments naturels à l'ordre de la fonctionnalité contemporaine. Grâce à son orientation privilégiée vers le sud, la maison bénéficie du soleil une grande partie de la journée. La lumière naturelle met en valeur les tons clairs et les revêtements de bois chauds à l'intérieur. Des éléments métalliques noirs apportent une touche de modernité, notamment remarquables dans les escaliers et les cadres de fenêtres. Les détails sélectionnés, tels que les rideaux de lin et de coton et le parquet en chêne naturel, insufflent chaleur et texture à tous les espaces de la maison. La cuisine, simple mais bien organisée, combine la rusticité de la pierre avec l'élégance du bois foncé. Sur sa façade, le noir se mêle au bois thermo-traité et aux détails de pierre et de fer évoquant l'essence des maisons de montagne.

Lo que era un modesto pajar, se ha reformado hasta convertirse en una residencia de 120 m² que respeta sus raíces. El diseño de PPT Interiorismo abraza la fusión entre lo antiguo y lo nuevo e incorpora elementos naturales a la orden de la funcionalidad contemporánea. Gracias a la orientación privilegiada hacia el sur, la casa disfruta de sol durante gran parte del día. La luz natural destaca los tonos claros y los cálidos revestimientos de madera en su interior. Elementos metálicos en negro aportan un toque de modernidad, especialmente notables en las escaleras y los marcos de las ventanas. Los detalles seleccionados, como las cortinas de lino y algodón y el parqué de roble natural, infunden calidez y textura a todos los ambientes de la casa. La cocina, simple pero bien organizada, combina la rusticidad de la piedra con la elegancia de la madera oscura. En su fachada, el negro se entrelaza con madera termo tratada y junto a los detalles de piedra y hierro evocando la esencia de las casas de montaña.

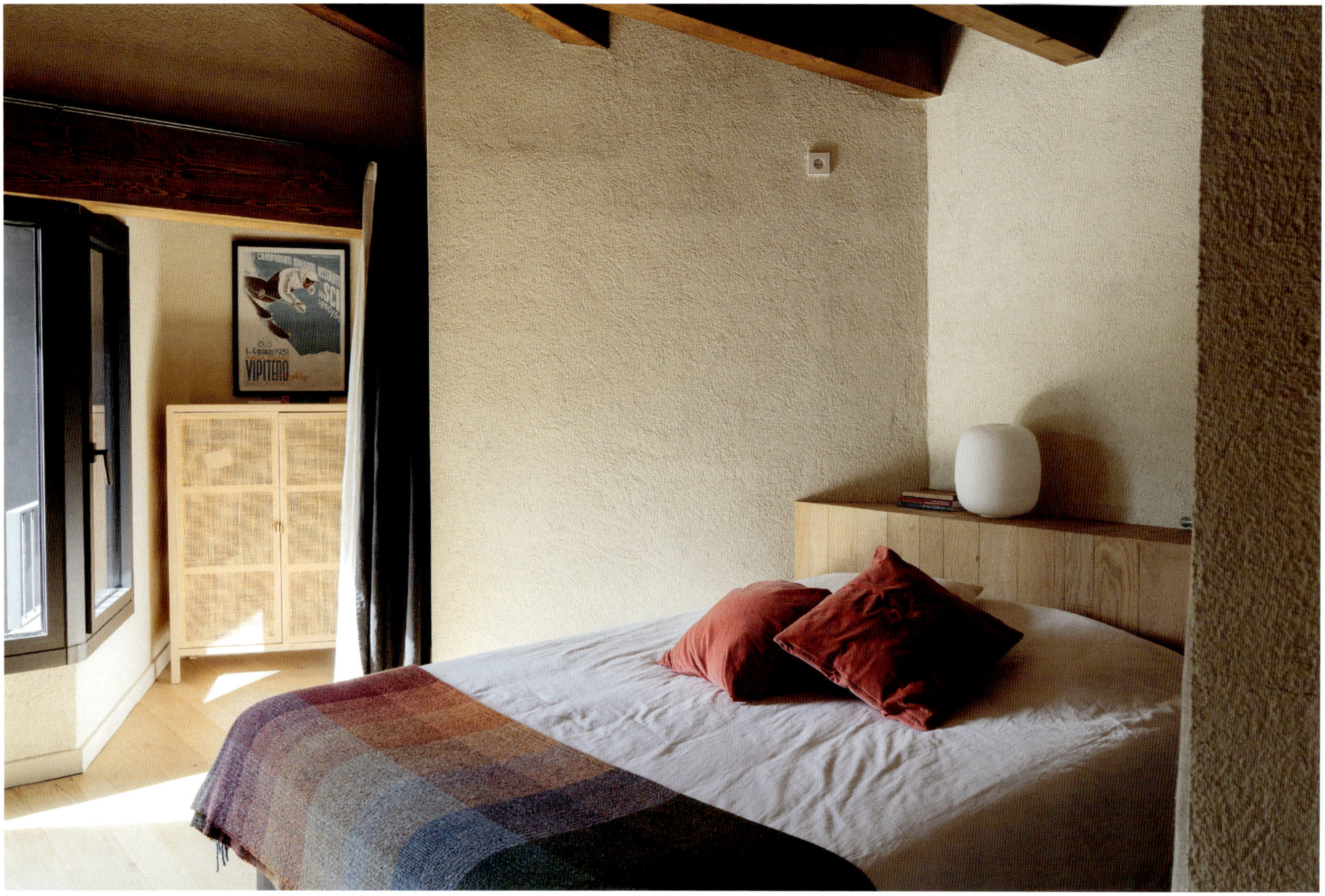
1-4 MARZO 1951
VIPITENO

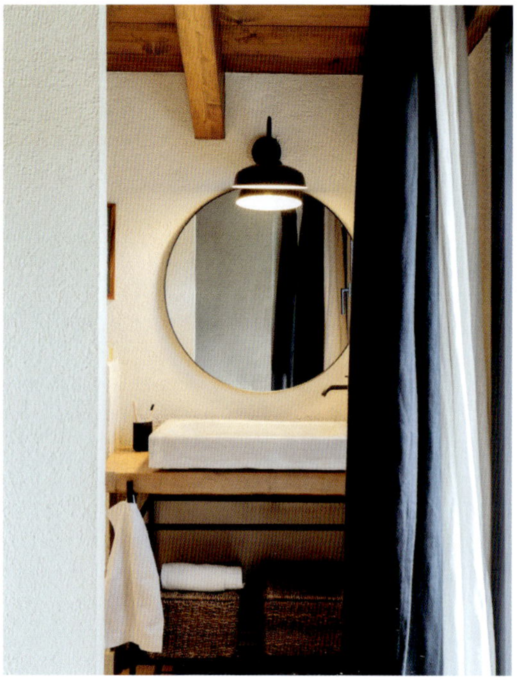

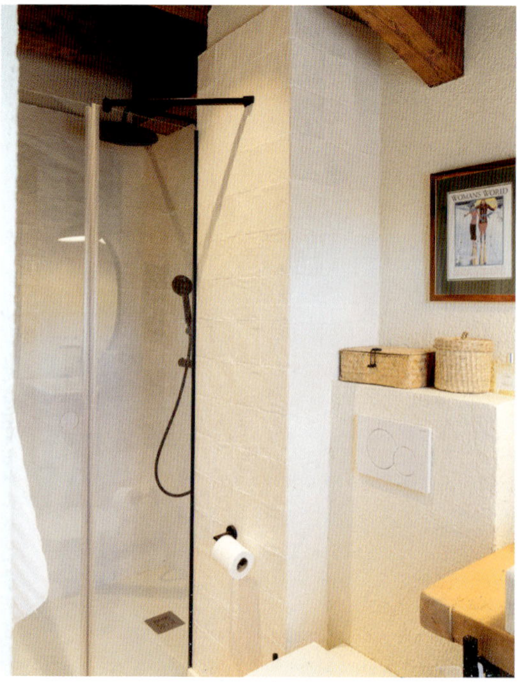

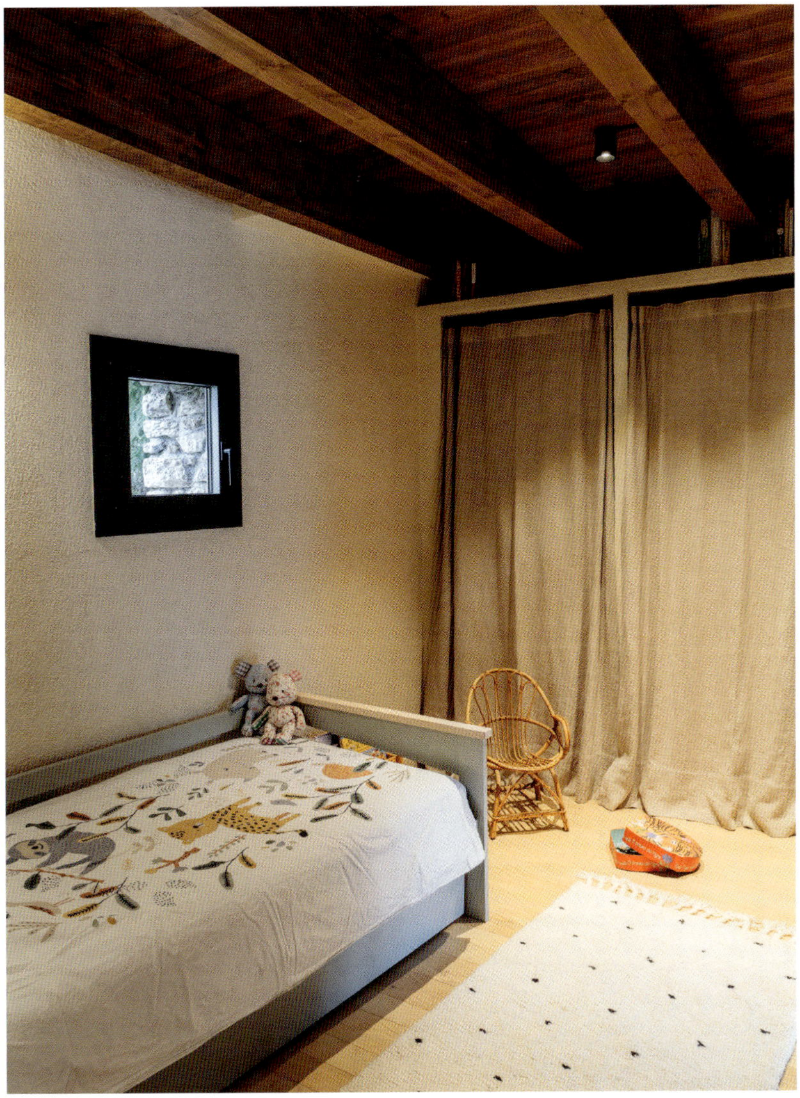

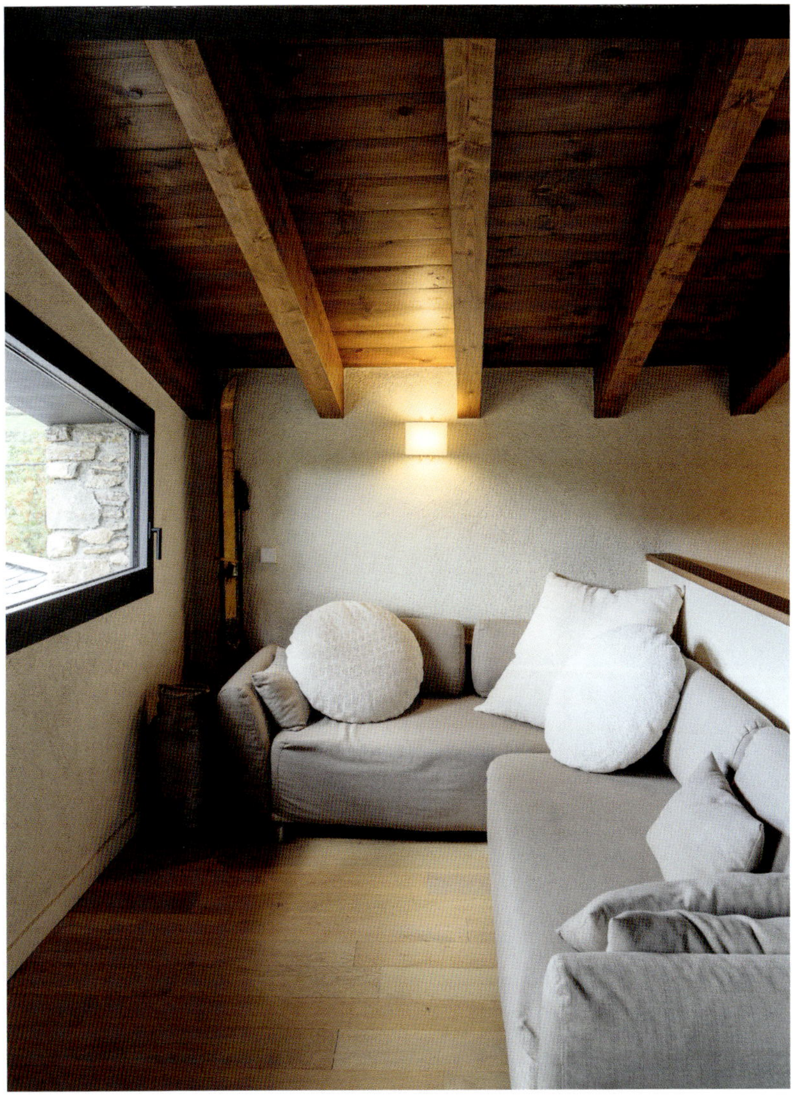

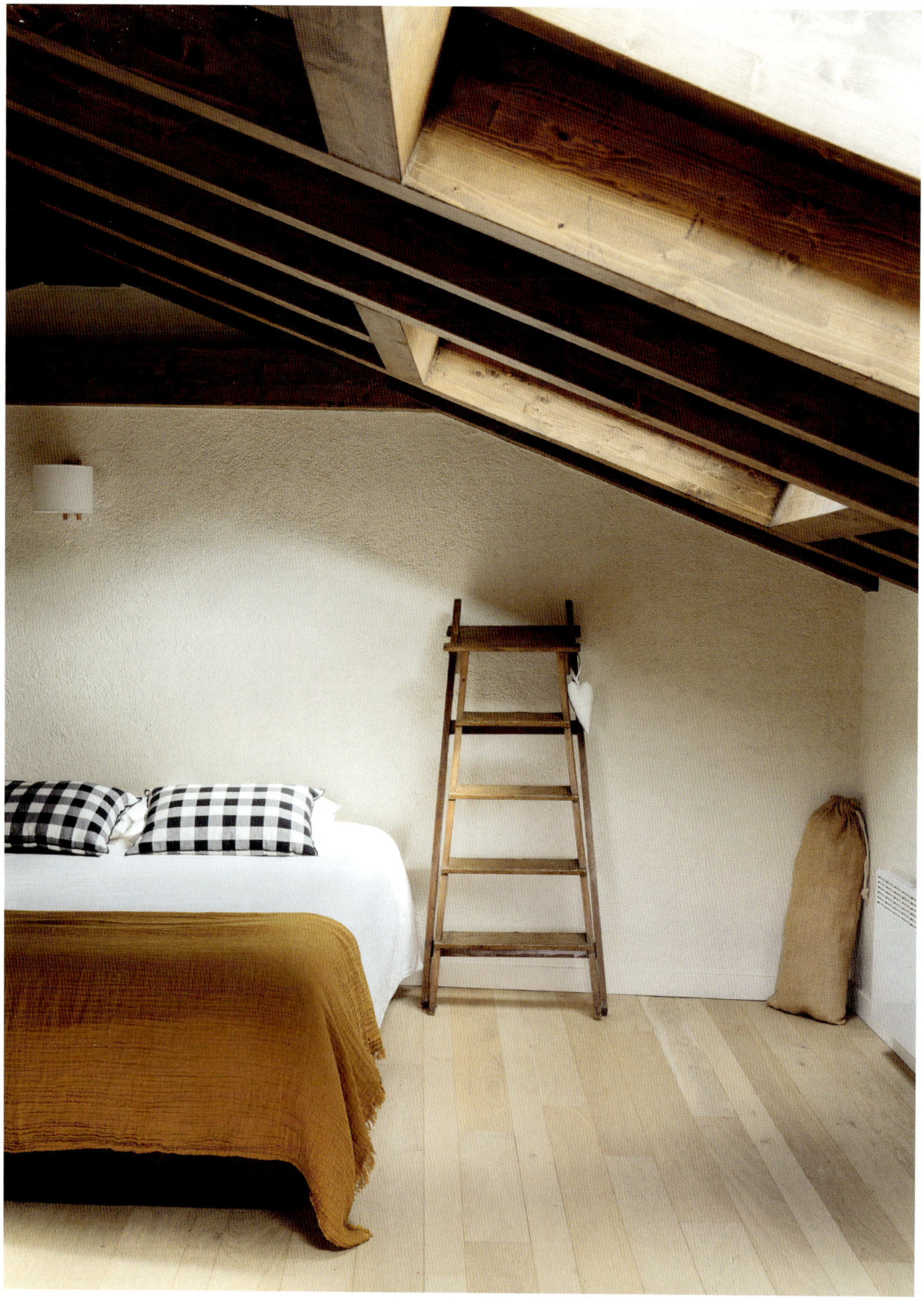
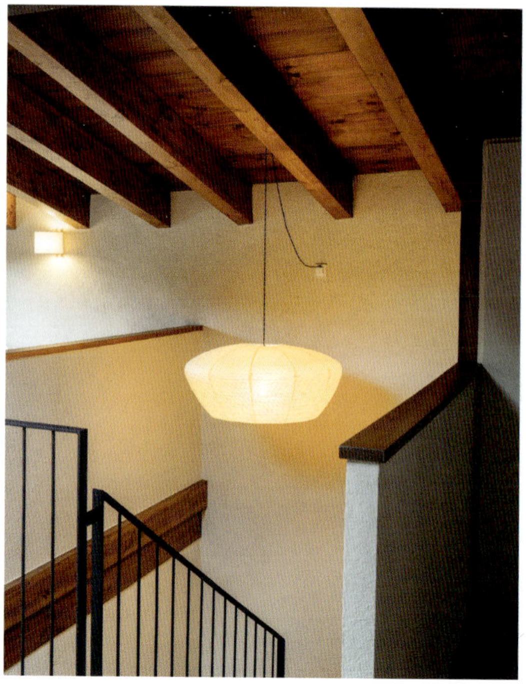
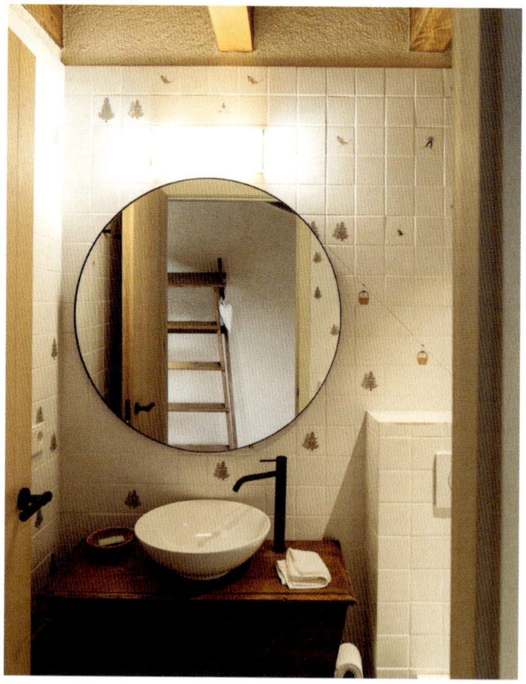

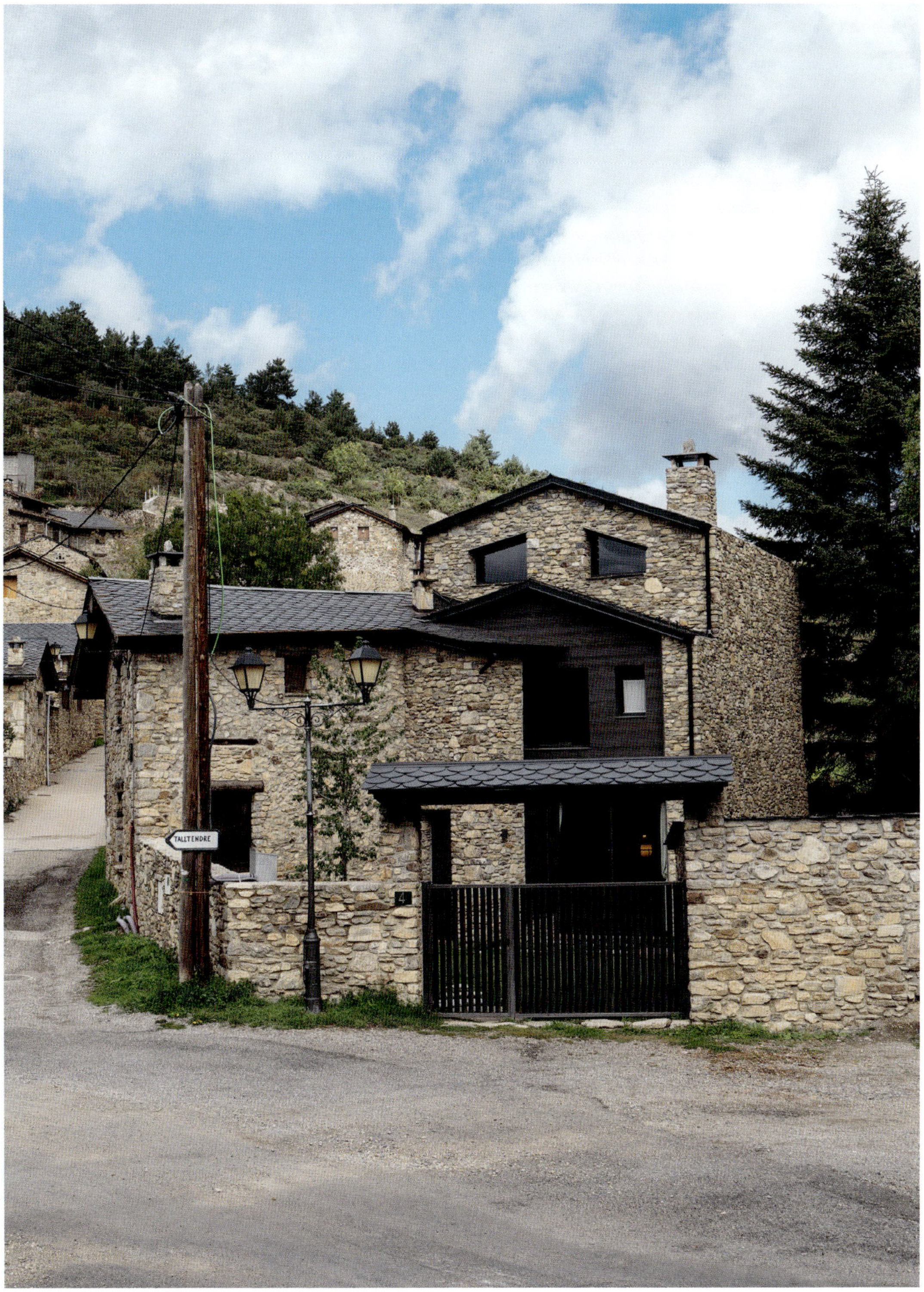
TALLTENDRE
4

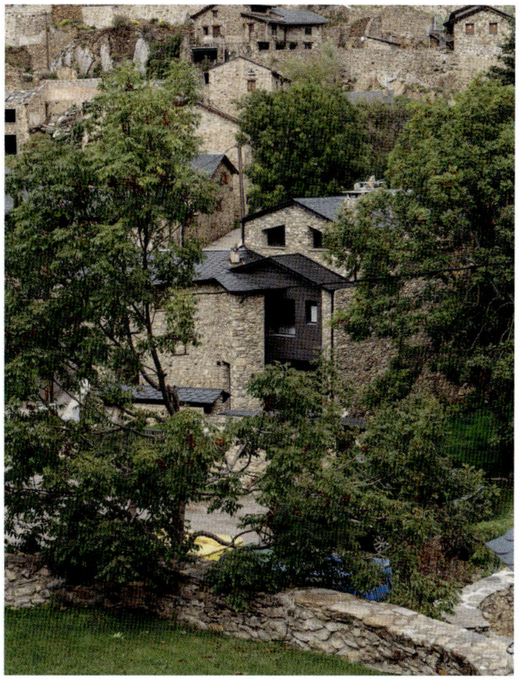

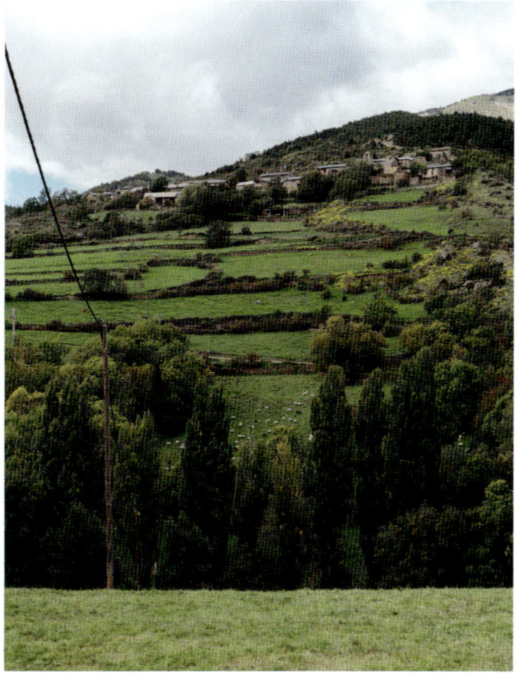

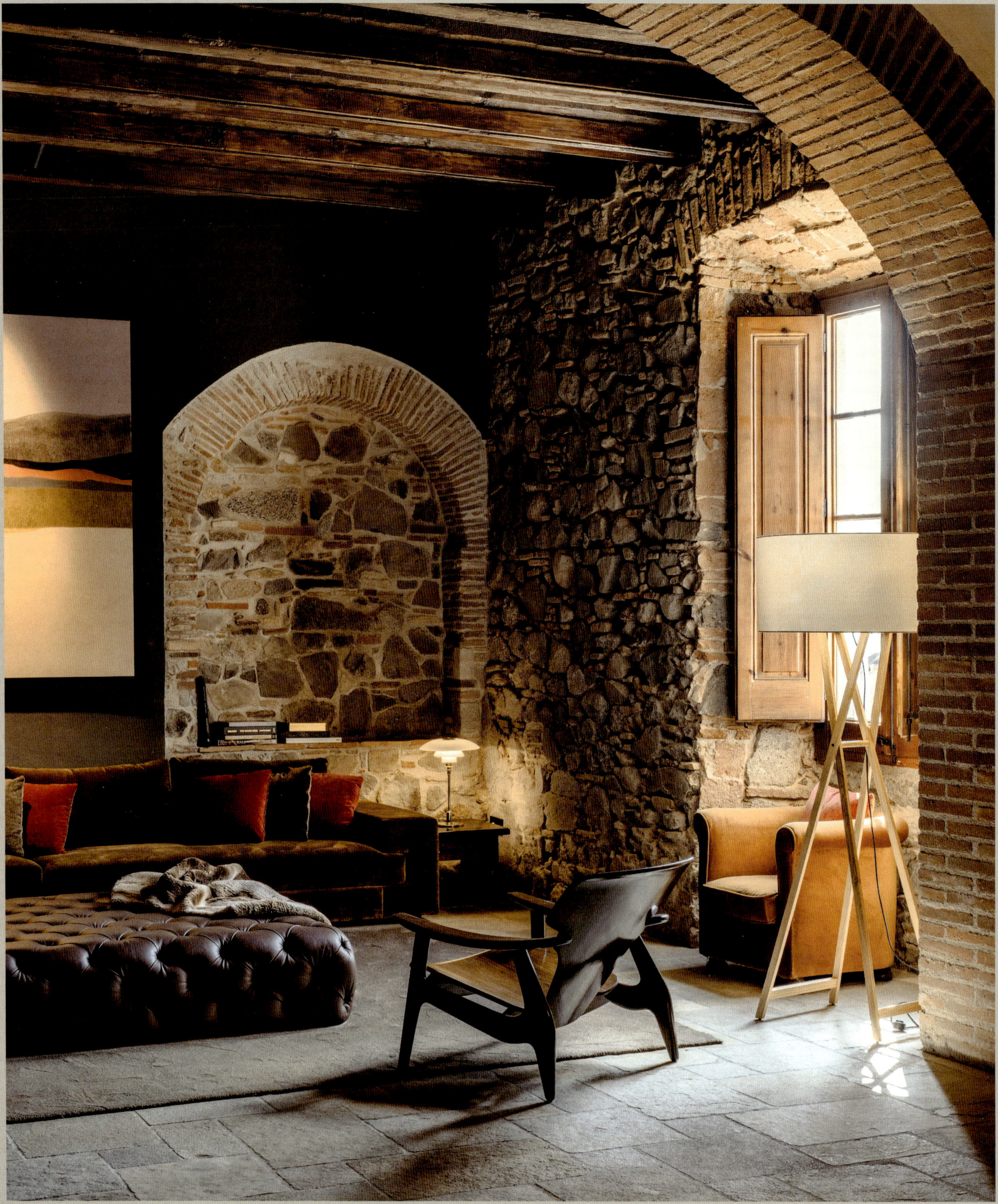

Rehab Design is the result of collaboration between partners Triana Vives, Marcos Luis, Juan de Olano, and a talented team of architects, interior designers, and engineers. Since its foundation in 2015, the firm has specialized in interior architecture and construction, as well as the comprehensive renovation of homes and commercial spaces.
In their approach, they manage projects entirely, from initial design to final execution, and collaborate closely with other architecture and interior design studios. Beyond visual appearance, the philosophy of Rehab Design is based on fundamental values such as perseverance, sensitivity, empathy, patience, fun, and always with dedication and affection in every task they undertake.

Rehab Design ist das Ergebnis der Zusammenarbeit zwischen den Partnern Triana Vives, Marcos Luis, Juan de Olano und einem talentierten Team von Architekten, Innenarchitekten und Ingenieuren. Seit seiner Gründung im Jahr 2015 hat sich das Unternehmen auf Innenarchitektur, Bau und umfassende Renovierung von Wohnungen und Geschäftsräumen spezialisiert.
Ihr Ansatz besteht darin, Projekte ganzheitlich zu managen, von der ersten Gestaltung bis zur endgültigen Ausführung, und eng mit anderen Architektur- und Innenarchitekturbüros zusammenzuarbeiten. Über die visuelle Erscheinung hinaus basiert die Philosophie von Rehab Design auf fundamentalen Werten wie Ausdauer, Sensibilität, Empathie, Geduld, Spaß und immer mit Hingabe und Liebe bei jeder Aufgabe, die sie angehen.

Rehab Design est le résultat de la collaboration entre les partenaires Triana Vives, Marcos Luis, Juan de Olano, et une équipe talentueuse d'architectes, de designers d'intérieur et d'ingénieurs. Depuis sa fondation en 2015, l'entreprise s'est spécialisée dans l'architecture intérieure, la construction et la rénovation intégrale de logements et d'espaces commerciaux.
Dans leur approche, ils gèrent de manière intégrale les projets, de la conception initiale à l'exécution finale, et collaborent étroitement avec d'autres bureaux d'architecture et de design d'intérieur. Au-delà de l'aspect visuel, la philosophie de Rehab Design est basée sur des valeurs fondamentales telles que la constance, la sensibilité, l'empathie, la patience, le plaisir, et toujours avec dévouement et affection dans chaque tâche entreprise.

Rehab Design es el resultado de la colaboración entre los socios Triana Vives, Marcos Luis, Juan de Olano, y un equipo talentoso de arquitectos, interioristas e ingenieros. Desde su fundación en el año 2015, la firma se ha especializado en arquitectura interior y construcción, y la reforma integral de viviendas y espacios comerciales.
En su enfoque, gestionan proyectos integralmente, desde el diseño inicial hasta la ejecución final, y colaboran estrechamente con otros estudios de arquitectura y diseño de interiores. Más allá de la apariencia visual, la filosofía de Rehab Design se basa en valores fundamentales como la constancia, sensibilidad, empatía, paciencia, diversión, y siempre con dedicación y cariño en cada tarea que emprenden.

**REHAB DESIGN**

TRIANA VIVES
MARCOS LUIS
JUAN DE OLANO

www.rehabgroup.es

# CASTLE IN MARESME

BARCELONA, SPAIN || PHOTOS © ARIADNA PUIGDOMÈNECH

Located on a vineyard estate from the 16th century on the coast of Barcelona, this property has been restored to become a family residence. The renovation has been carried out with great attention to detail and a deep respect for the building's history. Some walls and ceilings were restored to address existing issues, but the interior structure was maximally preserved to maintain its essence. In this way, the original stone walls, lime paint, and oak ceilings create a stately and welcoming environment. The furniture, including restored antiques and exclusive pieces designed for the project, brings a touch of timeless elegance to each space. The color palette is inspired by the natural tones of the estate and the wine produced there. By combining direct and indirect light, different scenarios were created to enhance the beauty of the interior architecture and create atmospheres that invite calm.

Auf einem Weingut aus dem 16. Jahrhundert an der Küste Barcelonas gelegen, wurde dieses Anwesen restauriert und in eine Familienresidenz umgewandelt. Die Renovierung erfolgte mit großer Liebe zum Detail und einem tiefen Respekt vor der Geschichte des Gebäudes. Einige Wände und Decken wurden restauriert, um vorhandene Probleme zu lösen, aber die innere Haut wurde weitgehend respektiert, um ihre Essenz zu bewahren. So bilden die originalen Steinwände, die Kalkfarbe und die Eichenbalkendecken eine herrschaftliche und gemütliche Atmosphäre. Die Möbel, darunter restaurierte Antiquitäten und exklusive Stücke, die für das Projekt entworfen wurden, verleihen jedem Raum eine zeitlose Eleganz. Die Farbpalette orientiert sich an den natürlichen Tönen des Anwesens und an dem dort produzierten Wein. Durch die Kombination von direktem und indirektem Licht wurden verschiedene Szenarien geschaffen, um die Schönheit der Innenarchitektur hervorzuheben und eine ruhige Atmosphäre zu schaffen.

Ce château situé dans une propriété viticole du XVIe siècle sur la côte de Barcelone a été restauré après des décennies d'abandon, pour en faire une résidence familiale. La rénovation a été réalisée avec une grande attention aux détails et un profond respect pour l'histoire du bâtiment. Certaines murs et plafonds ont été restaurés pour résoudre des problèmes existants, mais la peau intérieure a été respectée au maximum pour en préserver l'essence. Ainsi, les murs de pierre originaux, la peinture à la chaux et les plafonds en chêne créent une ambiance seigneuriale et chaleureuse. Le mobilier, comprenant des antiquités restaurées et des pièces exclusives conçues pour le projet, apporte une touche d'élégance intemporelle à chaque pièce. La palette chromatique s'inspire des tons naturels de la propriété viticole et du vin qui y est produit. En combinant lumière directe et indirecte, différents scénarios ont été créés pour mettre en valeur la beauté de l'architecture intérieure et créer des atmosphères invitant à la sérénité.

Ubicado en una finca de viñedos en la costa de Barcelona, este castillo del siglo XVI, ha sido restaurado para convertirse en una residencia familiar. La reforma se ha llevado a cabo con gran atención al detalle y un profundo respeto por la historia del edificio. Se restauraron algunas paredes y techos, con el objeto de solventar problemas existentes, en un edificio que llevaba décadas de abandono pero la piel interior se respetó al máximo para mantener su esencia. De esta manera, las paredes de piedra originales, la pintura a la cal y los techos de roble configuran un ambiente señorial y acogedor. El mobiliario, que incluye antigüedades restauradas y piezas exclusivas diseñadas para el proyecto, aporta un toque de elegancia atemporal a cada estancia. La paleta cromática se inspira en los tonos naturales de la finca y en el vino que allí se produce. A partir de la combinación de luz directa e indirecta, se crearon diferentes escenarios para ensalzar la belleza de la arquitectura interior y crear atmósferas que invitan a la calma.

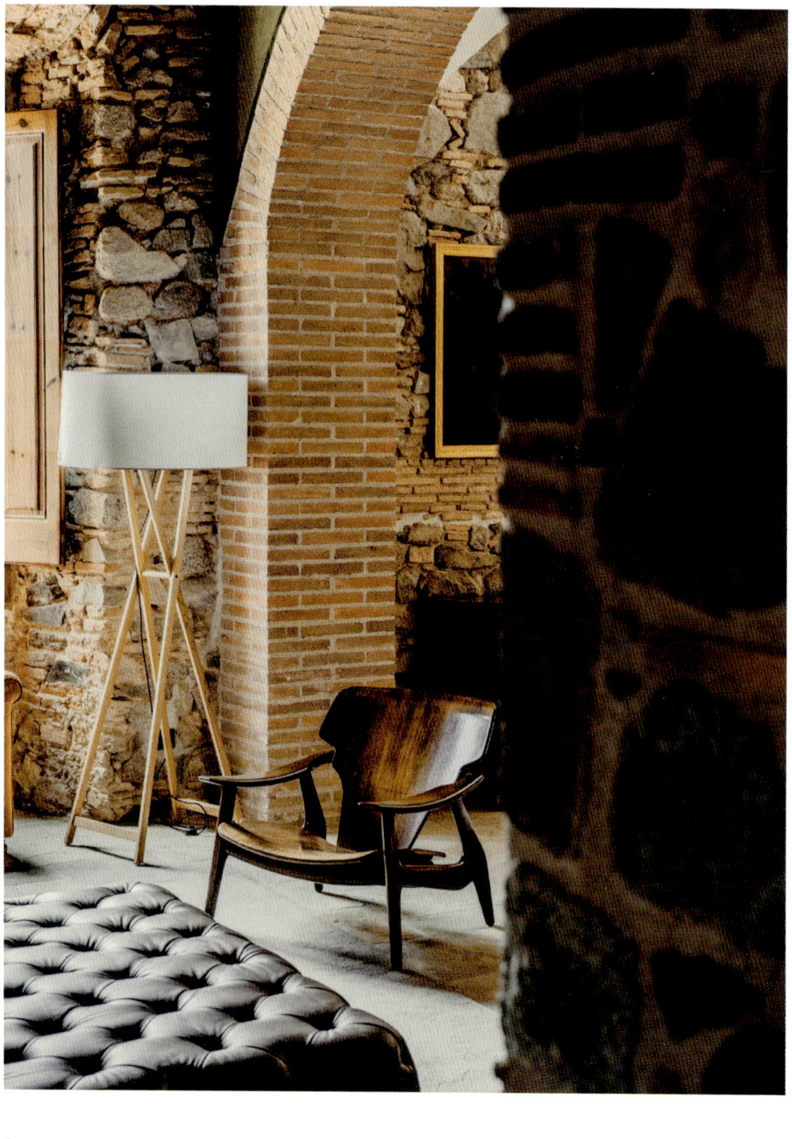

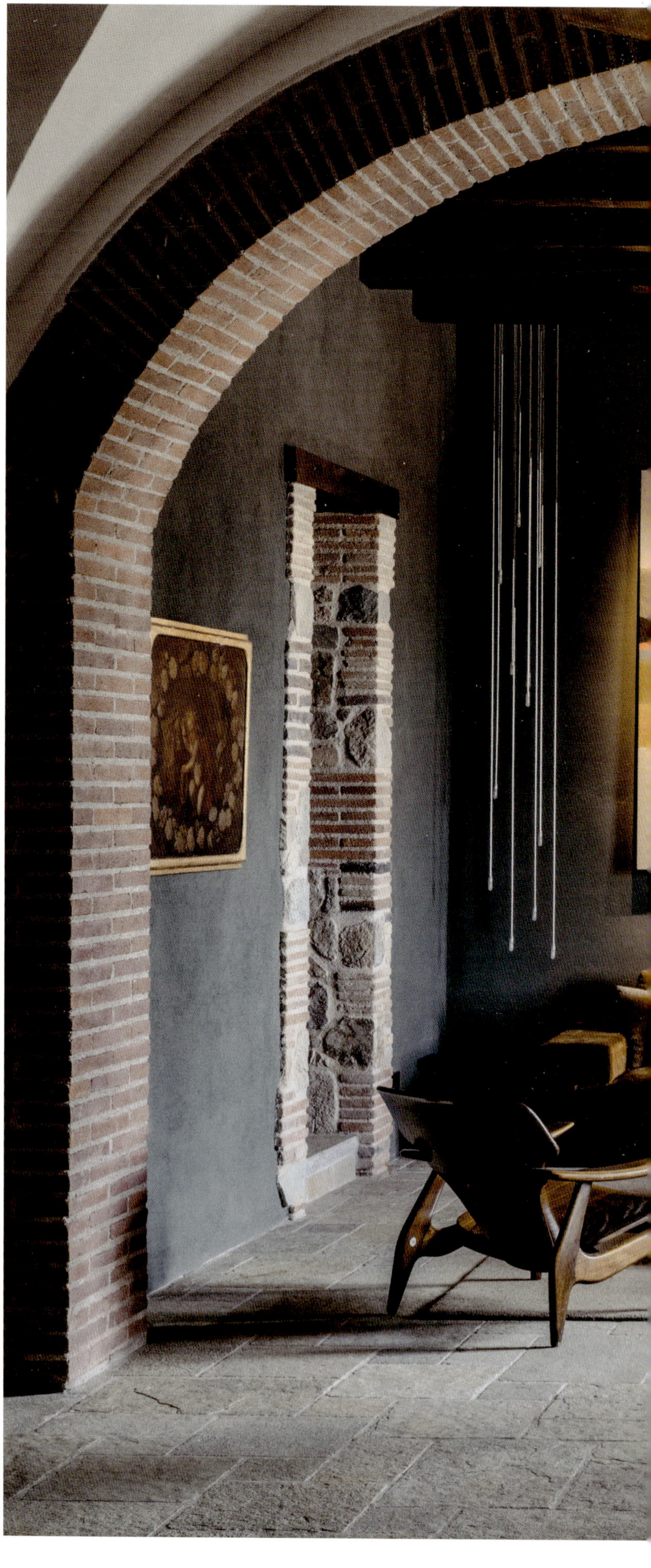

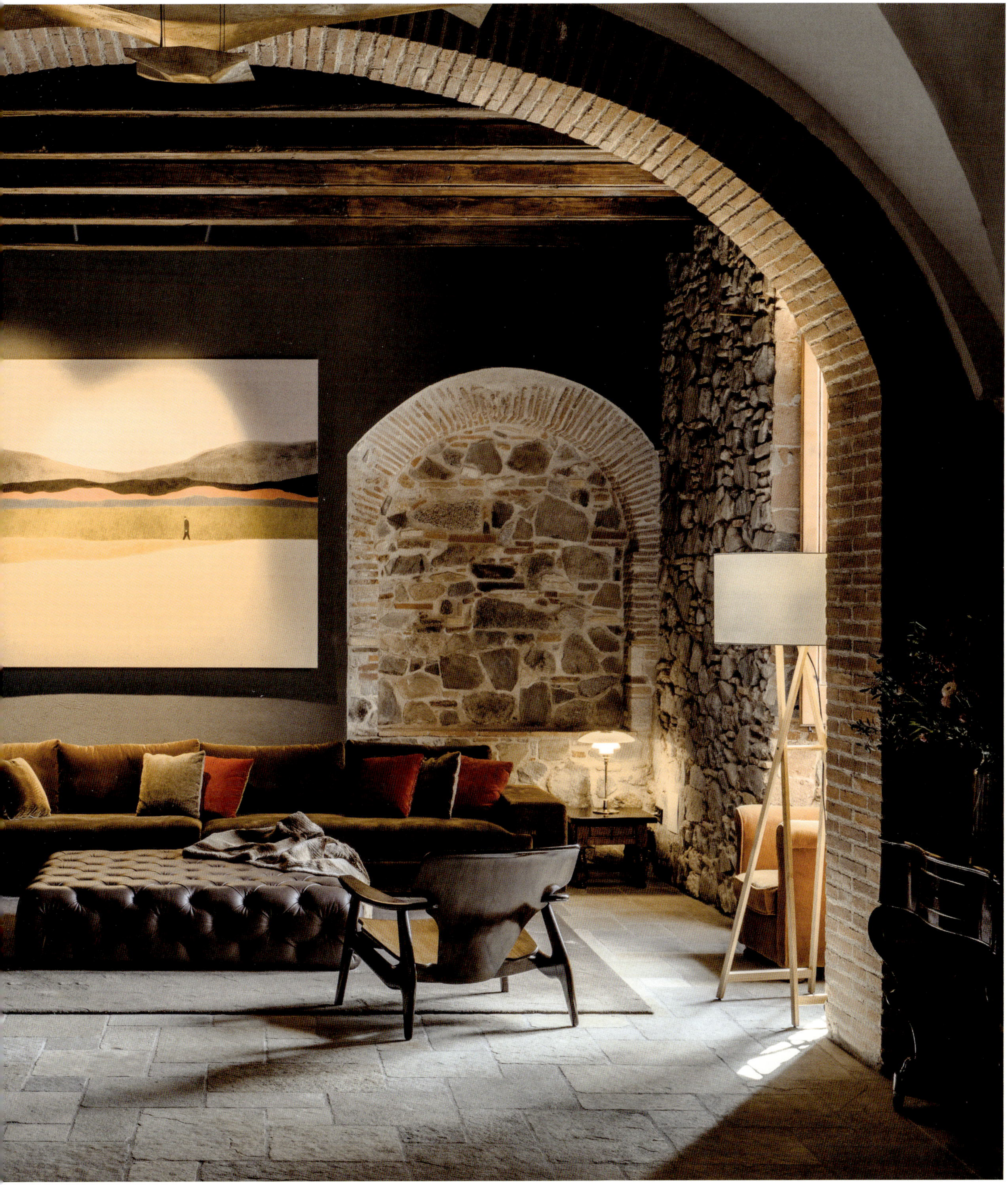

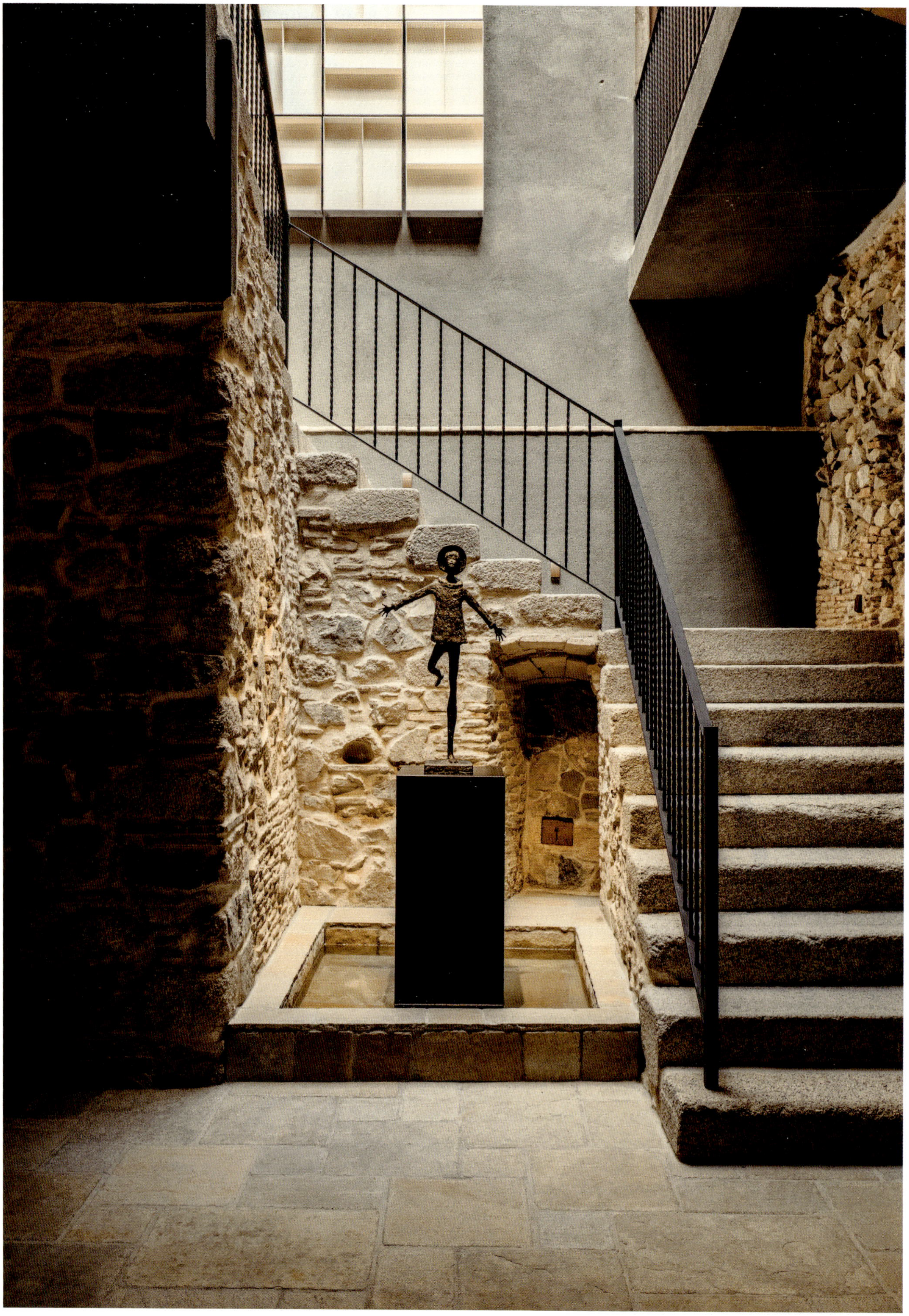

247

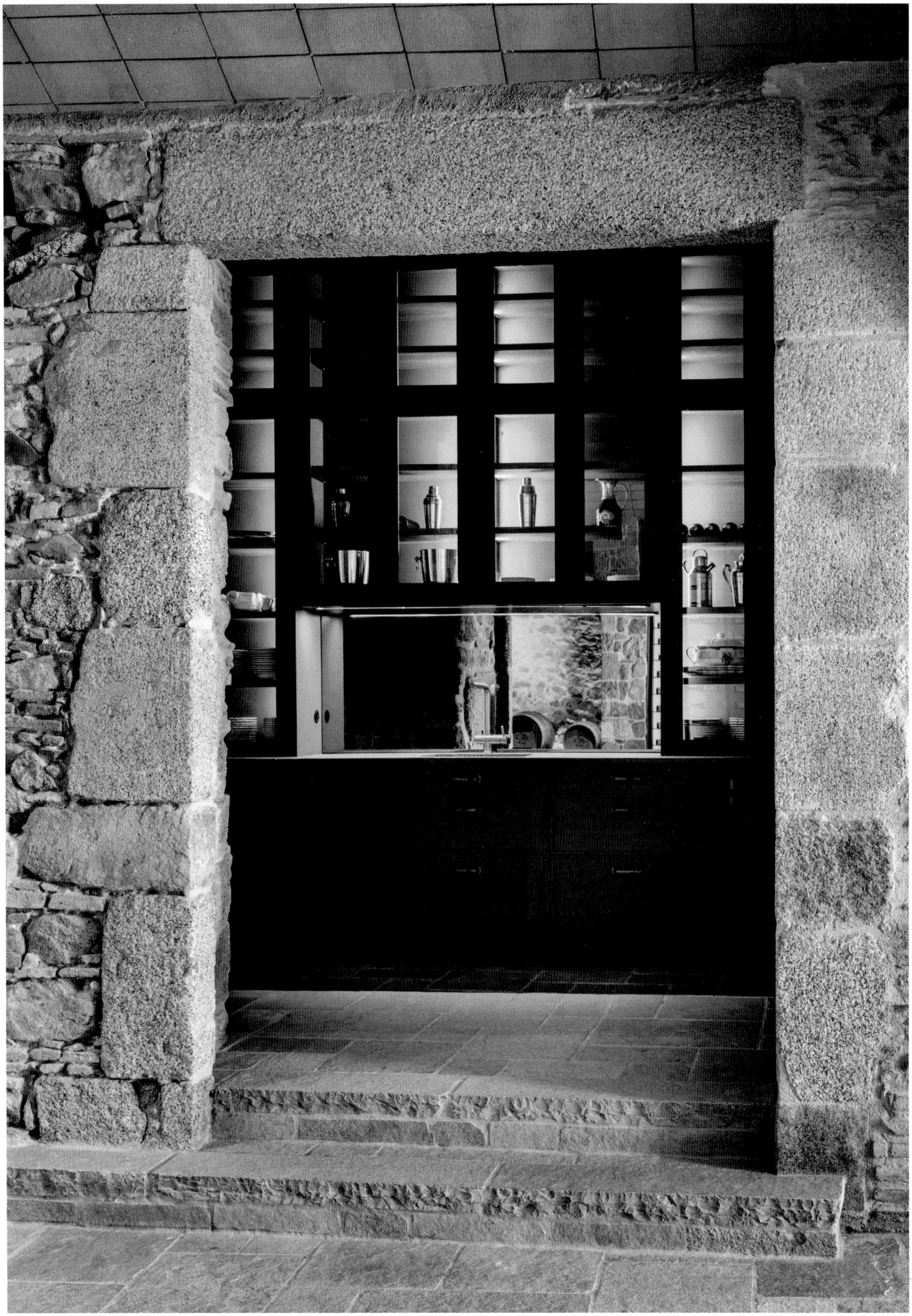

249

250

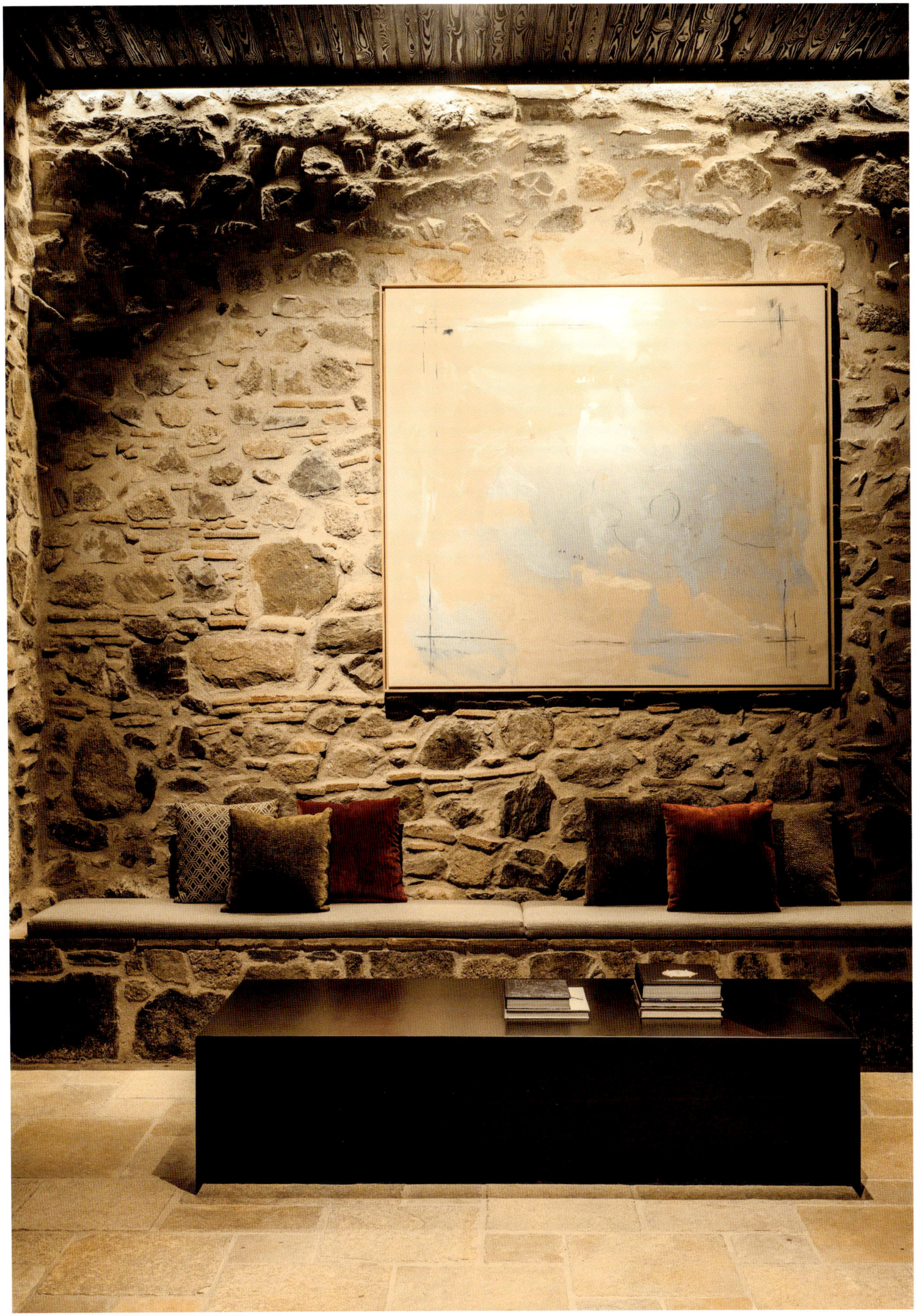

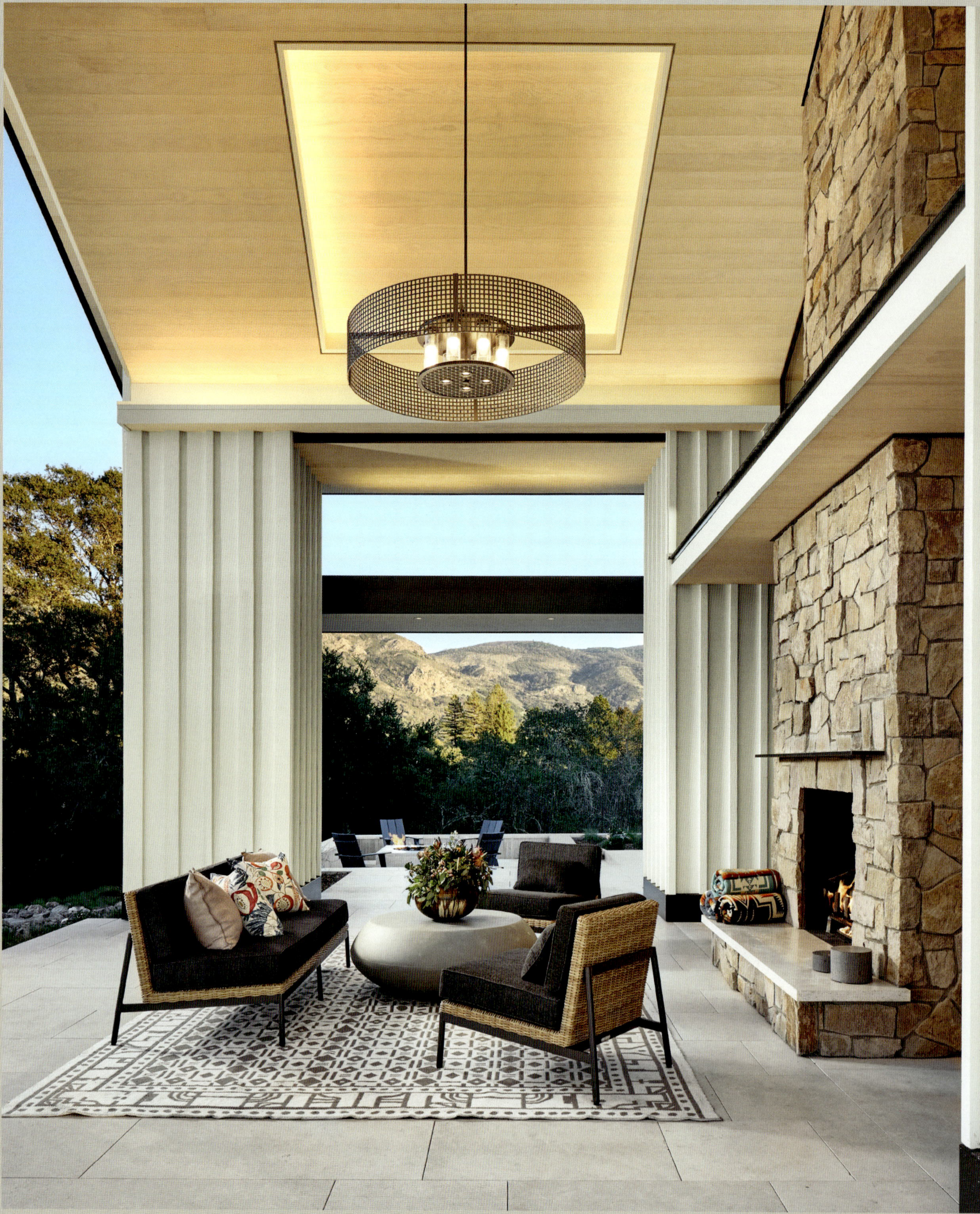

Signum Architecture is a firm well-known in California's wine country and beyond for design that reflects the authenticity of the environment and defies architectural boundaries. Founded in 2011 by Juancarlos Fernandez and Jarrod Denton, the firm's focus on sustainability translates into projects that combine the client's vision with respect for nature.
In just over a decade of practice, the partners have developed a collaborative work culture that fosters curiosity and engagement. While maintaining a rigorous creative process, they have built an impressive portfolio, specialising in residential, winery and hospitality design.

Signum Architecture ist ein renommiertes Büro in und um das kalifornische Weinland, das sich durch Entwürfe auszeichnet, die die Authentizität der Umgebung widerspiegeln und architektonische Grenzen sprengen. Das 2011 von Juancarlos Fernandez und Jarrod Denton gegründete Büro legt großen Wert auf Nachhaltigkeit und realisiert Projekte, die die Vision des Kunden mit dem Respekt vor der Natur verbinden.
In etwas mehr als einem Jahrzehnt haben die Partner eine kollaborative Arbeitskultur entwickelt, die Neugierde und Engagement fördert. Unter Beibehaltung eines rigorosen kreativen Prozesses haben sie ein beeindruckendes Portfolio aufgebaut, das sich auf die Gestaltung von Wohnhäusern, Weingütern und Gaststätten spezialisiert hat.

Signum Architecture est un cabinet renommé dans la région viticole de Californie et ses environs, grâce à des conceptions qui reflètent l'authenticité de l'environnement et défient les limites architecturales. Fondé en 2011 par Juancarlos Fernandez et Jarrod Denton, l'accent mis sur la durabilité se traduit par des projets qui combinent la vision du client et le respect de la nature.
En un peu plus d'une décennie, les partenaires ont développé une culture de travail collaboratif qui favorise la curiosité et l'engagement. Tout en maintenant un processus créatif rigoureux, ils ont constitué un portefeuille impressionnant, spécialisé dans la conception de logements, de vignobles et de lieux d'accueil.

Signum Architecture es una firma de renombre en la región vinícola de California y alrededores, gracias a sus diseños que reflejan la autenticidad del entorno y desafía los límites arquitectónicos. Fundada en 2011 por Juancarlos Fernández y Jarrod Denton, su enfoque en la sostenibilidad se traduce en proyectos que combinan la visión del cliente con el respeto por la naturaleza.
En poco más de una década, los socios han desarrollado una cultura de trabajo colaborativa que promueve la curiosidad y el compromiso. A la vez mantienen un riguroso proceso de creación, y construyen una impresionante cartera de obras, especializándose en el diseño residencial, de bodegas y de hostelería.

**SIGNUM ARCHITECTURE**

JARROD DENTON
JUANCARLOS FERNÁNDEZ

www.signumarchitecture.com

# TRILOGY NAPA VALLEY

**CALIFORNIA, UNITED STATES** || PHOTOS © CESAR RUBIO

Set in the picturesque setting of the Napa Valley, this home blends a rural, indoor-outdoor, family-oriented wine country lifestyle with a sense of luxury. Architect Jarrod Denton was guided by Passivhaus design principles to create this sophisticated rendition of the farmhouse vernacular. The residence offers breathtaking views in all directions, and the interior is organised into three zones: a spacious indoor/outdoor living area, a private sleeping area, and a cosy barn for family celebrations. The exterior rhythm is marked by modules and materials that emphasise orientation, such as concrete walls on the north-south axis and native stone walls on the east-west axis. Functionality is combined with elegance, as in the 3m-high sliding doors that connect the living room with the spacious terraces. Next to the kitchen, an indoor-outdoor bar opens onto the pool terrace with a horizontal pivot window, enhancing the entertaining experience. The event barn, clad in reclaimed timber, provides a relaxed counterpoint to the main house.

In der malerischen Umgebung des Napa Valley gelegen, verbindet dieses Haus familienfreundlichen Landhausstil mit Luxus und ehrt die Essenz des lokalen Weinanbaus. Der Architekt Jarrod Denton ließ sich bei der Gestaltung dieses anspruchsvollen modernen Bauernhauses von den Grundsätzen des Passivhauses leiten.
Das Haus bietet atemberaubende Ausblicke in alle Richtungen, und das Innere ist in drei Zonen aufgeteilt: einen großzügigen Wohnbereich im Innen- und Außenbereich, einen privaten Schlafbereich und eine gemütliche Scheune für Familienfeiern. Der äußere Rhythmus wird durch Module und Materialien bestimmt, die die Orientierung betonen, wie z. B. Betonwände auf der Nord-Süd-Achse und Natursteinwände auf der Ost-West-Achse.
Funktionalität wird mit Eleganz kombiniert, wie bei den drei Meter hohen Schiebetüren, die das Wohnzimmer mit den großzügigen Terrassen verbinden. Neben der Küche öffnet sich eine Indoor-Outdoor-Bar mit einem horizontalen Drehfenster zur Poolterrasse, was das Unterhaltungserlebnis noch steigert. Die mit Altholz verkleidete Event-Scheune bildet einen entspannten Kontrapunkt zum Haupthaus.

Située dans le cadre pittoresque de la vallée de Napa, cette maison allie le style campagnard familial au luxe, tout en honorant l'essence de la viticulture locale. L'architecte Jarrod Denton s'est inspiré des principes de conception de Passivhaus pour créer cette sophistiquée ferme moderne. La résidence offre des vues à couper le souffle dans toutes les directions, et l'intérieur est organisé en trois zones : un vaste espace de vie intérieur/extérieur, un espace de couchage privé, et une grange accueillante pour les célébrations familiales. Le rythme extérieur est marqué par des modules et des matériaux qui soulignent l'orientation, tels que des murs en béton sur l'axe nord-sud et des murs en pierre naturelle sur l'axe est-ouest.
La fonctionnalité est combinée à l'élégance, comme dans les portes coulissantes de trois mètres de haut qui relient le salon aux vastes terrasses. À côté de la cuisine, un bar intérieur-extérieur s'ouvre sur la terrasse de la piscine grâce à une fenêtre pivotante horizontale, ce qui améliore l'expérience de réception. La grange, revêtue de bois de récupération, offre un contrepoint décontracté à la maison principale.

Situada en el pintoresco entorno del Valle de Napa, esta casa combina un estilo rural familiar con el lujo, honrando la esencia vitivinícola local. El arquitecto Jarrod Denton se guió por los principios del diseño de Passivhaus para crear esta sofisticada granja moderna.
La residencia ofrece vistas impresionantes en todas direcciones, y en el interior se organiza en tres zonas: una amplia sala de estar interior/exterior, un área privada con dormitorios, y un acogedor granero para celebraciones familiares. El ritmo exterior, está marcado por módulos y materiales que enfatizan la orientación, como muros de concreto en el eje norte-sur y muros de piedra nativa en el eje este-oeste.
La funcionalidad se combina con la elegancia, como en las puertas correderas de tres metros de altura que conectan la sala de estar con las amplias terrazas. Junto a la cocina, un bar interior-exterior, se abre hacia la terraza de la piscina con una ventana pivotante horizontal, mejorando la experiencia de entretenimiento. El granero para eventos, revestido de madera reciclada, ofrece un contrapunto relajado a la casa principal.

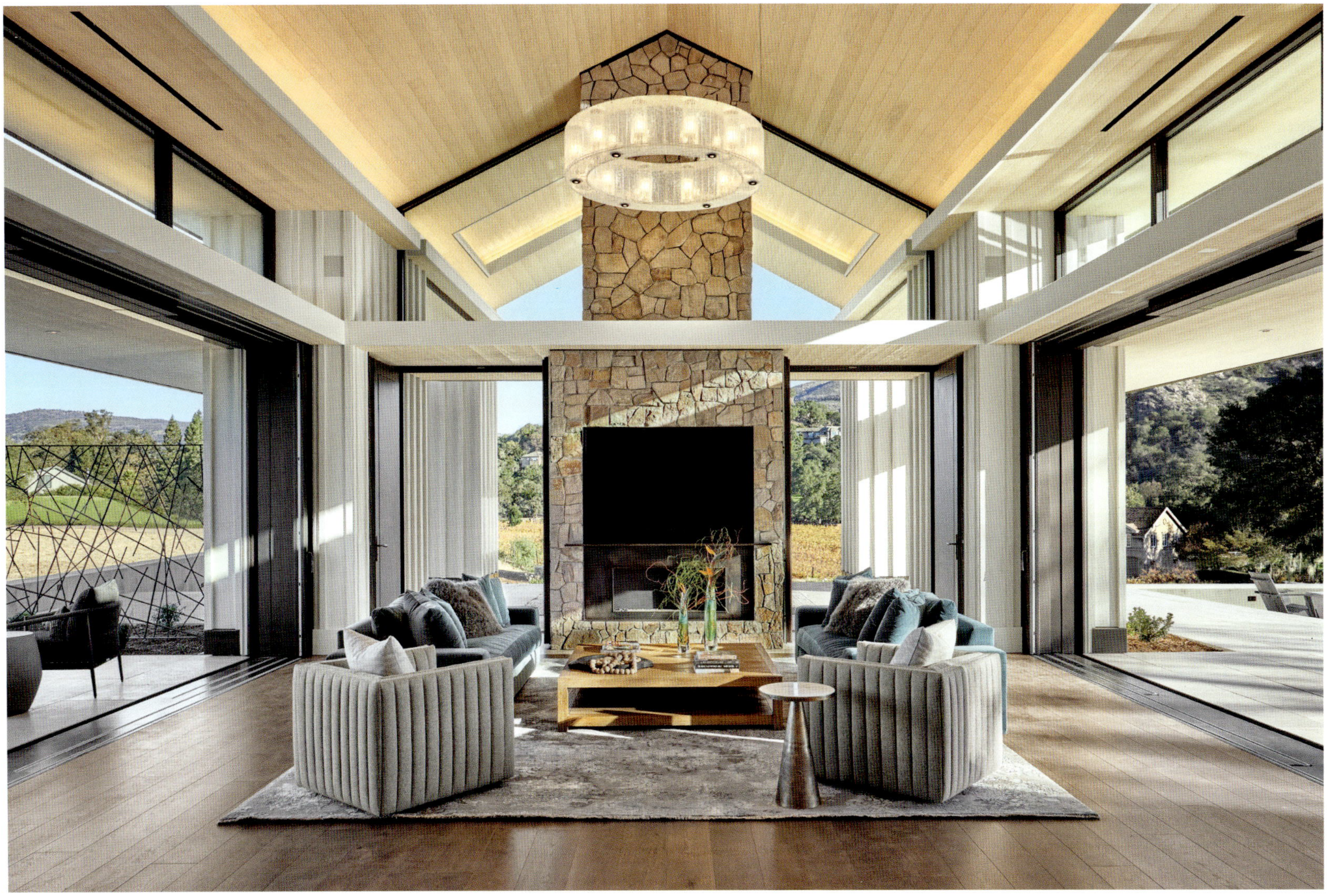

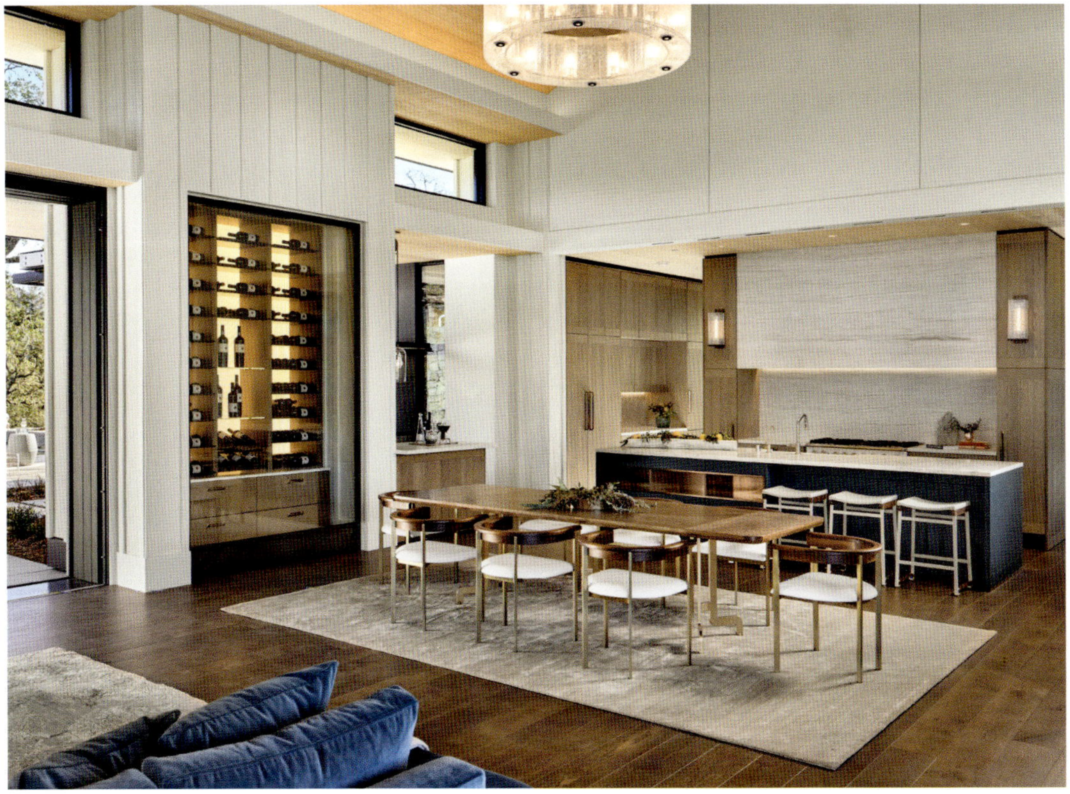

256

257

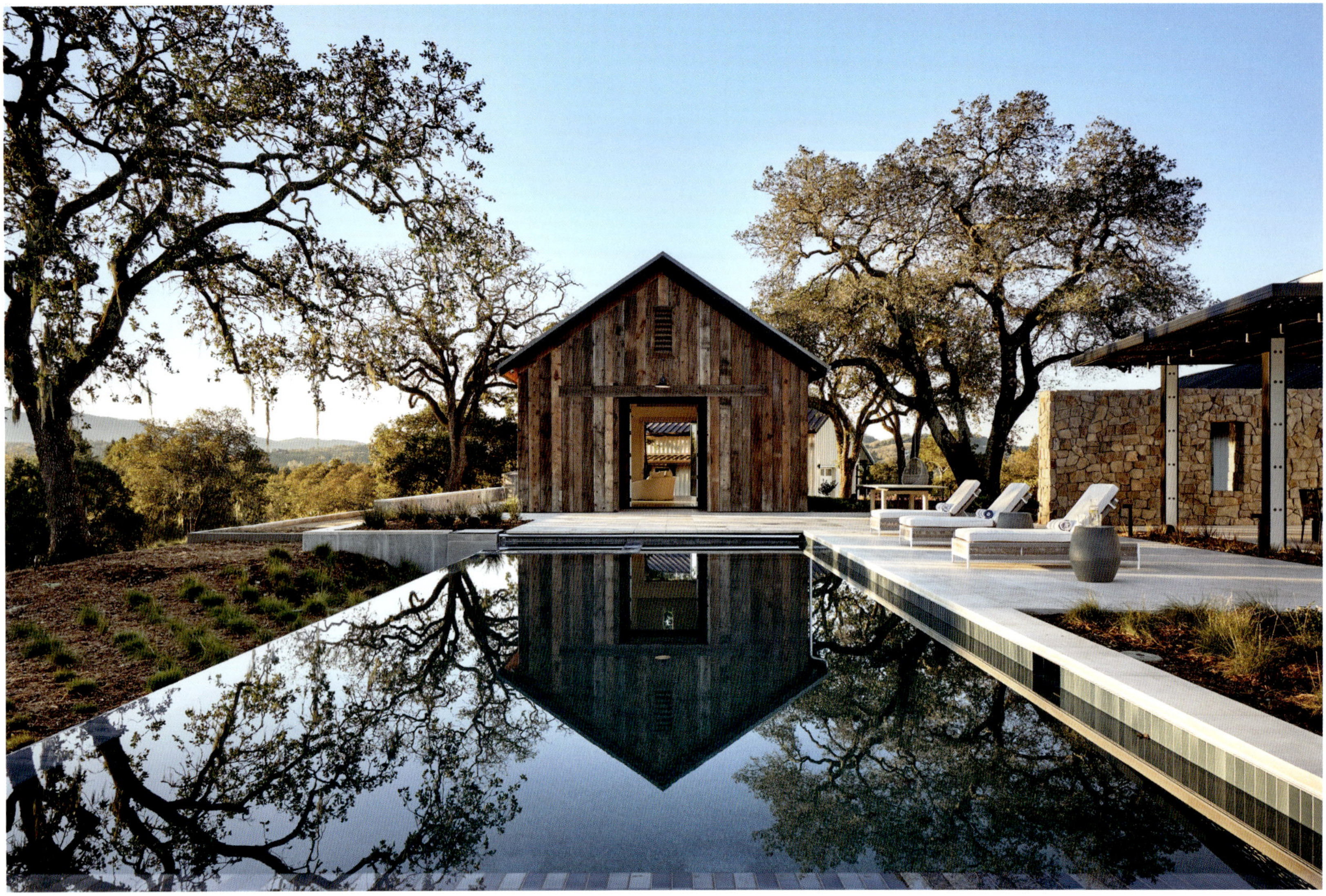

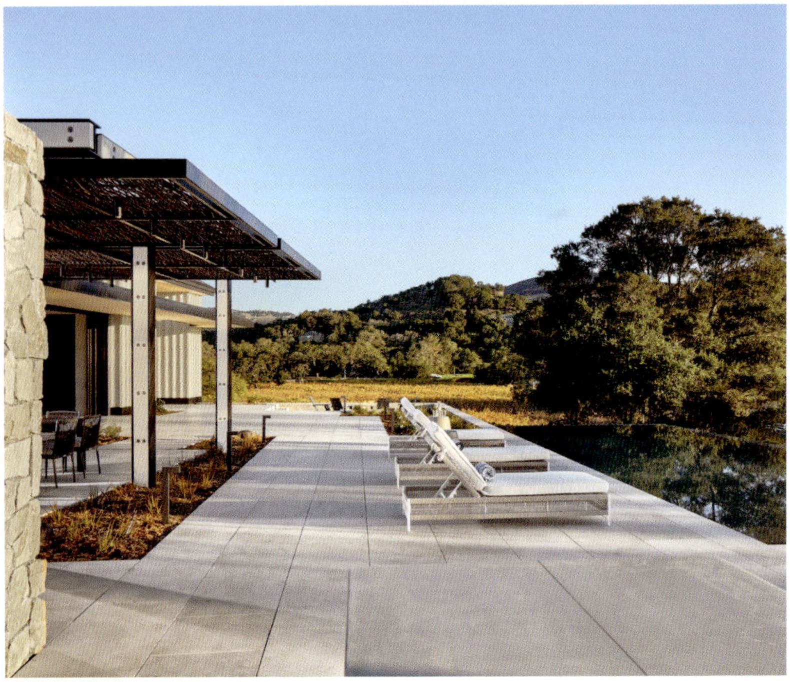

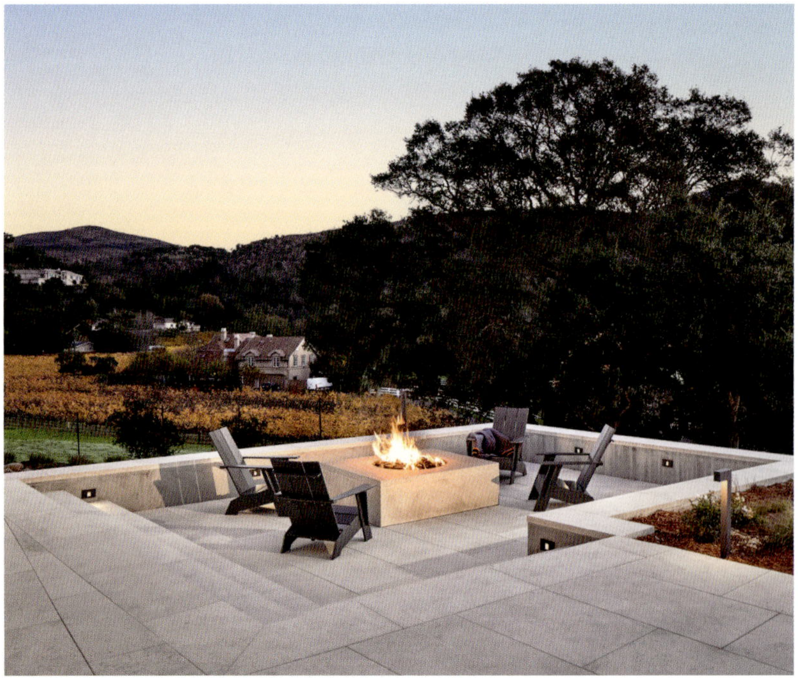

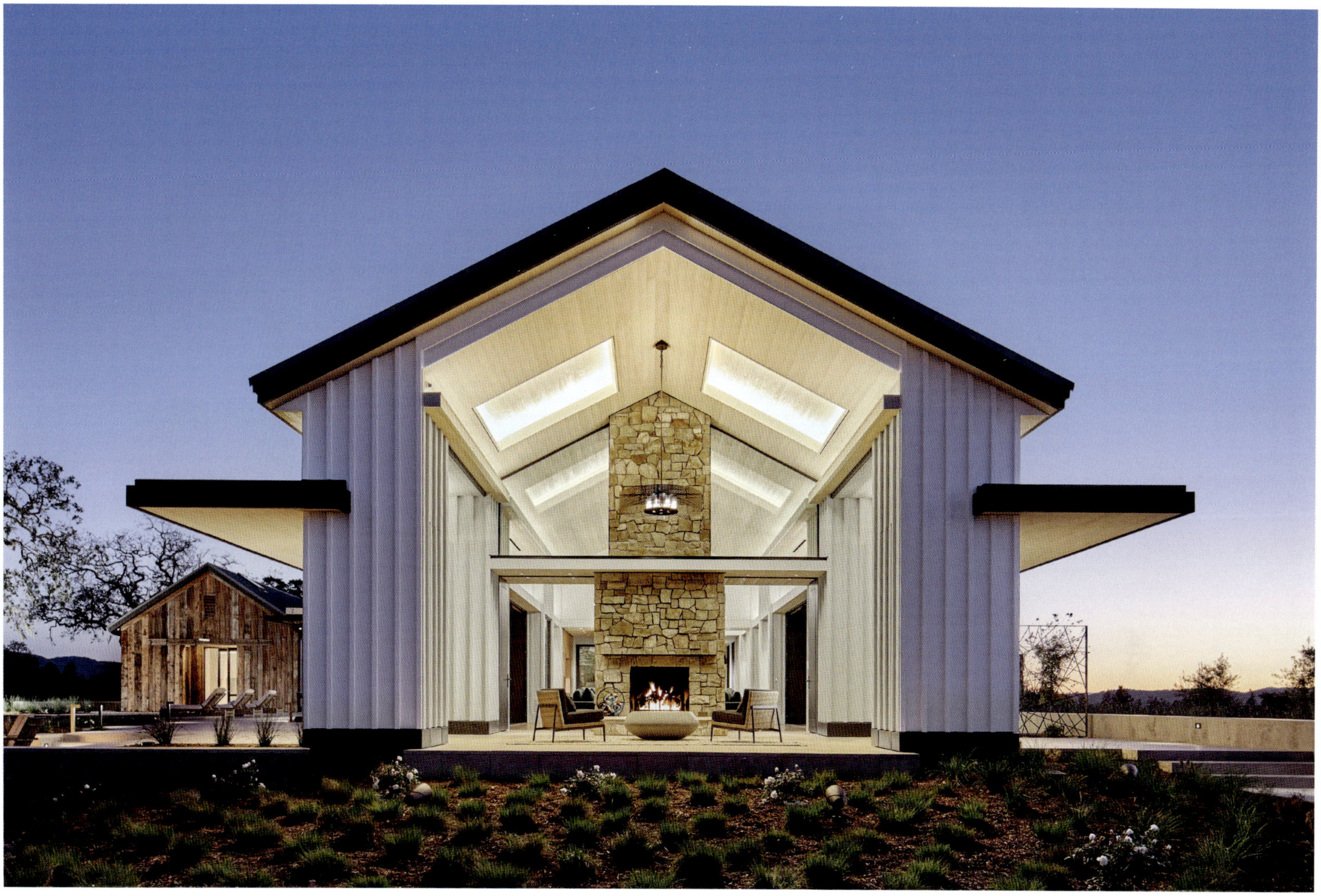

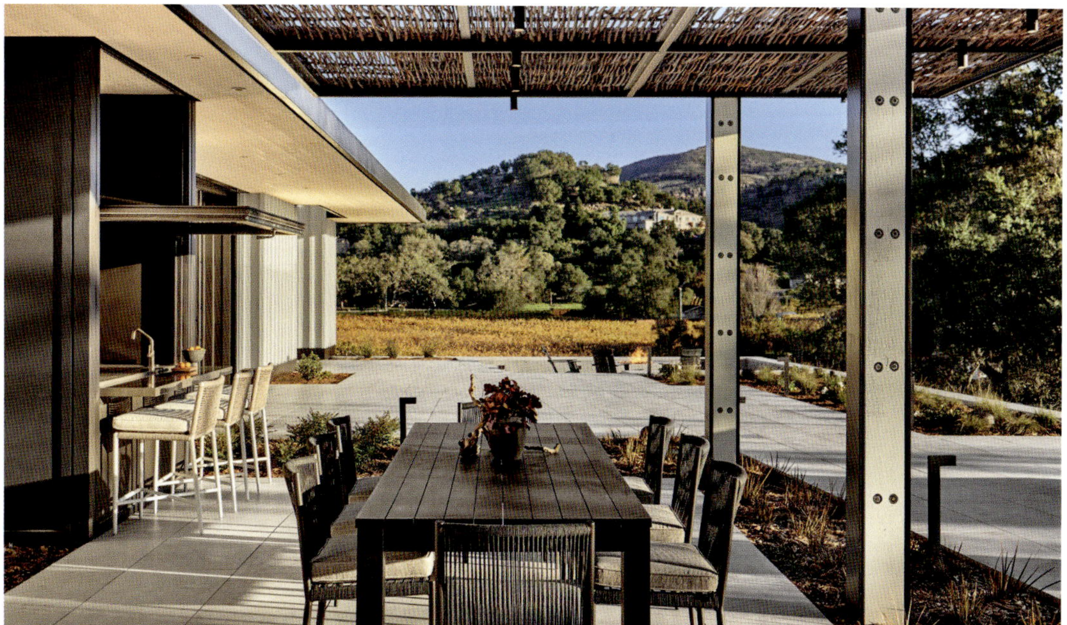

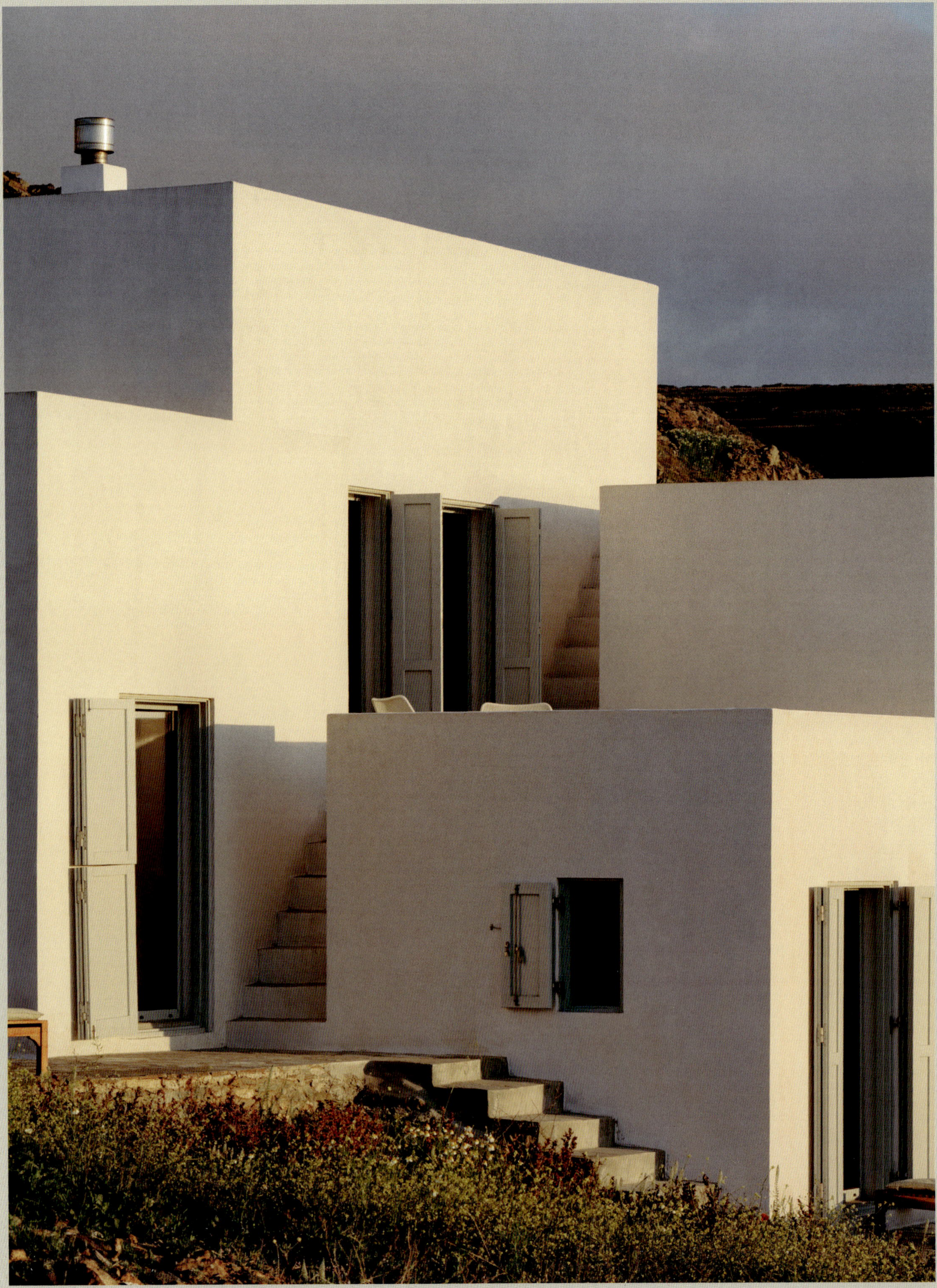

Sigurd Larsen is a Danish architect based in Berlin, recognized for his work in residential buildings, hotels, public schools, and furniture design. He holds a master's degree from the Royal Academy of Fine Arts, School of Architecture in Copenhagen, and has previously worked at OMA-Rem Koolhaas in New York, MVRDV in Rotterdam, and Topotek1 in Berlin.
Larsen founded his studio in 2009 and is an active member of both the Association of German Architects (BDA) and the Architektenkammer Berlin. His work can be found in various countries, including Denmark, Germany, Austria, France, Greece, and the United States.

Sigurd Larsen, ein dänischer Architekt mit Sitz in Berlin, ist bekannt für seine Arbeiten in den Bereichen Wohnungsbau, Hotels und öffentliche Schulen sowie für sein Möbeldesign. Er hat einen Master-Abschluss von der Königlichen Akademie der Schönen Künste, Schule für Architektur in Kopenhagen, und hat zuvor bei OMA-Rem Koolhaas in New York, MVRDV in Rotterdam und Topotek1 in Berlin gearbeitet.
Larsen gründete sein Studio 2009 und ist aktives Mitglied im Bund Deutscher Architekten (BDA) und in der Architektenkammer Berlin. Seine Arbeiten sind in mehreren Ländern zu sehen, darunter Dänemark, Deutschland, Österreich, Frankreich, Griechenland und die Vereinigten Staaten.

Sigurd Larsen est un architecte danois basé à Berlin, reconnu pour ses travaux dans les domaines de l'habitation, des hôtels et des écoles publiques, ainsi que pour la conception de mobilier. Il est titulaire d'une maîtrise de la Real Academia de Bellas Artes, Escuela de Arquitectura à Copenhague, et a précédemment travaillé chez OMA-Rem Koolhaas à New York, MVRDV à Rotterdam et Topotek1 à Berlin.
Larsen a fondé son studio en 2009 et est membre actif de l'Association des architectes allemands (BDA) et de l'Architektenkammer Berlin. Ses travaux se trouvent dans plusieurs pays, notamment au Danemark, en Allemagne, en Autriche, en France, en Grèce et aux États-Unis.

Sigurd Larsen, es un arquitecto danés instalado en Berlín, reconocido por sus trabajos en viviendas, hoteles y escuelas públicas, así como el diseño de muebles. Tiene el título de maestría de la Real Academia de Bellas Artes, Escuela de Arquitectura en Copenhague, y previamente ha trabajado en OMA-Rem Koolhaas en Nueva York, MVRDV en Róterdam y Topotek1 en Berlín.
Larsen fundó su estudio en el año 2009, y es miembro activo tanto de la Asociación de Arquitectos Alemanes (BDA) como del Architektenkammer Berlin. Sus trabajos se encuentran en varios países, incluyendo Dinamarca, Alemania, Austria, Francia, Grecia y Estados Unidos.

**SIGURD LARSEN
DESIGN & ARCHITECTURE**

SIGURD LARSEN

www.sigurdlarsen.com

# PIPERI HOUSE

KYTHNOS, CYCLADES, GREECE || PHOTOS © KKROM SERVICES

Located on the slope of Kythnos Island, Casa Piperi stands as a modern sculpture inspired by the traditional architecture of the Cyclades. Its monolithic volumes of white stone contrast with the arid landscape of the island.
The white stairs, resembling the drawings of M.C. Escher, allow circular journeys through the different levels inside and outside the house. Views of the small and uninhabited Piperi Island are framed from various rooms inside.
Outside, access is provided to the roofs of the white cubes as elevated plateaus above the rocks. Outdoor spaces have different orientations and offer refuge from coastal winds. Two staircases connect the house to the sea on each side of the peninsula. Beyond the main house, a renovated stone barn houses a guesthouse with an outdoor kitchen and pergola. Casa Piperi embodies a harmonious fusion of design and the eternal natural beauty.

Das am Hang der Insel Kythnos gelegene Piperi House ist eine moderne Skulptur, die von der traditionellen Kykladenarchitektur inspiriert ist. Seine monolithischen Volumen aus weißem Stein kontrastieren mit der kargen Landschaft der Insel.
Die weißen Treppen, die den Zeichnungen von M.C. Escher nachempfunden sind, ermöglichen es, Rundwege durch die verschiedenen Ebenen innerhalb und außerhalb des Hauses zu gehen. Der Blick auf die kleine, unbewohnte Insel Piperi wird von mehreren der Innenräume aus eingerahmt. Von außen werden die Dächer der weißen Kuben wie Plateaus über den Felsen erschlossen. Die Außenräume haben unterschiedliche Ausrichtungen und bieten Schutz vor den Küstenwinden. Zwei Treppen verbinden das Haus auf beiden Seiten der Halbinsel mit dem Meer. Hinter dem Haupthaus befindet sich in einer renovierten Steinscheune ein Gästehaus mit Außenküche und Pergola. Casa Piperi verkörpert eine harmonische Verschmelzung von Design und zeitloser natürlicher Schönheit.

Située sur le versant de l'île de Kythnos, la Casa Piperi se présente comme une sculpture moderne inspirée de l'architecture traditionnelle des Cyclades. Ses volumes monolithiques en pierre blanche contrastent avec le paysage aride de l'île.
Les escaliers blancs, qui évoquent les dessins de M.C. Escher, permettent de parcourir des trajets circulaires à travers les différents niveaux à l'intérieur et à l'extérieur de la maison. La vue sur la petite île inhabitée de Piperi est encadrée depuis plusieurs pièces à l'intérieur.
À l'extérieur, on accède aux toits des cubes blancs comme à des plateaux surélevés au-dessus des rochers. Les espaces extérieurs ont différentes orientations et offrent un abri contre les vents côtiers. Deux escaliers relient la maison à la mer de chaque côté de la péninsule. Au-delà de la maison principale, une grange en pierre rénovée abrite une maison d'hôtes avec cuisine extérieure et pergola. La Casa Piperi incarne une fusion harmonieuse entre le design et la beauté naturelle éternelle.

Ubicada en la ladera de la isla de Kythnos, la Casa Piperi se erige como una escultura moderna inspirada en la arquitectura tradicional de las Cícladas. Sus volúmenes monolíticos de piedra blanca, contrastan con el paisaje árido de la isla.
Las escaleras blancas, que emulan los dibujos de M.C. Escher, permiten completar trayectos circulares a través de los diferentes niveles dentro y fuera de la casa. La vista de la pequeña e inhabitada isla Piperi se enmarca desde varias de las estancias del interior.
Por fuera, se accede a los techos de los cubos blancos como mesetas elevadas sobre las rocas. Los espacios al aire libre tienen diferentes orientaciones y ofrecen refugio de los vientos costeros. Dos escaleras conectan la casa con el mar en cada lado de la península. Más allá de la casa principal, un granero de piedra renovado alberga una casa de huéspedes con cocina al aire libre y pérgola. La Casa Piperi encarna una fusión armónica entre diseño y la eterna belleza natural.

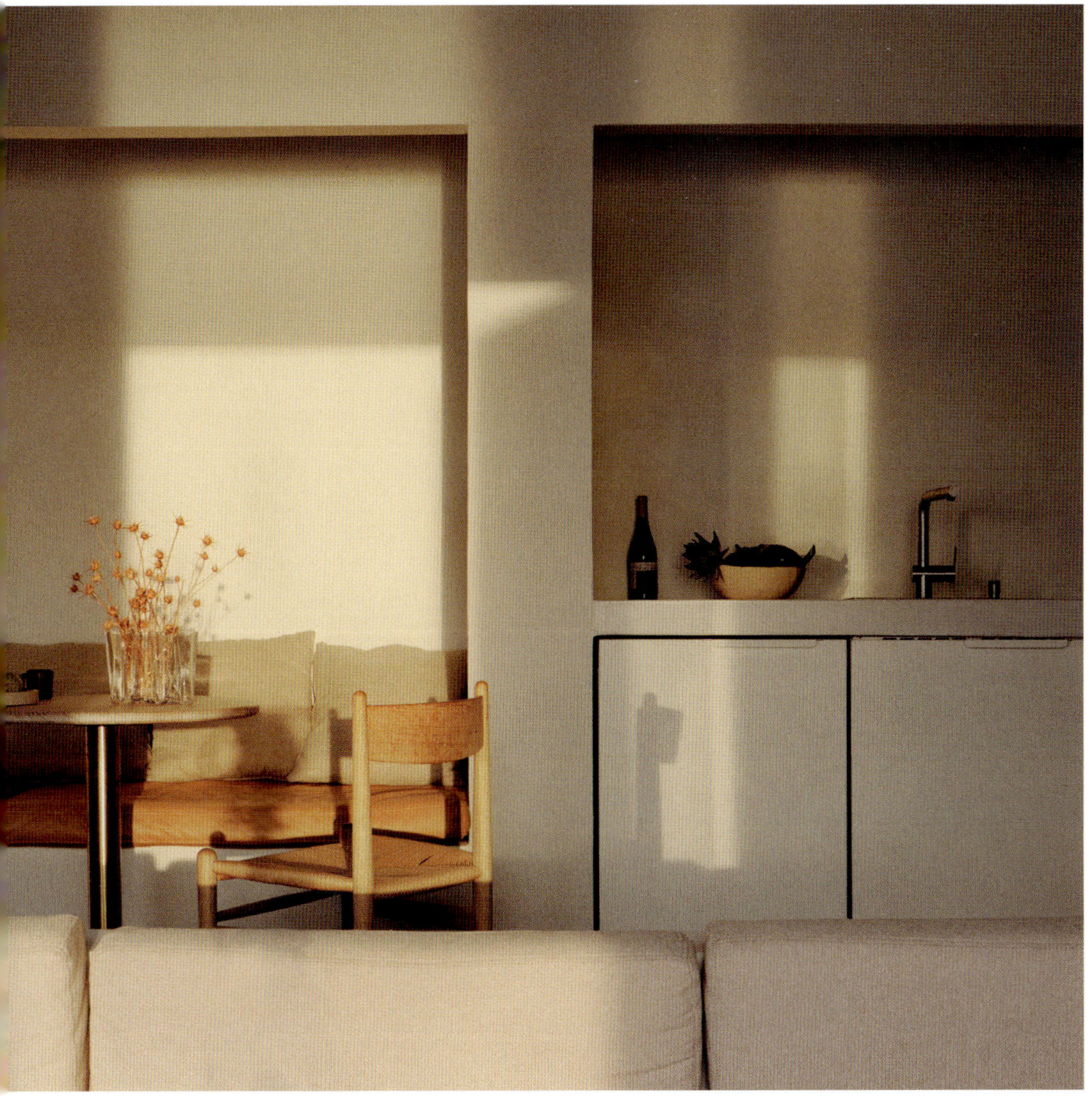

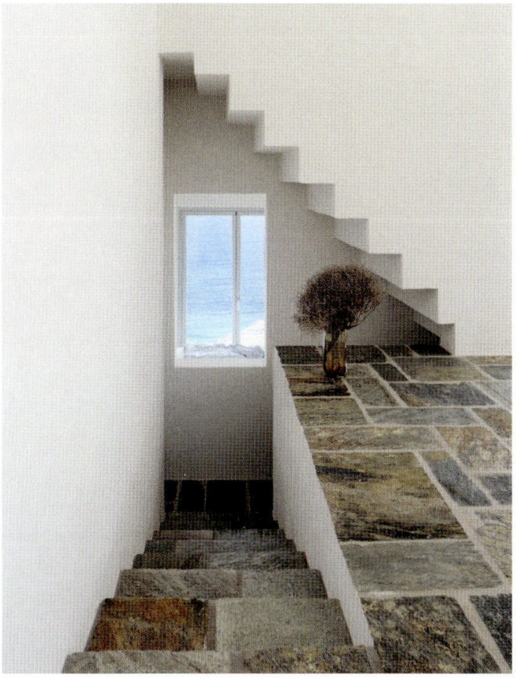

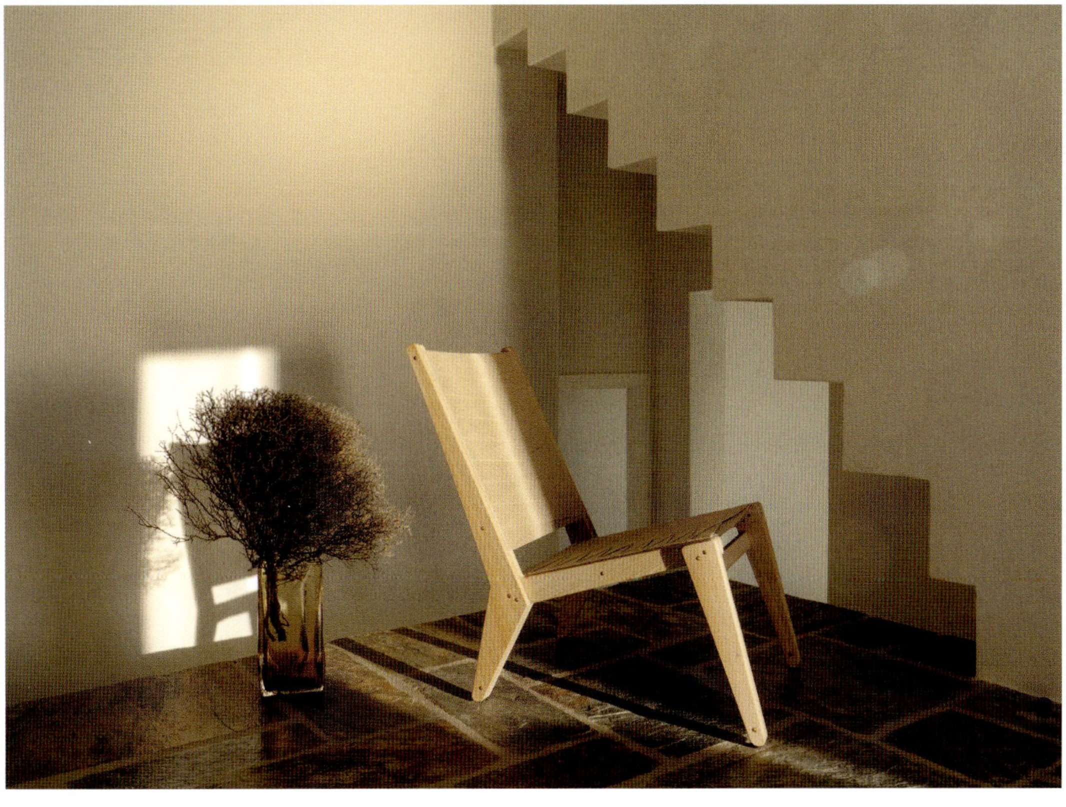

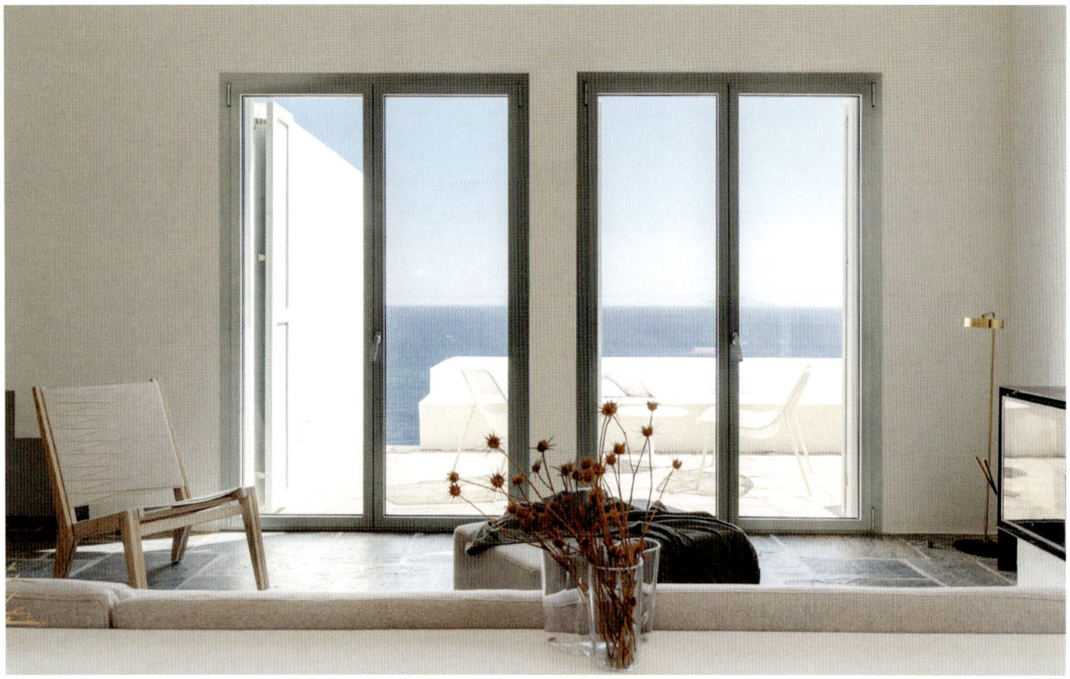

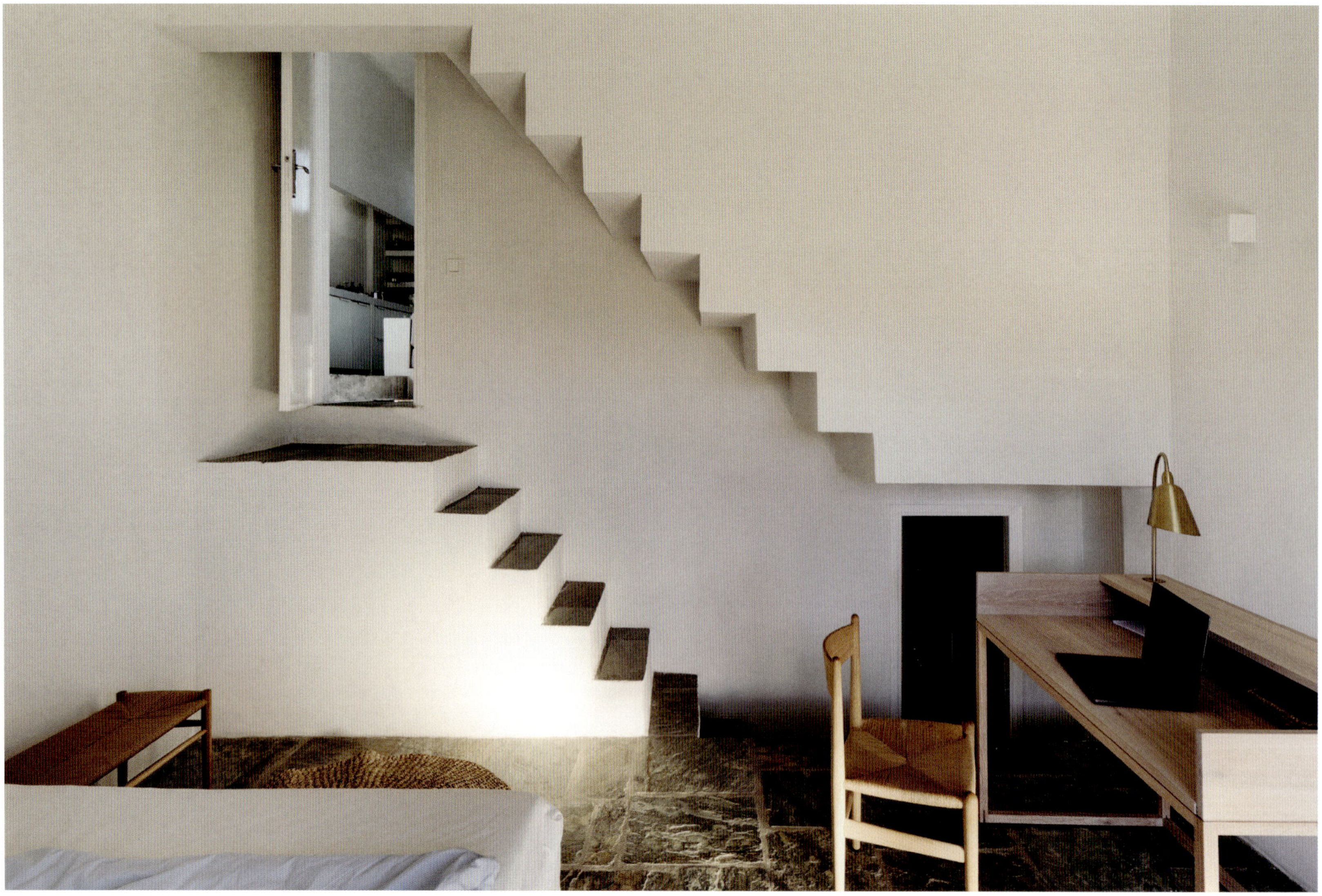

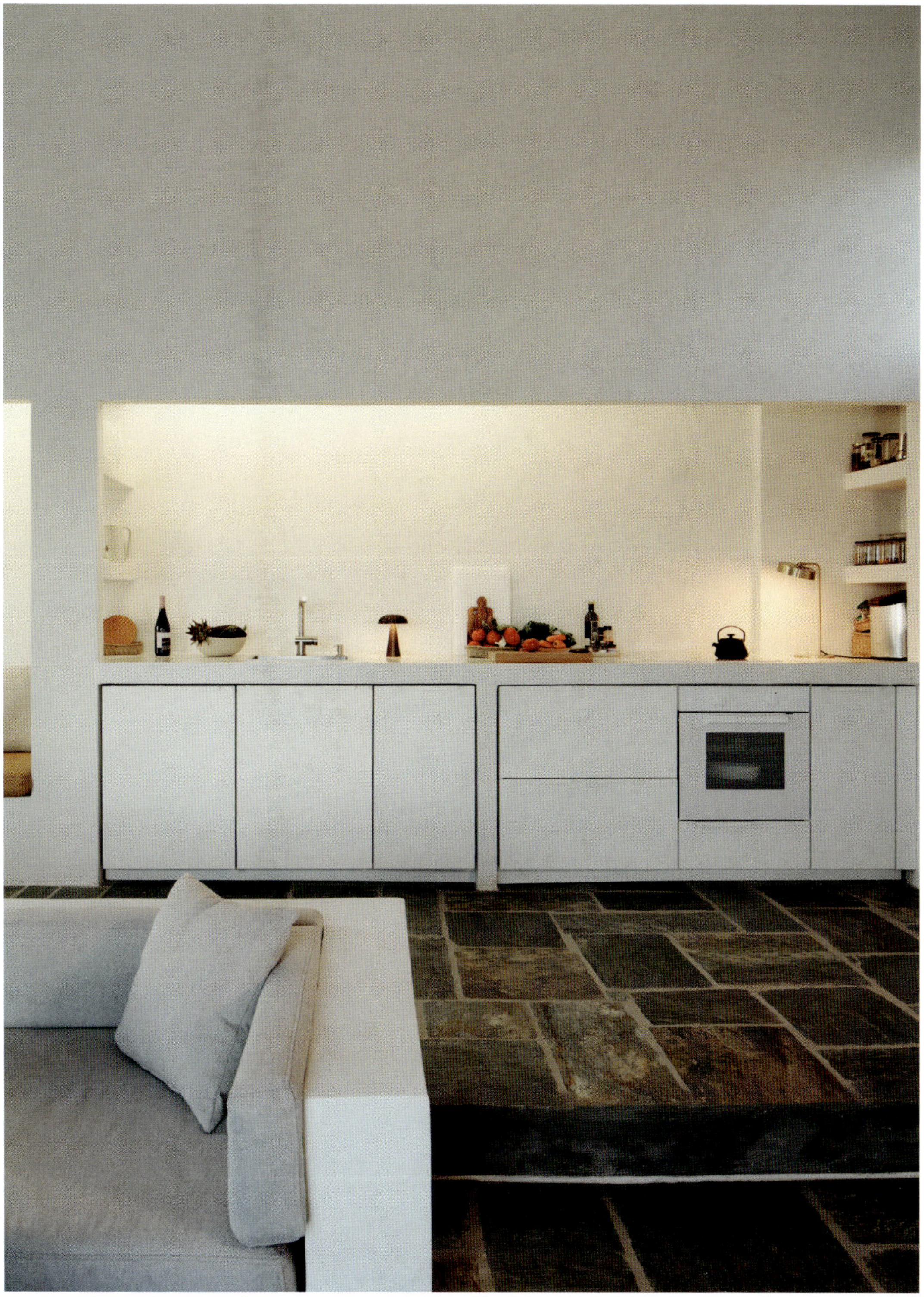

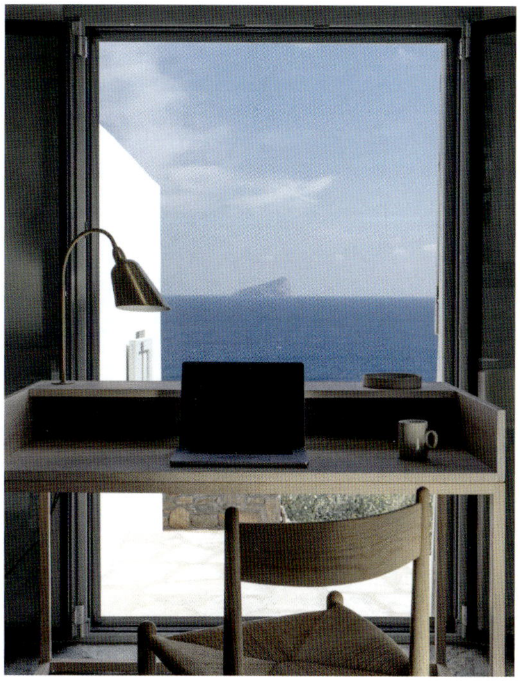

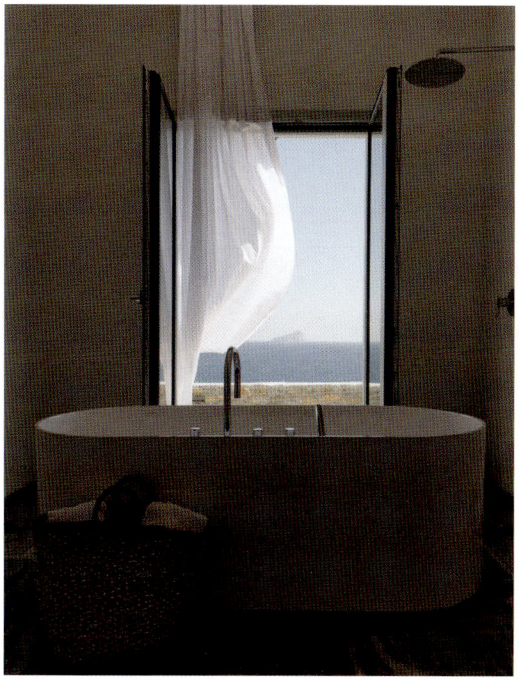

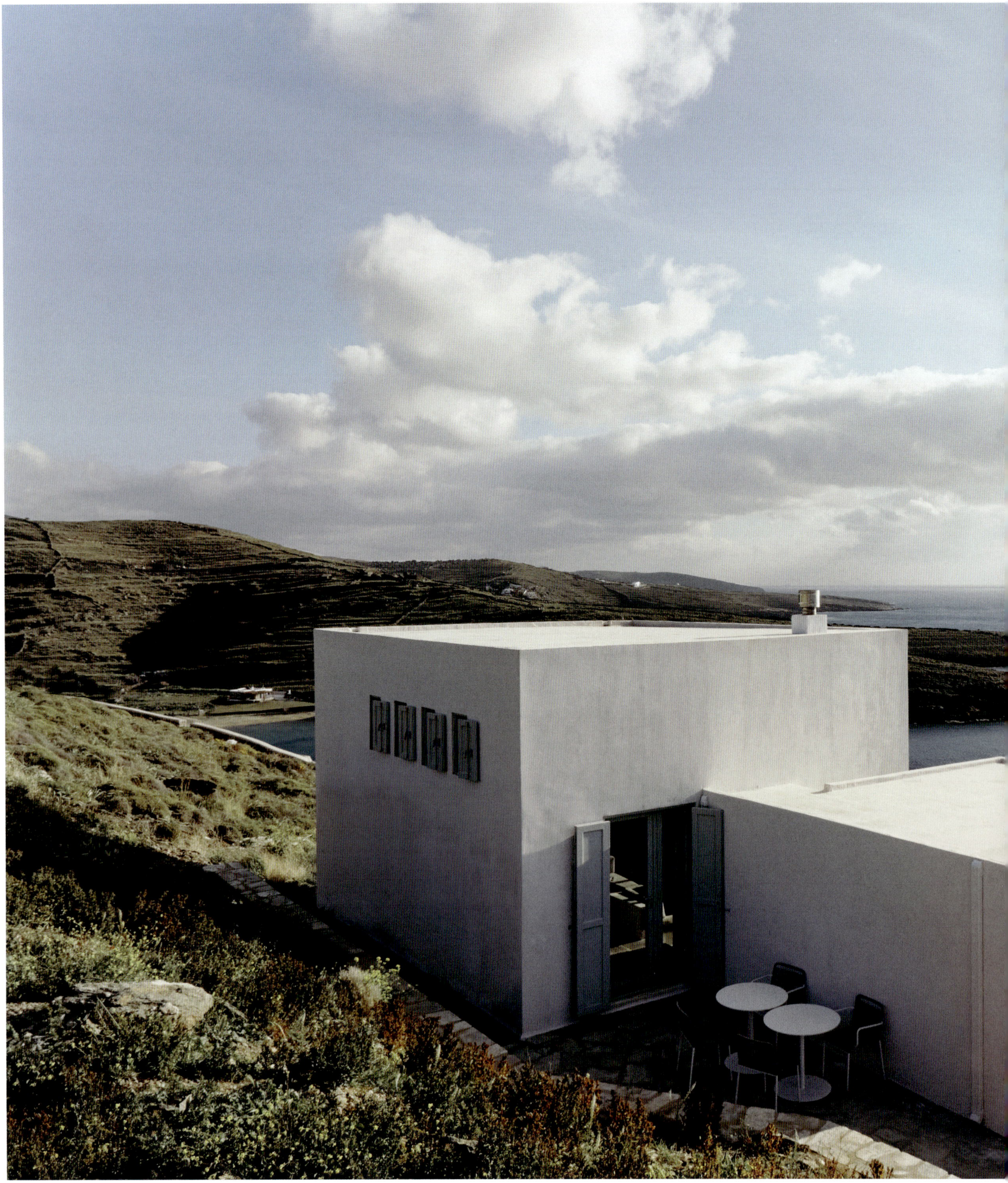

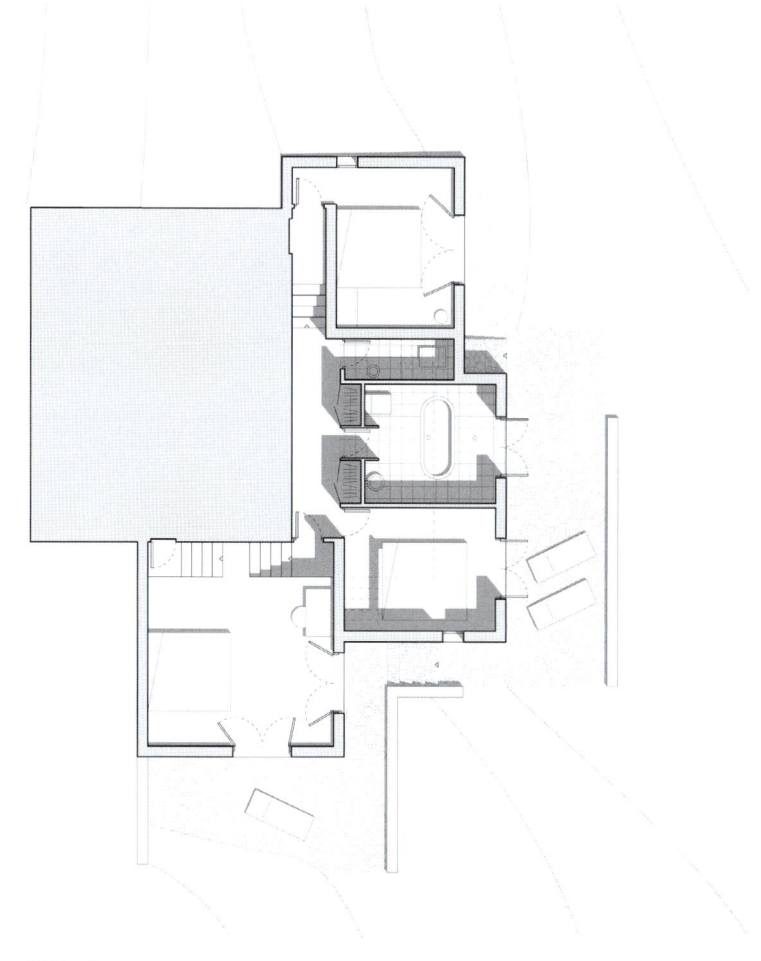

Floor plan

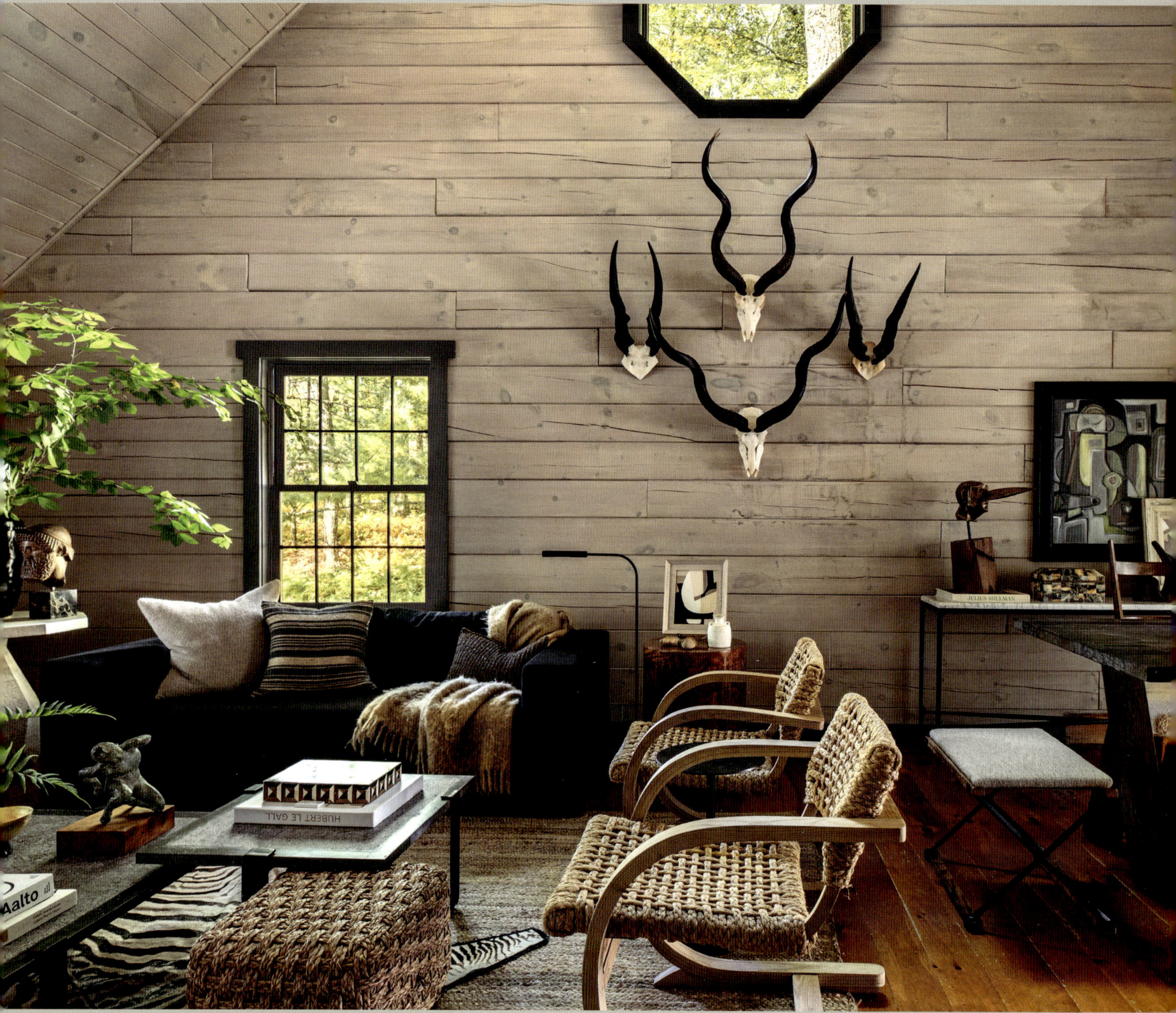
HUBERT LE GALL
Aalto

This New York-based interior design firm is distinguished by its elegant and youthful spirit, and a distinctive point of view. Its founder, Michael Ellison, has worked in design firms such as Philip Gorrivan Design, Eric Cohler Design, Thom Filicia, and David Kleinberg. He has been involved in creating exceptional spaces in residential, hospitality, and commercial settings. Highlighted among these projects are Grace Bay Club and Resorts and Sea Oaks. At WorkshopAPD, he served as Design Director, overseeing a diverse portfolio of projects and leading a large team. In 2022, Ellison founded his own company based in the center of Manhattan, where he continues to create luxury environments in New York, Nantucket, Texas, Palm Beach, and the Caribbean islands.

Dieses in New York ansässige Innenarchitekturbüro zeichnet sich durch seinen eleganten und jugendlichen Geist sowie einen distinktiven Standpunkt aus. Sein Gründer, Michael Ellison, hat in Designfirmen wie Philip Gorrivan Design, Eric Cohler Design, Thom Filicia und David Kleinberg gearbeitet. Er hat an der Schaffung außergewöhnlicher Räume in Wohn-, Hotel- und Gewerbeumgebungen mitgewirkt. Zu den herausragenden Projekten gehören das Grace Bay Club and Resorts und Sea Oaks. Bei WorkshopAPD war er Design Director und leitete eine vielfältige Projektpalette und ein großes Team. Im Jahr 2022 gründete Ellison sein eigenes Unternehmen mit Sitz im Zentrum von Manhattan, wo er weiterhin luxuriöse Umgebungen in New York, Nantucket, Texas, Palm Beach und auf den Karibikinseln schafft.

Ce studio de design intérieur basé à New York se distingue par son esprit élégant et jeune, et par un point de vue distinctif. Son fondateur, Michael Ellison, a travaillé dans des entreprises de design telles que Philip Gorrivan Design, Eric Cohler Design, Thom Filicia et David Kleinberg. Il a participé à la création d'espaces exceptionnels dans les domaines résidentiel, hôtelier et commercial. Parmi ces projets, on peut citer Grace Bay Club and Resorts et Sea Oaks. Chez WorkshopAPD, il était directeur de la conception, supervisant un portefeuille diversifié de projets et dirigeant une équipe importante. En 2022, Ellison a fondé sa propre entreprise au cœur de Manhattan, où il continue à créer des environnements de luxe à New York, Nantucket, Texas, Palm Beach et dans les îles des Caraïbes.

Esta firma de interiorismo con sede en Nueva York se distingue por su espíritu elegante y juvenil, y un punto de vista distintivo. Su fundador, Michael Ellison, ha trabajado en firmas de diseño como Philip Gorrivan Design, Eric Cohler Design, Thom Filicia, y David Kleinberg. Ha participado en la creación de espacios excepcionales en ámbitos residenciales, hostelería y comerciales. Entre esos proyectos destacan Grace Bay Club and Resorts y Sea Oaks. En WorkshopAPD, fue director de Diseño, supervisando una cartera diversa de proyectos y liderando un equipo numeroso. En 2022, Ellison fundó su propia empresa con sede en el centro de Manhattan, donde sigue creando entornos de lujo en Nueva York, Nantucket, Texas, Palm Beach y e islas del Caribe.

## STUDIO MICHAEL ELLISON

MICHAEL ELLISON

www.studiomichaelellison.com

# CABIN IN SULLIVAN COUNTY

**NEW YORK, UNITED STATES**
PHOTOS © READ MCKENDREE, SARAH ELLIOT

The rustic charm of this cabin, located in the midst of nature, with its high ceilings and a cantilevered mezzanine, attracted Michael Ellison, who had long been seeking a primary residence to escape the hustle and bustle of New York City.
When he acquired it, the cabin looked like the typical log construction, with muted tones and soulless atmospheres. To revitalize the 500 square meters of this building, the designer painted the walls in pure white, with accents of steel gray and black, creating an attractive contemporary style. Instead of following the usual aesthetic conventions, Ellison designed a space where textures intertwine and tones blend, resulting in modern elegance.
On the exterior, the façade was painted in lead black and stacked stone walls were added to create tiered gardens, transforming it into a nature retreat.

Der rustikale Charme dieser Hütte, die sich mitten in der Natur befindet, mit ihren hohen Decken und einem überhängenden Zwischengeschoss, zog Michael Ellison an, der schon lange nach einem Hauptwohnsitz suchte, um dem Trubel von New York zu entfliehen.
Als er sie erwarb, sah die Hütte aus wie eine typische Holzblockkonstruktion, mit gedämpften Farbtönen und trostlosen Räumen. Um die 500 Quadratmeter dieses Gebäudes zu revitalisieren, malte der Designer die Wände in reinem Weiß, mit Akzenten in Stahlgrau und Schwarz, was einen attraktiven zeitgenössischen Stil schuf. Anstatt den üblichen ästhetischen Konventionen zu folgen, entwarf Ellison einen Raum, in dem Texturen sich vermischen und Farbtöne sich vermischen, was zu einer modernen Eleganz führt.
Außen wurde die Fassade in Bleischwarz gestrichen und Steinmauern wurden hinzugefügt, um Terrassengärten zu schaffen und sie in ein Refugium in der Natur zu verwandeln.

Le charme rustique de cette cabane, située en pleine nature, avec ses hauts plafonds et une mezzanine en porte-à-faux, a attiré Michael Ellison, qui cherchait depuis longtemps une résidence principale pour échapper à l'agitation de New York.

Lorsqu'il l'a acquise, la cabane avait l'aspect typique d'une construction en rondins de bois, avec des tons ternes et des espaces désolés. Pour revitaliser les 500 mètres carrés de cette construction, le designer a peint les murs en blanc pur, avec des touches de gris acier et de noir, créant un style contemporain attrayant. Au lieu de suivre les conventions esthétiques habituelles, Ellison a conçu un espace où les textures se mêlent et les tons se mélangent, résultant en une élégance moderne.

À l'extérieur, la façade a été peinte en noir plomb et des murs de pierre empilée ont été ajoutés pour créer des jardins en terrasses, en en faisant un refuge en pleine nature.

El encanto rústico de esta cabaña, ubicada en plena naturaleza, con sus techos altos y un entresuelo en voladizo, atrajo a Michael Ellison, quien buscaba desde hacía tiempo una residencia principal para escapar del bullicio de Nueva York.

Cuando la adquirió, la cabaña lucía como la típica construcción de troncos de madera, con tonos apagados y ambientes desangelados. Para revitalizar los 500 metros cuadrados de esta construcción, el diseñador pintó las paredes de blanco puro, con realces de gris acero y negro, creando un estilo contemporáneo atractivo. En lugar de seguir las convenciones estéticas habituales, Ellison diseñó un espacio donde las texturas se entrelazan y los tonos se mezclan, resultando en una elegancia moderna.

En el exterior, se pintó la fachada de color negro plomo y se añadieron muros de piedra apilada para crear jardines en niveles, transformándola en un refugio en la naturaleza.

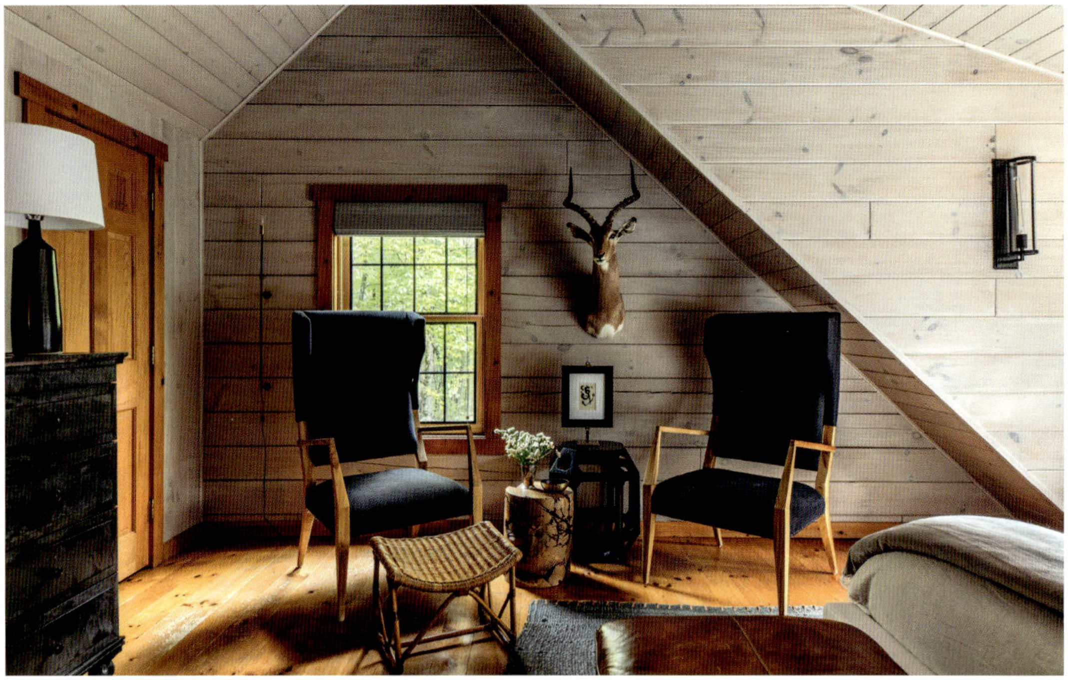
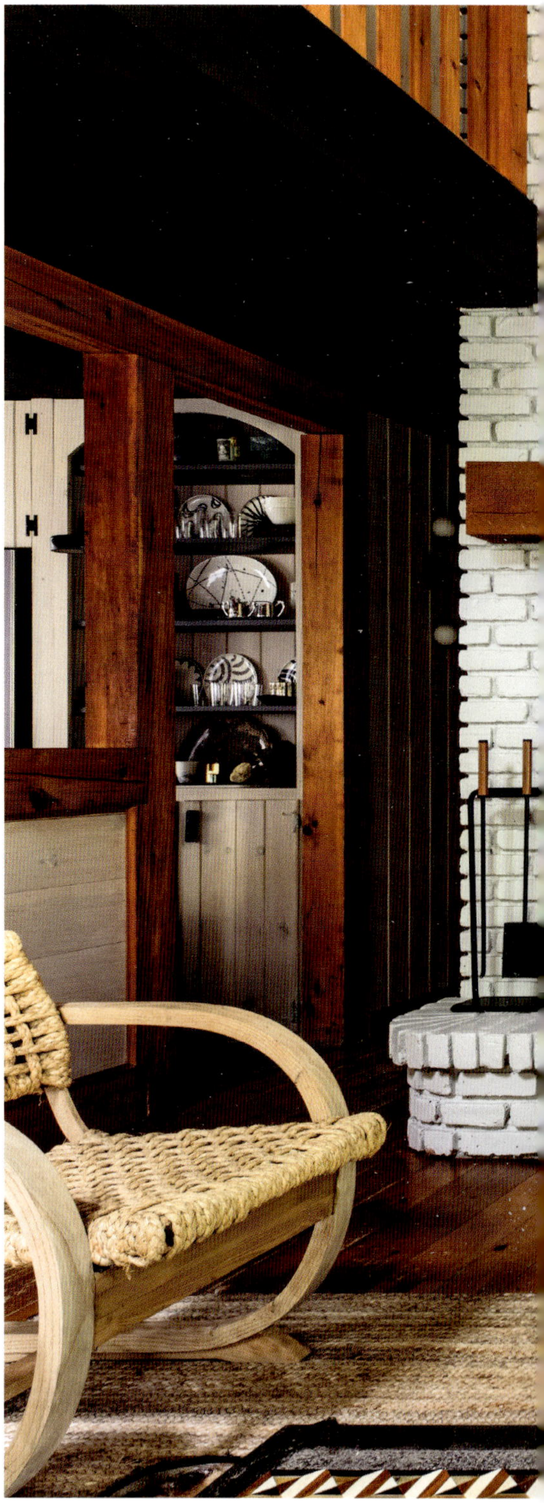
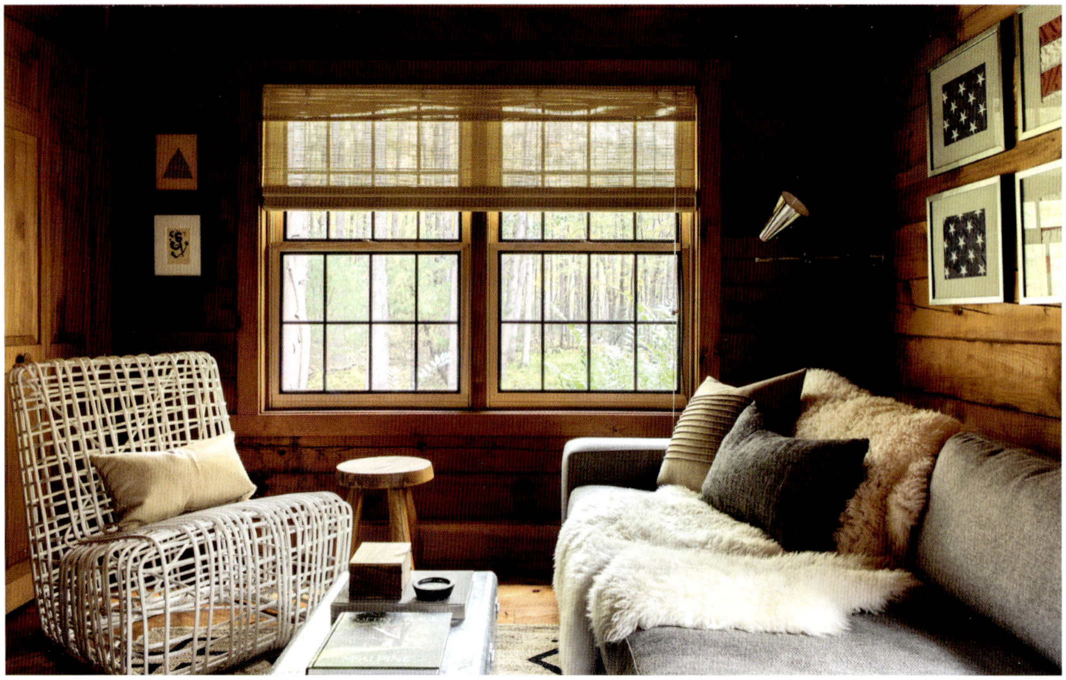

273

274

275

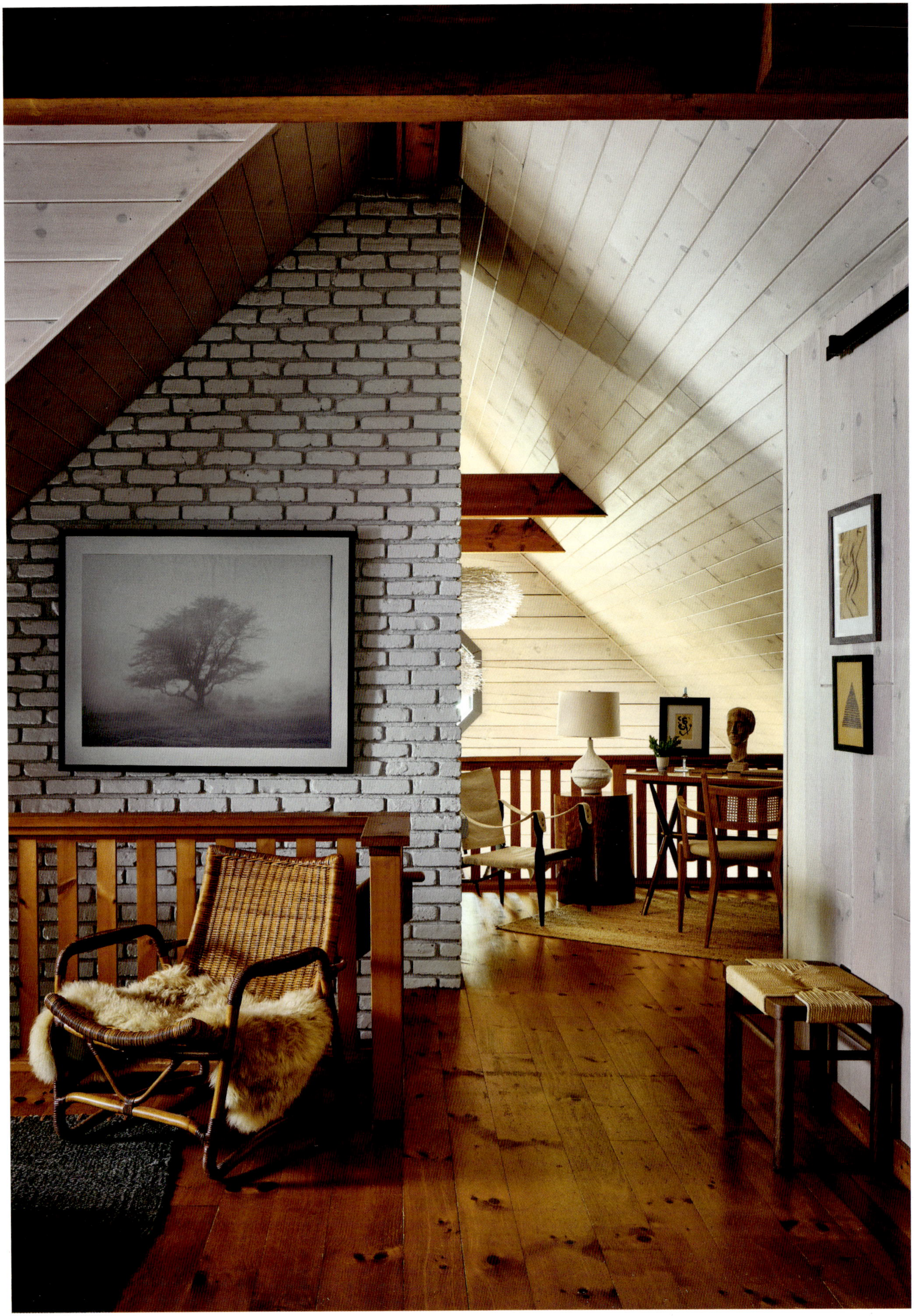

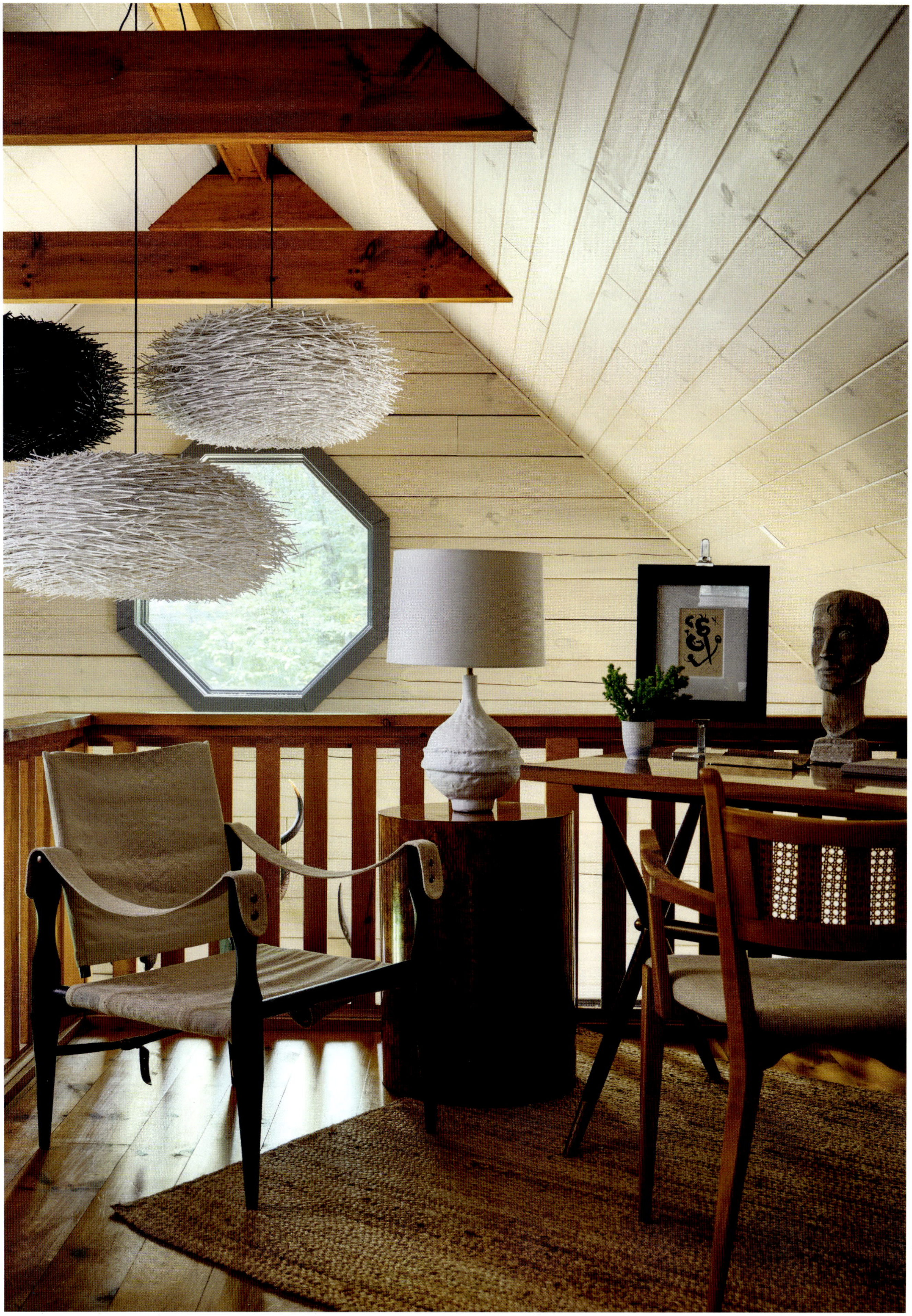

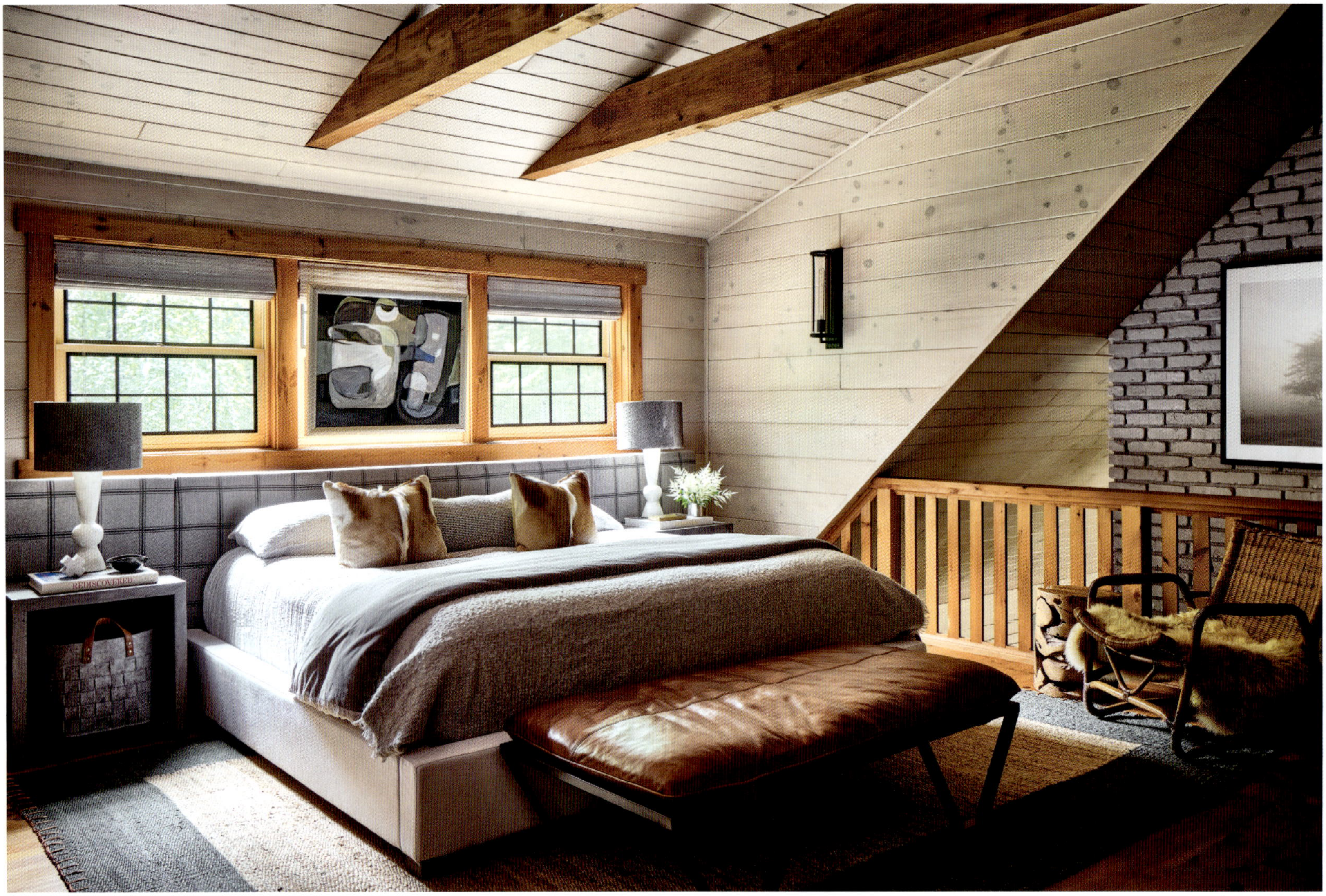

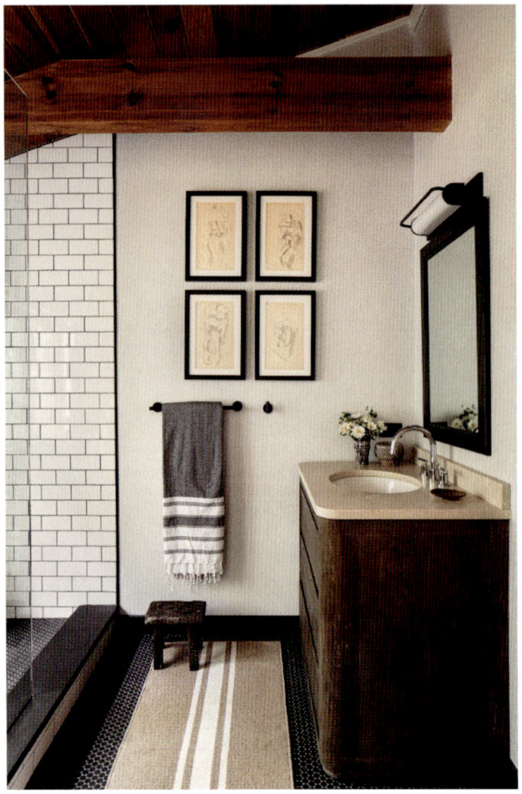

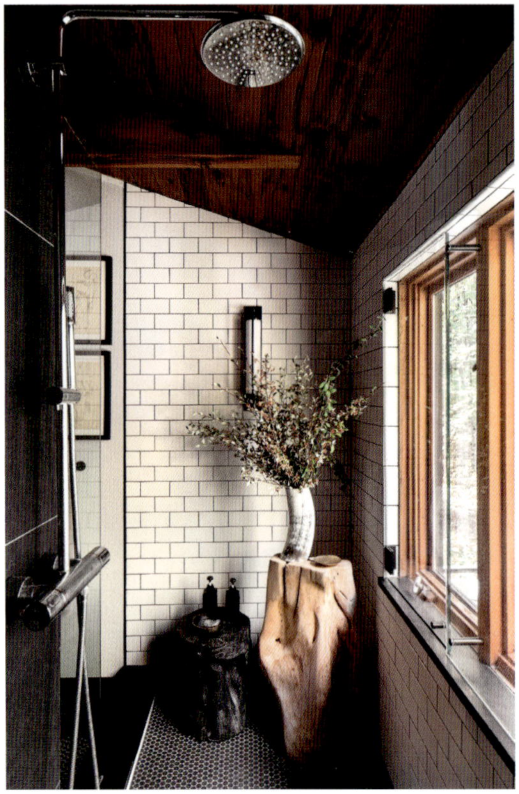

279